U0725661

复旦大学当代国外马克思主义研究中心编

当代国外马克思主义评论

Contemporary Marxism Review

2018年第1期·总第16辑

16

人民出版社

Contemporary Marxism Review(13)

The Journal of the Center for Contemporary Marxism abroad, Fudan University

Editor-in-chief *Wu Xiaoming*

Executive Editor-in-chief *Wang Xingfu Zou Shipeng*

Edited by *The Center for Contemporary Marxism abroad*

Published by *Renmin Press*

目　录

一、纪念马克思诞生 200 周年专辑

二、西方马克思主义研究专题

三、民粹主义与无政府主义研究专题

一、纪念马克思诞生 200 周年专辑

法国大革命与德国现代性问题

——黑格尔、海涅与马克思*

[加]哈罗德·马 著　姚　远 译

摘要:本文考察如下努力的演化,即把18世纪末至19世纪初的德国新文化认同纳入法国大革命所定义的一般现代性话语。黑格尔、海涅和马克思的关键作品表明这个自始困难的计划在19世纪上半叶变得越来越成问题。从黑格尔到海涅再到马克思,对于德国满足现代性新标准的能力越来越忧虑,对于德国文化的造诣越来越怀疑。让德国新文化认同与公认的法国大革命现代性联合的计划,到19世纪中叶的时候破产了。而随着它的破产,该计划悖理地导致了它最初旨在预防的结论:德国对现代性的抵抗是深层的、倔强的。

关键词:现代性　法国大革命　德国文化

18世纪末德国知识分子对法国大革命的反应可谓五花八门、变动不居。一些人对于大革命的意图和前景立即表示质疑。歌德表现出怀疑

---

* 译自Harold Mah,"The French Revolution and the Problem of German Modernity: Hegel, Heine, and Marx", in *New German Critique*, No. 50, 1990, pp. 3-20.本译文是国家社科基金一般项目(17BFX161)的阶段性成果。

的保留态度;席勒对大革命缔造自由社会的能力有所疑虑。① 其他人一开始为大革命欢呼雀跃,但随着大革命催生出战争、弑君和雅各宾派专政,他们旋即大彻大悟。克洛卜施托克(Klopstock)最初的诗情颂扬让位于后来的失落幻灭。② 根茨(Gentz)从一个极端走到另一个极端:他1789年时为大革命摇旗呐喊,到了1792年则把大革命批驳得体无完肤。③

但即便不是所有的德国知识分子都是一开始或者始终就对大革命表示同情,但的确有不少人视其为崭新优越时代之开端。④ 而且,尽管这些知识分子中有人后来对大革命的暴力和威权主义痛心疾首,但包括康德、费希特和黑格尔在内的一批显赫人士依然坚持自己对于大革命初始动因的理解。在这些思想家看来,大革命是令人欢欣的、不可逆转的历史突破。⑤

按照黑格尔的解读,大革命荡涤了那一堆乱糟糟的陈旧社会政治制度,并使得欧洲先进的道德和政治趋势获得具体表现形式。在法国,大革命废除了贵族特权和专断皇权,代之以社会平等与立宪代议制政府。⑥

---

① 有关德国人对法国大革命的反应的总体点评,参见 Jacques Droz,*L'Allemagne et la révolution française*,Paris:Presses Universitaire de France,1949;Jürgen Voss,*Deutschland und die Französische Revolution*,Munich:Artemis Verlag,1983;Maurice Boucher,*La Révolution de 1789 vue par les ecrivains allemands se contemporains*,Paris:M.Didier,1954;G.P.Gooch,*Germany and the French Revolution*,London:F.Cass,1965;Horst Günther,ed.,*Die französische Revolution:Berichte und Deutungen deutscher Schriftsteller und Historiker*,Frankfurt:Deutscher Classiker Verlag,1985;Alfred Stem,*Der Einfluss der französischen Revolution auf das deutsche Geistesleben*,Stuttgart:J.G.Cotta'sche Buchhandlung,1928.对歌德和席勒的论述特别参见 Stern 129–144;Gooch 175–207,214–229;and Droz 172–186,207–320。

② Gooch 119–126;Rudolf Vierhaus,“*Sie und nicht Wir*”:*Deutsche Urteile über den Ausbruch der Französischen Revolution*,in Voss,1–2.

③ Gooch 91–103;Droz 371–392.

④ 参见注释1中所援引的那些总体点评,尤其参见 Stern 3–16;亦参见 Vierhaus 1–15。

⑤ 关于康特,参见 Gooch 126–282;关于费希特,参见 Gooch 283–295;关于黑格尔,见下文。

⑥ G.W.F.Hegel,*The Philosophy of History*,trans.J.Sibree,New York:Dover Publications,1956,pp. 446–447.以下引证时采用 PH 加页码的缩略形式。

大革命随着拿破仑的南征北战进入中欧地区，推翻了一个油尽灯枯的帝国以及封建特权和奴役的残渣余孽，并帮助建立起理性的法典、财产自由和人格自由以及政府对人民的平等对待(PH 456)。

鉴于大革命扫除了社会平等和立宪政府的传统绊脚石，德国知识分子会把它视为(往小的方面讲)启蒙的实现以及(往大的方面讲)无羁理性的成就。① 或者如黑格尔在讲授历史哲学时所阐述的大革命意义那样："自从太阳当空、星辰环绕，还从未发生过人的存在汇聚于其头脑亦即其思想中这样的事情，而人正是在思想的启发下建立了现实世界"(PH 447)。对于黑格尔和其他德国人而言，大革命以理性的制度取代了腐朽过时的社会和政治秩序。这些德国人(以及不少当今的评论家)认为大革命英勇地巩固了理性的社会政治形式，从而将之视为"现代性"的决定性来临。② 虽说这些德国思想家和作家不想效仿法国人那种粗暴的现代性建构方式，但他们衷心希望德国能通过缔造自己的现实理性世界来追随大革命。③

要相信大革命作为现代性之突破的历史效力及其与德国的相关性，可不是件容易的事，因为若是这么来理解大革命，会给德国知识分子带来不可小觑的问题。被视为普遍理性之成就的大革命，提供了一套各地理性国民都有义务遵循的社会政治原则的模式。④ 可德国是否能够满足这种理性和现代性的标准，还根本不清楚。在德国没有可以

---

① Vierhaus 8-9.

② 比如参见 M. Rainer Lepsius, *Soziologische Theoreme über die Sozialstruktur der "Moderne" und "Modernisierung"*, Studien zum Beginn der modernen Welt, ed. Reinhar Koselleck, Stuttgart: Klett-Cotta, 1977, p. 12。该观点受到如下文章的间接批评：Rolf Reichhardt, *Die französische Revolution als Maßtab des deutschen Sonderwegs?*, in Voss, 322-324。

③ Vierhaus 10-12.

④ 大革命的种种理性原则能够与而且实际上也与它们的实现手段分离开来；前者被当作本质性的普遍律令，与其特殊的、"偶然的"或巧合的实现条件没有任何必然联系。参见 Vierhaus 8。

比较的社会和政治变迁。① 拿破仑的征服促成了社会和政治改革，这在普鲁士表现尤其显眼，可那次改革的最终结果暧昧不明，而且随之出现了形形色色的政治反动。②

人们那时也不清楚，大革命作为社会和政治进步的尺度，对于德国文化而言意味着什么。18 世纪的德国知识分子刚刚从所谓法国文化的监管下解放出来。③ 从狂飙突进到古典主义和浪漫主义再到唯心主义，德国知识分子逐渐有了自主感和成就感，故而在世纪之交时的不少德国思想家看来，德国当时是精神和理智的特权王国，是地道的诗人和思想家民族。弗里德里希·施莱格尔在 1799 年写道："纯粹为了艺术和学识的缘故而将艺术和学识奉为神圣的东西，这是只在德国人那里才具有的民族特性。"④

相信大革命的理性与现代性的那些德国知识分子，是这场智识活动全盛时代的一部分，而且他们都有新的文化自主感和成就感。然而

---

① Vierhaus 12; and Jürgen Voss, *Vorwort*, in Voss, viii–ix.

② Reinhart Koselleck, *Preussen zwischen Reform und Revolution*, Stuttgart: E. Klett, 1975; Walter Simon, *The Failure of the Prussian Reform Movement*, Ithaca, NY: Cornell UP, 1955.

③ 参见 Madame de Staël, *De L'Allenagne*, Paris: Libraire de Firmia-Didot, 1876, pp. 112–113; Vierhaus 8.

④ 转引自 Friedrich Meinecke, *Cosmopolitanism and the National State*, Princeton; Princeton UP, 1963, p. 62，并参见 45, 55, 148; Droz 183–185, 483–485, 487–488。在《论德国》中，斯塔埃尔夫人尽其所能地固定了新的德国文化认同在欧洲其他国民心中的形象，她反复强调德国人依其本性和传统是不切实际的民族，对抽象钟爱有加；德国是"思想的国度"(11)，是"地道的形而上学民族"(363)。亦参见 10, 85, 408, 468, 481, 489。这种新文化认同的建构与 19 世纪早期的大学改革相辅相成。参见特纳(R.Steven Turner)的如下论文：*The Growth of Professorial Research in Prussia*, 1818 *to* 1848—*Causes and Context*, Historical Studies in the Physical Sciences 3, 1972, pp. 137–182; *University Reformers and Professorial Scholarship*, The University in Society, ed. Lawrence Stone, v. 2, Princeton: Princeton UP, 1974, pp. 495–531; *The Bildungsbürgertum and the Learned Professions in Prussia*, 1770–1830: *The Origins of a Class*, Histoire social/Social History 8, 1980, pp. 105–136.

世纪之交时德国的文化政治，有可能致使那些知识分子对德国新文化认同的成员资格请求无效。因为反对大革命的德国作家和思想家们这时主张，德国独一无二的文化——它特有的唯灵主义本性——（往小的方面讲）有别于法国，（往大的方面讲）也有别于社会和政治的现代性。① 与大革命的现代性为伍，就等于自绝于真正的德国唯灵性。那些既支持大革命的原则又想在德国新文化认同中赢得一席之地的知识分子，便需要证明该文化认同能与大革命的本质动因调和起来。他们务必把德国的文化成就囊括进定义现时代意义的等式中。

本文考察如下努力的演化，即把德国新文化认同纳入法国大革命所定义的一般现代性话语。我希望通过关注黑格尔、海涅和马克思的关键作品，来表明这个自始困难的计划如何在 19 世纪上半叶变得更成问题。从黑格尔到海涅，再从海涅到马克思，对于德国满足现代性新标准的能力越来越忧虑，对于德国文化的造诣越来越怀疑。让德国文化认同与公认的法国大革命现代性联合的计划，到 19 世纪中叶的时候破产了。而随着它的破产，该计划悖理地导致了它最初旨在预防的结论：德国对现代性的抵抗是深层的、倔强的。②

---

① Droz 483-487；Staël 85，408，465；Vierhaus 14.德国文化与公认的社会政治现代性之间存在固有的敌对，这一观念在整个 19 世纪和 20 世纪初大行其道。参见 Fritz Ringer，*The Decline of the German Mandarins*：*The German Academic Community*，1890-1933，Cambridge，Mass：Harvard UP，1969。我在本文里讨论针对该趋势的一股逆流，即把德国文化整合进一般现代性话语的努力。有位学者在近作里勾勒了另一股逆流，与我讨论的正相反，他分析了 20 世纪初期将现代性诸层面（比如技术）整合进有特权的德国文化一般话语的努力，参见 Jeffrey Herf，*Reactionary Modernism*：*Technology*，*Culture*，*and Politics in Weimar and the Third Reich*，Cambridge：Cambridge UP，1984.

② 德国人的这种看法，差不多是德国研究的老生常谈了。有本著作最近挑战了这一看法，参见 Geoffrey Eley and David Blackbourn，*The Peculiarities of German History*，Oxford：Oxford UP，1984.本文的一大目标就是去理解 19 世纪的德国人本身如何以及为何开始接纳埃利和布莱克本所说的一种成问题的德国史概念化。我希望本文会表明，这样一种理论选择绝不像许多人以为的那样是经验上不证自明的，而是历史大势的产物，是为免除焦虑对不同理论和文化设想的掌控。

黑格尔:让法国与德国联合起来

黑格尔19世纪20年代在柏林大学讲授历史哲学时提到,正是"绝对意志"原则构成了社会平等和代议制立宪政府的这两项大革命成果的基础和力量来源。黑格尔说绝对意志是纯形式性的;其运行不以特殊个体或社会关怀为转移(PH 442)。它不受制于先前的欲望、利益、道德、宗教、历史或政治,一味追求完全的自主性。而且在谋求自身从一切既定制约中获得解放的时候,该意志渴望达到抽象的普遍性。无拘无束的意求成为一条一般原则,这是它的愿望(PH 442-443)。黑格尔的主张是,无论是大革命的成就,还是它后来沦为恐怖、专政以及持续的政局动荡,都源自这种抽象的普遍化意志(PH 450-453)。

绝对意志原则以法国大革命的形式波澜壮阔地登上历史舞台。但黑格尔认为这种发展并不是法国人特有的东西;绝对意志的原则不由某个特殊民族独占。相反,它界定了更为宽泛的条件,一套一般化的当前情势——黑格尔称之为"最后的历史阶段,亦即我们的世界、我们的时代"(PH 442)。换言之,绝对意志必定也在德国得到实现。

但黑格尔承认,德国尚未出现符合绝对意志的类似政治变动亦即等效政治改造(PH 443)。为了将德国纳入绝对意志原则的统辖范围,黑格尔便在其认为与法国大革命之政治发展等效的德国发展中寻求绝对意志的表现。换言之,黑格尔借助一种特定的解释策略,在不同形式的现象之间建立同质性或谋划比附关系。该策略假定同质的或相仿的形式必然表达同样的原则或本质。

黑格尔观察到,抽象的普遍化意志在法国以大革命的形式呈现出一种"实践效果"。但在德国,绝对意志体现为不同的外观,体现为"单纯的宁静理论的形式"(PH 443)。黑格尔更进一步主张,绝对意志在"康德哲学"那里"获得思辨的承认"(PH 443);康德为德国实现的东西,正是大革命在法国所完成的东西。[①]

黑格尔通过断言哲学形式与政治形式之间的同质性,让德国与法国大革命联合起来:德国人在“理论抽象”中完成的东西,正是法国人在实践中完成的东西(PH 444)。黑格尔通过在德国理论与法国政治之间建立这种比附关系,隐含地为德国争取了对现代性的参与。德国人的思维与法国人的政治就先进程度而言不相上下。这样一来黑格尔就确立起来一种德国现代性的尺度,但正如他本人承认的那样,以一种有关当前情势的统一愿景打通德国与法国大革命的尝试,立即带来进一步的迫切问题:“……为何着手实现[绝对意志原则]的单单是法国人而不是德国人?”(PH 443)。

为什么是法国而非德国承担绝对意志的实际兑现?为了回答这项疑问,黑格尔诉诸宗教改革,它被许多德国知识分子视为德国特定唯灵主义特征的源头。按照黑格尔的看法,路德使德国意识超脱于外部权威,而促使它自立自强。自路德以来,德国思想被描绘为越来越注重省思和灵魂的内心生活,亦即内在性的持久深化。黑格尔声称,这种德国特有的强健的内在性特征,是德国接受现代性的条件。在他看来德国正是由于宗教改革,才发展出一种广阔而稳固的唯灵性,一种内心生活,从而能够吸纳绝对意志的发挥(PH 444,449)。因此,德国启蒙运动中绝对意志的第一番表达完全能够与宗教相融,其实是“依神学而运行”的(PH 444)。然而法国欠缺一次宗教改革,导致其唯灵性是孱弱的、零碎的。因此,绝对意志在启蒙运动中现身的时候,便与天主教会发生了激烈的外部冲突。法国人从未确立一般的、谐和的唯灵性;意志沿着斗争政治的逻辑运转(PH 444,449)。与德国的情况不同,法国不存在慰藉人心且包罗万象的内在性,无法将纯粹意志对社会制度的敌对转为思想内部的敌对。

① 对黑格尔来说,绝对意志的理念既处于康德认识论(指它的先验自我观)的中心,也处于康德伦理学(指它的毫不妥协的善良意志观)的中心。参见 PH 343。

黑格尔诉诸德国的内在性来说明德国拥有理论的而非政治的现代性，这是对德国新文化认同别出心裁的肯认。黑格尔主张，至少自宗教改革以来，德国人成为了地道的唯灵主义民族。德国人独特的唯灵性非但没有阻却现代性，反而使德国人不用经受大革命的极端状况也能达到现代性。黑格尔不仅为德国文化争取对现代性的分享，还进而运用德国文化来扫清现代性各种潜在的社会政治问题。德国文化提供了迈向现代性的安全通道，这条路不仅能实现绝对意志，同时还免除了政治现代性降临法国时伴随而来的血雨腥风。黑格尔接着提到，若不先进行宗教改革，任何革命都不能获得持久的政治裨益，因为若不首先培育内向的唯灵性，任何革命都无法建立自由的制度（PH 453）。唯有立足于牢固的内在性，才能建立经久的现代性。①

黑格尔凭借这种谋划比附关系或创造同质性的策略，挽回了德国文化在现时代的地位，甚至还视其为优先选择的现代性形式。但黑格尔在证成德国文化认同和保障其现代性诉求的同时，也承认德国文化仍然是现代性的不完整体现。他不能故步自封于内在性。因为倘若意志自由局限于人类的内心生活，内在的心灵状态就可能与外部的客观社会存在状态对峙起来。要是意志的范围限定在思维上，它就不会是真正自由的或完全自由的。为避免思想与现实之间的这种潜在不谐和，黑格尔在回答为何意志在法国而非德国得到实现这一问题时，最终引出了另一项有关德国政治本性的断言。黑格尔从内在性返回政治现实。

他接下来主张，宗教改革已经引发了某种社会和政治改革，尤其涉及教会以及政府的宗教基础（PH 445）。这些发展预示着更加深远的变化："于是，思想的原则迄今已［在德国宗教中］得到调和；而且新教世界还抱有这样的意识，即在早先发展的调和中，该原则为更进一步的

① 亦参见 G. W. F. Hegel, *Phenomenology of Spirit*, trans. A. V. Miller, Oxford: Oxford UP, 1979, pp. 328-364。黑格尔在此更详尽地阐发了意志、启蒙运动、宗教、恐怖和康德哲学之间的关联。

法权培育而准备就绪"(PH 445)。①

宗教改革以及德国精深唯灵性的缔造,都承诺了未来的社会政治改善。黑格尔从法国大革命和德国内在性的同质性,推出了德国政治的另一谐和联合。其实,若没有这一承诺,最初的比附就是不稳固的;它有可能瓦解为思想与存在、内在性与政治现实、德国与法国的固定分裂。在这个意义上讲,无论是最初的比附,还是德国的现代性诉求,都由改革的承诺来支撑。该承诺最终保障着黑格尔得以融贯地解释德国文化的现代性。②

海涅:重构和保留德国文化

1834年,持不同政见的诗人亨利希·海涅在流亡巴黎期间发表了《论德国宗教和哲学的历史》。特别鉴于海涅感到保守派斯塔埃尔夫人(Madame de Staël)在其先前的著作《论德国》里提供了有关德国人的错误信息,他想通过这份作品向法国人传授德国文化。③ 但海涅的作品还有另一个目的:它延续了黑格尔的前述计划,即让德国与法国联合起来,将德国新文化认同整合进统一的现代性视景。尽管海涅追随黑格尔投身这项总的事业,但时势已经今非昔比了。在黑格尔讲授历史哲学之后的十年里,势力不断壮大的保守主义支配着德国的政治。

---

① 这段引文对 Sibree 的译本做了修正。原文是:"So war das Prinzip des Denkens schon so weit versöhnt; auch hatte *die protestantische Welt in ihr das Bewusstsein, dass in der früher explizierten Versöhnung das Prinzip zur weiteren Ausbildung des Rechts vorhanden sei*。" G.W.F.Hegel, *Philosophie der Geschichte*, Stuttgart: Philipp Reclam, 1961, p. 591.

② 有关黑格尔政治规划的详情,参见 Harold Mah, *The End of Philosophy, the Origin of "Ideology": Karl Marx and the Crisis of the Young Hegelians*, Berkeley and Los Angeles: U of California P, 1987, pp. 20-45.

③ 参见 Heinrich Heine, *Die romantische Schule*, Beiträge zur deutschen Ideologie, ed. Hans Mayer, Frankfurt: Ullstein, 1971, pp. 116-117; and *Les Aveux d'un Poete*, Revue des deux Mondes, 15 September 1854, p. 1173.

代议制宪法秩序在普鲁士胎死腹中;各种自由派运动,特别是法国及其他国家1830年革命之后趁势兴起的自由派运动,遭到猛烈打压。事实上,德国政治改革的希望日渐渺茫,致使海涅决定迁居至巴黎。因此,他联合德国与法国的努力不能再依靠对迫近的政治改革的承诺;事态的发展使得黑格尔的简单"保障"不再奏效。要保留对现代性的诉求,就需要德国文化认同被转变得能够应对更加紧迫的政治时局。为了挽救德国文化对现代性的参与,海涅这时发现他不得不重构德国文化。

海涅首先告诉读者,眼下德国的社会和政治形势相当于大革命之前法国的情况。德国人民依然受着威权主义的基督教和旧制度的宰制。因此德国在社会层面和政治层面远远落后于当时的法国。① 但与之前的黑格尔一样,海涅不觉得德国政治与法国政治之间的这种差异意味着德国完全缺少现代性。海涅采取与黑格尔相仿的解释策略,指出德国哲学与法国大革命之间存在着"显著雷同"(RP 200)。

像黑格尔一样,海涅看到这种雷同在康德哲学那里表现得尤其明显。海涅写道:随着康德发表《纯粹理性批判》,"在德国兴起了一场智识革命,这场革命展现出与法国的物质革命极其显眼的相似,而且必定显得……同样重要"(RP 200)。德国的思想革命与法国的政治革命都经过了"同样的阶段"。罗伯斯庇尔和恐怖统治推翻了既往的一切政治权威形式并废除了君主制,而康德则批判了先前的一切认识论权威并涤除了自然神论。欧洲的征服者拿破仑,在费希特笔下创造世界的"自我"那里找到了他在德国的另一个自己。谢林的自然哲学以及他最终皈依天主教和绝对专制,都对应着法国出现的复辟。法国对复辟的颠覆以及由此达到的政局,相当于黑格尔及其追随者对保守主义自

---

① Heinrich Heine,"Concerning the History of Religion and Philosophy in Germany", in *The Romantic School and Other Essays*, (eds.) J. Hermand and R. C. Holub, New York: Continuum Books, 1985, p. 129.以下引证时采用 RP 加页码的缩略形式。德文版参见 Mayer, *Beiträge zur deutschen Ideologie*.

然哲学的击溃。海涅提到,黑格尔“闭合”了哲学革命的“伟大圆周运动”(RP 199-240)。

通过断言德国思想与法国政治之间存在这种同质性,诗人兼思想家海涅便能够为德国文化争取对现代性的分享。但是对于海涅这位持不同政见的人士而言,德国只在文化上类似于法国的政治现代性还远远不够。毕竟他还在流亡,而且他的德国同胞还生活在不依宪法的统治和监管之下。换言之,通过确立德国思想与法国行动之间的同质性,海涅就触及了黑格尔当年不得不面对的那个问题:进而使德国政治与德国现代文化步调一致。海涅遇到的难题和此前的黑格尔一样,即如何证明德国实践将与德国理论联合起来。

海涅在此倒转了黑格尔的程序。黑格尔称,理性在历史中逐渐显身,它在德国呈现出某些内向的唯灵主义形式,这些唯灵主义形式转而创造出促进理性政治改革的内心取向。海涅则主张,唯灵主义或唯心主义的取向具有固有的威权主义性质,它们使人注意不到具体的政治事务从而隐蔽地支持暴政。他以感觉主义(亦即推崇物质、关心感官满足)与此相对,认为感觉主义是历史的激进能动者:它让人关注实际的政治世界(RP 146-147,167,177-181)。

要建立起德国政治变革的可能性,海涅现在就得在德国的制度和传统中寻出感觉主义的渊源。他主张,感觉主义在法国以启蒙运动中那些毫不妥协的唯物主义哲学的形式表现出来(RP 168-169);它在德国则呈现出更加神秘的形式,这根源于德国过去的异教时代。它表现为泛神论,表现为对于神圣与自然、上帝与物质的统一性的信仰(RP 137)。

海涅支持德国政治变革可能性的论证,与黑格尔的手法有所不同;事实上二人似乎沿着不同的方向推进。为了维系德国政治变革的可能性,海涅在德国的过去识别出一种激进的感觉主义,从而驳斥了黑格尔对于德国特有唯灵性的信念。若照此推断,有人可能得出结论说海涅也驳斥了德国的新文化认同。把德国的诗人和思想家作为唯灵性之特权容器的观念,必定在他看来是反动到无可救药的。

但海涅其实没有驳斥德国的文化认同。有别于通常对德国唯灵性的强调,海涅在德国文化里识别出一种不同的内容,亦即感觉主义,但他将这一新内容置入被黑格尔视为德国唯灵性之界定性表现的那些德国文化形式里。也就是说,海涅保留了通常界定德国新文化认同的文化形式序列。他恪守着造就德国特有文化的那些约定俗成的事项,但他赋予那些事项崭新的实体和后果。

海涅和黑格尔一样把路德的宗教改革视为(往小的方面讲)德国发展的一道分水岭以及(往大的方面讲)人类发展的一道分水岭。它标志着自由方面的质的进展。但与黑格尔针锋相对的是,海涅认为宗教改革的进步性在于路德的"感觉主义",在于路德承认日常物质生活的合法性。① 路德的感觉主义传承至斯宾诺莎的泛神论哲学,又通过斯宾诺莎进入德国哲学,在谢林和黑格尔那里获得最高表达。这样一来泛神论便栖身于德国的宗教和哲学之中。而由于黑格尔"闭合"了哲学革命的"伟大圆周运动",由于泛神论已在理论上臻于顶峰,海涅认为它现在必然会汇入现实。海涅写道:"革命力量由于这些学说而发展起来,这些革命力量一直静候某一天它们能够爆发并令世界为之震惊钦羡"(RP 242)。海涅在《论德国宗教和哲学的历史》的结尾预言德国革命即将来临,并警告法国人,如果他们竟敢干涉,就将和德国同样经历血光之灾(RP 244)。

海涅和黑格尔一样以德国文化来比附法国大革命,以便保留德国文化的历史合法性。德国的新文化认同——即德国人是地道的诗人和思想家——同样参与现代性。但是鉴于黑格尔历史哲学讲座之后的十年政治反动,海涅不再能通过简单地断言德国政治即将与德国理论同步来保障这一雷同性。现在要主张德国文化预示着或将要引发进一步

① 在海涅看来,这表现在路德的出身、直言不讳的个性、对僧侣独身生活的驳斥以及对奇迹的放弃等(RP 152-162)。

的政治改进,就需要重新书写德国文化的意义,亦即一种黑格尔式的扬弃,既改造该文化,使之与当时的激进要求更加匹配,又保留其司空见惯的界定形式。按照海涅对德国文化认同的重新书写,德国依然因其宗教和哲学成就的日益深邃精致而独步天下、令人称许,但那些成就不再被看作实体上唯灵主义的东西。德国文化认同的那些约定俗成的示意符号,在其外观的唯灵性背后代表着深层的、颠覆性的感觉主义。

海涅力求革新德国与法国大革命联合的计划,这意味着该计划自黑格尔 19 世纪 20 年代的讲座以来已经变得更有问题了。面对德国政治对法国大革命理性原则的明显敌视,为德国文化争取参与现代性已经变得越来越难以为继。海涅在贯彻这项文化合法化计划时遇到了棘手的困难,这一点也以另一种显著的方式表现出来。在重构德国现代文化认同时,他忐忑不安,感到这样一项计划最终是站不住脚的。他在进行一番自嘲时,事实上挫败了自己保留德国文化现代性的努力。

如上所述,海涅的论证分为两步。首先,他主张从康德到黑格尔的德国哲学发展与法国的政治发展如出一辙;这就确立了德国对现代性的参与。其次,为了从思维转向行动,海涅主张德国思想的革命标志着一种固有革命性的泛神论的发展顶峰。既然理论革命完成了,则现代泛神论将汇入现实世界。可是海涅从未充分说明理论泛神论向革命行动的这种过渡。他没有表明这在经验上或制度上如何发生,而只是断言这种发展是泛神论意识的内部运作必然得出的一种逻辑推演。① 但我们很难接受这番断言。它既不是逻辑上不证自明的,更不像海涅表明的那样因其泛神论者的实际行为方式而得到证成。

泛神论者中鲜有革命者。海涅告诉我们,有些泛神论者(诸如浪

① 海涅说:"在我看来,我们这样一个有法度的民族得从宗教革命开始,唯有在这之后才能致力于哲学,唯有在完成哲学之后才能接着发展到政治革命。我觉得这个次序非常合理"(RP 242)。

漫派和歌德)在政治上是保守的或顶多在政治上是事不关己高高挂起。而且他承认,谢林虽是德国哲学革命中立下汗马功劳的泛神论者之一,却在政治和宗教上越来越保守,终而像其他浪漫派泛神论者一样皈依天主教(RP 237-239)。海涅痛心疾首于谢林显而易见的政治倒退,指出不仅谢林而且康德和费希特"都得背负变节的罪名"。按海涅的说法,他们在晚年背叛了自己的哲学(RP 239)。

海涅对谢林实际政治作为的长篇大论,便驳斥了自己有关泛神论之革命潜能的论证,从而否定了德国文化分享现代性的请求。换言之,海涅"解构"了自己正在建立的精致解释体系。当他大讲特讲泛神论的实际后果时,他精心划定的各种对立事物(唯灵主义 VS 感觉主义、保守主义 VS 激进主义)和雷同事物(德国与法国、思想与行动)的体系,就开始沦落为范畴的混乱:感觉主义可能导致政治保守主义,现代哲学配合着倒退的浪漫主义,思想驳斥行动。

因此海涅的努力目标是自相矛盾的。他既赞成一种立场,又动摇这种立场。在《论德国宗教和哲学的历史》中,这一矛盾的、自我否定的程序唐突地导致理屈词穷:海涅突然笔锋一转。在声称德国的伟大泛神论者往往"变节"之后,他立即插入一句"我不知道最后这句话为何让我怅然若失,以至于我简直无法在此摆出其余有关当今谢林先生的难堪真相"(RP 239)。海涅随即回到他有关德国泛神论之本质激进主义和最终现代性的论证上来。他专断地抑制自己的疑虑,转向更令人愉悦的想法:"咱们[别再提晚年谢林了]还是来称赞一下往昔的谢林吧……因为往昔的谢林正与康德和费希特一样代表着我们哲学革命的重大阶段之一,我在本书里把它们比之于法国政治革命的各阶段"(RP 239)。海涅迫使自己关注泛神论更有希望的青春时代,从而延续自己有关德国理论之固有政治激进主义的论证。他对自己的焦虑的回答就是避而不答。

然而这些焦虑总也挥之不去。在《论德国宗教和哲学的历史》1852 年第 2 版序言里,海涅实际上驳斥了其研究的中心论点。他承认,他错误地主张他眼中最激进的德国哲学流派具有实际力量。他指出,黑格尔的激进追随者们终究无法改变现实(RP 5)。[①] 这样一来,连最发达的德国泛神论形式都没有自动地将其能量汇入现实。该序言中这一显眼的坦白,给后面文本的全部论证以致命打击,而且德国的文化认同再次面临着偏离法国大革命现代性的风险,这一处境比在黑格尔那里更加明显。

马克思:承认并克服德国文化

在海涅发表《论德国宗教和哲学的历史》之后的十年,德国自由派和激进派的业绩鲜有什么起色。1840 年腓特烈・威廉四世在普鲁士登基,最终再次掀起政治压迫的浪潮,这导致青年卡尔・马克思迁居巴黎。马克思在这里就像当年的海涅一样重新省察德国的文化和政治状况,拿法国大革命的那种现代性标准作为参照。马克思在巴黎发表的《〈黑格尔法哲学批判〉导言》,表明又一个十年的政治保守主义如何使得黑格尔和海涅曾经的希冀完全成为泡影。

与之前的黑格尔和海涅一样,马克思以法国大革命来衡量当时的德国,发现了德国的政治缺陷。马克思直言不讳:德国是"时代错乱,它公然违反普遍承认的公理"。[②] 事实上,德国的制度极其倒行逆施,就算是废除它们也不会使德国合乎时宜:"即使我否定了 1843 年的德国制度,但是按照法国的纪年,我也不会处在 1789 年,更不会是处在当

① 亦参见 Heine,"Les Aveux"1169-1206。海涅在《论德国宗教和哲学的历史》里对黑格尔的评价其实自相矛盾。他说黑格尔的理论是激进的甚至是潜在嗜杀的,可在另一处却说黑格尔是温和稳健的精神(RP 237)。而且在另一份作品里,他拿黑格尔的理论与充斥着政治集团竞争的奥尔良政府相提并论。这也暗示我们,黑格尔的理论可能有不同于他所归结的革命性特征的特征。参见 Heine,"*Introduction*" *to Kahldorf Concerning the Nobility in Letters to Count M.von Moltke*,in The Romantic School and Other Essays 246。

② 《马克思恩格斯全集》第 3 卷,人民出版社 2002 年版,第 203 页。

代的焦点。”①

但马克思还是像黑格尔和海涅那样承认德国也不是与现代性完全不沾边;他也认为现代性已在德国思想中体现出来。马克思写道:“我们是当代的哲学同时代人,而不是当代的历史同时代人。”②现代政治在德国表现为现代哲学:“我们德国人在政治上思考其他国家做过的事情。”③

为决定德国在现代历史中的地位,马克思从黑格尔和海涅用过的那种解释动向出发:他在法国政治和德国思想之间建构起一种同质性或比附关系。但该手法服务于迥异的策略。黑格尔和海涅之所以建立二者的比附关系,是为了让德国文化与法国大革命那公认的现代性联合起来。这样德国就能名正言顺地分享现代性了。而为了维持该比附关系,这两位思想家就主张德国现代观念是现代政治改革的预兆。德国思想的现代性指示着德国现代政治即将来临。

然而马克思让黑格尔和海涅自相矛盾。他采纳了德国的新文化认同,即认为德国的诗人和思想家是独一无二的,而且像黑格尔和海涅那样赋予该认同以一种现代特征。可他接下来偏离了先前的解释样式,拒绝走出下一步;他拒绝预言德国政治与德国理论随后的谐和一致。而且马克思反讽地倒转了黑格尔和海涅先前的推理,通过诉诸德国思想的现代性为他的拒绝提供正当理由:在马克思看来,德国文化的现代性阻却了德国现代政治的可能性。

对马克思而言,德国思想与法国政治之间的比附关系不再预示着被成全的德国政治现代性。相反,这种比附关系对马克思来说意味着德国是无可救药的时代错乱。黑格尔和海涅不顾德国政治的落后而为德国理论的现代性摇旗呐喊,马克思则主张德国理论之所以先进正是

---

① 《马克思恩格斯全集》第3卷,人民出版社2002年版,第201页。
② 《马克思恩格斯全集》第3卷,人民出版社2002年版,第205页。
③ 《马克思恩格斯全集》第3卷,人民出版社2002年版,第207页。

因为德国政治的倒退。他写道:“[德国]的思维的抽象和自大总是同它的现实的片面和低下保持同步……德国的国家学说的现状表现了现代国家的未完成,表现了现代国家的机体本身的缺陷。”①简言之,德国哲学正是德国人弥补糟糕现实的方式——它从思想上补偿不健全的政治。

马克思发现德国哲学与政治处于反向关系之中:政治越是倒退,作为补偿的理论就越是现代。而随着理论持续地发展先进的现代性,相形之下政治就越发变成病入膏肓的时代错乱。德国文化和政治的现状现在开始“把现代政治领域的文明缺陷同旧制度的野蛮缺陷结合在一起”。② “我们没有同现代各国一起经历革命,却同它们一起经历复辟。”③马克思预言:“有朝一日,德国会在还没有处于欧洲解放的水平以前就处于欧洲瓦解的水平。”④

与黑格尔和海涅不同,马克思不相信德国哲学预示着德国的现代政治或者力求实现德国的现代政治。相反,德国哲学的现代性完全取决于它的反面,即政治现实的落后。前者的存在预设了后者。对 1843 年的马克思而言,问题不在于德国的现实能否赶上德国的理论从而与其他国家的政治现代性相媲美。德国思想的现代性与德国倒退的政治实践之间恶劣的共生关系杜绝了那种可能性。简言之,德国没机会达到当前的历史水平。

马克思以为德国的新文化认同仅仅表明它是杳无希望的时代错乱;这种认同与倒退的政治沆瀣一气,使得德国的制度依然“低于历史水平”。⑤ 德国面临时间上的困局,它的理论恪守当前,它的政治拘泥于过去。在《〈黑格尔法哲学批判〉导言》的最后几页,马克思事实上还

① 《马克思恩格斯全集》第 3 卷,人民出版社 2002 年版,第 207 页。
② 《马克思恩格斯全集》第 3 卷,人民出版社 2002 年版,第 209 页。
③ 《马克思恩格斯全集》第 3 卷,人民出版社 2002 年版,第 201 页。
④ 《马克思恩格斯全集》第 3 卷,人民出版社 2002 年版,第 209 页。
⑤ 《马克思恩格斯全集》第 3 卷,人民出版社 2002 年版,第 202 页。

提到德国缺少具体历史发展的通常资源——它那林立的小邦和孱弱的阶级不足以成为变革的担纲者。①

德国重回历史主流的唯一希望在于拒斥过去和当前，而且马克思坚信他们这么做的时候不得诉诸任何被视为有着德国特征的东西——既不得诉诸德国文化，也不得诉诸德国的政治和社会。马克思在德国内部寻找与德国文化和制度毫无瓜葛的历史担纲者。事实上，他有悖常理地将这新的历史担纲者的特点，界定成与作为其母体的社会和文化相决裂；它是"一个并非市民社会阶级的市民社会阶级，一个表明一切等级解体的等级，一个特定的领域……这个领域不能再求助于历史的权利，而只能求助于人的权利，它不是同德国国家制度的后果处于片面的对立，而是同这种制度的前提处于全面的对立……"。② 马克思通过这一番语焉不详、有悖常理的表述，第一次号召无产者担当起历史的关键角色。无产者作为历史担纲者的第一次体现，便是致力于德国的救赎。③

一套话语的终结

从黑格尔到海涅再到马克思的运动，并不仅仅标志着从唯心主义

---

① 《马克思恩格斯全集》第3卷，人民出版社2002年版，第209—212页。亦参见《马克思恩格斯全集》第3卷，人民出版社1960年版，第211页以下。

② 《马克思恩格斯全集》第3卷，人民出版社2002年版，第213页。

③ 马克思这里对无产者的描述，显然有别于他在后续作品中对无产者的描述。在《共产党宣言》以及其他著作里，马克思称无产者是严格意义上的阶级，而非同时是一个等级。他还放弃了无产者不属于社会这一模糊的观念，而视其为现代社会之决定性冲突的两极之一。在《〈黑格尔法哲学批判〉导言》里，马克思似乎认为无产者的登场是德国特殊的文化政治处境的唯一出路，但尚不清楚它如何与其他相对而言一贯"发达的"国家的发展衔接起来。当然，在后来的作品里，他把无产者从德国特有的处境中单拿出来，将之整合到所有工业社会的"常规"演进中。同时，无论在马克思本人的特殊看法中还是在德国社会主义的一般看法中，马克思最初发现的德国问题的特性都越来越被忽略了。换言之，随着马克思主义渐趋体系化，无论是无产者还是德国都被嵌入工业资本主义的一般统一发展之中。

向唯物主义的转换。这三位思想家都在某种意义上是唯物主义者；三人都承认19世纪的德国问题是社会和政治的问题，是他们眼中的现代社会政治制度的匮乏。其实，从黑格尔经过海涅再到马克思的运动意味着，将德国知识分子确立和传播于世纪之交的新文化理想合法化的特殊努力逐渐化为泡影。从黑格尔到海涅再到马克思，面对着法国大革命那公认的现代性，德国的文化认同（即德国人是地道的诗人和哲人）越来越站不住脚了。

黑格尔和海涅在当时的法国政治和德国思想之间建立比附关系，以便证成德国分享现代性的请求；这样一来，德国就可以跻身于历史的先锋派了。他们因为德国明显欠缺现代性，故而自觉建立这一比附关系。然而尽管这种解释策略承认以德国缺失政治现代性为推导起点，但它也否定这种缺失，断言法国政治与德国理论的当前同质性必定引发今后德国政治的同质性发展。德国思想的现代性使得德国的现代政治成为势所必然。因而，法国政治与德国思想之间的这一比附关系力求矫正自身的政治前提——即推翻德国政治"落后"的既成事实。

德国明显继续抵制政治现代性，这最终动摇了那种以为德国政治即将与德国文化步调一致的乐观信念。随着政治改革的希望破灭，以所谓德国文化现代性为政治改革之基础的那些论调也愈发显得像是打肿脸充胖子了。到19世纪40年代中期，马克思已经不再指望德国思想和德国现实之间的反向关系能矫正到顺应思想的现代性。1843年时，他让联合德国文化与法国大革命的计划陷入自相矛盾。对马克思而言，德国的思想与法国的现代性同样先进，但这不是德国现代政治的预兆。相反，德国文化做出巨大贡献是为了淡忘德国的政治倒退；德国的文化认同立足于对其政治前提一厢情愿的压制。德国思想与德国现实之间的反向关系势所必然，正因为德国现实的落后，德国的思想才现代。

马克思通过让黑格尔和海涅的解释策略自相矛盾，对其前人做出了反讽的品评。按马克思的论述，证成德国文化现代性的那些尝试间接表现了德国的刚愎自用。它们是力求达到历史自觉的一些语焉不详、自欺欺人的尝试。它们承认德国反常的历史地位,继而却试图一厢情愿地逃避这一点,亦即陷入有关即将到来的必然政治和谐的迷误,错误地相信统一的现代性正在降临。因此,黑格尔和海涅的自觉最终重新产生了它希望克服的条件;它对于德国文化现代性的肯认是无力的、无所依凭的。马克思通过抨击他自己运用的解释策略,在《〈黑格尔法哲学批判〉导言》里终结了一套流传几代人的话语,这套话语矢志不渝地将德国文化嵌入现代性的一般体系之中。具有讽刺意味的是,马克思对这套话语的贡献恰是对它的宣判:他指控这套话语在促使德国时代错乱方面助纣为虐。

(译者　南京师范大学法学院、中国法治现代化研究院副教授)

青年马克思与康德式伦理学*

[美]卡　因 著　姚　远 译

青年马克思的确深受黑格尔影响,但我想指出,假如我们看到亚里士多德和康德对马克思的影响,那么就能深化对马克思早期伦理观点的领会。马克思所运用的本质概念在很大程度上类似于亚里士多德的本质概念,而他所运用的普遍化概念则同康德绝对命令中包含的普遍化概念十分接近。与此同时,马克思的任务是把这些亚里士多德式元素和康德式元素调和起来。

说青年马克思受到亚里士多德的影响,这不是什么新鲜的观点,但极少有马克思研究者会说,马克思受康德影响甚深,而我想证明这确系实情。但这事说来容易做起来很难。我们不能简单地把马克思称为康德主义者。他充其量是让康德思想的某些部分为己所用。与此同时,他还摒弃了康德的很多思想。此外,他把康德的观点同其他哲学家的观点杂糅起来,例如,亚里士多德的本质概念。不过,我希望证明,马克思对普遍化问题的看法在很多方面类似于康德的绝对命令观念。但我一开始就必须指出,马克思并没有照搬康德在伦理著作中——《道德形而上学的奠基》和《实践理性批判》——对绝对命令问题的讨论,或

---

* 译自 Philip J. Kain, "The Young Marx and Kantian Ethics", in *Studies in Soviet Thought*, Vol. 31, 1986, pp. 277 - 301. 本译文是国家社科基金一般项目(17BFX161)的阶段性成果。

者说,他至少摒弃了那些文本中的很多假定。康德在那些文本里主要侧重于探讨道德属性的意义,他似乎经常假定,实现道德不会有什么实际的困难。个人是自由的,因而就应该依道德行事。是不是要做有道德的人,完全取决于个人。但康德在其政治作品和历史哲学作品里就不是这样假定的。在后面这类文本中,文化和社会制度的历史发展乃是道德何以可能——即根据绝对命令的行动何以可能——的必要预设。在此我们发现了马克思和康德之间的第一个相似点。马克思致力于寻找有可能实现道德的历史行动者,他在这样做的时候,受到了康德相关说法的影响。本文的第一部分旨在解释这一点。然而,马克思在另一个领域也受到康德的影响,即马克思有关共产主义社会的理论,这种社会正是由上述行动者建立的。马克思这里的自由概念,类似于康德绝对命令学说中包含的自由概念。本文第二部分将讨论这一点,而且只有在第二部分我们才能看清,马克思究竟如何把亚里士多德和康德最终调和起来。

一

如前所述,马克思首先关心的是解释如何能够在这个世界实现道德。但若要理解他的观点,我们就得先澄清和试着理解几个概念,以及这几个概念如何环环相扣。我们必须先理解马克思的本质概念、需要概念、自由概念和法概念,接下来才谈得上理解他的普遍化概念,才会开始看清后者如何类似于康德的绝对命令概念。一旦我们艰难地完成这几步铺垫工作,方能开始讨论马克思真正关心的东西,即社会中如何实现道德,而我们将在这里更真切地看到康德的影响。我们首先来探讨马克思的本质概念。

首先,对马克思来说,本质是发展着的。例如,国家中的每个领域、每种制度都有自己的本质,这本质按其内在的生命法则而发展。本质的不受阻碍的发展,是其特定的自由,而且本质必须被允许按其特定方式发展。因为按马克思的观点看,"对人说来,只有是自由的实现的东西,才是好的"。[①] 自由并不意味着随心所欲、毫无滞碍,而是指事物本质的不受阻碍的发展。事物本质(即事物本性、事物内在固有的状态)的实现,就是事物的善。

对亚里士多德来说,事物的本质表达于事物的定义中,而且在他看来,事物臻于其理型的完满时,要比它的潜能存在状态更符合它本来的样子。事物的本质展露于生长或发展的过程,理性或本质正是借此过程得到落实的。这种得到实现的理型是它的目的,而目的就是事物的善。每个事物都有一种进程、活动或功能。当事物完全践行其本来的活动或功能时,当事物实现自己的本质时,它也就达到了自己的目的或曰善。人类的本来活动,亦即他们的目的、他们的本质,就是根据理性来活动。[②] 在某些意义上,马克思的本质概念与其说接近黑格尔不如说更接近亚里士多德。在马克思和亚里士多德看来,万物各自存在着,并拥有它们自己的本质。在黑格尔看来,只存在一种本质,而且这本质被等同于理念,亦即绝对或上帝。[③] 对黑格尔来讲,经验事物是理念的产物、显示,理念是它们的本质。另一方面,马克思并不像亚里士多德那样认为事物的理性或目的一成不变。[④] 在马克思看来,本质通过历史而演变发展。亚里士多德不像马克思和黑格尔那样关注自由和本质之间的关联。

马克思告诉我们,我们必须用本质来衡量实存。我们评价任何特

---

① "Free Press", *Marx Engels Collected Works* (*MECW*), International Publishers, New York, 1975, ff, I, pp.151-153, 155, 158-159, 173-174; *Marx Engels Werke*(*MEW*), Dietz Verlag, Berlin, 1972, ff, I, pp.47-49, 51, 54, 69-70.

② Aristotle, *Physics*, 193b; *Metaphysics*, pp. 1013a-1013b, p. 1014b, p. 1015a; *Nicomachean Ethics*, p.1098a.

③ "Critique of Hegel's Philosophy of Law (CHPL)", *MECW*, III, pp. 7-9, p. 39 and *MEW*, I, pp.205-208, 240-241; G.W.F.Hegel, *Science of Logic*, trans. W.H.Johnston and L.G.Struthers, Allen & Unwin, London, 1966, II, p. 15, p. 162 and *Wissenschaft der Logik*, (eds.) G.Lasson, Felix Meiner, Hamburg, 1969, II, pp.3-4, 158-159.

④ *Physics*, pp.198b-199b; *Metaphysics*, p.1033b, p.1039b; *Politics*, p.1256b.

定的现实,必须参照其理念或概念进行衡量。① 我们通过抽象和概念来把握本质;本质是事物的理念或概念,不同于事物的感性经验实存。② 当经验实存断绝了同其本质的联系并且不再符合它的本质,这样一种事态便产生了道德方面的恶。马克思后来把实存不符合本质的情况称为异化。道德方面的善是实存同本质相契的结果。③ 因此,例如,我们可以通过考察国家的本质来评判某个国家的道德价值。我们可以追问某个现实的国家是否完成了国家的本质,是否符合国家的本质,或者是否能根据国家的本质推演出来和进行辩护。④

当我们考察人的本质时,我们还须增加一个概念。在马克思看来,人所需要的任何东西,都对人类具有本质意义,都是人的本质的一个方面。需要的出场,表明某个实存事物对某个存在者具有本质意义,表明假如没有这个实存事物,那个存在者就无法拥有完满的、得到实现的、得到满足的实存。⑤ 要是这种需要被泼了冷水,要是它得不到满足,或者要是满足它就会损及其他需要,那么实存就不符合本质,出现了异化。

如前所述,在马克思看来,本质是发展的。马克思的需要概念是理解此发展的重要工具。需要产生于不断演化的社会条件和关系中,并在其中发生转变。反过来讲,需要设定了一个个特定的任务,故而若要满足需要,就得改变世界。我们循着需要和世界的这种相互改造过程并加

---

① "Dissertation", *MECW*, I, p. 85 and *MEW*, Ergänzungsband I, pp. 326–329. "Free Press", *MECW*, I, p. 154 and *MEW*, I, p. 50; "Liberal Opposition in Hanover", *MECW*, I, p.264 and *MEW*, Erg.I, p.387. "Divorce Bill", *MECW*, I, pp.308–309 and *MEW*, I, pp.149–150.

② "Estates in Prussia", *MECW*, I, p. 295 and *MEW*, Erg. I, p. 409. "Divorce Bill", *MECW*, I, p.309 and *MEW*, I, pp.149–150.

③ "Dissertation Notes", *MECW*, I, pp. 448–449 and *MEW*, Erg. I, 106–107. "Free Press", *MECW*, I, pp.158–159 and *MEW*, I, p.54. "Divorce Bill: Criticism of a Criticism", *MECW*, I, p.274 and *MEW*, Erg.I, p.389.

④ "Leading Article", *MECW*, I, pp.199–200 and *MEW*, I, pp.102–103.

⑤ "Free Press", *MECW*, I, 137 and *MEW*, I, p.33. "Comments on Mill's Elements of Political Economy" (*CM*), *MECW*, III, pp.218–220 and *MEW*, Erg.I, pp.452–454.

以理解,便能够描绘人类本质的发展。通过了解某个历史节点上的人感到需要什么,通过理解这种需要的特性及其满足方法,并且通过理解须经历怎样的特定过程方可满足这种需要,我们便能进而理解人的本质发展到怎样的水平,以及实存发生了多大程度的转变以适应本质。这样我们便可对情况作出道德评价。例如,通过确定某个特定社会产生的需要有什么特性,以及能够用来满足这些需要的生产力和社会过程,我们才能发现这些需要在多大程度上得到满足,而且我们可以比照需要可被满足或应被满足的程度作出衡量。我们可以发现实存在多大程度上符合本质。

再者,现存的需要不仅指向过去,也指向未来。这些需要告诉我们,必须如何进一步改变实存以适应我们的需要和进一步实现我们的本质。为满足某一需要而对实存进行的成功改造也会改变这种需要本身,或者换言之,某种需要一旦得到满足,就会让我们感觉到新的需要;这又要求我们进一步改变实存,以满足那种改变了的或崭新的需要。人类总有某个道德目标;他们不断地改造实存以契合自己的本质。

马克思在最早期的作品里对上述需要概念一笔带过,只是到了1844年的作品里才进行充分发挥。在最早期的作品里,马克思以一种不那么具体而是比较形而上的方式提出这种需要概念。他认为,理论一旦得到充分发展,就不可避免地转向实践。事物的本质一旦发展到可以获得概念把握和普遍表述的阶段,就作为实践活动转而反对世界。这里,马克思考虑的是给定历史时期中的国家本质或民族本质。一旦这种本质充分发展,我们就把它理解为一种哲学、一种总体的世界观、民族精神。理论一旦抵达这种学理层面,就开始对照本质来衡量一切特殊实存物;理论批判这些特殊事物,并实际地致力于按照本质来改造它们。马克思认为,其结果是世界的哲学化亦即按照理论被改造,以及哲学的世界化亦即投身于世界并在其中发挥作用。①

① "Dissertation", *MECW*, I, pp. 85–86 and *MEW*, Erg. I, pp. 326–331; "Dissertation Notes", *MECW*, I, pp. 491–493 and *MEW*, Erg. I, pp. 214–219; "Leading Article", *MECW*, I, p. 195 and *MEW*, I, pp. 97–98.

自由、法律和本质这三者在马克思最早期的作品里有着紧密关联。这里，马克思还没有像他后来要做的那样摒弃法律。自由以法律的形式存在于国家中；事实上，“法典是人民自由的圣经”。法律是普遍性的实定规范，自由（亦即本质之发展）在其中获得了不以个人专断意志为转移的理论存在。普遍的法律体现着本质，而个人的特殊利益是非本质性的、专断的、偶然的。遵从特殊的利益而非普遍理性的法律，无异于非道德地、非理性地、奴颜婢膝地臣服于某个特殊对象。在马克思看来，自由的无意识的自然规律，被表述为有意识的国家法律。故而法律是现实生活在意识中的反映。既然法律体现着本质，或者换言之，既然法律是自然的，那么一旦人不再服从这些自由的规律，国家才可以强迫人服从法律，也就像卢梭说的那样强迫人成为自由的人。一部人定法律就好比一条自然规律。例如，它就像重力定律那样，仅当人们试图违背或忽视这条定律时，才对人们施以外在的限制。国家的法律是自然规律的有意识表达：它们表达了事物的本质，因而使自由成为可能。马克思主张，立法者在制定法律时，应该担当自然科学家的角色。人定法律就像重力定律那样不是被造就或发明出来的。毋宁说，社会关系的现实内在规律被立法者发现，并被有意识地表述为人定的法律。①

马克思的自然概念非比寻常，而且可以说迥异于康德的自然概念。自然规律以及类似于自然规律的人定法律，并不像现象同本体相对立那样不可避免地同自由相对立。只要满足三个条件，类似于自然规律的人定法律也便是自由的法律，即：（1）这些法律体现着我们的本质（而我们的本质是自然的；我们是自然的一部分）；（2）这些法律是普遍而理性的（不是立足于特殊利益）；（3）对象的无意识的本质规律得到

① “Free Press”, *MECW*, I, p. 162, p. 167 and *MEW*, I, p. 58, p. 63; “Wood Theft”, *MECW*, I, p.227, p.243, p.262 and *MEW*, I, p. 112, p. 128, p. 147; “Divorce Bill”, *MECW*, I, p.308 and *MEW*, I, p. 149; “Justification of the Mosel Correspondent”, *MECW*, I, p.337 and *MEW*, I, p.177; Also *CHPL*, *MECW*, III, p.58, p.119 and *MEW*, I, p.260, p.325.

有意识的承认，并被公开设定为普遍的规范，因而我们像康德所言的那样不仅依照法律行事，而是依照法律的概念行事。① 马克思并不是在混淆事实和价值。单是依照自然或我们的本质行事还不够。我们必须认识到这个本质是什么，并在如下意义上照此行事，即让有意识的、得到公开承认的普遍而理性的原则规定着我们的行为。但在这样做的时候，我们的行为并不像康德理解的那样脱胎于自然之外的领域，也不同自然相反。人类及其意识和理性，在马克思看来都是自然的一部分。②

马克思的本质概念使得从事实向价值的过渡成为可能。发现事物的本质，就是发现事物实际是什么，而这又告诉我们那个种类的个别事物能够变成什么样子，让我们得以看到可能的发展空间，看到事物实际上的最充分发展。就人类而言，理性便可借此寻求实现这些可能性。但理性为什么应当寻求这一目标呢？理性为什么应当看重这样一个目标的价值呢？理性要实现自身就必须这样做。理性也是自然的一部分，有着要实现的本质。假如理性不这样做，假如理性不展开自身（这是它的自然命程），那么我们就可以认为理性遇到了挫折，是不自由的。但这还是在说理性必须或者能够实现自身，而不仅仅是应当这样做。橡树果是不是终而长成橡树，不涉及道德自由存在与否的问题。但人类、理性是不是终而实现自身，则涉及这个问题。理性因其自然本性而致力于实现自身。但这个目标不是从外面强加给它的，也不是内在但却无意识的东西。理性因其特定的自然本性，只能有意识地、自由地寻求自我实现。于是这里就有个应当的问题了。我们不妨说，因为理性只能有意识地、自由地实现自身，而且有意识的、自由的自我实现

① “Free Press”, *MECW*, I, p.162 and *MEW*, I, p.58, I; Kant, *Foundations of the Metaphysics of Morals* (*F*), trans. L. W. Beck, Bobbs-Merrill, Indianapolis, 1959, p.29, p.45 and *Kant's gesammelte Schriften* (*KGS*), ed. Royal Prussian Academy, Reimer, Berlin, 1910, ff., IV, p.412, p.427.

② *Dissertation*, *MECW*, I, p.65 and *MEW*, Erg. I, p.297; *Economic and Philosophic Manuscripts* (*EPM*), *MECW*, III, pp.275-276, p.336 and *MEW*, Erg. I, pp.515-516, p.579.

乃是理性的自然本性,所以理性应当实现自身。

我们还须解释,我们何以能够声称实存符合本质。当我们掌握了事物的客观自然本性并将其概念化为法律,我们如何表明本质和实存相互契合?这里,马克思受到康德的影响,我们可以开始看到马克思的本质概念和自由概念如何联系着这种普遍化概念。马克思认为,检验实存是否符合本质的办法,是对比形式和内容。法律的内容绝不可违背法律的形式。法律的客观内容,起源于相关事物的特殊自然本性、现实生活。另外,马克思和康德都认为,普遍性和必然性是任何法律都须具备的恰当形式。① 因此,法律的内容须能容纳普遍性和必然性。内容须能被赋予一种普遍的形式而又不造成矛盾。国家及其法律必须代表普遍的原则,而非私利或特殊利益。假如法律代表私利,亦即同其他人相对立的特殊集团或阶级的利益,那么国家就变成维护这种私利的单纯工具,②法律的内容就违背了法律那普遍且必然的形式。

马克思也把公开性视为法律的一种检验标准,这又同康德一致。对康德来说,任何行动若会因预先的明令禁止而受到挫败,则被视为非法行动。这条原则在法律领域发挥作用,正如绝对命令在道德领域发挥作用。马克思和康德都认为,唯有普遍的东西才能承受公开性,背离了普遍利益的特殊利益则做不到,因为形式和内容这时会发生矛盾。③

我们至少简略地叙述了马克思的自由概念、本质概念、需要概念和

---

① "Marx to his Father on 10–11 Nov. 1837", *MECW*, I, p.15 and *MEW*, Erg.I, pp. 5–6. "Prussian Censorship", *MECW*, I, p.121 and *MEW*, I, p.15. "Wood Theft", *MECW*, I, p.231 and *MEW*, I, 116; I. Kant, *Critique of Practical Reason* (*CPrR*), trans. L. W. Beck, Bobbs-Merrill, Indianapolis, 1956, pp. 26–29 and *KGS*, V, pp. 27–29.

② "Wood Theft", *MECW*, I, p.241, p.245, p.259 and *MEW*, I, p.126, p.130, pp. 143–144.

③ I.Kant, *Perpetual Peace*(*PP*), in *On History*, ed. L.W.Beck, Bobbs-Merrill, Indianapolis, 1963, pp. 129–130 and *KGS*, VIII, pp. 381–382. "Prussian Censorship", *MECW*, I, 121 and *MEW*, I, p.15. "Wood Theft", *MECW*, I, p.261 and *MEW*, I, p. 145.

普遍化概念如何相互衔接。作好这个铺垫后，我们才能开始探讨马克思心目中最重要的事情，即如何在世界上实现道德。如前所述，在马克思看来，我们必须把握特殊对象的本质，并把这本质表述为理性且普遍的法律。这样我们便能对照本质来衡量实存，亦即对照普遍性的形式来衡量特殊内容。然而，这在马克思看来不仅仅是个人主观分析的过程。特殊内容的普遍化确实牵涉这一主观成分，但它肯定也是发生在社会世界里的现实过程，该过程要达到其最高程度的发展就必须显现在意识中。这种客观发展过程的自然本性（该过程如何发生，何以被理解、控制和引导），正是令马克思魂牵梦绕的东西，处于马克思早期伦理学说的核心。事实上我们可以说，马克思早期政治和伦理思想的主要目标，就是在现代世界中找出能够实现这一客观发展的行动者。马克思首先认为要把这种行动者定位于自由报刊；继而认为要定位于贫民；最后在 1843 年年末，又定位于无产阶级。

马克思在寻找具备某些特征的行动者，这种行动者能以革命的方式改造社会，因为他的自然命程亦即其本质指引着他向普遍事务迈进。马克思在寻找这样一种行动者，他的活动和目标都是道德的，因为他能够调和本质与实存，故而能够实现自由。

马克思在第一次尝试着定位这种行动者的时候，提出时代精神之捕捉、表达和生产系于自由报刊。自由报刊在任何革命中都扮演着重要角色，而革命也将在自由报刊中有所反映。自由报刊使物质斗争升华为精神斗争。它把个别的、特殊的利益同一般的、普遍的利益联系起来。马克思告诉我们，自由报刊是文化的强有力杠杆。它把需要同普遍且理性的形式联系起来。革命的动力最初只是单纯的需要或利益，但经过自由报刊的洗礼后，革命目标则具有普遍性和一般性。自由报刊让我们公开地承认那些可以被普遍化的需要和利益。①

① "Free Press", *MECW*, I, pp. 143 - 145, pp. 164 - 165 and *MEW*, I, pp. 39 - 40, pp. 60-61. "Estates in Prussia", *MECW*, I, p. 292 and *MEW*, Erg. I, p. 405. "Ban on the *Leipziger Allgemeine Zeitung*", *MECW*, I, pp. 312-313 and *MEW*, I, pp. 153-154.

在《关于林木盗窃法的辩论》一文中,马克思借着讨论贫民权利的契机,重新表述了自己的主张,而且在某些方面有所推进。鉴于他在后来的文章里继续把自由报刊说成是这样一种行动者,因此我们并不清楚他是否打算让贫民取代自由报刊作为革命的行动者。或许他在设想贫民和自由报刊的结合。无论如何,他对贫民的观点后来将移用于无产阶级。他提出,第六届莱茵省议会就新的林木盗窃法草案展开辩论时,贵族试图将自己的特殊利益确立为法律,其结果是法律的内容和法律的形式发生矛盾。贵族的私利不能被公开采纳为普遍利益。另一方面,马克思主张贫民的特殊利益同贵族的特殊利益有重大差别。马克思提出,贫民捡拾枯枝的利益、需要和习惯法符合法律的形式,是能够被普遍化的,因为贫民的需要是自然的本质需要,①因此是一切人共有的需要。这里,形式和内容不会产生矛盾。这里,特殊和普遍、需要和法权相互契合。

马克思在关注自由报刊和贫民的时候,都是在寻找一个群体,该群体能把特殊同普遍联系起来,因而推动特殊利益朝向普遍利益迈进。这样一来,哲学便可以转向实践,于是出现世界的哲学化和哲学的世界化。

马克思在《〈黑格尔法哲学批判〉导言》(1843 年)里,最终把普遍阶级等同于无产阶级。马克思这样做的时候,比以往更加清楚地阐发了一套革命理论,将革命的功能视为在实存中实现本质、联系特殊与普遍以及调和内容与形式。此外,这套革命理论背后的伦理观点,在很大程度上接近康德的观点,尤其是康德在《关于世界公民观点的普遍历史的观念》里阐述的观点。

马克思开门见山地提出,哲学批判的任务是扬弃政治领域的异化。② 在德国,哲学批判会采取特殊的形式。同西欧其他国家相比,德

① "Wood Theft", *MECW*, I, pp.230-234 and *MEW*, I, pp.115-119.

② "Introduction to the Critique of Hegel's Philosophy of Law" (*CHPLI*), *MECW*, III, pp.175-176 and *MEW*, I, pp.378-379.

国当时在社会层面、经济层面和政治层面都极其落后，而同时在哲学层面又极其先进。马克思认为，必须通过实现哲学来弥合哲学与现实世界之间的鸿沟。哲学必须转向实践。① 马克思提出，哲学批判，亦即根据德国哲学的理想作出的批判，催生了一条“绝对命令”：推翻一切否定“人是人的最高本质”的关系。康德主张，人必须被作为自在目的来对待，不得被仅仅当作手段。人绝不可被当作手段，除非同时被当作自在的目的。马克思的立场似乎比这种观点更强烈。如果制度把人当作手段，或者没有把人当作最高的目的，那么对这样的制度他一概反对。一切把人当作手段来对待的制度，都须施以革命的改造。如果这场革命是要实现那条把人当作自在目的来对待的绝对命令，那么理论（亦即德国哲学的哲学理想）必须化为物质力量。而要化为物质力量，哲学理论就必须掌握群众。② 只有当理论契合并实现群众的需要，哲学理想才能掌握群众。理论和实践相契合，就会弥合哲学理想同世界的鸿沟，弥合本质与实存的鸿沟。哲学将变成世界的，而世界也将变成哲学的。或者套用马克思的说法，思想与现实相互靠拢。③ 一方面是普遍、自由和绝对命令，另一方面是特殊需要，二者将会相辅相成。

在某种意义上说，任何革命若想取得成功，就必须让普遍利益和特殊利益达成哪怕暂时的一致。在资产阶级革命中（马克思称之为部分革命或政治革命），一个特殊阶级解放了自身并取得政治支配地位。要完成这一点，资产阶级的特殊阶级利益必须表现为整个社会的一般利益。资产阶级必须表现为社会的一般代表，反对表现为一般压迫者的另一个阶级，于是资产阶级所谋求的解放在社会其他阶级看来似乎是普遍地摆脱压迫者阶级。④ 然而，革命风潮一旦退去，资产阶级的特

---

① *CHPLI*, *MECW*, III, pp.177-181 and *MEW*, I, pp.380-384.

② *CHPLI*, *MECW*, III, p.182, p.187 and *MEW*, I, p.385, p.391. *F*, pp. 46-47 and *KGS*, IV, p.428; *CPrR*, p. 90 and *KGS*, V, p.87.

③ *CHPLI*, *MECW*, III, p.183 and *MEW*, I, p.386.

④ *CHPLI*, *MECW*, III, pp.184-185 and *MEW*, I, pp.388-389.

殊阶级利益便不再代表一般利益,而是同其他下层阶级的利益发生冲突。

另一方面,无产阶级革命(激进革命或者普遍革命)在若干重要层面与之有别。马克思力图主张,无产阶级的特殊阶级利益确实符合普遍利益,或者,我们不妨说无产阶级的阶级利益符合绝对命令。我想马克思的观点是这样的:无产阶级遭受深重的压迫,遭受残酷的剥夺和凌辱,因此它的特殊阶级利益、它的自私需要乃是极其根本的需要,很难把这些需要视为特权要求。这样的需要和利益,是人所共有的基本需要和利益。它们是有着本质意义的需要,即对体面的衣食住行、教育、人的正常发展等等的需要。这些需要合乎绝对命令,也就是说,绝对命令要求满足这些需要。①

哲学是革命的头脑,无产阶级是革命的心脏。哲学通过在无产阶级那里找到自己的物质武器而转向实践,发生世俗化。于是,随着无产阶级在哲学那里找到自己的精神武器,世界也就发生哲学化。②

马克思此处的观点明显类似于康德的观点,尽管康德在《道德形而上学的奠基》和《实践理性批判》里,确实明明白白地否认经验事物(利益、需要或倾向)能够决定道德,纵使这些经验事物符合道德的要求。③

在道德领域,至少对康德以及某些其他传统而言,一种行为要成为道德行为就不能以自利为动因。可一旦从伦理学转到政治理论,或者一旦考虑伦理学和历史哲学之间的关联,包括康德在内的任何严肃的理论家,都不会想当然地假定人们的行为合乎道德。在政治理论中,我们不能假定人们排除一己之利,或者假定人们总会依照绝对命令行事。

---

① *CHPLI*, *MECW*, III, pp.186–187 and *MEW*, I, pp.390–391.

② *CHPLI*, *MECW*, III, p.187 and *MEW*, I, p.391。于是,哲学取代了新闻书报;无产阶级取代了贫民;二者相辅相成。

③ *F*.p.5, p.28 and *KGS*, IV, p.389, pp.411–412. *CPrR*, pp. 34–35 and *KGS*, V, p.34. 但请参见 *CPrR*, pp. 8–9 and *KGS*, V, p.8.

政治理论的任务就是构想出某种模型来重新设计社会政治制度，或者理解社会政治制度那不断变化的结构，以便能够对自利进行疏导，使其至少产生秩序和安全，（假如可能的话）继而产生道德。当然，马克思并不假定人人都是大善人。他主张，阶级利益和需要将催生这样一个社会，其中有可能重新出现道德。

尽管康德在其伦理学著作中否弃了特殊利益，但当他转而探讨政治理论和历史哲学的时候，便认为特殊利益对实现道德具有本质意义。他在《论永久和平》里写道："我们不能由道德去指望良好的宪制，而不如反过来，由良好的宪制才能指望一个民族的良好道德教化。"他还写道：

> 建国的问题不论听起来是多么艰难，甚至对于一个魔鬼的民族（只要他们有理智）也是可以解决的。这个问题是："要安排一群有理性者（他们为了自己的存续，均要求普遍的法律，但每个人却暗自想要豁免于这些法律），并建立起宪制，使他们虽然在个人的心意中彼此对抗，但却相互抑制其心意，以至于在公开的举止中仿佛他们并无这样的恶念。"①

类似地，康德在《关于世界公民观点的普遍历史的观念》和《论永久和平》里阐发了一套历史哲学，根据这套历史哲学，"当每个人按照各自的心意，而且往往相互掣肘地追求他们自己的目标时，他们不知不觉地朝着他们自己所不知道的自然目标，以之作为一项指南而前进，并且为促成这个目标而努力。即使他们知道了这个目标，也很少将它再放在心上。"②

这一论点是亚当·斯密"看不见的手"理论的改写版，后者解释了共同善如何脱胎于一系列自私举动。对斯密来说，市场经济中的人都仅仅追求他们自己的私利，亦即他们自己的利润。但鉴于这个社会的结构，亦即由于分工，谁也不是自足的，谁也生产不出自己需要的所有东

---

① *PP*, pp. 112-113 and *KGS*, VIII, pp.366-367.

② "Idea for a Universal History" (*IUH*), in *On History*, pp. 11-12 and *KGS*, VIII, p. 17; *PP*, p. 106 and *KGS*, VIII, pp.360-361.

西，谁都得在方方面面依赖其他人（买进、卖出、求职、雇佣等）。由于一切人之间的这种相互依存，孜孜不倦的自利追逐活动通过看不见的手（亦即无意识间）产生共同善，产生国民财富，其效率比刻意为之更高，而若没有这种共同善、这种国民财富，谁也没机会实现个人利润。①

这种发展的关键，在康德看来是“非社会的社会性”；人们既有同社会上的其他人联合的强烈习性，又有离群从而随心所欲的自私念想。在虚荣、功名心、贪婪的驱使下，上述对抗推动我们去发展自己的力量和能力。康德认为，一段时间之后，这种社会将转变为道德的社会。②

人类的最高发展，亦即人类力量和能力的完全实现，仅在拥有特定宪制——它允许每个人有最大程度的自由，只要这自由同所有人的自由协调一致——的社会里才做得到。康德认为，正是源自非社会的社会性的那种对抗，会造就这样一套理想的宪制。战争会驱使我们落实理性本会自始告诉我们的事情，即形成国际联盟，亦即形成正义合法的国家间关系，并通过这种国际联盟最终在每个国家内部形成正义的宪制。换言之，由各国相互冲突的特殊利益催生的战争，会引发绝对命令本会自始要求的事情。③

鉴于各国间商贸往来的增长以及日益强化的相互依存关系，人们开始察觉，战争甚至会殃及未参战国家的商业利益。这类国家将不得不从中斡旋调停，进而为国际联盟铺平道路。④

在马克思看来，相互对抗的不是康德所谈的国家，而是阶级，并且道德目的之实现须依靠单一阶级而非国际联盟。不过除此之外（当

---

① A. Smith, *The Wealth of Nations*, ed. E. Cannan, Random House, New York, 1937, p. 423.我们将要看到，马克思并没有采用“看不见的手”模式作为自己的理想社会，而只是用于自己的革命理论。

② *IUH*, p. 15 and *KGS*, VIII, pp.20–21.*PP*, p. 111 and *KGS*, VIII, p.365.

③ *IUH*, pp. 16–19 and *KGS*, VIII, pp. 22–25; *PP*, p. 112–113 and *KGS*, VIII, pp. 366–367; *Critique of Judgement* (*CJ*), trans. J. H. Bernard, Hafner, New York, 1966, pp. 282–284 and *KGS*, V, pp.432–434.

④ *IUH*, p. 23 and *KGS*, VIII, p.28.*PP*, p. 114 and *KGS*, VIII, p.368.

然,许多其他差别亦除外),康德和马克思都认为,特殊利益的冲突会导致兑现绝对命令的要求。

康德认为,有两个因素在历史中起作用,而且二者汇流向同一目的。其一是我们自己的理性,亦即绝对命令的道德指令。其二是冲突所造就的自然—历史运动,随着冲突愈演愈烈,我们被迫在无意识间迈向道德本会自始要求的那些理性目的。①

在康德看来,不能把这第二个因素当作已知为历史所固有的现实目的,而只能当作一种理念,或者他在《判断力批判》里所谓的调整性理念,我们从来无法确认但却必须接受这理念的现实,仿佛它已经成立,这样才能发现整个现象界之中的充足统一性,让我们的理智得以履行自己的正当使命。② 这样一种普遍历史的理念尽管实际上无法被认知,但却允许我们的理智活动去扶助和催促历史的进程。③ 康德认为,人类除了凭借自己的理性缔造的东西,得不到任何幸福或完满。④

康德当然不认为历史冲突能够实际产生道德。但它能够产生合法律性;它能迫使转入这样一种境况,在其中,至少我们的外部行为符合我们的道德义务。是否能从这里出发迈向为了道德法则的缘故而行事的状态,则全靠我们自己了。⑤

---

① *IUH*, pp. 18–19 and *KGS*, VIII, 24. *PP*, p. 100 and *KGS*, VIII, pp.355–356.

② *IUH*, p. 24 and *KGS*, VIII, 29. *PP*, pp. 107 – 108 and *KGS*, VIII, p. 362; *Critique of Pure Reason*, B373 – B375, A323, A326 – A327, A509 – B537, A644 – B672, A647 – B675, A670–B699.

③ *IUH*, p. 22 and *KGS*, VIII, 27. *PP*, p. 112 and *KGS*, VIII, p.366. 马克思那种通过改造实存获得实现的本质的概念,的确不仅仅包含着一种调整性的理念。他的本质概念使他能够把实现真正的现实说成一种义务和最终目的("Marx to Ruge in Sept. 1843", *MECW*, III, pp.142–144 and *MEW*, I, pp.344–346)。然而,同康德认为的一样,这个过程是纯粹属于人的社会过程。不存在黑格尔所谓的绝对,不存在理性的狡计,因此人类不可能预判或指引历史的发展。

④ *IUH*, p. 13 and *KGS*, VIII, p.19.

⑤ "An Old Question Raised Again", in *On History*, p. 151 and *KGS*, VII, pp.91–92; *Religion within the Limits of Reason Alone*, trans. T. M. Greene and H. H. Hudson, Harper & Row, New York, 1960, pp. 89–90 and *KGS*, VI, pp.97–98.

康德的道德学说以及他的政治学说和历史学说之间，无疑存在一定的张力。他在自己的伦理作品里提出，任何人在任何时候都能够合乎道德地自由行事。在自己的政治和历史作品里，他认为道德举动总的看来只有借助历史和文化才成为可能。① 此外，正是特殊利益的冲突把人们引向道德社会，导致个人道德的广泛可能性。可是，依着特殊利益行事不算道德行为。

因此，马克思所使用的绝对命令概念，十分接近康德的观点，但不是康德伦理作品里的观点，而是其政治和历史哲学作品里体现的观点。不过，我们可能遭到如下反对意见，即我们还没提到康德和马克思的一大根本分歧：马克思认为正是革命实现道德，而康德摒弃革命，视之为不道德的东西。这使得他们的观点看起来很不一样。但即便在这里，假如我们细致研读康德对革命的看法，我们会发现他与马克思的差异出乎意料地没那么大。康德在谈到法国大革命时指出：

> 假如一场由坏宪制引起的暴力革命，以非法方式形成了一套更合法的宪制，那么就不允许人们回归旧的宪制；尽管在革命爆发期间，所有公开或隐秘地投身革命的人按理都要受到叛乱者应得的惩罚。②

康德愿意接纳革命的成果，但他不认为革命符合道德，也不鼓励革命，至少不鼓励自下而上的革命。康德阐发了他所谓的“公开性原则”，认为据此可表明革命非法。公开性原则之于合法律性的作用，恰如绝对命令之于道德的作用。若某种行为一经预先的公开揭露就将遭到否弃，这样的行为应该一律被视为非法行为。如此说来，这条原则仅仅是消极原则。它会告诉我们，某些行为应属非法行为，但这并不意味

---

① *CPrR*, p. 38 and *KGS*, V, 36. *IUH*, p. 21 and *KGS*, VIII, 26. *PP*, pp. 112－113 and *KGS*, VIII, 366. *CJ*, pp. 283－284 and *KGS*, V, pp. 433－434.

② *PP*, p. 120 and *KGS*, VIII, pp. 372－373. 亦参见 *The Metaphysical Elements of Justice*: *Part I of the Metaphysics of Morals*, trans. J. Ladd, Bobbs-Merrill, Indianapolis, 1965, pp. 86－89 and *KGS*, VI, pp. 320－323. 可是康德在此补充说，君主有无可争议的权利去试着夺回因叛乱而丧失的王国。

着所有能同公开性相吻合的行为都应该是合法行为。例如,拥有足够强大军队的强权政府,没准也能公开展示自己压迫百姓的计划,而不会让该计划招致落空的风险。① 公开性是合法律性的必要条件而非充分条件,这条原则只会告诉我们某些行为应属非法,但不会筛选出所有应算作非法的行为。

于是,在康德看来,公开性原则表明革命应属非法。② 但如前所述,马克思也运用了一种公开性原则,但却用来支持革命。怎么可能出现这种分歧呢? 我想答案在于康德犯了错误,他把革命同政变混为一谈了。他的原则会表明政变应属非法,即一小撮人图谋颠覆政权的计划一旦提前败露,几乎肯定会遭到挫败。但是,得到大多数人支持的民众革命,则有可能做到如下事情并从中受益,即公开"自己伺机反叛之意的信条"。这类革命遇到的最严重障碍,往往绝不是公开性,反倒是欠缺兑现公开性的途径。促进生活状况改善的革命,通常因其公开而风起云涌。然而,公开性原则对康德来说是个消极原则。行为的合法律性并不因其单纯同公开性相吻合而成立。如我们所见,强权政治力量的不义之举也符合公开性原则,但并不合法。然而,康德在《论永久和平》的结尾向我们提供了一种肯定性的公开性原则。他说:"所有需要公开性(以免错失其目的)的准则",换言之,不单只是合乎公开性的行为、实际要求公开性的行为,"均与政治和法权协调一致"。③ 因此,无论康德本意如何,群众革命(而非政变)也完全可以是正义的。

或许还有人提出,革命中牵扯的暴力,违背了绝不把人仅当成手段而须将其视为自在目的这样一条绝对命令。但我们不容易从康德的作品里推导出这种观点。康德本人似乎并不认为上述绝对命令必然排除暴力。他确实根据这样的理由拒绝常备军,他说:"受雇杀人或被杀,似乎要把人仅仅用作另一人(即国家)手中的机器和工具,这与我们本

---

① *PP*, pp. 129–131, p.133 and *KGS*, VIII, pp.381–383, pp.384–385.

② *PP*, p. 130 and *KGS*, VIII, p.382.

③ *PP*, p. 134 and *KGS*, VIII, p.386.

身的人权很难吻合。”但另一方面，他似乎在紧接着的论述里赞成防御性的国民军。①

倘若暴力未必牵扯到不正当地把他人作为手段来对待，倘若反抗暴政的多数人革命通过了公开性原则的检验，那么我们不妨推出一种更贴近马克思的看法，即反抗暴政的大众革命可被设想为一条普遍法律。②

二

我们现在可以开始讨论马克思深受康德影响的第二个领域了。除了他的革命理论，马克思还在其共产主义社会——这种社会将凭借无产阶级革命而成为现实——的理论中运用了绝对命令的概念。在这方面，我们也将能够说明马克思如何最终调和了他的亚里士多德式本质概念和他的康德式绝对命令概念。但要做到这一点，我们首先得解释一下马克思的对象化概念和共同体概念。在同样创作于1844年的《詹姆斯·穆勒〈政治经济学原理〉一书摘要》和（尤其是）《1844年经济学哲学手稿》里，我们可以明明白白地找到对象化（Vergegendständlichung）这个重要概念，正是这个概念让马克思得以更加清楚犀利地表述自己的诸多观点。对象——它总是对象化的结果——是维系另一存在者的存续并满足其本质所必需的实体。另一方面，对象化则是某个实体的力量在对象中的表达、体现或落实。例如，马克思说太阳是植物的对象——植物的生存和成长需要太阳。反过来说，植物也是太阳的对象——在植物的生长中，太阳将自身的生发力量变成现实、对象化。

① *PP*, p. 87 and *KGS*, VIII, p. 345. 亦参见 *Metaphysical Elements of Justice*, pp. 118-119 and *KGS*, VI, p.346.马克思也赞成以国民军取代常备军，参见“Civil War in France, in Writings on the Paris Commune”, (ed.) H.Draper, *Monthly Review Press*, New York, 1971, pp. 73-74 and *MEW*, XVIII, pp.338-340.

② 康德在如下作品里似乎很接近这种立场，参见“Old Question”, pp. 143-145 and *KGS*, VII, pp.85-86.

对人来说，对象是人类据以满足自己本质、维系自身生存的东西——例如，食物就是饥饿的对象。人还需要某些能够借以将自身力量对象化的对象——例如，有待加工的原材料。人类必须加工自然、改造自然，以便满足自己的需要。① 人类改造实存来适应自己的本质。于是，劳动重新安排和塑造了现存的自然世界，使之成为能够满足需要和本质之现行水准的各种对象。满足需要的对象是对象化过程的结果、产物。对象化始于某个主体，该主体的力量、能力和观念已经历史地发展到由该主体的社会世界——包括它的特定技术水准、生产组织水准、文化水准等——所限定的水准。这些主观因素（这些力量、能力和观念）要对象化，亦即得到实现和发展，就须投入工作和对象生产。这些主观因素若不投入工作，若得不到施展，那么它们肯定不会发展，而且事实上它们仅仅处于潜能状态。我们可以通过研究人类能够生产的对象的种类，来判定这些主观因素发展到怎样的水准。此外，随着新的对象（比方说，一件工具）被发明和生产出来，为了使用该工具，会有新的力量和能力介入、得到施展和发展。这些新的力量和能力继而又会催生新的观念和需要，这些新的观念和需要进一步要求新的对象，也就进一步要求有新的力量、能力和观念来生产和驾驭那些新的对象。需要的对象催进了对象化的发展，对象化也促进了需要对象的发展。实存受到改造，需要和本质向前发展。

须注意，马克思在其早期作品里，把整个自然世界和社会世界都看作对象化的结果；人类的劳动不断把自然世界和社会世界改造为满足需要的对象。马克思认为，原初的未经改造的自然不复存在，也无法满足人的需要。②

在马克思看来，可从上述对象化概念引出一项推论，即人可以在其对象中观察自身。人可以把他们的整个世界视为自己的产物，亦即人

① *EPM*, *MECW*, Ⅲ, p.272, pp.336–337 and *MEW*, Erg.Ⅰ, pp.511–512, 578–579.

② *EPM*, *MECW*, Ⅲ, p.273, pp.303–305, pp.345–346 and *MEW*, Erg.Ⅰ, pp.512–513, pp.543–546, pp.587–588.

类力量和观念的兑现。人发现这个世界是满足自己需要、因而也肯认和强化自己需要的地方。① 人的实存受到改造，从而适应人的本质。人的对象不是异己的、另外的东西，而就是人的本质。②

---

① *EPM*, *MECW*, III, p.277 and *MEW*, Erg.I, p.517.

② 我们现在不妨讨论一下卡门卡(Kamenka)提出的有趣问题。他联系事实与价值之争指出，人们把“善”既当成一种性质又当成一种关系。假如把“善”当成性质，那么我们就能够确立科学的或客观的伦理学。这里，“善”被视为有事实依据可查的事物属性。但这种进路摧毁了如下幻象，即有关善的重要观念从逻辑上意味着或要求我们追求善或支持善。另一方面，通过把“善”当成一种关系，我们能够确立起传统的主观拥护性的伦理学概念。这里，“善”是相对我们而言的，是某种被要求、被珍视、被谋求的东西，而摒弃善是错误的做法。卡门卡告诉我们，假如把“善”视为关系而非性质，宣称“应当从善”的主张就毫无客观性可言。在卡门卡看来，伦理学可以是主观拥护性的也可以是客观性的，但不可能兼而有之。伦理学要想兼具主观拥护性和客观性，必然意味着“善”既是性质也是关系。卡门卡认为这样一种融合是在混淆是非，将导致把关系当作事物性质的构成要素。卡门卡提出，事物不能由它们的关系构成，因为事物在其能够涉足各种关系之前必定已有性质。在它们能被赏识、弃绝或追求之前，它们必定是某种东西。性质在逻辑上并不取决于关系，性质本身也不意味着关系。参见 E. Kamenka, *The Ethical Foundations of Marxism*, 2nd edition, Routledge & Kegan Paul, London, 1972, pp. 89-94。与卡门卡的看法不同，我不认为马克思采取这样的看法。古尔德已经证明，马克思在后期作品里没有采取这样的看法。参见 C. Gould, *Marx's Social Ontology*, MIT Press, Cambridge, Massachusetts, 1978, p.38, p.40, p.87, p.184(note 22)。甚至按照马克思早期作品的看法，关系也不构成性质，但关系确实会改造现存的性质。尤其是，劳动改造了自然对象的性质、我们的需要的性质、我们的感觉的性质以及我们的意识的性质；劳动改造和实现事物的本质。这乍看之下不是一种把性质和关系、事实和价值联系起来的不当方式。在马克思看来，我们的意识、我们的需要和价值，在改造实存和实现本质方面发挥着一定作用。改造自然的过程受到我们的需要的引导，这些需要有一部分是对既定自然对象的需要，但劳动在满足需要的同时，既改造了自然对象也改造了我们的需要和意识。事实和价值始终相互贯穿。只要我们去研究已经蕴含着价值的对象，以便把握其本质和推导出规范(或者套用马克思早期的说法，推导出人定法)，那么我们就不能说我们从非道德的前提演绎出道德的结论。卡门卡似乎理解马克思要做的事情，他认为马克思要想做到那件事就得把所有差异消融于严格的一元论。鉴于卡门卡认为，融合性质和关系、事实和价值的唯一途径是主张关系创造或构成性质，他认为马克思不得不采取一种经不起推敲的立场，即劳动主体和对象、自然和人之间的全部差别皆须清除。对象必须完全由人类主体构成，因而

此外,在马克思看来,个体同其他人有着相同的关系。其他人是个体的对象,为个体所需要。马克思试图以一种很有趣的方式,剔除"对象"和"需要"的通常意义。把人称为对象,这意思不是说人是物或者把人当成物来使用。对马克思而言,对象不是手段,而是目的。对象是我们本质的组成部分。说其他人或者人类是我们的对象,这意思是我们需要他们,他们是我们本质的一部分。要是没有他们就不可能进行任何复杂的生产,语言也将不复存在,而个体也不会发展成人。再者,鉴于人是对象化过程的产物,在这个意义上,人类是对象。人类正是(作为社会中的互动成员而非仅仅作为个体)通过自身力量和能力的运用与对象化,才发展为特定历史时期的样子。① 对象化的产物不仅满足和发展作为生产者的个体,而且满足和发展社会中的其他人。其他人生产的对象,使我们摆脱需要的支配,得以追求更高级的需要,进而发展更高级的力量、能力和观念。个体需要和个体力量的发展,亦即个体本质的发展,既有助于也依赖于类需要和类能力(亦即类本质)的发展。因此,我们能够在其他人那里体察我们自己,体察我们的本质。类是我们的对象化的产物,而我们是类的对象化的产物。

马克思想要社会交往成为自觉的目的性活动。只有这样,人的本质和自由才能得到充分实现。换言之,个体必须自觉而有目的地把类当作自己的对象或目的。马克思主张人类是一种类存在,而类存在能够把自己的类作为其理论和实践的对象。要能把类作为理论的对象,

---

完全消溶于主体,参见 Kamenka,pp.95-99,p.110。但马克思的立场并不就是这样。马克思在《1844 年经济学哲学手稿》里铿锵有力地提出,人类这种客观存在必须同外在于自身的独立对象联系起来,参见 *EPM*,*MECW*,III,pp.336-337 and *MEW*,Erg.I,pp.578-579。劳动的确起到构成作用或消融作用,但只是借助于改造先前存在的对象性质。因此,劳动并不抹杀主客之间的全部区分,而只是在本质上把主客统一起来。劳动克服了对象的异己性,但没有克服全部的差别。要了解相关问题的讨论,参见笔者即将面世的著作《马克思的方法与认识论》(*Marx's Method and Epistemology*)第一章。

① *EPM*,*MECW*,III,pp.278-279,pp.298-300 and *MEW*,Erg.I,p.519,pp.537-540. *CM*,*MECW*,III,pp.227-228 and *MEW*,Erg.I,pp.462-463.

这意味着个体能够设想普遍观念或一般观念,亦即类观念。相反,动物只能想到特殊的东西。这就通过锁定人和动物的区分标志(类和属的区分标志)来认定人的本质。这很接近"人是理性的动物"这种亚里士多德式的观念。另一方面,要把类作为实践的对象,意味着将类当成实践活动的目的或目标。① 于是,要实现我们的本质,我们就必须把类作为理论和实践的自觉对象。既然个体的本质仅仅通过为切合需要而改造实存的集体过程——其中涉及通过劳动将力量和能力对象化——发展起来,既然个体力量和能力的发展是类的对象化的结果,那么由此得出的结论是:个体最高最充分的发展,取决于个体将类的发展作为自己刻意的目标。个体在本质上仅是他们通过与他人交往而变成的样子。类是个体自己的本质。把类的发展作为我们的目的或对象,就是要把我们自己本质的发展作为我们的目的或对象。

此外,对象化过程要成为自觉的目的性活动,人就必须处于能够时常顺畅满足自己需要的地位,以便使自己摆脱需要的支配。人总是有各种需要的,但这并不意味着人总是必须受到需要的驱使和支配。需要绝不决定对象化。毋宁说,我们的对象化、我们的需要以及新需要的发展,都须由意识来决定。②

目前为止,我仅仅描述了对象化的理想形态。但对象化也有可能出现异化。假如个体并未有意识地控制自己的对象亦即满足需要的劳动产品,假如该产品由他人控制或由异己的市场规律控制,那么该产品肯定无法被有意识地控制和引向类的善。该产品将单单惠及特定个体,即它的所有者。鉴于工人需要该产品却并未控制它,工人因此将成为该产品的奴隶。鉴于整个社会世界和自然世界都是对象化的结果,工人将丧失整个世界,亦即整个世界将同工人相异化。③

其次,假如工人没有自觉控制生产过程亦即对象化活动,那么该活

---

① *EPM*, *MECW*, III, pp.275-277 and *MEW*, Erg.I, pp.515-517.

② *EPM*, *MECW*, III, pp.276-277 and *MEW*, Erg.I, pp.516-517.

③ *EPM*, *MECW*, III, pp.272-273 and *MEW*, Erg.I, pp.511-513.

动也就不能被自觉引向类的善。此外,这种对象化活动将不是自由的活动。作为类的对象化的该活动本应是自在目的,却将变成惠及特定个体的单纯手段——它将产生工资来维系那受到需要驱使的工人的基本生计。作为单纯的手段,工作本身将成为乏味而无意义的强迫活动。①

以上两种形式的异化,即同产品相异化以及在生产过程中出现的异化,相当于与类相异化。无论产品还是生产活动都未刻意引向类的福祉;类没有发展;于是个体也就没有发展。既然生产活动未受到自觉引导,它也就不是自由的活动。在类所面对的这个世界里,找不到类的反映和肯认。类的世界并不表现为它自己的作品和现实。它面对着一个异己的对象。

总的说来,异化是指出现了这样一种社会现象或制度,它虽然实际上源自社会中个体的活动和交往,但却表现出属于自己的独立、客观且自主的生命,转而侵扰和宰制那些个体。在交换经济中,人类进行生产,将其产品交给市场,而不以人之意志为转移的市场规律开始彰显——任何个体都无法操控市场规律。既然人类需要这些产品却又没有控制它们,它们便受到交换过程的支配。

再者,马克思像亚里士多德那样认为,交换扭曲了人的美德。道德美德不再表现为人们不顾一切追求的目的,而仅仅表现为我们被迫用来实现市场目标的手段。例如,在马克思花费一定笔墨论及的借贷关系中,人的正常美德不再由其固有的标准来衡量,而须经受潜在信用风险的计算。例如,可靠不再表现为独立的价值,即作为自在目的的美德,反倒成为获得贷款的手段(对借入者而言),以及表现为确保偿还可能性的手段(对借出者而言)。信用标准变成了道德标准,人类被当作一个非人格的异己过程中的要素或手段。②

① *EPM*, *MECW*, III, pp.274–275 and *MEW*, Erg.I, pp.514–515.

② *CM*, *MECW*, III, pp.214–216 and *MEW*, Erg.I, pp.448–450; *Nicomachean Ethics*, 1258a,亦参见 1156a.

同样道理,在发达的交换经济中,人类的本质活动(在马克思看来是劳动)不再寻求生产那些直接为劳动者所需的产品。劳动不再促进实现人的本质。劳动及其产品变成了单纯用于交换工资的谋生手段。实存未被改造成为本质的实现手段;相反,人的本质活动变成了维系底线生存的手段。对马克思来说,一如对亚里士多德来说,生产或"致富术"指向基本需要的满足,并且维系生存当然是必需的事情。但这种活动不是人本来的最高目的。应把这种活动视为必要的基础,人据此得以进而投身于作为如下事情题中之意的各类活动,即善的生活——这种生活包含着种种作为自在目的的活动——以及人的本质的最高实现。① 把后面那几类活动转变为单纯的谋生手段,就是在本末倒置,就是无力实现人的本质。这里还涉及另外一个问题。众所周知,亚当·斯密主张,交换经济中的共同善是通过看不见的手在不知不觉间造就的。没有人自觉地追求共同善。每个人都仅仅谋求他的一己之利。但鉴于所有人彼此间错综复杂的相互依存关系,相比于众人自觉谋求共同善的情况,自利行为反倒更加有效地造就了共同善。

十分清楚的是,马克思彻底拒绝了亚当·斯密的这一模式,认为它不宜作为社会的模式。而且马克思的拒绝在很大程度上是一种出于道德的拒绝。仅仅造就某种善或者仅仅依照既定的道德预期行事,并不等同于道德——早在苏格拉底那里就有这样的观点,而且亚里士多德和康德显然也采取这种立场。一个人若要合乎道德地行事,就必须理性地认识善的意涵,而且其行为必须出于这种理性认识的激励。行为的做出必须是因为认识到它是善的。自私地行事并且事后得以产生某种善,这算不上道德,无论该行为多么富有成效。道德要求自觉的意图。② 在马克思看来,社会关系应该是直接而自觉

---

① *CM*, *MECW*, III, pp.219-220 and *MEW*, Erg.I, pp.453-454. *Politics*, 1257a-1258b.

② *CM*, *MECW*, III, p.217 and *MEW*, Erg.I, p.451; *CHPL*, *MECW*, III, pp.56-57, p.119 and *MEW*, I, p.259, p.324. "Marx to Ruge in Sept. 1843", *MECW*, III, p.144 and *MEW*, I, pp.345-346.

的。共同善不应通过看不见的手产生出来。不经意间满足他人需要，这是不够的。①

马克思明确主张，共同体是能够实现人之本质的唯一社会类型，是唯一合乎道德的社会。若要充分实现人的本质，就必须自觉地理解并有意识地引导社会交往。我们必须自觉改造社会，使其切合人的本质。我们在自觉满足他人需要的同时，也就自觉实现了他人的本质。在这样一种社会里，每个人都会自觉承认和感受到其他人的力量和重要性，人们在满足他人本质的过程中也就满足和发展了自己的本质以及属于自己的力量和重要性。社会关系将成为合乎道德的关系。人与人的相互关系将类似友爱的共同体，亚里士多德当年认为这对善的国家来说是必要条件。②

因而简言之可以说，若要合乎道德，若要实存同本质相符，就必须克服异化、特别是与类的异化。

我们还须注意，马克思的自由概念在某些方面类似于康德的自由概念。未异化的人当然是自主的，他们的行动当然是能够普遍化的。他们在如下意义上是自主的，即他们不受需要的驱迫，而是对需要的满足进行自觉规制。他们不受制于异己的市场力量，而是亲自驾驭他们的社会交往。这样的人不受外界的支配。他们的活动不受制于特殊的利益或个体的需要。毋宁说，他们的活动自觉指向人类本质的实现，亦即指向满足所有人共同的需要，这些需要是能够普遍化的，满足这些需要将是绝对命令的要求。

我们还得就需要和绝对命令的相互关系多说几句。康德至少在《实践理性批判》里承认，倾向、利益或需要可以体现在任何准则的内容里。然而，合乎道德的自由行为，要求我们愿意仅仅因为某一准则能够普遍化因而是合乎理性的就加以贯彻，而不是考虑到各种利益、需要或倾向。

---

① *CM*, *MECW*, III, pp.227-228 and *MEW*, Erg.I, pp.462-463.

② *CM*, *MECW*, III, pp.217-218, pp.227-228 and *MEW*, Erg.I, p.451, pp.462-463; *Nicomachean Ethics*, 1155a, 1157a, 1159b-1160a, *Politics*, 1280b.

换言之,目的、利益、需要或好处会在我们的准则中有所体现,这是康德并不反对的事实。它们是意料之中的准则组成部分,总是在场的东西。只是它们绝不可以成为决定我们意志的要素;要获得自由而合乎道德的行为,决定我们意志的只能是准则有可能普遍化而不出现矛盾这一点。或许这方面最明显的例子,在于康德提出绝对命令要求我们追求自己的幸福。追求幸福至少是我们的间接义务,这不是因为我们渴望幸福(固然,我们的确渴望幸福),而是因为不可能将不追求幸福这一点普遍化。① 我想这也是马克思的看法。我们之所以追求某个对象,不是因为它满足个体的特殊需要或特殊利益——这样就等于受到需要的驱迫和对象的支配,就是他主性(heteronomy)。我们追求某个对象是因为这样的做法能够普遍化,是因为所有人全都需要该对象,是因为不可能将不追求该对象这一点普遍化,一言以蔽之,该对象实现了类本质。②

此外,尽管对象和需要意义重大,马克思暗示我们,类活动本身才是我们的最高目的。③ 对象是目的而非手段,活动的展开不可能没有对象也不可能没有需要的满足,但生产对象和满足需要的活动才是最高目的。最高目的是某种形式的活动,即自由的并且自觉实现类本质的活动。这种活动不会是其他东西的单纯手段,而是自在的目的。这种活动不会由外界决定。

再者,对马克思来说,需要某个对象并不就意味着他主性,因为所需的对象就其本身而言不是他主性的。需要的对象是我们本质的

① *CPrR*, pp.34–35, pp.72–76 and *KGS*, V, p.34, pp.69–73. *F*, p. 15 and *KGS*, IV, 400; *Religion within the Limits of Reason Alone*, p. 4 and *KGS*, VI, p.4. 有关这些问题的卓越讨论,参见 J.Ebbinghaus, "Interpretation and Misinterpretation of the Categorical Imperative", in *Kant: A Collection of Critical Essays*, (ed.) R.P.Wolff, Doubleday, Garden City, New York, 1967, pp. 220–227.

② *EPM*, *MECW*, III, pp.275–277 and *MEW*, Erg.I, 515–517.

③ *CM*, *MECW*, III, p.228 and *MEW*, Erg.I, p.463; *EPM*, *MECW*, III, p.276 and *MEW*, Erg.I, pp.515–517.

一部分。① 马克思不接受康德式的本体界概念,就此而论他的看法有别于康德。本体界对康德来说是必要的,因为若没有本体界,则我们将完全置身于现象界,我们的一切行动将全部由他主性的因果关系决定。马克思拒绝本体界的概念,转而运用一种本质的概念。当不存在异化的时候,对象就不是他主性的,就是我们本质的一部分。鉴于人类建构并且以集体方式控制着对象世界,对象在本体论层面消溶于主体。人类发现自身在那个世界中有所反映,并发现那个世界在本质上与自身同一。在这样一个世界里的活动将是自由的,而非他主性的。

马克思以下面这种方式把亚里士多德和康德联系起来。我们不是由外界决定的,我们是自由的,因为我们不为实现某个外在目的而行事;我们的活动,亦即类的自由活动,其本身就是目的。但这也意味着目的就是实现类本质、类的善。我们还因为如下事情而是自由的,即为实现类本质、类的共同需要而行事就是为普遍事物行事;这符合理性和绝对命令。实现我们的本质等同于按照绝对命令行事。这种等同之所以可能,是因为马克思把我们的本质理解为一种类本质。要实现我们的本质,我们就必须自觉而有目的地为类的福祉行事。但为类的福祉行事就是为普遍事物行事,即按照绝对命令行事。进言之,瞄准普遍事务的行动不仅实现类本质,而且实现一个人自己的本质,而根据一个人自己的本质行事就是要成为自由的人。

(译者 南京师范大学法学院、中国法治现代化研究院副教授)

① *CM*, *MECW*, III, p. 218, p. 228 and *MEW*, Erg. I, p. 452, pp. 462 - 463. *Dissertation*, *MECW*, I, p. 52 and *MEW*, Erg. I, p. 284. 亦参见 M. Hess, "The Philosophy of the Act", in *Socialist Thought*, (ed.) A. Fried and R. Sanders, Doubleday, Garden City, New York, 1964, pp. 271 - 273 and *Moses Hess: Philosophische und Sozialistische Schriften*, (ed.) A. Cornu and W. Mönke, Academie, Berlin, 1961, pp. 223-225.

马克思的早期政治作品*

[美]约瑟夫·奥马利 著 姚 远 译

在卡尔·马克思(1818—1883 年)的著作里,没有哪一部阐发了其政治思想的各个基本论题,他没有写出类似于柏拉图《理想国》、霍布斯《利维坦》或黑格尔《法哲学原理》的著作。要想弄清马克思政治学说的要点,我们必须阅读他的许多作品,既包括早期作品,也包括后期作品,既包括他生前发表的作品,也包括他去世后留下的手稿。"剑桥政治思想史原著丛书"的编者,决定分两卷来向读者提供这些作品:当前这卷囊括了《共产党宣言》(1848 年 2 月发表)之前的文本,另一卷由特雷尔·卡弗(Terrell Carver)博士编订,将囊括《共产党宣言》及后续作品。

本书收录了马克思 1847 年的两份短篇作品:一是《哲学的贫困》(1847 年 7 月发表)结论部分的节选,二是他年末发表的一次演说(不久之后他便与弗里德里希·恩格斯联袂起草《共产党宣言》)。我们所收录的文本,集中在 1843 年春夏至 1846 年秋这段时间。其中,第一份文本是马克思的《黑格尔法哲学批判》(节选),最后的文本是《德意志意识形态》第一章。《德意志意识形态》第一章代表着这段肇始于《黑格尔法哲

* 译自 Karl Marx, *Early Political Writings*, ed.Joseph O'Malley, Cambridge University Press, 1994, pp.vii-xxiv.本译文是国家社科基金一般项目(17BFX161)的阶段性成果。

学批判》的思想历程的顶峰：马克思发展了一套复杂的见解，他本人说这是后来理论工作的"指导原则"，其他人则称之为他的"唯物主义"历史—社会—政治理论（或曰"历史唯物主义"等）——下文将详细阐述这套理论。

《黑格尔法哲学批判》（1843 年）以及《德意志意识形态》，在马克思生前都没有发表。此外，本书所收 1843 年至 1846 年的另外六份文本中，他只发表了三份：《论犹太人问题》和《〈黑格尔法哲学批判〉导言》，发表于他与阿诺德·卢格（Arnold Ruge）在巴黎合办的《德法年鉴》（1844 年 2 月），而《评一个普鲁士人的〈普鲁士国王和社会改革〉一文》1844 年 8 月发表于巴黎出版的激进德语报纸《前进报》。人们长期以来都承认，这三篇论文是记录马克思思想发展的重要文献，阐明了他写作《共产党宣言》之前的政治原则，并且当谈论马克思对宗教、金钱和国家的批判以及他对工人阶级（即"无产阶级"）革命的呼吁时，人们常常引用这三篇论文。

然而，这些论文虽然显眼，一旦脱离这个时期的未刊稿，本身也不能恰当反映马克思政治思想及其"唯物主义"见解的复杂发展过程，包括这种发展在多大程度上得益于他坚持不懈的精湛研究（先是在政治理论和历史领域，继而在政治经济学领域）。这些研究成果记载于马克思 1843 年至 1847 年的研究笔记里。其中的前五册笔记，1843 年夏天写于克罗茨纳赫，马克思在那里除了编订笔记，还创作了他的《黑格尔法哲学批判》。这部《黑格尔法哲学批判》表明了克罗茨纳赫的研究成果（而且多多少少也体现了马克思早期在柏林大学时的历史和法学研究成果），因为马克思在批判黑格尔的国家学说时逐步运用了史料。这些史料尤其涉及财产与政治制度的关系，以及财产和阶级划分的关系。① 他的政治史研究，以及后来由此引出的政治经济学研究，二者间的关联明明白白反映在克罗茨纳赫笔记第二册的主题索引里：除了明显的政治主题（例

① 例如《马克思恩格斯全集》第 3 卷，人民出版社 2002 年版，第 100—102、135—136 页。

如议会、贵族、官僚政治、立宪议会、人民主权、权力的分配等等——所有这些主题《黑格尔法哲学批判》都有所论及），还有“财产及其后果”，包括“财产同主奴的联系”、“财产作为选举能力的条件”、“占有与财产”；以及“国家财产”、“所有者同社会的关系”、“平等与财产”。马克思对后面这些论题愈加浓厚的兴致，也都体现在《黑格尔法哲学批判》里。①

然而，《黑格尔法哲学批判》及与其同时展开的研究，不过是一段思想历程的开端，这终究发展为《德意志意识形态》，并进而发展为《共产党宣言》。克罗茨纳赫研究的顶峰，是对 1789 年法国大革命（马克思将该事件等同于“现代国家的起源”）的关注，②其研究成果也反映在他的《论犹太人问题》里，③这篇文章大部分写于《黑格尔法哲学批判》之后、1843 年秋同爱妻由克罗茨纳赫迁往巴黎之前。由于乔迁和重新安家，编辑《德法年鉴》（当合作编辑卢格病倒之后，马克思扛起了大部分编辑任务），以及主要因书报检查制度引起的（例如，警察在毗邻瑞士的德国边境地区查封了八百份《德法年鉴》）与《德法年鉴》财务困顿相关的一系列事件，马克思的研究一再被打断。

1844 年 4 月，马克思重新捡起自己的研究，先是关注法国大革命（他一度打算撰写国民公会史），后来阅读政治经济学文献。他的九册“巴黎笔记”，在新版《马克思恩格斯全集历史考证版》（*MEGA*²）里总计三百页篇幅，摘录了萨伊（J.-B.Say）、斯卡尔培克（F.Skarbek）、斯密（A. Smith）、李嘉图（D.Ricardo）、詹姆斯·穆勒（James Mill）、麦克库洛赫（J.R.MacCulloch）、普雷沃（G.Prévost）、特拉西（Destutt de Tracy）、恩格斯、许茨（C.W.C.Schütz）、李斯特（F.List）、奥西安德（H.F.Osiander）、比雷（E.Buret）等人的政治经济学作品；还摘录了黑格尔的《精神现象学》。另外，在同一版里还有大约一百三十页的笔记材料，囊括了上述政治经济学文献的摘录，按照“工资”、“资本的利润”和“地租”三个标

---

① 例如《马克思恩格斯全集》第 3 卷，人民出版社 2002 年版，第 72、136—138 页。

② 《马克思恩格斯全集》第 42 卷，人民出版社 1978 年版，第 238 页。

③ 尤其参见《马克思恩格斯全集》第 3 卷，人民出版社 2002 年版，第 181—187 页。

题来编排，还包括马克思本人对“自我异化”、“共产主义”、“货币”以及作为“类本质”的人性等论题的思索。很大程度上正是基于后面这些材料，才出现了人道主义的马克思形象：编订者遵循大卫·梁赞诺夫(David Rjazanov)1932年首创的体例，将这些材料独立出来并重新编排发表，即所谓的《1844年经济学哲学手稿》——但这一做法近来遭到严厉的学术批评。① 我们从这些马克思生前没有刊行的笔记材料里，节选出了与其政治思想有关的文本(见本书第71—96页)。

马克思的《评一个普鲁士人的〈普鲁士国王和社会改革〉一文》，清楚地反映了巴黎时期的政治经济学研究，以及克罗茨纳赫—巴黎时期的法国大革命研究，他在文中使用了政治经济学资料以及历史资料，以便揭露卢格——他曾经惺惺相惜的人——在社会—政治分析方面的肤浅之处。② 马克思这篇论文杀青之后，他全家被迫于1845年初迁往布鲁塞尔，然后他继续开展政治经济学研究，其中包括1845年7、8月与(友人兼合作者)恩格斯一道享受曼彻斯特研究之旅。单是2月到6月这段时间，马克思就做了“大约六十本书的”笔记。③ 从抵达布鲁塞尔开始直到1847年年底，他对之前未曾研究过的几乎所有重要政治经济学家都做了阅读和摘录笔记，除了重温某些作者(例如斯密、李嘉图和麦克库洛赫)，还包括配第(W.Petty)、戴夫南特(C.Davenant)、布朗宁(G.Browning)、库珀(T.Cooper)、萨德勒(M.T.Sadler)、图克(J.H.Tooke)、吉尔巴特(J.W.Gilbart)、埃德蒙兹(T.R.Edmonds)、科贝特(W.

---

① 批评意见尤其参见 Jürgen Rojahn, "Marxismus-Marx-Geschichtswissenschaft: Der Fall der sogenannten 'Ökonomisch-philosophischen Manuskripte aus dem Jahre 1844'", *International Review of Social History*, 28, pt. 1, 1983, pp. 2-49; *Die Marxschen Manuskripte aus dem Jahre* 1844 *in der neuen Marx-Engels-Gesamtausgabe* (*MEGA*), Archiv für Sozialgeschichte, Herausgegeben von der Friedrich-Ebert-Stiftung in Verbindung mit dem Institüt für Sozialgeschichte Braunschweig-Bonn, 1985, pp. 647-663.

② 例如《马克思恩格斯全集》第3卷，人民出版社2002年版，第378—385页。

③ Maximilien Rubel, *Rubel on Karl Marx: Five Essays*, ed. and trans, J. O'Malley and K. Algozin, Cambridge University Press, 1981, p. 123.

Cobbett)、西尼尔(N.W.Senior)、汤普森(W.Thompson)、阿特金森(W.Atkinson)、威德(J.Wade)、伊登(F.-M.Eden)、艾肯(J.Aiken)、约翰·斯图亚特·穆勒(J.S.Mill)等,最显眼的则是古斯塔夫·冯·居利希(G.von Gülich),马克思在1846年9月至1847年12月期间从他的五卷本《关于现代主要商业国家的商业、工业和农业的历史叙述》(发表于1830—1845年)摘录了900多页笔记(按照*MEGA*^{2}里的篇幅计算)。马克思不限于研究政治经济学,还涉足其他历史主题,比如科技史,他这个时期的思想发展从中获益匪浅。

还需指出,现存的马克思笔记并没有完整记录他1843年以来的研究。一些笔记遗失了,而且即便某批笔记像克罗茨纳赫研究那样很可能保存完好,我们也知道他不是对读过的所有作者都做笔记,例如托克维尔(A.De Tocqueville)和博蒙(G.De Baumont),这两位思想家与汉密尔顿(Thomas Hamilton)一起构成了马克思早期有关美国社会和政治性质的见解来源。①

我们之所以强调马克思所做研究的重要性,强调(尽管不完整地)记载这些研究的笔记的重要性——这些东西的内容最终通过*MEGA*^{2}的刊行而广为阅读——因为它们表明马克思所谓的"唯物主义"历史和政治理论的实际产生过程。只消对比1843年《黑格尔法哲学批判》中的历史问题与《德意志意识形态》第一章②里的历史—政治经济学材料,我们便可以认识到克罗茨纳赫—巴黎—布鲁塞尔—曼彻斯特的研究,对马克思逐步发现或表述他后来毕生工作"指导原则"所发挥的作用。他在1859年《〈政治经济学批判〉序言》里说,经过一系列"研究"他得到了"指导原则",这无疑是指上述研究以及1843—1847年的其他作品。总而言之,他的历史(和政治)"唯物主义",得益于他旷日持久、紧锣密鼓的研究,以及对研究资料的思索。在细致考察那项"指导原则"之

① 《马克思恩格斯全集》第3卷,人民出版社2002年版,第168—169、171、182—183、193页。

② 例如《马克思恩格斯选集》第1卷,人民出版社1995年版,第68—115页。

前，我们先来说说本书所收文本反映出来的、另一相关的马克思早期思想发展：他致力于一项宏大理论规划，其中包含关于国家的批判性论著。

如前所述，马克思早期篇幅最长的三部作品，即1843年的《黑格尔法哲学批判》、《1844年经济学哲学手稿》和1845—1846年的《德意志意识形态》，他在世的时候均未发表。但这三部作品马克思都曾打算出版，而追溯一下那些出版计划，会提供其理论计划发展过程的有趣图景。

马克思一开始打算把他1843年的《黑格尔法哲学批判》直接修订后出版。但他事后写道，这部著作所涉论题复杂而丰富，使得修订成为不切实际的事情；于是他转而规划写一系列小册子，每册探讨其中一个论题要素，最后以一部综合性论著收尾。然而当这么来调整出版计划时，马克思已经沉浸在政治经济学文献中，并得出一项结论，即政治经济学批判应当先于计划中的政治批判。政治经济学批判立足于其《巴黎笔记》所收集的材料。马克思在笔记本III第XXXIX和第XL页上，为这部规划中的著作匆匆拟就一篇《序言》。他在这篇《序言》里，说明了他的计划调整和创作意图：

> 我在《德法年鉴》上曾预告要以黑格尔法哲学批判的形式对法学和国家学进行批判。在加工整理准备付印的时候发现，把仅仅针对思辨的批判同针对不同材料本身的批判混在一起，十分不妥，这样会妨碍阐述，增加理解的困难。此外，由于需要探讨的题目丰富多样，只有采用完全是格言式的叙述，才能把全部材料压缩在一本著作中，而这种格言式的叙述又会造成任意制造体系的外观。因此，我打算用不同的、独立的小册子来相继批判法、道德、政治等等，最后再以一本专门的著作来说明整体的联系、各部分的关系以及对这一切材料的思辨加工进行批判。由于这个原因，在本著作中谈到的国民经济学同国家、法、道德、市民生活等等的联系，只限于国民经济学本身专门涉及的这些题目的范围。①

① 《马克思恩格斯全集》第3卷，人民出版社2002年版，第219页。

马克思这里提到，1843 年的《黑格尔法哲学批判》把针对“思辨”的批判同针对“不同材料本身”的批判混在一起，从而妨碍了这部著作的修订工作，对此读者不妨参见本书的有关节选，例如论及君主制、主权和财产的段落。①

在这篇《序言》里，马克思显然把他所规划的政治经济学批判，放在对法和政治的批判之前；他想立即完成前者，继而完成后者；这种处理顺序与他正在萌生的一种见解相吻合，即法和政治的制度扎根于“市民社会”，亦即政治经济学的讨论主题。换言之，在完成《黑格尔法哲学批判》一年之内，马克思就开始意识到亟须批判市民社会，亦即批判政治经济学，而在《黑格尔法哲学批判》里这还只是一笔带过的东西，是次于国家批判的东西。② 但到了 1844 年秋马克思就暗示读者，政治经济学批判是法和国家（简言之，政治）批判的体系性前提。

不过，马克思对这个问题的思考显然有需要进一步澄清的地方，因为在撰写前引《序言》五个月之内，他便与德国出版商列斯凯签订合同（时间是 1845 年 2 月 1 日），打算出版两卷本的《政治与政治经济学批判》。与此相关，马克思在一本笔记里拟就了有待在政治批判中讨论的论题列表。该列表包括 1843 年《黑格尔法哲学批判》所探讨的论题，以及他的笔记里（尤其是克罗茨纳赫笔记）所涉及的论题。③ 所规

① 《马克思恩格斯全集》第 3 卷，人民出版社 2002 年版，第 135—138 页。

② 例如《马克思恩格斯全集》第 3 卷，人民出版社 2002 年版，第 100、102 页。

③ 英译本的标题是《国家与资产阶级社会提要》，标明写作时间是 1845 年 1 月。中译本的标题是《关于现代国家的著作的计划草稿》（见《马克思恩格斯全集》第 42 卷，人民出版社 1978 年版，第 238 页），标明写作时间大约是 1844 年 11 月。中译本在注释里对这份笔记的情况作了说明，推测它与马克思的法国大革命研究计划相关：“作者未加标题，收在马克思 1844—1847 年的笔记本中。草稿的基本点同马克思在 1843 年夏天为自己在世界史（包括 18 世纪法国革命史）方面作的《克罗茨纳赫笔记》所编的名目索引的要点是一致的。同年秋天，马克思抵达巴黎以后，重新研究了这些问题，他打算写一本《国民公会史》。为此他作了雅各宾党人勒瓦瑟尔回忆录的摘要。他所收集的材料（大部分我们没有找到），有一部分用于《神圣家族》。可能是由于想写一部关于法国革命的著作，他拟了现在这个草稿……”——译者注

划的这部两卷本著作,其第一卷大概是1843年《黑格尔法哲学批判》的修订版,第二卷大概是《巴黎笔记》政治经济学材料的修订版。但马克思仅仅数月之前似乎已经敲定并于《巴黎笔记·序言》里宣布出来的探讨顺序,显然被这种新规划颠倒了。总而言之,马克思的理论规划在1843年8月至1845年1月发生了两次改变:最开始是政治批判(即《黑格尔法哲学批判》的修订版);接下来是先政治经济学批判(即《巴黎笔记》材料的修订版),后政治批判(进一步修订为系列小册子);最后是一卷本的政治批判,继之以一卷本的政治经济学批判,二者合订出版。

不过,马克思到最后没能拿出这部两卷本的著作,出版商终而解除合同。在迁居布鲁塞尔、并继续一如既往地从事高强度政治经济学研究之后,马克思转而决定与恩格斯以及(相对不那么紧密地)与赫斯(Moses Hess)和魏德迈(Joseph Weydemeyer)合作,通过批判当时的德国哲学(即“青年黑格尔派”哲学)和德国社会主义学说,从而在理论上奠定基础、清理门户。这部著作就是《德意志意识形态》,马克思显然在1845年早春便构思了它的第一章,标题是《费尔巴哈》(实际上在现存手稿中,这章内容是靠后才写成的)。那时他在记载《国家与资产阶级社会提要》的那本笔记里,写下了名为《关于费尔巴哈的提纲》的11条笔记(或者按照通常的命名,即“提纲”)。这些笔记以高度凝练的、甚至格言警句的形式,汇总了马克思在巴黎笔记中阐发的“唯物主义”、“人道主义”论题的要素,以及巴黎笔记和其他早期作品中对黑格尔式哲学的批判。①

不过,《德意志意识形态》的《费尔巴哈章》才最为充分地综合了马克思持续钻研出来的早期概念要素。② 在某些评论者看来,《德意志意识形态》第一章标志着马克思思想和学说发展过程的“断裂”,似乎这

① 《马克思恩格斯选集》第1卷,人民出版社1995年版,第54—57页。

② 《马克思恩格斯选集》第1卷,人民出版社1995年版,第62—135页。

部作品否决了他那洋溢着哲学色彩和人道主义色彩的过去，并转向一种崭新的科学的开端；但更确切地说，它可被视为一部集大成之作，其中保存了马克思自1843年《黑格尔法哲学批判》以来的所有早期洞见，包括哲学的、政治的、历史的和经济的洞见，凡此种种一应俱全。《费尔巴哈章》杂糅了马克思到那时为止在政治与政治经济学的历史和理论方面的研究成果，并体现了如下论点：现代雇佣劳动是人类“自主活动”的对立面，包含着人类生产能力的异化(《巴黎笔记》)；人类必须重新占有自身“固有的力量”(《论犹太人问题》)；现代工人阶级是具备普遍主义性质的最卓越革命者(《黑格尔法哲学批判》、《〈黑格尔法哲学批判〉导言》以及《评一个普鲁士人的〈普鲁士国王和社会改革〉一文》)；个人的普遍发展(《巴黎笔记》)，“共产主义”是一种变迁过程而非未来社会经济形式(《巴黎笔记》)；“民主制”有别于一切政治国家形式(《黑格尔法哲学批判》)。

马克思、恩格斯和魏德迈(作为与出版商打交道的中间人)未能出版《德意志意识形态》。他们提交给出版社的版本早已石沉大海，该版本肯定不同于当前留下的手稿。即便出版的希望渺茫，马克思依然继续加工《费尔巴哈章》，以批注和附释(有的让人眼前一亮)的形式在恩格斯的先期誊清稿上添加了一些后来的思考。他还为这部作品撰写了一篇“序言”，最终则如其后来所言，“既然我们已经达到了我们的主要目的——自己弄清问题，我们就情愿让原稿留给老鼠的牙齿去批判了”。①

马克思提到的“自己弄清问题”，尤其明确定下了对政治经济学与政治的理论探讨顺序。政治经济学(即“市民社会的解剖”)研究比政治(即“法和国家”)研究更为根本，而且是后者的基本前提。这一结论将支配马克思后来撰写理论代表作的计划，该代表作到19世纪50年代末时将采取一分为六的论著形式：依次探讨“资本、土地所有制、雇佣劳动；国

① 《马克思恩格斯选集》第2卷，人民出版社1995年版，第34页。

家、对外贸易、世界市场”。他在1859年首次公布了这一庞大计划,并以此为契机说明了其特殊的主题探讨进路(即“指导原则”)的缘起与特征;他还暗示,在《德意志意识形态》里首次“得到了”他的指导原则。①

马克思的“唯物主义”指导原则,包含一项概括判断,其对象是政治生活过程和社会—经济生活过程的关系,以及一组具体判断,其对象是社会—经济过程内部的要素和动力机制。概括判断的内容是:社会—经济过程是人类生活的根本,而政治过程(即法和政府所固有的制度、程序和思维模式)则是次要的、衍生出来的东西。马克思在陈述这项概括判断时,有意识地反驳黑格尔,因为在黑格尔看来,法和国家是自由的实现,亦即人类精神的实现。马克思针锋相对地指出:

> 法的关系正像国家的形式一样,既不能从它们本身来理解,也不能从所谓人类精神的一般发展来理解,相反,它们根源于物质的生活关系,这种物质的生活关系的总和,黑格尔按照18世纪的英国人和法国人的先例,概括为“市民社会”,而对市民社会的解剖应该到政治经济学中去寻求。②

马克思在指出以上一般立场时,并没有宣称这是原创的东西。相反,如我们在《德意志意识形态》里看到的那样,他承认并融入了一种现存的历史编纂学传统,该传统的代表人物是他从1843年在克罗茨纳赫开始研究的某些英法学者。③

马克思在社会—经济过程内部,区分了两种根本的互动要素,即“生产力”和“生产关系”。生产力是人类的创造能力,人类运用生产力以便满足自己的需要,并在运用的过程中进一步发展生产力。生产关系(在《德意志意识形态》里亦称“交往关系”和“交往形式”)是社会关系,人类在这些社会关系中并通过这些社会关系来运用和发展自己的

---

① 《马克思恩格斯选集》第2卷,人民出版社1995年版,第32—35页。

② 《马克思恩格斯选集》第2卷,人民出版社1995年版,第32页。

③ 《马克思恩格斯选集》第1卷,人民出版社1995年版,第79页;亦参见 *Karl Marx Œuvres*, édition établie par Maximilien Rubel, vol.III, 1722, n. 2.

创造能力亦即生产力。

生产力和生产关系之间有着复杂的互动。首先,生产关系以其整体构成了社会的社会—经济形式(即特定的市民社会形式),培育了整个社会及其成员的生产力的运用和发展。在培育这种运用和成长时,社会"共同活动方式"本身就可被视为一种"生产力"。① 不过从比较概括的方面来看,社会交往关系与生产力(或创造能力)是紧密关联而又互相区别的要素。

在一套生产关系的培育下,生产力不断向前发展,终而引发这套生产关系与如今已经强化的生产力之间的冲突或"对抗"。换言之,整个社会及其单个成员那如今已经强化的现实创造能力,开始受到曾经强化其发展的那套社会交往形式的束缚。成长起来的生产力与原封不动的生产关系之间发生对抗。于是到了这样一个时刻,曾尽其所能地培育所有生产力发展的那套生产关系,阻碍了生产力的完全运用和更充分发展,或者套用马克思的话说,变成了"桎梏"。要化解该对抗就得有一场社会革命,从中产生新的生产关系,亦即一种新的社会—经济形式,它与如今被取代的旧社会形式所酝酿的那套强固生产力相匹配。作为该进程里次要的、衍生的要素,政治变动也登场了;事实上,这番革命性转变所席卷的人,容易从纯粹政治的或其他"意识形态的"角度来解释自己的经历。但其实发生的事情是这样的:人的创造性精力和能力,正在冲破、抛却、"消灭"或"取代"一整套社会—经济关系,这套关系不仅是过时的,而且从历史的角度和人的角度看都是负面的。以上便是马克思通过"自己弄清问题"的过程所得到的复杂"指导原则",该过程始于他的《黑格尔法哲学批判》,在《德意志意识形态》(《费尔巴哈章》)里臻于顶峰,后者首次运用这一"指导原则"来特别澄清两个问题:(1)封建社会向现代"资产阶级"社会的过渡;(2)现代资产阶级社会正在发展着的现实,及其资本主义体系(作为当前社会生产的"对抗"形式)。

① 《马克思恩格斯选集》第1卷,人民出版社1995年版,第80页。

《德意志意识形态》讨论了上述问题，与1859年的《〈政治经济学批判〉序言》相比，笔法没有那么简练，但更加鞭辟入里。《〈政治经济学批判〉序言》看起来暗示着历史中的严格经济决定论，而《德意志意识形态》则承认“政治对历史进程的真正历史干预”；①《〈政治经济学批判〉序言》看起来暗示着过去历史革命中的意识受到严格的决定，而《德意志意识形态》则给出了微妙的限定。② 在凡此种种的例子中，《德意志意识形态》有助于杜绝过分简单化地解读《〈政治经济学批判〉序言》。

此外，相比于《〈政治经济学批判〉序言》的对应表述，《德意志意识形态》更加彰显出“生产力”的核心人道主义内涵，即生产力主要关乎人的创造力和“自主活动”。③ 另一方面，《〈政治经济学批判〉序言》明确指出，生产关系的“法律用语”是“财产关系”，亦即获得社会承认和准许的、涉及生产资料使用和处置的关系。整个生产关系（即社会—经济交往形式）也是财产关系的体系（*MEGA*^{2} II，2，100）。但《德意志意识形态》同样体现了这一观念，把历史上形形色色的社会—经济形式描述为众多不同的财产体系。④ 总的看来我们可以说，按照《德意志意识形态》里的相关阐述和使用，马克思的唯物主义指导原则实际上是作为扎根于研究的洞见而产生的，它是用于解释社会史、经济史和政治史（也包括同时代的事件）资料的一套假说，而不像大多数后来的“马克思主义”流派倾向于认为的那样，是历史发展的普遍规律。

鉴于最近“共产主义的垮台”，以及与之紧密关联的所谓“资本主义的胜利”，当我们追问马克思是否以及如何依然是与我们相关的政治思想家时，《德意志意识形态》学说里的一项要素特别重要。该要素就是他的“世界市场”概念，按照他的理解，世界市场既是资本主义的顶峰框架，也是一种母体，其中孕育着用于“消灭”或取代资本主义的

① 《马克思恩格斯选集》第1卷，人民出版社1995年版，第96页。
② 《马克思恩格斯选集》第1卷，人民出版社1995年版，第124页。
③ 例如《马克思恩格斯选集》第1卷，人民出版社1995年版，第123—124页。
④ 例如《马克思恩格斯选集》第1卷，人民出版社1995年版，第68—71页。

那些前提条件和能动因素。

根据《德意志意识形态》(并在1847年《哲学的贫困》里重申①)的唯物主义指导原则,某一社会—经济形式(既是一整套生产关系,也是财产体系),直到释放出它所能容纳和巩固的全部生产力(即得到实现的人类创造能力),才会让位于其他社会—经济形式。正是那些生产力从旧的生产关系里破壳而出,而旧的生产关系虽然成为那些生产力的“桎梏”,同时也为新的生产关系打下基础。资本主义的完全发展,即它为完全实现自身中潜藏的生产力而采取的形式,便是“世界市场”。这就是说,“资本”发展为世界的主宰。对马克思而言,资本主义自始就注定在全球体系中发展到顶峰并独霸天下:资本主义在世界范围内的胜利,是其本性的题中之意。《德意志意识形态》所得出的这个结论,马克思在后来的作品里又一以贯之地予以重申。

《政治经济学批判大纲》里的表述是一板一眼黑格尔式的:

> 创造世界市场的趋势已经直接包含在资本的概念本身中。任何界限都表现为必须克服的限制。②

《共产党宣言》里的表述则比较诗情画意:

> 资产阶级迫使一切民族——如果它们不想灭亡的话——采用资产阶级的生产方式;它迫使它们在自己那里推行所谓的文明,即变成资产者。一句话,它按照自己的面貌为自己创造出一个世界。③

不过,资本主义的胜利既是资本主义大功告成,同时也意味着它开始被取代;正如《德意志意识形态》所阐明的那样,资本主义的胜利,催生出建构后资产阶级秩序所要求的物质条件和精神条件,即各种工具和“共产主义”意识。④ 该学说将构成马克思后来规划的“世界市场”研究专著的核心旨趣,而在世界市场中,资本主义既大功告成又开始被取

① 《马克思恩格斯选集》第1卷,人民出版社1995年版,第194页。

② 《马克思恩格斯全集》第30卷,人民出版社1995年版,第388页。

③ 《马克思恩格斯选集》第1卷,人民出版社1995年版,第276页。

④ 《马克思恩格斯选集》第1卷,人民出版社1995年版,第90—91、128—130页。

代,这双重结果表现在肆虐于资本的世界体系的那些“危机”中:它们标志着资本的世界体系之内的致命对抗,也预示着铲除该体系的革命。①

于是,参照这个文本背景,我们能够说20世纪80年代末90年代初的那些事件,既没有证伪马克思的政治思想,也没有使之成为对当代无关紧要的东西。垮台的“共产主义”,事实上尤其类似于马克思1844年所谴责的“粗陋的共产主义”。② 而资本主义的“胜利”——假如我们所见证的确是一场胜利的话——并不出马克思早期作品中的唯物主义指导原则所料,这种指导原则依然为我们解释当前发生的事件提供了有力的分析视角。

现在我们来探讨马克思早期政治思想中的乌托邦主义和千禧年主义要素。这类要素在他的早期作品中到处都有观念体现,比如国家的“消灭”(或消失)、分工的消灭、劳动本身的消灭和私有财产的消灭;以及人类历史上首次实现对人性和外部自然的控制、对人类生活条件的控制。共产主义过程将带来以上这些发展,或为之做好铺垫,而它们也将成为后资产阶级秩序所秉持的特征。③

这类表述不单单出现在马克思的早期作品里:例如,他在《政治经济学批判大纲》里几乎逐字逐句地重申了《巴黎笔记》和《德意志意识形态》里的相关观点,确证了人性的“普遍性”,以及人类完全发展对人性和外部自然的控制力。④ 而在宣布唯物主义指导原则的那个文本里,亦即一部提供给读者的“科学”著作里,马克思把资产阶级(亦即当今)社会描述为最后一个“对抗性的”社会形态,而“人类社会的史前时

---

① 《马克思恩格斯全集》第30卷,人民出版社1995年版,第50、181、221页。

② 《马克思恩格斯全集》第3卷,人民出版社2002年版,第295—297页。

③ 例如《马克思恩格斯全集》第3卷,人民出版社2002年版,第41、150、213、297—298、331页,《马克思恩格斯选集》第1卷,人民出版社1995年版,第87、89、116、121—122页。

④ 试比较《马克思恩格斯全集》第3卷,人民出版社2002年版,第271—274、303—304页;《马克思恩格斯全集》第30卷,人民出版社1995年版,第479—480页。

期就以这种社会形态而告终”。① 我们所探讨的马克思早期作品里的乌托邦主义和千禧年主义，是他后期作品依然秉持的思想特征，因此不能视之为仅仅表达了血气方刚的理想主义热忱而一笔抹杀。

早期作品里的这些特征，其关键在于马克思的民主观。比如，就“消灭分工”而言，在《德意志意识形态》里对马克思来说问题的关键，显然不在于将来在人类社会—经济生产中会不会有某种分工，而在于这种分工到底是“自然形成的”（即自发产生并由其中所涉及的人来承担，正如在他看来属于历史惯例一样），抑或“自愿的”（即出于参与者的慎思和选择，亦即集体的自主或自治）。“自然形成”与“自愿”的这种对立，以及与之隐含相关的民主观，贯穿了《德意志意识形态》第一章，是马克思所有千禧年主义和乌托邦主义表达的背景。② 他的民主概念是所有这些思想含义的关键。③

---

① 《马克思恩格斯选集》第2卷，人民出版社1995年版，第33页。

② 例如《马克思恩格斯选集》第1卷，人民出版社1995年版，第85—86、122页。

③ 或许最适宜在此提一下《德意志意识形态》第一章里常被引用的一段描述，即未来的“共产主义社会”里，“社会调节着整个生产”，因而人们有可能随意徜徉于一系列田园牧歌般的活动和抽象思想活动：打猎、捕鱼、畜牧、“批判的批判”。参见《马克思恩格斯选集》中文第2版第1卷，第85页。这段话与整个第一章批判抨击的语境颇不相称，并清楚地让人联想起傅立叶的农业乌托邦模式，因此对比较严厉的马克思批评者来说，正表明了马克思的天真幼稚或前后脱节，而对许多相对抱持同情式理解的批评者和评论者来说，也造成了尴尬或困惑。后面这些人里，有的索性置之不理，有的权当它是引人开怀的模仿或玩笑话。现在多亏了广松涉1974年版的《费尔巴哈章》（西方学界多半忽视了这个版本），我们可以比以往更加清晰地看到，马克思到底在哪些地方往恩格斯的誊清稿中插入词句。一位评论者已借助广松版（目前新的*MEGA*^{2}版尚未刊行）得出结论，这段话是恩格斯对傅立叶乌托邦（或许无意识的）引人开怀的模仿，而马克思以讽刺或诙谐的口吻插入了“批判的批判者”，后者正是《德意志意识形态》的主要批判对象。这样一来我们就不该认为，马克思在这段话里严肃表达了他有关“共产主义”或“消灭”分工的观念。参见Terrell Carver, *Communism for Critical Critics? The German Ideology and the Problem of Technology*, History of Political Thought, 11, no, 1, 1988, pp. 129-136。［参见广松涉编注：《文献学语境中的〈德意志意识形态〉》，彭曦译，南京大学出版社2005年版，第34页。——译者注］

马克思民主概念的三个特征在此尤其相关。第一是他如何看待“真正的”或无限的民主制；第二是他如何看待真正民主制的存在条件；第三是他如何看待真正民主制中的制度的属性。让我们逐一考察这几个特征。

马克思通过对照“共和制”这种政治形式，来界定真正的民主制。对马克思而言，以美国为表率的共和制，拥有一系列民主政治安排，例如经选举产生的立法机构和行政机构，亦即它拥有民主的政府形式；它是形式上的政治民主制，但它还不是真正的民主制。原因在于各项民主安排并没有在“物质的国家”（即市民社会，也就是社会—经济的生活秩序）之内实施，并没有“贯穿”其中：

> 在一切不同于民主制的国家中，国家、法律、国家制度是统治的东西，却并没有真正在统治，就是说，并没有物质地贯穿于其他非政治领域的内容……君主制与共和制之间的争论始终是抽象的国家范围内的争论。政治的共和制是抽象国家形式范围内的民主制。因此，共和制是民主制的抽象国家形式，但在这里共和制已不再仅仅是政治制度了①……在北美，财产等等，简言之，法和国家的全部内容，同普鲁士的完全一样，只不过略有改变而已。因此，那里的共和制同这里的君主制一样，都只是一种国家形式。国家的内容都处在这些国家制度之外。②

当民主程序不再单单在政治形式性的层面运作，而是或同时在市民社会这个社会—经济领域运作，则民主制便“不再仅仅是政治制度了”。简言之，马克思的“真正的民主制”，是“经济民主制”：社会—经济进程和关系的规定方式是民主程序，而不是“看不见的手”（或据称“自由”的不加控制的市场机制）的那种“自发性”。对马克思而言，这套市场机制是如下现象的委婉表达和理性化，即现代（即资产阶级的）

---

① 奥马利认为这句话里的指代关系是“在真正的民主制里，民主制已不再仅仅是政治制度了”。这对应着接下去的讨论。——译者注

② 《马克思恩格斯全集》第3卷，人民出版社2002年版，第41—42页。

市民社会形式所特有的那种普遍的利己主义和特立独行，他在《论犹太人问题》等作品里将之描绘成霍布斯式的一切人反对一切人的战争。① 他在那篇文章里呼吁人们重新占有自己“固有的力量”，②这正预示着《德意志意识形态》里的一种观念，即人们以民主的集体方式来控制他们的生存条件，控制他们的社会—经济进程和关系。③

不过，真正的民主制要想存在，人们就必须承认他们分享共同的利益，即把社会整体作为个人幸福所系的共同善保存下来。这种承认带来一项任务，即不断调和与平衡“共同”利益和“特殊”利益，亦即不断努力综合普遍与特殊。现代市民社会正是由于完全欠缺这种承认和努力，甚至欠缺“一种普遍内容的假象”，④才成为“一切人反对一切人的战争”，成为政治国家及其虚幻普遍性的原子式对应物。

马克思在《德意志意识形态》里又谈到这一点。他与恩格斯首先看出，“所有互相交往的个人的公共利益”扎根于“个人之间的相互依存关系”。他们指出，历史上分工在这种相互依存关系中，造成了个人特殊利益及其共同利益之间的矛盾：

> 正是由于特殊利益和共同利益之间的这种矛盾，共同利益才采取国家这种与实际的单个利益和全体利益相脱离的独立形式，同时采取虚幻的共同体的形式……⑤

马克思不满足于这种表述，以边注形式在恩格斯的誊清稿上有所发挥：

> 正因为各个人所追求的仅仅是自己的特殊的、对他们来说是同他们的共同利益不相符合的利益，所以他们认为，这种共同利益是“异己的”和“不依赖”于他们的，即仍旧是一种特殊的独特的

① 例如《马克思恩格斯全集》第3卷，人民出版社2002年版，第174—175、185页。
② 《马克思恩格斯全集》第3卷，人民出版社2002年版，第189页。
③ 《马克思恩格斯选集》第1卷，人民出版社1995年版，第121—122、128—130页。
④ 《马克思恩格斯全集》第3卷，人民出版社2002年版，第187页。
⑤ 《马克思恩格斯选集》第1卷，人民出版社1995年版，第84页。

> “普遍”利益，或者说，他们本身必须在这种不一致的状况下活动，就像在民主制中一样。另一方面，这些始终真正地同共同利益和虚幻的共同利益相对抗的特殊利益所进行的实际斗争，使得通过国家这种虚幻的“普遍”利益来进行实际的干涉和约束成为必要。①

故而民主制要求个人承认“真正的”共同利益，并不断努力解决共同利益和个人特殊利益之间的“矛盾”。民主制于是成为一切政治国家形式（包括“共和制”）的对立面，而这些政治国家的形式之所以存在，是因为个人拒绝（或不能）承认和适当服从他们真正的共同利益。一旦他们这样做，政治国家及其全部机构都会“消失”。人们若能参照共同利益来界定他们的特殊利益，或者寻求他们特殊利益的同时谋求共同利益，则马克思认为他们所组成的社会将不需要职业的统治阶级。因此他在《黑格尔法哲学批判》里主张：

> 铲除官僚政治，只有普遍利益在实际上……成为特殊利益，才有可能；而这又只有特殊利益在实际上成为普遍利益时才有可能。②

甚至在考察马克思民主概念的第三个特征前，我们已能得出如下结论。在马克思的观念中，“消灭”或“取代”分工、劳动本身、政治国家及其组成机关，并不意味着消除全部有组织的社会—经济功能划分，消除人与人在禀赋和才能上的差别，消除人的生产性“类活动”本身，以及消除辨认和促成共同目的及其实现手段的有章法的程序。相反，对马克思来说“消灭”（“取代”）是指：将现存“自然的”和自发产生的资产阶级分工形式（即雇佣劳动），以及资产阶级“政治国家”形式，改造成符合“真正的民主制”的形式。它意味着以民主方式组织社会—经济生活和人类集体创造力——这种组织方式是作为真正人类“自主活

---

① 《马克思恩格斯选集》第1卷，人民出版社1995年版，第85页。
② 《马克思恩格斯全集》第3卷，人民出版社2002年版，第61页。

动”的个人创造力的展露，而且(作为社会—经济生活民主化的题中之意)是指人们最充分地参与决定人类的集体社会—经济目的和手段——以之取代前述“自发”的历史产物。

这种民主若要存在，社会“生产关系”——个人在其中并据之发挥自己的创造能力(即生产力)——本身就不能再是“自发的”(即固定的且不受人类控制的)产物。相反，它们将出自关系主体的慎思性自决活动。

这样一来，这些生产关系为匹配持续发展的社会“生产力”，将直面变化和回应变化。马克思在《德意志意识形态》里阐述这一点，是从创造彼此交往形式的互相联系的个人角度。① 不过，马克思在《黑格尔法哲学批判》里讨论人民的“国家制度”时，已经提出过该观点：

> 诚然，全部国家制度总是这样变化的：新的要求逐渐产生，旧的东西瓦解，等等，但是，要建立新的国家制度，总要经过一场真正的革命……逐渐过渡这个范畴，首先，从历史上看是虚假的，其次，它不能说明任何问题。要使国家制度不仅是经受变化，从而要使这种幻想的外观最后不被暴力粉碎，要使人有意识地做他一向无意识地被事物本性逼迫着做的事，就必须使国家制度的运动，使前进成为国家制度的原则，从而必须使国家制度的实际承担者——人民成为国家制度的原则。这时，前进本身也就成了国家制度。②

无疑，马克思这里是在谈民主，尽管他没提这个词。现在我们只需把“国家制度”替换为“生产关系”或“交往形式”，便可看到此处预示着《德意志意识形态》(和1859年《〈政治经济学批判〉序言》)的学说：在真正的民主制里，生产关系将不会僵化到阻碍其所施展和巩固的生产力；因而其决不需要“被暴力粉碎”。马克思显然在憧憬后资产阶级的社会形式，它由于免受生产力与生产关系对抗之苦而在历史上绝无

---

① 例如《马克思恩格斯选集》第1卷，人民出版社1995年版，第121—123页。

② 《马克思恩格斯全集》第3卷，人民出版社2002年版，第72页。

仅有,是真正的或无限的民主制度在历史上的首度实现,从而也是第一个完全“合乎人性的”社会。

作为本文的总结,我们重申,马克思到1848年为止的社会和政治学说来自他在研究和反思上耗费的心血,而我们可以看到,该学说的核心概念如今依然有相关性,且其务实或空想的程度与民主概念本身差不多。

（译者　南京师范大学法学院、中国法治现代化研究院副教授）

黑格尔法哲学与我们时代的政治*

[德]卢　格著　姚　远译

我们的时代是政治的时代,我们的政治旨在此岸世界的自由。我们不再为教会国家奠基,而是为尘世国家(Weltstaat)奠基。对于政治自由这一公共议题的兴趣,随着人类的每一次呼吸而日益增长。所谓的物质主义兴趣,看来恰好违背了本世纪的理念。正如孩子每呼吸一次就摄入理性和自我意识的精神氛围,当今世界的每一次物质增长也直接就是精神增长。但我们不必继续追究这个问题;我们不必在物质福利的幌子下谈论我们的政治面貌(Zug),后者是明摆着的,供每双眼

* 译自 Arnold Ruge, *Die Hegelsche Rechtsphilosophie und die Politik unsere Zeit*, Deutsche Jahrbücher für Wissenschaft und Kunst, Nos. 189 - 192, Aug. 1842; Arnold Ruge, *Hegel's Philosophy of Right and the Politics of Our Times*, in Stepelevich (ed.), The Young Hegelians: An Anthology, Cambridge University Press, 1983.本译文是国家社科基金一般项目(17BFX161)的阶段性成果。感谢欧诺弥亚微信群诸位朋友为译者解难析疑。本文对理解马克思《黑格尔法哲学批判》(1843)的重要性,从某种意义上来说仅次于马克思本人的相关作品。因为它率先接受了费尔巴哈对黑格尔哲学的批判并将之转用于法哲学领域,这必定激励着马克思更彻底地实现自己的黑格尔法哲学批判计划。身为青年黑格尔派政论家的卢格(1802—1880),是马克思1842年初至1844年初最志同道合的朋友,曾与他人联合创办青年黑格尔派机关刊物《哈雷年鉴》(后更名《德国年鉴》),曾主编两卷本《德国现代哲学和政论界轶文集》,其中收录马克思《评普鲁士最近的书报检查令》、费尔巴哈《关于哲学改革的临时纲要》等文章,曾与马克思共同编订《德法年鉴》创刊号。

睛品鉴。连我们德意志人的生活都不再完全醉心于自然——田园牧歌式的生活仅有一时的魅力——不再完全拘泥于家庭——家长制生活即便不是可笑的也是乏味的——也甚少局限于市镇(Stadt)和生意(Gewerbe),亦即甚少停留于小市民情调(spießbürgerlich)。眼巴巴看着"异国他乡"上演历史好戏,这已不再足够;我们真的开始拓展我们在报纸上对"本土"(Inland)的兴趣,开始感怀国家,感怀国家制度和它的内部自我规制。关于国内事务的学术讨论,将很快弥补(甚或限缩)我们关于对外关系和外交事务的学术讨论,各个政治自由民族那里的情况便是如此。英国、美国和法国的政论家向我们展示了这方面的一致风范,他们必是有着同样的根基,方能产生这样的相同效果。我们不揣冒昧地假定,自由民族的公共意识状况(而非纯粹的疏忽)将国内事务提升为近乎居于独占地位的讨论话题,即便该假定可能令《奥格斯堡总汇报》和奥地利政客们感到不悦。单纯在其他国度寻找历史、趣闻、须知、值得赞赏和应受谴责之事,是精神的缺位,是一种迷狂(eine transcendenz der Bewußtsein),亦即一种浪漫情怀,我们可以礼貌地将这种做法称为不自由,亦不妨不客气地称之为精神上和政治上的堕落,因为更亲近异乡而非自己的家园(后者是家长制精神的真正形式)、更乐于闲扯外交事务而非妥善处理自身事务的做法,是一种道德沉沦。在开眼看世界的时候仅仅[以事不关已的态度]盯着外国如何如何,这样的错误我们早已避免,毕竟大革命和革命战争极力彰显了欧洲的一体性;然而,在外交事务中仅仅重拾本土事务,并在一切外国事件中理解到那些可能与己相关的事情,则是我们长久薄弱的美德;最后,更有兴趣进一步理解"乏味的"本土事务而非国外事件中的"奇闻趣谈",这一心态还是全新的,仅仅是昨天发生的事情,而且这个昨天对大众来说还历历在目。但当时是什么事情让本土事务不再乏味呢?

因为出现了我们不妨称为政治生活感之提升的情况,即大家开始关心国家公民权(Staatsbürgerthum),其根本发展在我们看来与普鲁士历史息息相关。

可如果真正政治生活的明媚光芒最终从这第一次破晓中喷薄而出，旧日艺术和科学的风采就将全部付诸流水吗？我们会不会变得像英国人那样哲思粗鄙、装腔作势，像法国人那样在形而上学层面浅尝辄止，像北美人那样务实且平庸？那简直惨不忍睹！不过，我们大可宽心。

作为地道政治人的希腊人，既不平庸且又精于哲思，他们比英国人更自由，纵与北美人的自由度相比亦不遑多让，但没有沾染这两个国家的粗鄙或狭隘习气。但假如谁担心德意志精神感觉的阴郁（或更确切地说，粗野），竟然乞灵于宗教和政治中那种死气沉沉的精神发展的残羹冷炙，那他不妨拿英国和北美聊以自慰。可是，当我们直面自己的意识之时，求助于外人的事例是不对的。一旦理论精神生活完全操于我们私人之手，我们在科学艺术中的无限天真便告一段落了。这不是说，我们那引以为傲且一心一意信任的卓越德意志科学艺术马上就要寿终正寝——尽管确有必要焚毁我们的亚历山大格式时代及其诸多陈腐无用之物——这不是说，连自然科学也不得不随着旧日的法学和（我很遗憾地说）神学一道遭到即刻抛弃。非也非也！有必要的仅仅是，那些能够改换研究对象的历史科学在条件成熟时经受此番激变，因此我们不难预见，条件成熟之时将是当前法学和神学消亡之日，但自然科学却不可能改换研究对象。简言之，法学与神学的研究对象是精神的历史实存；历史让这些实存此消彼长，故而不时地剥夺这两个受尊敬学科的研究对象。希腊神学随着希腊诸神的消亡而消亡；希腊法学随着希腊城邦的消亡而消亡；一个畸形的法律世界，亦即法律学术那些煎熬人心的伟大后裔的真正天堂，随着神圣罗马帝国的消亡而消亡。但即便是现在，借着教皇重建的教会法的运气，整个科隆混合制度或许已经几乎湮没了我们的世俗法和我们的《拿破仑法典》——我们甚至不会说起天主教和犹太教神学里面的黄金国度，以免我们的领袖们又想起重建此类荣耀之物，贻害苍生数百年。唯有关于事实——正如自然事实那样，它们支撑着我们——的知识才是自然的；一旦法学和神学必须思索那些它们如今再也无法阻止的事实,则它们以及它们的天真也就告一段落。这样一来,崭新的政治世界、真正的公共生活、国家中的真正自由,将使大片的知识荒地丧失其在当前的重要意义。这一情况早该出现在诗和其他艺术中。自然之诗、家庭精神、关于家庭或情爱的诗,这种[文学]类型与作为其立足点的自然一样恒久,而其当下情况如何是明摆着的。历史性的东西,也就是说,政治的情绪波动、最严格意义上的(亦即自由及其历史构造物中的)人类精神生活、推动改造此岸世界的志趣——这些才是当前最得贤达之士器重、最激荡群情的东西,而借助诗文围绕自然、爱、家庭和市民场景兜圈子的小家子气做法不得人心。从维特式的自杀到古代的事例,由爱的反复无常催生的荒唐事屡见不鲜;而这些低级趣味背后的要求,即人生无非占有和享乐而已(这两者始终只是底线,即便它们表现在最秀外慧中的女子身上),亦即决不能舍弃精神和习俗的诞生地(或巢穴),也就是家庭——近来,这一要求在我们看来十分无礼。我们感到,我们可不是在国家农垦地里当牛作马的黑人,我们是与伦理—自由王国里面生活着的任何人——无论他是谁——出身平等的主人;伦理—自由王国固然脱胎于家庭,却仅仅因着自由人共同体(Gemeinschaft der Freien)的缘故而存在。

我们的历史和文学中浓墨重彩表达出来的这种耻于成为无产者的感觉,产生于我们觉醒了的国家志向和我们的政治感,它所缔造的新生活正遍地开花。如今,我们能在我们自己当中察觉一种新型美德,即公共美德,以及一种新型艺术,即历史艺术(历史抒情诗和历史喜剧);如今,我们能在我们自己当中察觉这样一种喜剧,它区别于典型喜剧,未摧毁共通的或自然的和小市民的精神,但它摧毁了精神的实际历史阶段,宛若《堂吉诃德》的骑士精神——我们不妨提一提海尔维格(Georg Herwegh)、霍夫曼·冯·法勒斯雷本(Hoffman von Fallersleben),还有《对无神论者和反基督教者黑格尔的末日审判的号声》(*Die Posaune der jüngsten Gerichts über Hegel, den Atheisten und Antichristen*),以及《谢林——基督教哲学家,或世俗智慧变为上帝智慧》(*Schelling, der Philos-*

oph in Christo, oder die Verklärung der Weltweisheit zur Gotteweisheit)和《从信仰的观点评黑格尔关于宗教和艺术的学说》(*Hegel's Lehre von der Religion und Kunst von dem Standpunkte des Glaubens aus beurtheilt*)这两本小册子,这些书若被视为艺术创作便是历史喜剧;最后,我们提请大家关注历史和政治的戏剧和小说,以及菲舍尔(Friedrich Theodor Vischer)前不久在本报就新式绘画问题发表的言论——鉴于“不可抗拒的情势”①,我们将在别处更详细地说明历史喜剧在当代出场的意义——还有哲学的一种新形式,亦即自由的形式,或曰完全摆脱了经院主义的形式。

凡此种种的新形式,在哲学和艺术中大放光彩,但在政治领域还不明朗,公共美德的环节(即国家)本身仍待缔造。与此同时,我们不难点出一批来自普鲁士、汉诺威和巴登的名流,他们的政治品行赢得了同胞的肯认和后世的认可。

公共美德、历史艺术和自由哲学,这三者联袂表达了一种意识震荡(Ruck der Bewußtsein),我们据以超脱狭隘的闭关自守(Einhausung),变得能够承担一种崭新的生活,即政治生活。

不难想见,像黑格尔法哲学这样的成果,必定受到这股精神运动的实质威胁,因为它是它那个时代的产儿,它的立场来自迥异于我们的意识。

黑格尔所处的时代不太热衷于政治,完全欠缺公共讨论和公共生活,大家纷纷退守理论的智慧,经年累月的闲散令人忘记了如下事情,即人们一旦皓首穷经,而不根据理论改造世界,那么他们的理论也就归于寂灭。黑格尔刻意贬低了每套理论都必须有的这种改造世界的自负。然而他比任何人都更加深刻地感受到,我们德意志人尚未达成具备国家形式的国家。黑格尔对希腊人的解读精辟透彻,且亲身经历了大革命时代,不可能不去要求一种具备公共自决形式的国家,这种国家

① 指书报检查。——译者注

既超越了(王朝统揽的)家族式国家,也超越了作为市民社会的国家(即警察国家[①]和官僚国家)。而他明确地把"作为市民社会的需要的国家"(Nothstaat der bürgerlichen Gesellschaft)与自由国家或其现实相区分,并提出一种前无古人的深刻国家概念,这时他其实就以隐含的、理论的或者说抽象的方式提出了上述要求。他写道:

> 国家是伦理理念的现实——是作为显示出来的、自知的实体性意志的伦理精神,这种伦理精神思考自身和知道自身,并完成一切它所知道的,而且只是完成它所知道的。国家直接存在于习俗中,而间接存在于单个人的自我意识和他的知识和活动中。同样,单个人的自我意识由于它具有政治情绪而在国家中,即在它自己的本质(Wesen)中,在它自己活动的目的和产物中,获得了自己的实体性的自由。[②]

可见,公共精神以及公共的思维和实现过程就是国家;国家是本质,自觉的主体是它的实存;但本质不仅是自觉主体活动的目的,也是它的产物,因而自由就是自我生产的、自主的思维和意志,其直接的存在形态是习俗,而间接经由自觉主体得以存在。

因此,若要拥有具备国家形式的国家,就得有一系列重大制度(国民代表制、陪审团和新闻出版),这些制度在我们德意志人这里仍然难觅踪影,而它们可以升华人的整个价值,并使公共意识完全觉醒,从而把人提升为自身自由的创造者。无论如何,这些制度纵然在某种程度上变质和褪色,黑格尔还是将其全部纳入自己的国家理论;他终究告诉我们,自从解放战争和旧帝国体制崩溃之后,旧日的等级已转为全新的要素,即政治要素,恰如他在1817年对符腾堡王国邦等级会议的批判那样,他对此心知肚明(第16卷第246页)。他这样写道:

---

① 这里的"警察国家"不是指警察严密监控下的国家,而比较接近于现代的威权政府。——译者注

② [德]黑格尔:《法哲学原理》,范扬、张企泰译,商务印书馆1961年版,第257节。——译者注

> 由于德意志人经由自己的国家制度而堕入政治虚无，又由于构成帝国等级会议较大部分的诸多小领地无力具备适当的决断和意志，就必然产生一种沉溺于私人利益的精神，一种对民族大义和为民族大义做牺牲的观念漠不关心、甚至抱敌视态度的精神。如果像在英国那样，对民族大义的感情已较普遍地贯穿于国民各阶级，那么，议会批准年度赋税的权利，相比于在私利感（Privatsinn）中教育起来的、因为置身于政治观点之外而囿于狭隘精神和利己追求的国民所具有的同种权利，意义将判然有别。为对付这样一种精神而保全国家，各政府需要新的保障措施。①

随着主权和国家统一取代了无休止的邦土分裂，这时第一次有了向国民许诺自由国家制度（即具备国家形式的国家）的可能性。黑格尔着重强调了这一形式，并把作为政治虚无模式的旧日邦等级会议，与作为国家制度许诺之真义的东西清楚地区分开来。他在第 223 页写道：

> 立宪的许诺可以用一种或许被认为最机敏、甚至被看作最正当的方式来履行，但这种方式恐怕正是大臣们能够想出的最奸诈阴险的伎俩。假使新王国的诸侯们竟想彻头彻尾欺骗民众，以及可以说想在上帝和世人面前赢得荣誉，他们本会把所谓的旧体制还给自己的国民。之所以说到上帝面前和世间的荣誉，是因为根据如此众多的公共舆论，尤其根据此前的历史，有人会认为民众似乎都已涌进教堂，衷心唱起《上帝颂》。诸侯们就像马基雅维利的当代翻版，似乎已赢得奥古斯都和提比略的精明政治那样的声誉，此二人保留了先前的统治形式，在当时也就是共和国，但共和国的实质已经消亡，而且无可置疑地不可能再存续下去。当时罗马人沉浸在这种现状（故步自封）和谎言中不可自拔，因此，建立合乎

① 这一段和下一段引文参见 Hegel, *Beurteilung der im Druck erschienen Verhandlung in der Versammlung der Landstände des Königreichs Würtemberg im Jahre* 1815 *und* 1816, 1817.——译者注

理性的君主制——何况罗马人当时还不知道这个概念——便是不可能的事情……符腾堡的弗里德里希国王显得比那种欺人的诱惑更高明。

可见,黑格尔对我们德意志人的困境了如指掌。然而,他 1831 年却在那本臭名昭著的、以拒绝英国政治形式且支持警察国家为己任的《普鲁士国家总汇报》(*Allgemeine Preussische Staatszeitung*)上面写道:警察国家"避免了特权和不义的无休止混淆,合乎理性地通过考试来选拔官员,进而可望拥有一切关系之科学奠基的深刻内容"。我们的执掌教法者或达官显贵们的睿智之处,就是对我们缺乏政治情操和政治生活这一事实感到快慰——还是老一套!为了超越抽象物,就用抽象物麻痹自己!黑格尔这篇文章显示出非凡的修辞才华;我们如今仍可感到它的镇定作用。让我们暂时忘却国家乃是一切事情的立足点,忘却国家的存在必须具备国家的形式,忘却国家的内容是政治情操,这样我们就会假定英国还比我们差得很远;英国的弱点暴露在光天化日之下,而我们国家本质的总体优越性显而易见,尽管大家对于后者闻所未闻——没错,就连黑格尔本人也无法"体会尚未就任的市镇议员是如何玩转的"。这篇文章对英国颇有真知灼见;实际上,它仅仅讨论了英国——在那个年代怎能探讨本土事务呢?——但遗憾的是,身处 1831 年柏林的黑格尔,不再有心情与讨论主题的另一面相妥协,这另一方面就是指德意志各邦的"政治虚无",它们只想要"私利感",不想要具备国家形式的国家。当黑格尔在比较中时而提到德意志、时而提到欧陆,我们看不出来他相对于英国的封建主义粗鄙状况,大抵更青睐法国大革命的产物。毕竟他没有阐明这一点。黑格尔敌视那种"自以为是的桀骜不驯";否则他本可以轻而易举地在篇末化解这一进退两难的困境,亦即主张历史性的欧陆具有更加深刻的内容,因而一旦取得与该内容相称的现实国家之自由形式,早就把英国远远甩在身后。但那显然意味着得到一种不同的灵魂,而且是在 1831 年的国家杂志上援引这么一种灵魂——然而并没有什么用。相反,黑格尔谴责了当时的理想主义者、尤其那些宣传煽动家，谴责了他们的应然设想和诉求。可是他谴责那些人对国家的无知，这是不公允的，因为他们最热衷于要求终结这种无知，而且他本人凭借其国家概念，或有意或无意地也提出了一种应然设想和一番诉求，宛若拨云见日，令人豁然开朗。他的做法兴许是下意识的，抑或他力求瞒天过海，而且当他站出来反对那些从“解放战争”归来的教条理想主义者时，他也不忘尽可能掩盖甘斯(Eduard Gans)生前[从黑格尔学说中]引申出来的那类自由主义结果。就此而言众所周知的是，黑格尔的逝世使得反甘斯的法哲学备课戛然而止。

黑格尔在运用自己的学说时，竟然认为诸如尚未成为且不想成为国家的国家之类的“非现实事物”具有“合理性”，这背后的矛盾无疑是对原则的背叛。而且一旦这些源于计算，就尤其不符合智慧或概念。

看来，连黑格尔也是玩弄手腕之人(Diplomat)！我们德意志人不像乍看之下那样愚钝；就连作为纯洁灵魂(*anima candida*)的康德，也是玩弄手腕之人。这两位的反对意见不是大张旗鼓的，而是悄无声息的。他们的体系都是非理性—非自由氛围中的理性—自由体系。但如下做法甚为不妥，即误解康德和黑格尔在多大程度上深嵌于各自时代的意识及其立场的界限中，或者当他们都不愿亮明自己实际抱持的立场时，认为应把他们视为有着相似的伦理立场。

我们应当仔仔细细品评这两人政治立场的差异。康德有句名言：“我明明白白思考了许多我一直没有勇气说出来的话，但未加思考的事情我一个字都不会说。”现如今，即便此种形式的坦诚也是玩弄手腕而非出于哲思，这已是毋庸置疑的事情。我们得承认，康德纵然身处弗里德里希二世统治之下(包含前述名言的写给门德尔松的信是在1786年)，其立场依然受到当时公共精神状况的深重制约；假如我们想到，连当代人都还无法容忍一套完全公开的哲学，我们就不会指望那个年头能够做得到。虽然康德沉默寡言，虽然弗里德里希大帝身为国君，他们却很快沦为民众指责和中伤的对象。唯有自由的民族才能承受自由的哲学，而假如谁想在心头保有对同时代人的尊重，谁就得承认，没有哪个民族竟然自由到间或比它的哲人有过之而无不及的程度。与丧失坦诚必然相伴的，是和野蛮人为伍的感觉。然而，唯有总体的、完满的、无拘束的思想表达才属于哲学。一切爱智之士都遵循这一点。可既然康德是我们能够想见的最真纯的人物，他是怎么想到上述慎重准则的呢？他在上述名言中表达的那种理论和实践的分裂、思考和言说的分裂，至今依然属于整个德意志精神。康德不可能把这种分裂摆上台面，因此他把自己封闭在自己的意识里。他在上述信笺中谈到自重（Selbstbilligung）是道德的原则，他说：

> 你找不到什么理由改变你对我的看法，因为我大半辈子都在蔑视和排除大多数通常败坏品格的言行，故而，因明知自己意图真诚而生的那种自重一旦丧失，对我将构成莫大的摧残，尽管我确信这样的事情决不会发生。当然我认为……

这跟康德的同时代人歌德的以下立场如出一辙："你不该在人们面前知无不言。"但康德身为哲人，有义务知无不言；于是，鉴于当时一切开明人士都不得不面对的冲突，康德选择反思自己的良知。这样的道德，这种对信念和自重的恪守，显然是仍在异己势力压迫下且尚未一心一意、无所顾忌地追求理性之人所关心的事。此种异己势力便是不符合黑格尔概念的国家。结果，后来到了1794年，当时还是弗里德里希二世统治时期，由于沃尔纳（Wöllner）敕令导致在康德作品中检查出"对《圣经》和基督教某些主要教义的歪曲和贬低"，并责令他"以后不得允许此类作品和教诲公诸于世"，康德真的找到了自己准则的用武之地，他在答复这位基督教徒大臣时，保证"本人在授课和写作中，决不会就宗教问题（无论自然宗教抑或天启宗教）发表任何公开意见"。他还在一份答复的草稿中，几乎逐字逐句写下了前面提到的那条道德准则，只是为其赋予了更为实际的意义。他写道："违背或者否定自己的内心确信是卑鄙的，但在诸如当下处境中保持缄默则是臣民的义务，假如一个人必须全说真话，那也不等于有义务公开说出全部真理。"这是一条消极准则；但如果我们也为道德赋予积极义务，那么情况或许是，哲人会认为公开说出全部真理正是最高的哲学义务。而事实上，哲学的义务若不是这个，还能是什么呢？不过在康德那里，臣民的义务和哲人的义务存在冲突，正如《安提戈涅》里面成文法和不成文法之间存在冲突。简言之，沃尔纳不允许本国臣民成为哲人。“臣民”是玩弄手腕之人，不把事情做绝，诚所谓识时务者为俊杰。

这样看来，康德依照自己名言的所作所为，绝不具有最高意义上的伦理情操（他原原本本的最高伦理立场本该是哲学立场，而哲学就是直言不讳），尽管我们不宜说他人品不端。他未把自己提升到不成文法所引出的反对权概念。但他无疑从自己的顺服中，感受到作为道德前提的自重。该立场是有限度的；仅仅主张作为良心自由的自由，是新教狭隘性的表现，但康德立场的缺陷也是当时以及眼下德意志精神的缺陷，它单单承认内心自重这一私德，认为公开说出全部真理并且身体力行乃是无关道德的政治德性。如此这般的民族中，只存在循规蹈矩的臣民，不存在国家公民，而且良心本身飘忽不定，因为它会要求人们遵守那些甚至不认可它的总体内容（亦即它的理性）的命令。康德就是个例子。

黑格尔在这个问题上持有怎样的立场呢？我们可以允许这位用更高的国家公民伦理立场反对康德式道德的人物，仍旧止步于康德式的自重吗？毋宁说，我们不该期待他躬身阐发政治德性吗（在他的哲学里，政治德性恰与私德相对）？

新教的抽象内向性，令黑格尔也不免陷入幻象，他以为一个人即便政治上不自由也能享有理论层面的自由。说到底，黑格尔的立场是理论性的，而且他所处的时代和康德时代一样没有达成具有最高国家形式的德意志国家。他在普鲁士独一无二的地位也促成了这种情况。黑格尔没有经历过实际的哲学斗争，他必定没有意识到自己的哲学和警察国家之间的分歧，因为他从没有像康德那样遭遇过别人对其原则的敌意，毋宁说，他受到国家本身的庇护，在任教期间随心所欲地授课。因此不难发现，黑格尔和当局一样没有察觉他立场中的矛盾，而且黑格尔和当局都极力掩盖他们确实察觉的矛盾，以便按照美好的古老新教习惯，对冲突避而不谈，让矛盾不了了之，而不是通过斗争来激发和彰显矛盾。唯有坚决刚毅的天主教原则——它连矛盾的内心也无法容忍，并对理论宣战——才会迫使理论对天主教国家宣战。黑格尔“既不违背也不否定自己的信念”，因为没有谁要求他这样做，何况他的结论乐于容忍映现（Schein），仿佛理论矛盾微不足道甚或算不上矛盾。故而黑格尔能够在理论方面提出他的抽象主张，而他也确实是这样做的。

如果说康德认为思考是私事，哲人是私人，哲人的本分不包括促进政治精神以及毫无保留地让全部真理在世界上发酵——至于康德是不是压制了什么根本的东西，或者他实际上压制了什么东西，不在此处讨论范围内，尽管未必难以作答——那么，黑格尔至少基于足够的知识提出，哲学在思想中把握时代，有效的哲学是时代之道的表达，但他同时认为，这时代之道仅仅指向洞见（Einsicht）而不指向人的意志。此乃理论性的立场。他以神一般的恬静去看理性缔造的万事万物，并且他看了这一切觉得挺好，因为理性可在其全部成果或实存中得到证明。而且令人惊讶的是，只要我们执着于事物的理性方面，便用不着再对它做些什么；理性靠着理性来构建自己，而黑格尔依偎着一种绝对主义，它极其理性，足以承认黑格尔体系的合理性。理性的一面明朗乐观，令人赏心悦目，而时不时地在实存事物中确证理性乃是相当困难的事情——就连黑格尔也在宗教哲学里面宣称这是最棘手的任务！然而我们一旦把目光转向另一面，亦即实存事物的非理性，那么不安、不满、诉求、实践的令人不悦的应然设想便扑面而来。这时可就得做些什么了！理性的权利必须及于这种实存；理性必须重返自身；理论性的立场被抛弃了；批判之道转向人的意志，虽说对事物的纯粹洞见是起点，但让事物服从洞见的决断才是归宿。这样一来，思维的立场就不再是抽象的或片面理论性的，而是思维与意愿的正确统一。唯有（基于理性洞见的）意愿才是真正的思维。

在黑格尔那里，须被称为自觉决断的事情正是立场的选择。他想要秉持自己的理论本身；他致力于以抽象理论或自在纯粹洞见之道的形式主张他的理论。但如此一来，他的理论看来又回到这样一个问题，即把哲学从日常实践提升为精密科学，提升为受到规训并预设了纪律的实存物，提升为可怜虫们依其禀赋并未占有的主题。理论，即科学本身，亦即纯而又纯的科学，是当时的主要任务（这是一项宏大任务），而黑格尔令这项任务变得对自己和他人来说困难重重，以至于人们立刻就发现，掌握科学方法和从事哲学是多么严肃的使命，因为谁若在研究中不够勤勉不够持恒，就在面对黑格尔的话语时暴露自己的外行和无知，这种效果比面对康德的话语时更加明显。黑格尔本人既不敌视政治实践，也不敌视那种以意志形式出场并落实到意志上的有效思维——他的早期活动证实了这一点——但他毕生的志业是奠立和贯彻纯粹洞见的体系，这使他沦于片面理论性的立场。

但正因为这种立场是而且应当是片面的，现在它就必定发展出最迫切的矛盾；它甚至违背自己的意志而突破自己：一旦纯粹洞见得以真正成为现实，并直面作为活的批判（Kritik lebendig）的现实，实践冲动（Pathos）就不再能被束缚住。我们已经证明，批判产生决断，因而它并不像“思辨”那样厌恶实践应用，而是将实践应用握于自己掌心。“思辨”在自己那里是心满意足的，它在比较精神现实和外部现实之时，不是盯着差异而是盯着共性。黑格尔认为，精神现实与外部现实的调和唾手可得，因为二者的区别被掩盖起来，所提出的只是二者的同一性（亦即它们都是理性）——这与他的国家观是一脉相承的，即国家不必为了理论的缘故而改变自己的形式，因为理论会辨认出国家的理性。以上就是黑格尔时代的意识，它是黑格尔无力逾越的东西，根据这种意识，事物的两个方面可以避免冲突而又不至于丧失自重。

要是黑格尔有机会站出来捍卫自己的理论，他所处的时代必定予以反对，正如康德的下场那样。唯有在这样的情况下他才超越道德：唯有此时他才获致政治品格。实际上他必须发生此一转变。我们如今难以想象,有个像康德那样的人会把沃尔纳的要求锁在抽屉里,并仅仅劝慰自己的良心。而为横遭攻讦的哲学进行公开辩护,乃是政治举动。黑格尔避开的那种冲突,是晚辈哲人挥之不去的东西。哲学一旦以批判的姿态登场(大卫·施特劳斯有筚路蓝缕之功),冲突便如影随形。如今,谁若是止步于自重,不敢为自己的事业挺身而出,谁就不再算是哲人。照此看来,时代风气或意识立场显然已发生根本变动。发展不再是抽象的了,现时代乃是政治的时代,尽管要让现时代获致充分的政治性,我们仍得做不少工作。

整个黑格尔哲学转而使自身隔绝于鲜活的历史,偏安于理论的立场并使之绝对化,这也是其法哲学的失败之处,正是在法哲学这里,我们必定最为痛切地体验到整体的困顿。

我们不可能从绝对意义上把握国家并使之超脱于历史,因为每种国家概念(恰如每种特定的哲学)本来就是历史的产物。我们同样不可能把国家制度(Staatsverfassung),亦即一定的国家,作为永恒形式来把握,因为特定的国家不过是作为精神之历史现实化样态的精神实存。

无论如何,国家的普遍本质就像一般而言精神的本质那样可被把握到;实际上,国家的本质无非是表现为公开的(即显明的)自我实现形式的精神本身。而现实的国家及其体制的实存,与现实的哲学(即历史的哲学)有着同样的旨趣。因此,哲学一旦步入国家的领地以及历史精神的领地,它与实存事物的关系便会发生改变。

在逻辑学中,或曰在有关思维辩证法的永恒过程以及规定和形式的研究中,是没有实存的。这里的实存事物,亦即思想者及其精神,是不紧要的,因为该个体所应从事的无非是思维本身的普遍举动或普遍活动。简言之,这里的问题仅关乎普遍本质本身,与它的实存无关。在自然科学里面,自然物的实存是无需关注的东西。虽说自然物及其实际过程是研究对象,但它们只是永恒法则以及不断生灭的永恒自然活动的永恒轮回的实例。唯有历史进入科学王国之时,实存本身才具有相关性。历史运动不再是自然运动那样的轮回,而是随着精神的自我生产，不断推陈出新。各个时代的精神构成和国家体制，作为实存的东西，具有科学上的相关性。教化的成果不再是轮回的实例，而是过程中的各个阶段，对这些历史实存的认识主要涉及它们的独特性，针对着特定实存事物本身。

因此，黑格尔体系一旦步入现实精神的领域，就得采取历史发展的形式，因此历史发展在此乃是对象的形式。众所周知，批判已经瞄准了宗教哲学，迫使其采取一种历史形式（施特劳斯和施图尔就是这样做的①）；而假如我们还须承认，历史的产生唯有经由精神与内在本性和外在自然的斗争，因而仅当各宗教的内容被世俗发展所改变时，仅当各宗教不再把既非艺术又非科学、既不优美又不真切的幻想作为自己的对象时，各宗教才获得历史发展。可是，希腊宗教仍旧已经拥有一种历史，而基督教虽同艺术和科学、国家和国家制度缠绕在一起，仍拥有旗鼓相当的历史性。事实上，基督教进入历史的时候，以僧侣政治的形式自成一国。基督教同艺术和科学、国家和国家制度的缠绕，就是基督教的历史。总的说来，施特劳斯《基督教信条学》一书讨论了基督教与其他现象的关系。但由于他把发展归因于教义学本身，他的立场仍旧是神学的和抽象的，这与其说是指明了、不如说是回避了那番缠绕。但该主题的性质要求施特劳斯引入世俗阐发展（他探讨了斯宾诺莎和晚近哲学），因为基督教信条的历史发展不可能脱离世俗历史而得到确立。黑格尔在美学中已经有效引入了历史环节，尽管他并未将此一以贯之，于是诸多仅能从历史层面解说的艺术形式便尚未得到解说。不过，黑格尔当年为法哲学和国家哲学引入的历史过程最单薄，但由于我们所身处的时代的张力以及黑格尔论题的性质，引入历史过程现已成为黑格尔法哲学和国家哲学最鲜明最迫切的需要。

---

① 参见 David Strauss, *Die christliche Glaubenslehre in ihrer geschichtliches Entwicklung und in Kampfe mit der modernen Wissenschaft*, 1841 – 1842; Peter Feddersen Stuhr, *Das Verhältnis der christlichen Theologie zur Philosophie und Mythologie nach dem heutigen Standpunkte der Wissenschaft*, 1842.——译者注

历史过程就是把理论同精神的历史实存关联起来；这种关联活动就是批判。历史发展本身其实就是客观批判（参见施特劳斯《基督教信条学》的序言）。这种把理论适用于实存的做法，在黑格尔的政治思想中是缺位的。黑格尔当时没有完全抹杀这种适用，但有意回避了这种适用，其结果类似于《精神现象学》：这部著作朦朦胧胧，像是图绘的云彩，可望而不可即。黑格尔笔下的国家（他的国家制度学说）并不比柏拉图笔下的国家更真实，而且永远不会变成这样真实的东西，因为正如柏拉图恢复了希腊城邦，黑格尔也恢复了当前的国家；黑格尔甚至对当前的国家直呼其名，但他从未让自己国家学说的隐微之义溢出历史过程，因此他对政治生活和政治意识的发展没有直接影响。法国人在这方面已有斩获；他们是彻底历史性的民族。在法国人那里，精神是鲜活的，它依照自己的形象发展世界。故而他们对现时代的相关批判方有如此深刻的影响，并显露出我们德意志人难以想象的敏感性。

唯有当理论秉持着各种永恒规定（人格、家庭、社会、国家，或者这些东西的原则，亦即意志、爱、法、自由概念等）之时，理论才可能超脱历史的批判过程。我们能够在普遍性的形式中（黑格尔会说，"在其概念中"）把握这些规定。因此它们乃是逻辑上的或形而上学的规定；对它们的描绘催生了伦理王国的形而上学，在这种形而上学中，若不把诸自由形式的概念同自由形式的实存关联起来，也就是说，若没有批判的工作，便无从讨论国家制度，或者笼统而言的自由的诸历史形式。再者，任何当代的形而上学本身就是历史的实存；唯有其概念从历史批判中生发而来，它才能发展为形而上学；它必须把自身的解体作为将来的使命。因此，形而上学在其发展过程中究竟是否先于批判抑或正好相反，是无关宏旨之事，因为在哲学思考者的意识里，形而上学和批判始终唇齿相依；没有批判就没有概念，而没有概念就没有概念与现实存在的关联，亦即没有批判。

但理论的使命包括清楚地区分形而上学的操作和批判的操作、作为目标的逻辑范畴和作为目标的历史范畴、经由普遍性形式的解说和经由实存形式的解说。黑格尔法哲学为了把自己伪装成"思辨"或绝对理论，也就是说为了不让"批判"显露出来，便把实存或历史规定提升为逻辑规定。因此，在黑格尔那里，例如国家制度的历史形态，亦即这种历史上的精神立场，不是历史批判的产物，也不是人类发展的产物；黑格尔虽然明显阐述了当时的精神立场，但完全缺乏对历史事物和形而上学事物的有意识区分。故而黑格尔致力于把世袭君主制、多数派、两院制等东西表述为逻辑必然性，可重要的是将这些东西确立为历史成果，并将其作为历史实存而予以解说和批判。一般而言的国家制度及其目的可独立于精神发展而得到讨论，但现实的国家制度显然是个历史范畴，唯有对这种实存物的批判显然才是发展的脉动(der Puls der Entwicklung)。这就解释了黑格尔的政治形而上学的微茫影响。理性一旦脱离当前的精神生活，就变得苍白无力；理性若将一时的历史实存作为永恒的规定性呈现出来，就堕落为愚蠢的歪曲。正因为历史实存不是永恒的或必然的，不是周而复始的承担者，而是自由的、单一的规定性，可以说是精神的个体性，它们才颇为崇高；它们作为实存而具有相关性，并凭借这种相关性，向精神揭示精神本质的崭新深度。

一旦关心各个历史教化阶段及其相应国家形式的实存——黑格尔的政治学对此全然不感兴趣——就不会放过未来的政治；这种关切已呈现于愈加嘹亮清澈的批判之道，并且较以往更加猛烈地沁入每一颗抵制它的心灵。概念和现实的真正联合，不是以概念美化实存，而是神圣的概念显化到实存之中，紧接着出现的便是这一联合的分裂。

本质与现实、理念与实在之间的这种关联，却让我们重新审视黑格尔所谓绝对精神与国家的关系。黑格尔在宗教与国家这一近来引发热议的主题下论及上述关系。他在第 332 页的长篇附释里探讨了这个问题，可非但没有澄清这个问题，反倒把水越搅越浑。这样的混淆因何而生？这还是要归咎于贯穿全书的那个同样的问题，即在多数场合下，宗教的概念取代了实存的宗教，但在某些情况下，实存的宗教又取代了预设的宗教概念，于是读者被搞得一头雾水。黑格尔法哲学没有获得他通过预设现实状况而似乎打算谋求的广泛受众，而且他很可能不想进行明确的概念规定，以免除刨根究底的麻烦。他“回想到宗教的概念”;他有一次说道:“宗教中的全部内容都具有主观性的形式”,“虔敬心(Frömmigkeit)一旦代替了国家，就不能容忍被规定了的东西，因而将之毁灭”,但他还是认为宗教是被规定了的东西，是一定的“教义”和“表象”。[1] 混淆由此而生。假如宗教不能容忍任何被规定了的东西，人们怎会以为宗教能够容忍本身被规定了的教义?

要弄清问题的原委，就得后退一步。国家在黑格尔眼中是精神的客观性和现实性，是自由的自我现实化。很好！但为何要把表现为宗教、艺术和科学的那些精神实现形式(Realisierungsformen)置于国家和历史的领域之外呢？有什么东西能比自由的自我现实化更崇高吗，若没有宗教、科学和艺术，这种自我现实化能够渐次推进吗？这三者难道不是历史的持续参与者吗？不正是它们缔造了历史吗?

黑格尔转向抽象理论的做法也可以解释该问题。当他把国家从历史中剥离出来，并仅仅根据逻辑范畴考量国家的全部历史形式，他自始就在周而复始地运用普遍—特殊—单一这组范畴，这样一来，他也就把实践层面从宗教、艺术和科学中剥离出来。对他而言，这三者固然是自由的自我现实化，但仅仅作为(理论)精神本身的要素。他将这三者系于纯粹理论精神的层面。对真理的体验、直观和认知诚然是自在的目的(Selbstzweck),但真理本身也是受到历史规定的东西；世界与真理的新近形式相矛盾。要达到自在的目的，不宜经由抽象方式，只能联系着外部现实已然达到的东西，故而也就是作为被规定了的有限目的和有限现实的成果。处于理论精神要素中的自由，不是绝对的、无拘无束的、完全的自由，而仅仅是指精神从一定的外部事物或实存中得到解放(Befreiung)。精神必定总是转而反对这些东西，即便它们不过是精神

① [德]黑格尔:《法哲学原理》,范扬、张企泰译，商务印书馆1961年版，第269—283页。——译者注

原本的思想形式和发展形式,这就是批判和实践。而黑格尔回避了这一转向。在他看来,科学并不同时是批判,艺术并不同时是对当代的阐明和澄清,宗教在本质上是表象和教义,并不同时是实践冲动。

这不是要否认艺术和科学作为理论形式的地位;我们也不打算教给黑格尔那些我们正是从他那里学到的东西,即环节就是总体,不存在无思维的意志,也不存在无意志的思维,一切理论本身就是实践(Praxis),理论和实践的区别仅仅在于精神是向内转还是向外转。但我们是在主张某些日渐获得公共意识认可的事实,即(这里权且不谈宗教的本质)黑格尔哲学与整个德意志精神都隐匿和遮蔽了理论的实践关联和意义。

科学并不回到逻辑,而是回到历史,而逻辑本身也被纳入历史;它必须允许自己被作为实存来把握,因为它从属于这套哲学的发展状况。也就是说,本身作为精神的历史形式的科学,并不在绝对形式中把握真理;它把理念(或真理)的全部内容置入它的形式;但它既然被作为实存来把握并因此服从于批判,历史便扬弃了它。批判是运动,既是分泌的过程同时又是生育的过程。

该运动既在理论内部推进,又反对理论的全部素材,尤其是反对客观的精神或生活。科学正是经由批判来处理其内容。批判是把握并消化了该内容的对世界的理解(der Verstand der Welt),是艺术和宗教的预设,且经由这二者发挥作用。如果这听起来有悖常理,或许我们能够加以澄清。艺术是理念的显示;它预设了对于科学精神已然获得的内容的理解或领会;它是实践,但它是欢乐的实践,是“理念在其反面的映现(Schein)”。它是机智,而机智是具有美学形式的批判。机智是全部艺术的预设;它的要素是愉悦,是应对全部实在的能力,它不把实在看作显象(Erscheinung),而主要将其视为映现。艺术想要的不是显象,或曰在(外部)时空现实中的理念,而只想要在那精神的自为存在中的对象化,仅仅为着直观而非有限目标的对象化,因此,艺术从全部时代采撷它的各种形态,并让既往的时代重现于当下。但因为艺术预设了批判的环节，并把作为机智的解放亦即愉悦的印记加载于它的全部发展，艺术恰恰是非实用性的(unpraktisch)。艺术将整个当代精神从其旧的形式中解放出来，因为它为其赋予了新的形式，并向其展示这一形式的艺术镜像。然而，艺术的最高形式也会明确突变为精神的自我批判；它是喜剧，是创造性的精神在单纯享受着对自己全部形态的主宰权，但这种享受本身也是一种塑造活动。知识和艺术的关系，就是理念(Idee)和理想(Ideal)的关系。科学和宗教的关系，就是理念和理念之实现的关系，不是实现为理想，而是实现为现实。鉴于黑格尔体系忽略了批判，因此，他的美学也就忽略了批判的对应物，即机智和滑稽，尽管在谈及喜剧的时候，这位伟大的哲人将阿里斯托芬置于希腊精神的氛围中，从而作出精妙绝伦的探讨。

宗教仅能拥有科学和艺术所赋予它的内容。作为科学的精神教养，以及作为理想的自我形成的精神教养，就是全部的内容。这种精神教养别无其他内容，故而黑格尔正确地觉察到，其在内容上与宗教区分不开。但当黑格尔为宗教赋予他自己关于“绝对”的理论，他就在省思由该抱负衍生出来的经验实存，而非宗教的纯粹本质。概念中的宗教无非是向往理想、向往真理的实践冲动。它把理念化约为情感；它把纯粹洞见转化为品格(Charakter)的实体，并经由这种内容的凝炼，将自己引向实现。它的本质就是这种实践，该实践的终结时刻决不在于主体为着自己的白日空梦(此乃抽象物)而将理念化为情感，而在于实践否定了旧有实存并建立新的实存，从而自己呈现为真正的批判。

宗教不是日常事务，也不是为着每个人。让大家把真理(即理念、时代精神、实体、神性)抽象地、半心半意地当成情感，这绝不是真正关乎激情的事情。人心假如真的盈满，就会立刻溢出，每颗心中的宗教现实势必化为宏大世界庆典、末日审判和“有规定性事物的毁灭”。如今为宗教大声疾呼的那些人，最要惧怕的莫过于宗教的复苏觉醒，最要颂扬的正是一般宗教实在的稀疏难见。无论如何，宗教一旦凝练为情感，就脱离了被规定的内容界限；实践冲动在某个阶段打破沉思，继而将现存主体抛入斗争。然而,总体之中始终预设了一定的内容,并且宗教所暂时取消的那种理论延伸的特定性,重新脱胎于宗教实践而复归。忠实于总体的理念,并且为了理念的新形式挺身而出,甚至到了无所规定的程度,这是宗教人士的光荣。因此,随着对公共处境做出理论规定,随着所把握到的现实在宗教实践之后的详细发展,我们的任务就在于继续左右那种宗教心(Religiosität),并让一切新的规定性浸润着对原则的忠诚。试回想解放战争,或者七月革命,或者第一次法国大革命。当时宗教自称为情怀和对一定理念的献身,但首先总的来说是涌向理念的情感运动。后来的规定性是真切而权威的,只要它们仍旧唤起时代的宗教心。当置身于转型时代,精神和真理不再填满人心,从理念的堕落或者非宗教心便成为人心的巨大负担,并把人的情感凝练为在内心中潜移默化的神性的新表现。这样看来,即便在那个时候,宗教仍未丧失历史愤怒或历史企盼的对象。我们知道,黑格尔说"宗教一旦取代国家,就毁灭被规定的东西"。

那么,宗教何时取代国家呢?

显然,只有当国家变得了无精神(geistlos),以至于理想的实践(der ideale Praxis)亦即向往理念的情怀完全与之异化,并变成它的敌人。宗教改革的情怀就是这样取代了僧侣政治;大革命的情怀就是这样取代了旧日的国家乱象。

那么宗教和国家的关系如今是怎样的呢?

很简单,相当于本质和实存的关系,因为真正的宗教在其自身凝聚了时代精神的全部内容——这内容便是本质——而且它作为主观力量或情感运动,试图将之确立于世界。此岸世界是国家及其实存;时代精神的内容是其本质,任务在于把这本质及其运动提升为国家实存的灵魂,而非国家实存的敌人。这就意味着,谋求把理论精神的前进与实存事物融会贯通的那实践冲动、那对于理念的热忱、那批判的渴望,必须被纳入国家。把科学、艺术和宗教作为外在事物甚或死敌来对待的国家,必定突然消解(Untergang)为它所拒斥的本质运动。实存事物向着本质的有序消解，是免遭这种突然消解的厄运的唯一保障；也就是说，真正精神的阐明（该阐明就是国家），不应该任由情感中新近达成的理念（即宗教）凝聚到爆发点，而必须使自身的组织形态便于那崭新的奋进、那蓬勃的发展助益国家本身的内在生活。

因此，总而言之，一方面国家的历史教导我们，要让国家统治立足于人类精神的本质运动，要承认、组织进而允许兑现那自主的理性。另一方面，宗教的任务是仅在国家、艺术和科学中谋求自己的实定物和自己的内容、自己的实存和自己的要素，而非宣布某种超出理性或超出国家和现实的实定物。

人们不会认定这就是事情的本来面目；相反，人们会诉诸历史，并宣称宗教从来就有属于它自己的内容。但这些人的风流总被雨打风吹去。宗教比它的这些不切实际、外强中干的捍卫者们设想的要实际得多。一旦宗教不再是自然宗教（Naturreligion），它就走上两条摆在它面前的实践之路，一条是理想实践之路，即艺术教化之路，另一条是实在实践之路，即国家建设之路。这里毋庸赘述希腊的宗教、犹太的宗教和穆罕默德的宗教，因为其中一种宗教的艺术创造不言而喻，正如另外两种宗教的国家建设力量不言而喻。但登上历史舞台的基督教，似乎既不亲近国家也不亲近艺术，因为它一心建立天国。“就只是建立天国吗？不，是在尘世建立天国。”实际上，要不是基督教化为实践冲动、不再希求逃避尘世，基督教本来真有可能仅仅栖居于情感，栖居于精神的内在性，实实在在逃避尘世，并且不再指望建立什么王国，哪怕只是天上王国。那样的基督教断不至于设法危及尘世国家。但基督教当年确实设法危及尘世国家，一心一意谋求在尘世建立天国，而且自此以后形成了比僧侣统治的王国更加发达、更加协调的王国，这是一种神圣但也依旧世俗的国家存在，与其他国家一样纯粹脱胎于理论，同时也将当时的理论凝练为实践冲动。科学应运而生，反抗这庄严堂皇、支配世界的僧侣国家；一旦科学再度化身为宗教，摆出真正的本质来对抗那已无精神的实存，继而压制宗教本身，压制内在情感中的本质的运动，僧侣统治的国家存在便被打破。但宗教改革和原始基督教一样小家子气,回避国家建设问题。宗教改革摧毁了天主教的国家感(Staatssinn),但又眼睁睁看着国家从自己那里发展而来,即便这国家只是需要的国家(Nothstaat),只是陷于世俗利益关系的人们的外部保障。于是就催生了丧失国家感的国家,亦即新教的国家发展,这种国家其实不是众望所归,而只是迫不得已,因为这是达成内在自由、亦即信仰和精神自由的不二法门。这便成为德意志世界的理论先进性的来源,但同时也是其理论抽象性的来源。作为纯理论的情感运动的抽象宗教,比如新教礼仪中所表现的形态,不久就变得孱弱,并采取冷淡主义这一形式;唯有危难关头,实际宗教心、实践冲动才能激荡于真正新教徒的胸膛,因为新教国家只是需要的国家,它除为市民提供保障之外,与市民再无瓜葛。人们仅仅计较自己的私事,宗教也只关心私下的情感需要、个体灵魂的真福、私人在彼岸世界的救赎。宗教不再关乎它所创建并须推进的共同体;对宗教而言,大同之心已然消隐;教会成为不可见的教会,国家成为秘而不宣的国家。事实上,这一处境极其抽象,纵有各种理论运动,也完全近似于精神荒废了自己最崇高的纽带。

政治感(der politische Sinn)即国家建设的情怀,虽因实在的新教(在英格兰,我们只能说天主教的新教)而在德意志人的胸膛窒息,却被天主教民族承续下来。他们至少不允许理论抽象物变成固定的理念,并且首先着手将新教的精神教养所带给世界的崭新内容,提升为实践冲动和政治教养。当前时代似乎处于"抽象的理论人"与"片面的政治人"、亦即德国人与法国人的相互教化之中。如果说天主教妨碍了精神自由,则新教的抽象物——其令人极其不安的顶点出现在黑格尔那里——则妨碍了政治自由。不消说,若无政治自由,就只有抽象的精神自由;我们固有的力量无法开出实在的发展,除非外部的紧急事态迫使我们这样做。于是,德国力求对法国人的实践冲动择善而从,同样,法国也在利用宗教改革的理论结果。但二者都须远远超出这种互利互惠迄今达到的既有状况。恐有人敲打德国人,说他们理应明白:他们的私人伦理(Privatsittlichkeit)和利己主义宗教心,背离了政治伦理以及国家感之宗教端倪——后两者以改天换地的方式登上法国历史舞台——有鉴于此,德国人难望法国人之项背,倘若德国人还想着在什么方面超越法国人,他们不妨像黑格尔那样诉诸他们的科学,而非像落后的日耳曼人那样诉诸他们的伦理。

千百年来的历史,以及当前的世界局势,大大深化了我们对宗教与国家关系的看法。拆分宗教和国家,无异于同时斩断二者的命脉。

因此,如果有人畏惧世界所无力抗拒的那些强大力量的运动,打算抽身而退,不想直面历史,就基本按照孱弱的新教、冷淡的小市民情调来考虑事情,那么他会嚷嚷道:"这种宗教只不过是狂热(Fanatismus),更糟糕的是,由于这种思维方式,宗教狂热和政治狂热聚合为一枚炸弹,妥妥地粉碎了一切实定物的掩体。因此,法国的发展可谓'走火入魔'。"狂热这一概念诚然不好把握,但我们必须承认,狂热总易招致上述粉碎过程的强有力爆发。狂热分子不顾任何道德障碍和外部障碍;他无所顾忌地追随自己的宗教诉求(即他的实践冲动);只要他的对手踩上地雷,他就与其同归于尽;他的话如同高茨(Götz)所言:

> 吾之生死非我所顾,
>
> 惟愿众犬偕遭刺毙!

实践冲动在狂热状态中把自尊心提升为一股把人完全吞噬的快感(Wollust),而且恰如范施皮克(van Spyk)的情况那样,在爆炸之际,一旦此人不顾自己死活,那么他最终也会为了他自己的目的残忍地牺牲其他人。狂热是强化了的宗教,是宗教的悲剧形态;如果说宗教给人带来解脱的欲念(Lust),那么狂热则是因被压抑的爆发而生的快感。如果说宗教将未获证成的实存提升为真正的实存,那么狂热若是没有其他办法推行自己的计划,就让一切事物(甚至它本身)烟消云散。因此,如果说宗教不尊重它的前行障碍,那么狂热对其前行障碍堪称残忍。这样看来,宗教和狂热不是一回事;至于能否以及如何避免狂热,倒是不难理解。只要人生遇着艰难险阻,只要有值得人们倾力捍卫的立场，我们的历史就少不了狂热。但我们业已明白，国家制度的目的就是采纳宗教运动，形成良序循环。

严格说来，治理国家就是指治理它的内部历史，因为我们业已最终承认，我们理论成果的全部内容须被一再付诸实践循环，进而宗教的改造性实践冲动须成为法定的东西。

（译者　南京师范大学法学院、中国法治现代化研究院副教授）

马克思与《法哲学》*

[法]魏　尔 著　姚　远 译

有关马克思与黑格尔关系的研究文献可谓汗牛充栋,但详细的研究和公允的撰述却凤毛麟角,至少就我所掌握的资料以及通晓的语言来说(但我尚不了解俄语世界的状况)情况如此。这样的作品自始便举步维艰。马克思与恩格斯浸润在黑格尔主义的氛围里,反复研读黑格尔的作品,并以之为最后的哲人,他们假定其读者全都对黑格尔有所了解,而事实上当他们的影响力臻于顶峰时,读者对黑格尔已经颇为陌生了。马克思与恩格斯对黑格尔的批判,不久便成为难以索解的东西,而马克思主义者(除普列汉诺夫和列宁等极少数例外)多半满足于重复这些批判,不去考察马克思和恩格斯究竟是什么意思,他们毫无保留地采纳了黑格尔式体系的哪些元素,以及什么构成了他们针对黑格尔所运用的批判原则。我曾经提到的"李卜克内西事件",充分表明了这种肤浅和慵懒。

我无意一揽子解决上述问题,它们极其重要也极其复杂。但我们有必要追问,马克思的思想如何有别于黑格尔的思想。从历史上看,黑格尔正是沾了马克思的光才变得声名显赫,而按照我们当代的认识,与

---

* 译自 Eric Weil, *Hegel and the State*, trans., M. A. Cohen, The Johns Hopkins University Press, 1998, pp. 115 - 127. 本译文是国家社科基金一般项目(17BFX161)的阶段性成果。

其说马克思是黑格尔的门徒,不如说黑格尔是马克思的先驱。或许惟有参照黑格尔才能理解马克思,但主要是马克思直接或间接地促使黑格尔成为经久不衰的研讨对象。

说二人的主要区别在于一个唯心主义一个唯物主义,这已是家喻户晓的陈词滥调。当在这两个术语前加上"历史"时,这一对立的含义才更加确切。我们能够而且必须把如下两套有关历史和历史活动的理论对立起来,一方告诉我们理念无所不能,另一方则在人类的外部生活条件中找到一切变迁与进步的动力。相反,一旦从哲学观点来看,该对立就失去确切的含义了,当我们采用传统形而上学的观点时(它区分了唯心主义与唯实论,区分了唯物主义与唯灵论)是如此,①采用辩证哲学的观点时(按照该观点,传统的前辩证抽象物之间彼此转化)更是如此。就哲学范畴而论,可以说黑格尔和马克思既非唯心主义者亦非唯物主义者,他们对二者兼收并蓄。

但就二人有关政治活动的看法而论,情况则判然有别。黑格尔和马克思在此领域分道扬镳。黑格尔坚信,国家当局(即政府)的慎思活动,会确保建立一种特定的工作体制,使每位公民拥有他的家庭、他的荣誉、他的自我意识以及他的政治参与,亦即确保整体沟通,从而想方设法杜绝社会现实与国家形式之间的隔阂,在这个意义上,单是理智就足以实现整体调和的国家。马克思则确信,唯有革命行动,才能实现真正合乎人性的国家里的真正合乎人性的社会。

然而,鉴于前面对黑格尔政治哲学的论述,以及意识把握(*la prise de conscience*)在马克思那里的决定性作用,以讹传讹的二人对立关系是极其笼统草率的。黑格尔告诉我们,是实际条件迫使国家有所作为;马克思则认为并公开宣称,纯暴力行动与进步行动南辕北辙,前者欠缺

① 马克思在《黑格尔法哲学批判》里写道:"同业公会是官僚政治的唯物主义,而官僚政治则是同业公会的唯灵论";"抽象唯灵论是抽象唯物主义;抽象唯物主义是物质的抽象唯灵论"(参见《马克思恩格斯全集》第3卷,人民出版社2002年版,第58、111页)。

清晰的目的观或者科学的知识。之所以如此,不过是由于二人都不采纳抽象的反思哲学,而是秉持着辩证哲学。另外,二人都认为,无意识行动(或者说得更确切些,单纯的不满)是所有历史事件的源泉,因此只有当行动有了眉目时才能有所意识,而只有当行动开展起来时才会有充分的意识。再者,二人都清楚(马克思比黑格尔说得直白些),对某一历史状况有充分的意识,意味着该历史状况必须而且将会被克服,[①]恰如二人都认为不可能精确描绘要被实现的那个国家,他们只规定了反对现状的意义,没有规定将由当前行动引发的新[社会]形式。不过,确实马克思侧重群众(或阶级,这两个术语都可以在黑格尔那里找到,而且马克思也在同样意义上加以使用)的作用,而黑格尔侧重政府行动。于是,黑格尔忽视了我们时代的一大紧迫问题,即政府可以选择力挺某个社会阶级,压制另一个社会阶级。黑格尔无疑看到了阶级冲突的存在,但他没有赋予它足够的意义,而在后来接踵而至的政权争夺(不单是国家内部的斗争)中,阶级冲突迅速成为举足轻重的事情。

黑格尔看走眼的理由很清楚(原因也很清楚:黑格尔亲身经历过革命的失败,而且他与马克思各自生活的时代有经济状况上的客观差别——当黑格尔逝世时马克思十三岁,《法哲学》出版时马克思三岁,等等)。黑格尔专注于理论,是理论家,他不是也不想成为政治家。他关心的是整个历史的意义和方向,不关心接下去如何采取措施推动进步这类技术性问题。人的解放是现在出现还是几百年之后出现,是出现在这里还是别的什么地方,是这样出现还是那样出现,这些他一概不过问;他就满足于理解自由社会的性质(他和马克思都不可能预测自由社会的具体形式)。马克思不相信政府官僚的善意或理智(从腓特烈·威廉三世到腓特烈·威廉四世,普鲁士状况改变了多少,从1820年到1840年,欧洲经济状况又改变了多少,在这里我们对此无需赘

① 参见下文对《共产党宣言》的讨论,包括两个方面的理论,一是哲学的实现及其压制,二是无产阶级意识。

述)。当黑格尔看到政府官僚所面对的问题时,马克思则看到居统治地位的政府官僚与受压迫阶级(黑格尔和马克思都使用该术语)之间的斗争;当黑格尔基于不证自明的国家利益来展开分析时,马克思则把未来完全寄希望于一部分人的造反,这部分人已经失去了家庭、道德、荣誉或祖国。这里需要提请读者注意,马克思和黑格尔都不曾表示要为暴力而暴力。马克思同样要求政治行动具备有意识的引导,他称之为无产阶级的"革命精英"、"骨干"、"政党"、"领袖"。但这种崭新的社会管理方式,将通过反对官方政府而建立起来,而不是通过难以捉摸的国家制度转变从官方政府中发展出来,这种新管理方式注定使人与其自身在新组织结构里和谐一致,而且尤其鉴于马克思从未发展一套国家理论,我们是将这种新组织结构命名为"国家"抑或别的东西则在所不问。①

另一区别在于,黑格尔认为历史的引擎是战争:一个给定的国家发展出最新型的合乎理性的自由组织结构,与其他国家交锋,并最终胜出。从哲学方面来看,该国的胜利是由于它是理念的担纲者,从物质方面来看,则是由于该国能够依靠全体公民的爱国心。② 然而在马克思看来,主要问题不在于战争(只是当列宁努力就帝国主义问题作出理论阐发后,战争才变得重要起来),而在于国内革命,这场革命将使得国际争斗成为可有可无的事情。③

马克思正是在阐述阶级斗争的概念时,将"激情"这个黑格尔笔下

① 黑格尔写道:"立法权本身是国家制度的一部分,国家制度是立法权的前提,因此,它本身是不由立法权直接规定的,但是它通过法律的不断完善、通过普通行政事务所固有的前进运动的性质,得到进一步的发展"(参见《法哲学原理》,第 298 节)。

② "这就是公民爱国心的秘密之所在:他们知道国家是他们自己的实体,因为国家维护他们的特殊领域——它们的合法性、威信和福利"(参见《法哲学原理》,第 289 节。故而平头百姓并不分有这种爱国心)。

③ "民族内部的阶级对立一消失,民族之间的敌对关系就会随之消失"(《马克思恩格斯选集》第 1 卷,人民出版社 1995 年版,第 291 页)。对黑格尔而言,扩张主义政策同样源于社会财富不充足,亦即(势不可当的)危机。

的哲学概念，转变为一个根本的科学概念，而且是一个标示着哲学边界的概念。马克思认为，激情是历史的真正驱动力；套用（黑格尔后来摒弃的）《精神现象学》的语言来说，激情是在人的历史之中向人表现出来的（即自为的）否定性，也是在历史的人之中向历史哲学家表现出来的（即自在的）否定性。在马克思看来，这激情在每个历史阶段都获得具体规定，在当代历史情境亦然。黑格尔认为，只有得到实现、从而通过规定自身来理解自身的激情，才是科学上可以认识的激情，而按照《法哲学》的看法，任何给定的当前的激情，无非是一种残留物，要被吸纳进（在政府那里成为现实的）现代国家之历史—道德现实的自我意识。对马克思来说，正是这一国家才是异化的国家，不仅激情是实现自由的必要条件，而且作为激情滋生地和造反对象的具体现实形式规定了激情的动向。他认为能够在科学上认识到，假如已经展开攻击的激情想继续作为拥护具体自由的激情，它必须如何运用暴力。一旦确立这一点，政治行动的主体和客体便立刻被视为社会性的东西（尽管马克思仍然将二者置于黑格尔的国家框架内），由此能够在政治哲学的基础上建立起一套社会科学。

于是可以说，黑格尔那里已经具备了马克思笔下知行关系的全部要素。当马克思将《精神现象学》所发展的否定性概念，运用到《法哲学》所详述的基本结构上，那些要素就变成科学的概念和革命的要素。

这两种论题（或者说得更确切些，两种态度）出自同一项要求，即通过每个人的彼此承认达到人的满足，①二者在当今依然同样可行，不能说事件的发展支持某个而反对另一个，尽管它们都确证了赖以为源泉的共同根基，即人类解放的必然性，不过这其实是有条件的必然性，也就是说，仅当我们认为文明、组织和实定的自由应当存续时才有的必然性。由人的异化、由财富（这不是黑格尔意义上的财产）因而由资本

① 亚历山大·科耶夫（A.Kojève）著作的伟大价值，就在于将承认与满足这两个概念作为现行黑格尔解释的中心。

引发的问题，黑格尔和马克思都心知肚明，而且从他们那个时代以来，每种反思性理论和政治实践都承认它们是根本的问题。解决这些问题不仅是黑格尔和马克思那个年代的主要任务，也是当前的主要任务，这一点已成为我们的长期共识，但我们尚未提出一套哪怕是粗浅的政治理论，来解说自那时起出现的一切新国家形式。

与此相似，和平演变的卫道士、革命专政的卫道士以及这两种政治路数的批评者，无不在很大程度上满足于激昂敏锐地捍卫自己的个人意见、反驳他们的对手，却没见谁屈尊去严肃检讨自身原则的固有后果。对于如何煽动或镇压革命、如何建立和维系革命的或反革命的专政，我们了如指掌；可是在思忖究竟走专政体系的路子还是自由民主审议制的路子时，二者对于达成某个向往的目标而言各自的优劣是什么，却鲜有费心追究者，至于国家制度和具体伦理（这两个术语，尤其是前一个术语，要在黑格尔的意义上来理解）在给定民族中的作用则更少有人问津。自由、民主、权威、法、平等之类的词语，得到众口一词的意义肯定和衷心拥护，这个情况恰恰表明当前依然欠缺拨云见日的讨论。补救方式是首先考察革命、演变和反动在同一个世界上（有意识）的共存，继而对“形式上的”和“实在的”这两个术语的具体意义一窥究竟，它们一个旨在证成，另一个旨在羞辱，但都道出了关键的现实或同样抽象的现实环节。

前面的论述只是为了强调，比较黑格尔和马克思是件难事。那些论述绝不试图细加阐明已经勾勒的问题，甚至不试图提示要完成这么一个目标所要求的东西。那些论述便于我们扼要解说青年马克思从 1843 年 3 月至 8 月创作的《黑格尔法哲学批判》。① 我不打算细致分析这份文本。假如我想要这么做，我就得着手比较马克思的批判和黑格尔的理论，并且鉴于马克思对《法哲学》有细致的评注，我还得逐节

① 要了解创作日期的确定，参见 D. Riazanov's preface to vol. I, pt. I, of *Gesamtausgabe*, lxxi ff.

解释这部著作。这时我将有机会仔细揣摩马克思的某些反对意见,其中有的才华横溢、经得起推敲,[1]有的则暴露出对该书措辞和论点的曲解。[2] 我们还是把这项工作留给致力于描绘马克思思想演变的专家吧。这里我们只关注该批判的宏大规划亦即原则。

与 1844 年在巴黎发表的《〈黑格尔法哲学批判〉导言》不同,《黑格尔法哲学批判》本身一直没能引起热烈反响。这部手稿首次发表于马恩研究院出版的《马克思恩格斯全集历史考证版》第 1 卷(莫斯科,1927 年),但甚至在最热衷此类东西的、相对精挑细选的读者群里也不是备受瞩目。[3] 人们对它不太感兴趣,这也不难理解:该文本是未完成稿,冗长烦琐,而且由于往往不事先解释文本便径直转入批判(马克思假定大家对黑格尔有所了解,这在 1843 年很可能还说得过去,但如今已经不是那么回事了),读起来令人挠头。此外,假如以《共产党宣言》所表达并由马克思恩格斯在余生中所发展的那些原则来定义马克思主义思想,则可以说马克思的思想是前马克思主义的。最后,这部手稿的不完整,不仅在于遗失了第一页,还在于马克思多处留下空白页有待事后填充,并断断续续地指出他认为有朝一日需要澄清或添加的东西。

不过这还没触及要害。该批判仅仅讨论并且只想讨论内部国家法

---

① 例如马克思批判黑格尔对世袭君主制的推演,批判黑格尔未能体察财富(即资本)在政治状况分析中的重要性(尽管马克思此时尚不清楚财富与资本的差别,故而他的批判不如黑格尔的社会分析来得淋漓尽致)。

② 其中最重要的是没有看到,对黑格尔来说国家制度在本质上是历史性的,而且他所描绘的国家制度类型既不代表应景的解决方案,也不代表恒久有效的模式。

③ 不过,请参见 J. Hyppolite,"Marx's Critique of the Hegelian Conception of the State",in *Studies on Marx and Hegel*, ed. and trans. John O'Neil, New York, 1960, pp. 106–125。很遗憾,我并不赞同作者的结论,这主要是因为我们在解释黑格尔时存在原则上的差别。还有的学者低估了黑格尔对马克思的影响,因为没有考虑到马克思间或在《黑格尔法哲学批判》里承认该手稿不完整,例如 G. Gurvitch,"La sociologie du jeune Marx"(《青年马克思的社会学》),in *Cahiers internationaux de sociologie* 4, 1948:3 ff.

(即宪法)。[①] 因而,该批判没有阐述现代读者可能最看重的东西,即一方面是马克思在社会理论上的立场,另一方面是他在历史哲学上的立场。马克思确实计划讨论社会理论,但他没在这部手稿里贯彻该计划。在写作《黑格尔法哲学批判》的时候,他以为能够在纯政治层面上对黑格尔思想作出有效批判。而且他在这个层面上的批判是否定性的,尽管常常是有根有据的。他不仅没有从正面阐发一套国家理论,而且没有留下任何指示以便我们确定他在国家问题上的基本见解的性质。诚然,他谈到财产在国家中的主导地位,谈到人与公民的对立,谈到这条贯穿国家并且阻止人与国家相调和的欲盖弥彰的断层线;他强调行政机构掌控着国家,强调黑格尔对民主的嘲讽(就纯形式上的民主而言,马克思同样抱持这种嘲讽态度),他还有理有据地批判黑格尔对世袭君主制的推演。但以上论点都不及他后来的看法深刻,那些看法首次出现在这部(未发表的)《黑格尔法哲学批判》的(已发表的)《〈黑格尔法哲学批判〉导言》里。人的现实异化、丧失历史共同体参与资格的阶级、(甚至)资本的概念——这些根本概念都是《黑格尔法哲学批判》所不具备的。该书运用了费尔巴哈式的语言;"批判"这个术语俯拾即是,它标志着以布鲁诺·鲍威尔为首的一帮人,[②]而且该书的根本立场,正是马克思后来谈到费尔巴哈"拒绝"宗教时所批判的立场:"费尔巴哈把宗教的本质归结于人的本质。但是,人的本质不是单个人所固有的抽象物,在其现实性上,它是一切社会关系的总和。"[③]要总结一下这番批判,我们只需把句子里费尔巴哈的名字换成马克思的名字,把"宗教"换成"政治"。因而,《黑格尔法哲学批判》在学说上的重要性

① 《马克思恩格斯全集》第3卷,人民出版社2002年版,第100页("不过,这个问题我们不准备在这里谈,而是留待批判黑格尔对市民社会的看法时再来阐述"),第102页("关于这一点要在《市民社会》这一章中作进一步阐述")。

② 例如,参见《马克思恩格斯全集》第3卷,人民出版社2002年版,第48、51、52页,马克思在这些地方抨击黑格尔没有贯彻批判。

③ 《马克思恩格斯选集》第1卷,人民出版社1995年版,第56页。

比较有限;终究唯有马克思的传记作家和黑格尔主义史的研究者才对它提得起兴趣。

《〈黑格尔法哲学批判〉导言》的意义则判然有别。马克思不再展开繁琐的批判,而是掷地有声地承认:黑格尔是现代国家的哲学家表率,是现代国家的意识。问题不再是纠正某个特殊论题,或拒绝某些错误的推演。相反,"我们是当代的哲学同时代人,而不是当代的历史同时代人……德国的法哲学和国家哲学是惟一与正式的当代现实保持在同等水平上的德国历史。""德国人在政治上思考其他国家做过的事情……现在的革命从哲学家的头脑开始。"①固然,这不是马克思第一次如此尊崇黑格尔;《黑格尔法哲学批判》这部手稿里,到处承认思想家黑格尔准确描述了有弊病的现实。② 但如果说这部手稿常常显得举棋不定,《〈黑格尔法哲学批判〉导言》则亮明了自己的立场:"你们不使哲学成为现实,就不能扬弃哲学。"该论点与针对纯理论批判(鲍威尔、费尔巴哈)的另一论点相辅相成:"它[即批判]以为,不扬弃哲学,就能够使哲学成为现实。"③马克思紧接着表述了将决定其思想发展的观点:"革命需要被动因素,需要物质基础",要想完全实现作为人类总体

① 《马克思恩格斯全集》第 3 卷,人民出版社 2002 年版,第 205、207、208 页。

② 例如,参见《马克思恩格斯全集》第 3 卷,人民出版社 2002 年版,第 62 页("普鲁士或某一现代国家"),第 92 页("黑格尔以市民社会和政治国家的分离(现代的状况)为前提"),第 94 页("黑格尔觉得市民社会和政治社会的分离是一种矛盾,这是他的著作中比较深刻的地方。但是,错误在于:他满足于这种解决办法的表面现象,并把这种表面现象当作事物的本质"),第 106 页("黑格尔正是这种现代国家的解释者"),第 134—135 页("黑格尔由于自己对道德的阐释而一再遭到人们的攻击。可是,他只不过是阐释了现代国家的和现代私法的道德而已"),第 143 页("过错……在于黑格尔的阐述和现实的现代状况")。

③ 《马克思恩格斯全集》第 3 卷,人民出版社 2002 年版,第 206 页。(中文版将 aufheben、Aufhebung 译成"消灭",埃里克·魏尔则使用了德文原词,并加注"压制、升华、保持",亦即汉语学界的"扬弃"。有关此处译法的争论,参见俞吾金:《"消灭哲学"还是"扬弃哲学"?》,载《世界哲学》2011 年第 3 期。——译者注)

解放成果的革命，就得“形成一个被戴上彻底的锁链的阶级……它表明人的完全丧失，并因而只有通过人的完全回复才能回复自己本身。社会解体的这个结果，就是无产阶级这个特殊等级”①。

后续的思想发展是我们耳熟能详的：发展一套技术性的革命理论，诉诸激情，使激情受制于章法，抛弃任何闭门造车的理论，阐述来自历史中的人的经济范畴并且阐述经济范畴与人的关系，将政治学和经济学融会贯通，把历史尺度引入一切道德、经济和政治的范畴——所有这一切都是因为马克思已经总体上接受了黑格尔的论题，因为马克思为历史赋予了一种确切的含义，即在现实中而不仅在思想上实现人的解放，因为这种总体解放与和谐尚未实现，因为人际关系依然取决于激情、任意、机缘和暴力，因为调和工作尚未最终完成，因为斗争还在继续，还因为存在的东西仍不合理。

马克思虽然采纳了黑格尔哲学的基本内容，但在什么地方、以什么方式和在多大程度上超越黑格尔哲学，或者问得再具体些，说辩证法在黑格尔那里“倒立着”是什么意思②——本文对此不予深究。它大致是指：从一种哲学中提取一门科学和一套技术；努力实现某种在哲学里被设定为纯假设必然性的东西，而且寻求要做此事可以用到和不可或缺的概念手段与政治手段；把哲学（以及任何纯理论科学）的那种唯心主义，转化为历史和政治的唯物主义。从哲学这么过渡到科学是正当的吗？再者，鉴于这门科学要获得成功，必须由哲学原则来赋予有效性和正当性，那么按照这些哲学原则，上述过渡是正当的吗？或者，是不是

---

① 《马克思恩格斯全集》第3卷，人民出版社2002年版，第209、213页。

② 马克思说：“在黑格尔看来，思维过程，即他称为观念而甚至把它转化为独立主体的思维过程，是现实事物的创造主，而现实事物只是思维过程的外部表现。我的看法则相反，观念的东西不外是移入人的头脑并在人的头脑中改造过的物质的东西而已……辩证法在黑格尔手中神秘化了，但这决没有妨碍他第一个全面地有意识地叙述了辩证法的一般运动形式。在他那里，辩证法是倒立着的。为了发现神秘外壳中的合理内核，必须把它倒过来。”《马克思恩格斯选集》第2卷，人民出版社1995年版，第112页。

这种变换反而在哲学原则与其后果之间，带来未经调和同时也不可调和的矛盾？假如能够详细阐明（迄今为止，看起来至少还没有全面做到）这门技术性科学，我们是否能够和必须总结出其体系根基的性质？或者，假如这是理解的问题，难道我们不该根据这门科学所公开联系的那种哲学的教诲，来判断该科学的虚妄主张吗？科学能够取代哲学吗？哲学能否（在历史活动的层面上）避免被改造成科学，或避免成为激情的理性化工具？

我们不必回答这些疑问。然而，马克思所探讨的问题并不与黑格尔的论题相反，而事实上依赖黑格尔的论题。黑格尔为那种解放异化之人的科学建立了全部基础。套用康德的观点来说，我们之所以把（黑格尔的）发现看得如此清楚，很可能只是因为（马克思）已经告诉我们要找寻什么。① 但正是黑格尔首先阐明了那些发现，这依旧毋庸置疑。而我们不妨揣测，马克思本人很可能也在黑格尔那里找到了那些理论发现。如果说《黑格尔法哲学批判》与《〈黑格尔法哲学批判〉导言》在观点上存在本质差别的话，这难道不是主要因为他对《法哲学原理》中的社会理论有所钻研，而非他与巴黎的工人组织打交道吗？难道不正是由于这种影响，马克思才将自己的辩证理论与当时的法国共产主义（马克思称之为“抽象的教条概念”②）对立起来吗？无论如何，马克思确实在《黑格尔法哲学批判》里宣称，他想在梳理黑格尔的宪法理论之后转向黑格尔的社会理论。

无论我们的假说真伪如何，它既没有减损前述马克思的原创性，也不意味着黑格尔要“负责”。黑格尔很可能不会赞同马克思的科学，但这不妨碍它成为黑格尔哲学在历史上的一种变体。我之所以做出这些简要评论，是因为我相信它们有助于更好地理解黑格尔和马克思，即有

---

① 康德说：“可是，就新近许多所谓的发现而言，机灵的解释者仅仅是在获知该去何处找寻之后，把古老的东西看通透。”参见 *Über eine Entdeckung*, *etc*, in Werke, 6:1。

② 《马克思恩格斯全集》第 47 卷，人民出版社 2004 年版，第 64 页。

助于形成某种客观的理解,只有该理解才使得我们能在采取立场时既不出于忠诚亦不出于痛恨、既不出于本能的偏好亦不出于难以遏制的厌恶——总之,这种理解有别于单纯的兴致喜好,是意义更深刻的东西。

(译者　南京师范大学法学院、中国法治现代化研究院副教授)

散议马克思对黑格尔政治哲学的批判*

[英]伯尔基 著 姚 远 译

一

对于黑格尔的全部著作,马克思其实都有许多可谈的东西,无论采取间接方式抑或单列的附论形式。然而在马克思的作品中,可算作对黑格尔哲学特定方面直接而系统的批判的,少到令人诧异的程度。事实上,马克思只有两部手稿(均写于19世纪40年代)属于该范畴。其一是马克思对黑格尔辩证法及其人的概念的批判,这尤其涉及黑格尔的《精神现象学》。这一批判隶属于闻名遐迩的《1844年经济学哲学手稿》,相关解释(无可厚非地)聚焦于马克思"劳动的异化"这一实质性概念,它正是马克思后续的老练体系的渊源。另一部手稿构成了本文的研究主题,它写于1842年或者1843年,①虽是未竟之作,却有着可

* 译自R.N.Berki,*Perspectives in the Marxian Critique of Hegel's Political Philosophy*, in Pelczynski(ed.), Hegel's Political Philosophy: Problems & Perspectives, Cambridge University Press, 1971, pp. 199–219.本译文是国家社科基金一般项目(17BFX161)的阶段性成果。

① 1843年看来是更有可能的创作年代,至少最近的一部马克思思想发展史评论就持这一判断。参见D.McLellan, *Marx before Marxism*, London, 1970, p. 106n(中译本参见[英]麦克莱伦:《马克思主义以前的马克思》,李兴国等译,社会科学文献出版社1992年版)。

观的篇幅,被命名为《黑格尔国家哲学批判》。① 无论出于何种意图、何种目的,这是马克思主要直接反对作为政治哲学家的黑格尔的唯一著作,其中不乏详细的论证。因此,对这部著作的考察,为我们直接比对黑格尔和马克思的某些特有政治观念,以及甚至在相关的更一般问题方面获得指点,提供了绝佳的机会。

我打算首先就黑格尔政治哲学做一番评论,将其视为一个整体,并且在这样做的时候独立于马克思的批判,尽管也与后者的主要抨击思路相呼应。我想一分为三地展开分析,这样做虽说大大简化了某些问题,但会收到一石二鸟的功效:既有助于领会马克思对黑格尔的批判,又使得关于这番批判的某种评估成为可能。那么,依此分析,对黑格尔政治哲学的考察将联系其三大特征来进行。首先,黑格尔政治哲学体现了特定的哲学观点。其次,它表述了特定的基本政治原则或政治理想。最后,它包含着对于这套政治理想的精心转译(elaborated translation)。马克思的批判以同等的锋芒指向黑格尔的上述三个方面。不过在我看来,马克思对黑格尔式转译的批判虽然值得称赏,但他在批判黑格尔政治原则时所预设的东西,却要遭到严重质疑。至于马克思对黑格尔哲学的批判,我则打算在此持保留意见。

黑格尔的哲学观点对其政治观念的重要性显而易见。对政治做出哲学思考,其内涵不一而足,既可以指阐明概念的含义,也可以指澄清规范性的目标,而且我们首先得根据哲学家的方法论、哲学观,去理解政治哲学文本中有关政治的一切实质性观点。黑格尔的哲学观点直截了当:哲学是回顾性的理性建构,是理性对自己对象的终极至上把握,是关于每个主题所能给出的最全面、最令人心悦诚服的解释。套用这位哲学家的简明刻板的表述即:“哲学的任务在于理解存在的东西,因

① K.Marx,*Die Frühschriften*,ed.S.Landshut,Stuttgart,1953.本文里的马克思引文均根据这一版本(即《马克思恩格斯全集》中译本所收录的《黑格尔法哲学批判》)。

为存在的东西就是理性。”①从政治的角度看,该观点的意义当然在于它着重拒绝了空想主义,亦即对遥远理想的理性主义追求。按黑格尔的看法,政治哲学应该而且只能限于表明:现实的东西是理性的、善的和必然的。政治哲学脱胎于理性也落脚于理性,但从未把现实远远抛在身后。就此再谈两点。其一,尽管对黑格尔来说,哲学是回顾性的,而且自觉扎根于实存世界,这不等于说哲学意味着(经验主义和实证主义二分法里面)与“规范”相反的单纯“描述”。黑格尔的政治哲学兼具“规范性”和“描述性”,只不过它的规范性理想表现为“客观精神”在现实世界中的显身、具体化、建制。其二,作为进一步的限定,这并不等于说黑格尔政治哲学是在恬不知耻地迎合现存事物,是在企图“美化实存的东西”(这里套用海姆的著名措辞)。黑格尔哲学、尤其他的政治哲学,意在理性地表述一定的历史时期,而且黑格尔拒绝展望未来。他那些详细的政治建言——但其背后的原则未必如此——意在成为仅仅适用于他那个时代的箴规。后世固然可以从中受益匪浅,但黑格尔并不打算超越自己的时代。

黑格尔基本的实质性政治原则——他的政治哲学观点亦不例外——源自他那套根本的形而上学。这里当然仅限于指出它的概貌。在黑格尔看来,最终的现实就是理性,理性被视为对立面的辩证统一。理性能调和、“扬弃”经验世界中的表面矛盾,方法是为其提供合乎理性的解释。因此,理性不是静默、朦胧、抽象的实体,而是层次分明、结构严整的整体,在其中“非理性”没有泯灭,反倒被接受下来,并经过合乎理性的塑造,遵循理性本身且与理性本身共存。黑格尔在政治领域同样坚持认为存在着合乎理性的结构,亦即经由内部分化而达成统一的共同体。他的根本政治原则的基石,是承认在国家中,不完美总与完

① G.W.F.Hegel, *Grundlinien der Philosophie des Rechts*, in *Sämtliche Werke*, ed.G.Lasson, vol.vi, Leipzig, 1921, p. 15([德]黑格尔:《法哲学原理》,范扬、张企泰译,商务印书馆1961年版,“序言”第12页)。

美形影相随并决定着完美。“理性本身承认，偶然性、矛盾和假象各有自己的诚然是局限的领域和权利，于是并不企图把这些矛盾搞得平平正正。”①他的政治哲学扬弃了不完美、矛盾，办法是将其制度化，将其保持在与国家相分离的某个领域。在这个共同体中，国家那“合乎理性的”、至高无上的自由倚靠着公民的“自然”自由，并且相对立的特殊利益经过辩证“中介”而达到共同利益。在黑格尔政治哲学勾勒的理想国家里，公民的主观特殊意识并未被共同体的客观普遍意志所碾碎，毋宁说，二者经由国家理性亦即国家结构的中介而得到调和。如果我们紧紧盯着细节，或许会以为该理想国家无非是古典的“立宪主义”国家或“自由主义”国家。但我认为如下做法还是可行的：把我们的目光放得高远些，试着洞察黑格尔政治智慧中的那些超越落伍历史形态的一般运用和灵感。共同体应具备如此这般的合乎理性的结构——黑格尔的这条准则，就逻辑层面抑或推而广之的政治哲学层面，都优先于任何对特定类型结构的主张，不论什么人在什么时期对那种结构推崇备至。

黑格尔政治哲学中却还详细阐发了上述合乎理性的结构，即给出他心目中关于他所知的现代国家的最恰当解说。这便是《法哲学原理》所勾勒的结构。在此不需要审视其中的各个范畴，因为后面我们会参考马克思的批判意见对某些范畴稍作考察。

二

关于黑格尔所持的哲学观点，亦即关于政治研究者理应采取的机制的观点，马克思不容分说地全盘否决，他给出的替代方案简直与黑格尔的针锋相对。此处的要点涉及黑格尔哲学对现实的所谓神秘化处

① G.W.F.Hegel, *Grundlinien der Philosophie des Rechts*, in *Sämtliche Werke*, ed.G.Lasson, vol.vi, Leipzig, 1921, p. 214（［德］黑格尔：《法哲学原理》，范扬、张企泰译，商务印书馆 1961 年版，第 223 页）。

理,以及他的泛逻辑主义。黑格尔把属人的"主语"转换为无生命的标志亦即"谓语",以及(反过来)把主观存在归结为无生命的抽象物——费尔巴哈在他那纲领性的《关于哲学改革的临时纲要》里面,[①]—马当先地对此进行谴责,而该观点最初发轫于更知名的《基督教的本质》一书,实为其中那些论点的更生动应用。[②] 马克思对黑格尔国家哲学的批判,碰巧成为他首次系统运用上述费尔巴哈特有分析工具的著作。

费尔巴哈的指责基本上在于对哲学本身的正面抨击。哲学(即抽象思想)是异化,是把人类的现实力量无意识地投射到抽象物上,无论那抽象物是黑格尔式的"理性"抑或基督教的上帝,其结果是,人在此过程中表现为受到抽象物剥夺、决定和主宰的东西。宗教中的无生命抽象物,即上帝,表现为现实的、强大的、有创世力量的终极"主体",而人表现为它的造物,表现为单纯的"谓语"。费尔巴哈的主要着眼点当然停留于宗教层面。马克思则把此番分析应用到政治哲学中。马克思主张:黑格尔的根本政治错误的最终缘由在于,他首先是位唯心主义哲学家,他在自己的哲学里,让理性或"理念"成为万事万物环绕的中心。理念是他的出发点、他的解释原则、他的能动因素。然后呢? 按照马克思的看法,其结果是现存政治制度被弄得好像该理念的流溢,最终把作为制度创始者的人表述为谓语,表述为一种抽象物。马克思多次重申这一谴责,并将其用于黑格尔式理念在政治领域发展时所涉及的全部范畴。

故而,依马克思的论述,黑格尔首先从这一基本哲学理念中发展出国家观念。于是,国家被赋予一种优先于且独立于经验中的男男女女的本质。它是"合乎理性的单一性",即自知"自由"的本质。我们看到,从属于国家的那些"环节",即家庭和市民社会这两个范畴,以神秘的、看似不可避免的形式从国家的观念中发展出来。黑格尔哲学认为

① L. Feuerbach, *Sämtliche Werke*, ed. W. Bolin and F. Jodl, Stuttgart, 1959, vol. 2, Vorläufige Thesen zur Reform der Philosophie, 1842.

② *Das Wesen des Christenthums*, 1841, Sämtliche Werke, vol. 5.

家庭和市民社会是从国家中抽象出来的东西，是依赖国家而存在的生活领域。在黑格尔那里，从一个范畴向另一个范畴的过渡，到处都根据自由和必然这两个哲学范畴的普遍关系，亦即根据逻辑，而非根据那些范畴的个别经验存在中所包含的个别经验需要。因此，黑格尔所认为的发展的必然性，只是就他关于理念的抽象逻辑立场而言的。他的国家哲学中便出现了这样一些规定性，其解释和证成的基础仅仅在于单纯从外面偷偷塞进来的、因而与现实主题毫无瓜葛的术语。比较显著的例子，就是黑格尔对国家中的单一统治者（即君主）的逻辑证成。黑格尔笔下的“单一性”是理性本身的一个方面，是个逻辑范畴。他主张，国家在君主本人这里达到单一性。但这在马克思看来是专断的选择。他追问道：单一性为何就只应存在于这个点上？为何不在其他的点上（比如立法机关）那里发展国家观念？①

不过，我们得弄清马克思论证过程的真正宗旨。马克思向黑格尔发难，不是因为黑格尔的思辨愚不可及、天真透顶，也不是因为黑格尔在本该运用其他分析方法的领域中肆意玩弄逻辑范畴。这个层面的批判的要点在于，黑格尔“逻辑的、泛神论的神秘主义”，必定导致非批判地接受政治现状。我说过，黑格尔政治思想中的唯实论相当显眼，这唯实论是指从理性的具体落实中寻找规范性的理想。但马克思的指责相比之下激烈得多，而鉴于这样一种唯心论和这样一种非批判的保守精神之间所谓的关联并不完全明朗，马克思的立场值得我们细细玩味。他的批判意见认为，黑格尔把人为创制的个人或主体作为独立存在的现实个人接受下来，没有描绘他们本来的面目，亦即经验性人类的实现形态（亦即创造物）。这种混淆主客的做法，相当于宣称人的活动是政治制度（例如国家）的存在的结果而非来源。

于是马克思说：

---

① K.Marx, *Die Frühschriften*, p. 43（《马克思恩格斯全集》第 3 卷，人民出版社 2002 年版，第 33—34 页）。除非另有说明，否则来自黑格尔和马克思的引文内的强调处都是原文所有。

> 这种把主观的东西颠倒为客观的东西，把客观的东西颠倒为主观的东西的做法（这是因为黑格尔想给抽象的实体、观念写传记，于是人的活动等等在他那里一定表现为其他某种东西的活动和结果，其次是因为黑格尔想使人的本质作为某种想象中的单一性来独自活动，而不是使人在其现实的、人的存在中活动），必然产生这样的结果：把某种经验的存在非批判地当作观念的现实真理性。要知道，黑格尔所谈的不是把经验的存在归结为他的真理性，而是把真理性归结为某种经验的存在，这样一来，随便哪一种经验的存在都可以解释为观念的实在环节了。①

有件趣事我们不应忽略，即马克思的批判不仅是人道主义的和激进的，同时也遵循理性主义和（一定程度上改头换面的）黑格尔主义。

我们可按如下方式叙述马克思的论证。要描述的东西、要证明的东西，是发展，亦即一种形态向另一种形态的转变，而须将其表述为必然的过程。到此为止马克思赞同黑格尔的观点。现在问题来了：你的出发点是什么，你把这种发展视为什么东西的发展？马克思坚称，黑格尔关心的是他那“抽象实体”的发展。然而，作为政治哲学家，黑格尔不可能始终固守他的抽象物，而必须在某个时刻下降到政治实存的层面。只要他从他的“理念”出发，他就得设法到达那乍看之下与该“理念”相反、因而最终须依据该“理念”来解释的事物。要降临尘世的正是理念，而黑格尔似乎恰好找到了它在尘世的栖身之所。但他在哪里找到这样的栖身之所呢？在唯一可能的地方，即现存的政治制度中。但只要你依照理想规定的要求来解说、适应这些制度，那么你就得把它们表述为哲学“理念”的必然结果，而一旦这样来解说这些制度，你就无法进一步推理了。最终，你把观念上的本质归于经验实存（这里即指政治制度），这意味着你非但没有批判经验实存、将其提升至更高的

---

① K.Marx, *Die Frühschriften*, p. 47（《马克思恩格斯全集》第 3 卷，人民出版社 2002 年版，第 51 页）。

理性王国,反倒贬谪了理性,使理性的发展囿于经验实存。亦即从高不可攀的思辨幻想,转而陷入难以自拔的无趣歪曲。这位唯心论哲学家把理性庸俗化了,因为他必定始终无视现存世界的非理性。套用马克思深邃的话来说:

> 黑格尔应该受到责难的地方,不在于他按现代国家本质现存的样子描述了它,而在于他用现存的东西冒充国家本质。合乎理性的东西是现实的,这一点正好通过不合乎理性的现实性的矛盾得到证明,这种不合乎理性的现实性处处都同它关于自己的说明相反,而它关于自己的说明又同它的实际情况相反。①

要注意,马克思此刻并不对黑格尔政治哲学所描述的一切实际制度(尤其是国家)都深恶痛绝;他致力于指出,黑格尔关于实际制度的推理(即他所尝试的推演)走火入魔。黑格尔从理性推出制度,最终推出政治环境所塑造的人(表现为"市民"和"国家公民")。② 马克思则从现实的人出发,然后讨论理性,进而达到对制度的批判性理解。他的主要关注点还不是消灭国家,而是对国家做出正确的概念化把握。确切说来:

> 人始终是这一切实体性东西的本质,但这些实体性东西也表现为人的现实普遍性,因而也就是一切人共有的东西。相反,如果家庭、市民社会、国家等等是观念的各种规定,是作为主体的实体,那么它们就一定会得到经验的现实性,于是市民社会的观念赖以发展的那一批人就是市民,而其余的人则是国家公民。由于所谈的本来只是比喻,只是把实现了的观念的意义加之于任何一种经验的存在,所以很明显,观念的这些容器一旦成为观念的某一生命环节的某种体现,它们就完成了自己的使命。因此,在这里,普遍

---

① K.Marx, *Die Frühschriften*, p. 74(《马克思恩格斯全集》第3卷,人民出版社2002年版,第80页)。

② K.Marx, *Die Frühschriften*, p. 54(《马克思恩格斯全集》第3卷,人民出版社2002年版,第52页)。

的东西到处都表现为某种确定的东西、特殊的东西，而单一的东西则在任何地方都达不到自己的真正的普遍性。①

照此看来，马克思对政治哲学家的角色定位，与黑格尔的针锋相对：黑格尔侧重解释和证成，马克思则侧重批判。而且如我们所见，马克思的批判概念可以说与黑格尔思想本身的基本模式内在相关。在马克思看来，黑格尔实施了虚假的融通（penetration），演绎出虚幻的动态结构；而对马克思来说，融通也是少不得的，批判必须深刻地理解它的主题，必须洞察实存形态的转化过程。马克思在此对比了庸俗的批判和正确的批判，据之揭示重要的洞见。他声称，庸俗的批判者在判断政治制度时陷入教条主义的错误。例如，他在批判宪法的时候，会要求注意国家制度各部分间盛行的冲突。他会确认到处都有矛盾，但他无法超出制度的层面；他将会与他的直接批判对象作斗争。马克思将之类比于早期的基督教批判，后者通过关注“一”和“三”的直接矛盾来反驳三位一体的概念。

相反，真正的批判揭示神圣三位一体在人们头脑中的内在形成过程，叙述它的诞生过程。同样，对现代国家制度的真正哲学的批判，不仅揭露这种制度中存在着的矛盾，而且解释这些矛盾，了解这些矛盾的形成过程和这些矛盾的必然性。这种批判从这些矛盾的本来意义上来把握矛盾。但是，这种理解不在于到处去重新辨认逻辑概念的规定，像黑格尔所想像的那样，而在于把握特有对象的特有逻辑。②

因此，马克思为自己定下的任务不是努力展示“概念的制度”，③而是表明国家制度和其他政治制度的真正概念、真正起源。在《黑格尔

---

① K.Marx, *Die Frühschriften*, p. 53（《马克思恩格斯全集》第3卷，人民出版社2002年版，第52页）。

② K.Marx, *Die Frühschriften*, p. 111（《马克思恩格斯全集》第3卷，人民出版社2002年版，第114页）。

③ K.Marx, *Die Frühschriften*, p. 35（《马克思恩格斯全集》第3卷，人民出版社2002年版，第24页）。

法哲学批判》中,该任务当然没有完结。但马克思的论述足以表明,当时他自己大致持有的实体性政治原则的轮廓。

三

马克思的立场是,政治哲学家应该关注国家所特有的概念。乍看之下,一般的形而上学似乎与他的目的毫无瓜葛,然而并不如此。认为形而上学无关乎对于某个有限主题的批判研究,这本身就是一种形而上学的观点,它能够获得一般形而上学准则的明确支持或隐含支持。我们在此主张,马克思的立场其实得到了关于形而上学的某些纲领的支持,这些纲领浓缩在马克思的一些段落里。评论者们每每忽视了这些要点,着实令人痛惜;虽说《黑格尔法哲学批判》里面的论点粗疏模糊,但这份文本毕竟是马克思少有的展开形而上学思辨的地方,此外,这些论点也说明了马克思为何坚持"特有对象"的"特有逻辑"。

问题出自黑格尔的"中介"观念。按照黑格尔的形而上学,这个概念具有实现辩证统一的作用:理性和其对立面的统一是"经过中介的",亦即具有分明的结构。这个概念在黑格尔政治哲学中的作用,是解释国家中的各种表面对立的制度如何共处和平稳运转,例如,行政权作为王权和立法权的中介,等级作为市民社会和政治当局的中介。中介对于黑格尔和马克思来讲,都意味着和平的协商与调节,意味着冲突关系的合法解消。但马克思对中介概念深恶痛绝。他奚落政治里面的中介过程,在其中,为了维系外强中干的系统,人们推延决定,不断进行角色交换,不惜牺牲激进变革。中介是没有结果的过程;它在政治关系里最终表现为剪不断理还乱的"不可调和的矛盾"。① 马克思把中介类比为:有位医生试图居间调解夫妻吵架,但不期反客为主,因为后来妻

① K.Marx, *Die Frühschriften*, p. 103(《马克思恩格斯全集》第3卷,人民出版社2002年版,第107页)。

子不得不在医生和丈夫之间进行调解，而丈夫又不得不在医生和妻子之间进行调解。[①] 中介当然假定了对立面的存在，中介的持续也取决于对立面的维系。但对此可以采取不同的态度。马克思在另一处稍有差别的语境里发现，黑格尔式国家存在一处缺陷：官僚政治在其中既对抗它本身的预设，即同业公会，同时又为捍卫同业公会而斗争。[②] 我们不妨用这一点说明黑格尔和马克思的政治原则。

按照马克思的看法，社会里的中介过程之所以不能被表述为“逻辑的思辨奥秘”，是因为“真正的极端”不可能互为中介。换言之，他超出了黑格尔安排的实际政治细节，用自己的形而上学基本准则反对黑格尔的形而上学。马克思认为，我们会碰到三种极端。第一，真正的极端，亦即“本质的对立”。它们既不允许也不需要中介。它们不会彼此渴求，也不会彼此照应。这类极端例如“极”和“非极”、“人类”和“非人类”。第二，出自同一本质的对立存在，例如北极和南极、男人和女人，这些仅仅是达到最高发展阶段的某一本质的分化表现。第三，本质与它的抽象概念之间的对立，例如物质和精神的对立。但它们还是不能互为中介，因为它们的关系不对称；例如，哲学不能通过中介过程而与宗教相统一，但可在其虚幻现实中把握宗教。马克思指责黑格尔混淆了上述三种极端，从而犯下三重错误：（1）试图把不同原则化约为同一原则；（2）把对立面的尖锐化和化解矛盾的斗争视为有害的东西；（3）企图用中介来调和它们。[③] 马克思故而彻底拒斥“中介”，它要么是不可能的（在思想领域），要么是不必要的（在生活领域），要么有切实的危害（例如政治制度之类的抽象物对人的支配）。这里的答案不是中介，而是斗争。

---

① K.Marx, *Die Frühschriften*, p. 106（《马克思恩格斯全集》第 3 卷，人民出版社 2002 年版，第 110 页）。

② K.Marx, *Die Frühschriften*, p. 59（《马克思恩格斯全集》第 3 卷，人民出版社 2002 年版，第 58—59 页）。

③ K.Marx, *Die Frühschriften*, p. 108（《马克思恩格斯全集》第 3 卷，人民出版社 2002 年版，第 111—112 页）。

以上便是解释马克思特有的政治哲学立场的一般语境：马克思坚信，应该把“人”——排除了更具综合性的实在——视作政治制度的运行原则，而且他明确力求用普遍和谐的、不受矛盾困扰的共同体，取代黑格尔那饱受内讧和矛盾摧残的“中介”国家。鉴于马克思消除了普遍理性的整全，他也就抛弃了关于内部结构分明的国家的观念。他在这部早期著作中的实体理想被称为“民主制”，与黑格尔的立宪君主制形成对照。马克思主张，君主制应当仅仅是国家的形式，但却伪造国家的内容。在君主制中，人民属于国家制度，而在民主制中，国家制度属于人民。民主的国家制度扎根于人的本质。在君主制中，人民被唯一的规定性（即政治规定性）所涵摄，而在民主制中，政治体制表现为人民的自我规定。① 马克思认为“共和制”仅是对君主制的抽象否定，还停留在同样的框架内。不过，他在《黑格尔法哲学批判》里的“民主制”概念，是否意味着政治组织形式的彻底丧失，亦即他是否期待着“国家”的完全消灭，仍是不无疑问的。尽管近来有人按照这番思路进行解释，②此处仍有商榷的余地。马克思清晰地区分了“政治国家”（即与社会其他部分相分离的系统）和作为“人民的整体存在”的“国家”。③ 他对“民主制”一词的使用，以及他的评语“不是人为法律而存在，而是法律为人而存在”，④都倾向于表明他此时尚不认为“法律”本

① K.Marx，*Die Frühschriften*，p. 47（《马克思恩格斯全集》第3卷，人民出版社2002年版，第39—40页）。

② 什洛莫·阿维纳瑞（Shlomo Avineri）在《马克思的社会与政治思想》（*The Social and Political Thought of Karl Marx*，Cambridge，1968）一书里提出：马克思的“上下文清清楚楚地表明，任何激进的、制度化的民主观都不适于表达”他的意思（p. 35）。中译本参见［以色列］阿维纳瑞：《马克思的社会与政治思想》，张东辉译，知识产权出版社2016年版。阿维纳瑞（p. 34）和麦克莱伦（*Marx before Marxism*，p. 115）都认为，不能把此时的马克思称为“雅各宾派民主分子”。

③ Marx，*Die Frühschriften*，p. 94（《马克思恩格斯全集》第3卷，人民出版社2002年版，第98页）。

④ Marx，*Die Frühschriften*，p. 48（《马克思恩格斯全集》第3卷，人民出版社2002年版，第40页）。

身乃是异化的体现(这种立场只是到了《1844 年经济学哲学手稿》那里才出现)。当马克思在后文中主张,普选制改革就是要求抽象政治国家的解体和市民社会的解体,①他当然意指狭义的国家。

马克思在这里表现为人民主权的坚定倡导者,该人民主权不是法律意义上的,而是更深层的政治意义上的,指相信"人民"不借助于个人主宰者就能够而且应该形成统一的共同体,相信"人民"能够通过自觉的国家制度定向而掌控自己的命运,相信"人民"应当全都关心讨论和决定。黑格尔在这些问题上——它们是政治哲学的传统关注点——持有温和保守主义的立场。马克思表现为一位时而沾染个人主义色彩的激进分子。

主权是个复杂的概念,黑格尔和马克思对主权的讨论都不够透彻。黑格尔的论证被形而上学所拖累,问题的两个关键方面(即国家中结构分明的统一体的必要性;作为该统一体之必然表现的君主个人)合而为一。新近的一部黑格尔评注提出了有趣的观点,即鉴于黑格尔过分关心共同体之内的统一和整合(简直像霍布斯那样迫切),而且他认为唯有在单个人那里方可达成这一点,于是他谨小慎微,怕因为太过容忍人民代表制而危及那种统一性。② 可无论如何,马克思的态度显得有点轻慢。黑格尔从概念上阐明君主是"单一性环节"、国家主权的具体表现(《法哲学原理》第 279 节)之后,紧接着解释和抛弃了关于人民主权的各种观念。黑格尔认为,人民主权作为相对于其他民族的对外主权,以及仅当"人民"被理解为"整体国家"时的对内主权,才是有意义的。③ 马克思认为这第一点没什么好谈的,④他这样回应第二点:

---

① Marx, *Die Frühschriften*, p. 145(《马克思恩格斯全集》第 3 卷,人民出版社 2002 年版,第 150 页)。

② R.K.Hočevar, *Stände und Repräsentation beim jungen Hegel*, Munich, 1968.尤其第 1 章和第 4 章。

③ *Philosophie des Rechts*, p. 229([德]黑格尔:《法哲学原理》,范扬、张企泰译,商务印书馆 1961 年版,第 297—298 页)。

④ Marx, *Die Frühschriften*, p. 44(《马克思恩格斯全集》第 3 卷,人民出版社 2002 年版,第 37 页)。

“似乎不是人民构成现实的国家。国家是抽象的东西。只有人民才是具体的东西。”①但黑格尔继续指出，假如我们以为人民主权和君主主权相对立，那么我们就遇到了“荒唐”且“混乱”的观念。② 马克思在此追问：君主主权终究难道不是一种幻想吗？他紧接着区分了两种观念：“这里讲的……是两个完全对立的主权概念，其中一个是能在君主身上存在的主权，另一个是只能在人民身上存在的主权。这同下面的问题是同样的：是上帝为主宰还是人为主宰。二者之中有一个是不真实的，虽然已是现存的不真实。”③

不过，论证过程在这里陡然一转。黑格尔说：“如果没有自己的君主，没有那种正是同君主必然而直接地联系着的整体的划分，人民就是一群无定形的东西，他们不再是一个国家，不再具有只存在于内部定形的整体中的任何一个规定。”④在马克思看来这一切都是同义反复。如果共同体已经组织成为君主制且具备相关的制度，那么把这些制度从该共同体中抽离出来，确实会使人民仅仅成为无定形的东西。⑤ 他紧接着简笔勾勒了自己的民主制。尽管我们在此主要不是致力于批判马克思，但也不妨稍作点评。一方面，马克思似乎正确地反驳了黑格尔将君主制视同于发达共同体结构的想法。但另一方面，马克思似乎想当然地以为，人民的统一与整合将在民主制中以某种方式自然而然地发生。这样一来，他就轻率地打消了特定形式和特定制度的问题。黑格尔所示意的东西绝不是同义反复，而有着极其实际的政治意义。马克

① Marx, *Die Frühschriften*, p. 45（《马克思恩格斯全集》第 3 卷，人民出版社 2002 年版，第 38 页）。

② *Philosophie des Rechts*, p. 230（[德]黑格尔：《法哲学原理》，范扬、张企泰译，商务印书馆 1961 年版，第 298 页）。

③ Marx, *Die Frühschriften*, p. 46（《马克思恩格斯全集》第 3 卷，人民出版社 2002 年版，第 38 页）。

④ *Philosophie des Rechts*, p. 230（[德]黑格尔：《法哲学原理》，范扬、张企泰译，商务印书馆 1961 年版，第 298 页）。

⑤ Marx, *Die Frühschriften*, p. 46（《马克思恩格斯全集》第 3 卷，人民出版社 2002 年版，第 39 页）。

思在描绘民主制(正如后来展望共产主义)的时候,没有提到内部规定性,亦即那些可将共同体具体落实的制度。马克思认为民主制中的人民是"一群无定形的东西"吗？如若不是,那么他如何解说"形式"呢？他把民主制称为一切国家制度的"已经解开的谜"、①人民的"自由产物"。他似乎没有充分考虑到,内部结构分明是一切共同体的必要条件,这也正是黑格尔命题背后的根本真相。对此可做两点说明。一个共同体,且不论它是君主制、共和制抑或马克思式的民主制,都得在内部分化为具体的次级制度。而且它还得拥有表现为个体的"统一的意志"。我们当然可以摆脱被狭隘理解的黑格尔立场,但要易换其支撑性原则却不那么容易。

于是引出第二点,这里我们又要细细对比黑格尔的谨小慎微和马克思的胸有成竹,以便阐明他们各自的政治哲学立场。这里的问题要看国家制度与立法权的关系:二者谁先谁后？在《法哲学原理》第 298 节,黑格尔以真正辩证的视角提出这一问题。由于立法权本身是国家制度的一部分,国家制度就不由立法权规定。但是,国家制度的命运,则通过法律的发展以及"普遍行政事务所固有的前进运动的性质",而得到进一步规定。② 黑格尔在"补充"里又指出:国家制度不应当由立法权创设,但国家制度不仅"存在着",同时也本质地"生成着",它的前进运动是一种"不可觉察的无形的变化"。③ 马克思首先这样来反驳:

---

① Marx, *Die Frühschriften*, p. 47(《马克思恩格斯全集》第 3 卷,人民出版社 2002 年版,第 39 页)。试比较:"共产主义是历史之谜的解答,而且知道自己就是这种解答。" K. Marx, *Economic and Philosophic Manuscripts of* 1844, trans. M. Milligan, Moscow, 1961, p. 102(《马克思恩格斯全集》第 3 卷,人民出版社 2002 年版,第 297 页)。

② *Philosophie des Rechts*, p. 243([德]黑格尔:《法哲学原理》,范扬、张企泰译,商务印书馆 1961 年版,第 315 页)。

③ *Philosophie des Rechts*, p. 364([德]黑格尔:《法哲学原理》,范扬、张企泰译,商务印书馆 1961 年版,第 315 页)。

作为立法权前提的那些法律,应该是已经制定出来的东西。① 只要我们所关注的是现存的国家(这里谈不到起源问题),马克思就致力于揭露黑格尔箴言中包含的矛盾。立法权既外在于又内在于国家制度。怎样解决这个二律背反呢?这里可以有多重观察角度;我们可以说国家制度在直接意义上外在于立法权,但在间接意义上内在于立法权,或者,立法权能够在事实上、实质上做到它在形式上和法律上没有资格做的事情。但这相当于一再推延那个二律背反,而不曾解决它。那个二律背反最终表现为立法权"按照国家制度确定的[实际]作用"和"按照国家制度确定的使命"之间的矛盾。

可以想见,马克思特别反感黑格尔的如下信念,即未来是渐次生成的,不受有意识的规定。黑格尔允许国家制度的变化,但这种变化是无意识的。因此,国家制度的外观就同它的本质相矛盾。外观是有意识的,而本质是无意识的。法律所宣告的不是事物本性所必然规定的东西,反倒成为法律的真正本性要求的对立面。有着典型意义的是,马克思在这里给出了极具理性主义格调的评论,表现得比黑格尔更像黑格尔,因为他批评黑格尔没有恪守自己先前表述的原则。黑格尔把国家称为客观精神领域的理性的"自由定在"。但黑格尔笔下的国家、他所描绘的境况,能用自由来形容吗?如我们所见,这里本该是自觉理性能够进行自由的自我规定的地方,却仅仅由盲目的自然必然性所主宰。这种自相矛盾的二元论如何才能维系下去呢?黑格尔想把国家说成自由精神的实现,但他除了诉诸作为理性对立面的自然必然性,竟对那些矛盾束手无策。这所谓的自由意志的实现,是一种无意识的、偶然的活动,类似于黑格尔为私人利益和公共利益之间设定的"中介"。

马克思还指出,国家制度逐渐的、不知不觉的变化,就其作为一种解释而言在概念上是不合适的(因为它包含着未予消解的矛盾),从历

① Marx, *Die Frühschriften*, p. 63(《马克思恩格斯全集》第3卷,人民出版社2002年版,第70页)。

史上看也是虚假的。逐渐的变化只能是现存框架范围内的变化，只能是局部的调整，同时也为了维系现状的一切基石。但真正的变化——随着人类新需要的产生而成为势不可当的东西——要求崭新的国家制度，唯有通过革命方可达成。因此，在黑格尔式国家中仅仅表现为无意识过程之单一方面的东西，必须由人民本身自觉承担起来。

> “要使国家制度不仅是经受变化，从而要使这种幻想的外观最后不被暴力粉碎，要使人有意识地做他一向无意识地被事物本性逼迫着做的事，就必须使国家制度的运动，使前进成为国家制度的原则，从而必须使国家制度的实际承担者——人民成为国家制度的原则。这时，前进本身也就成了国家制度。”①

马克思以法国大革命为例，它是代表人民意志的立法权的产物。在马克思看来，正确的相关提问是这样的：当现存国家形式已变成实践中的幻想，不再表达人民的意志，人民是否有权缔造新的国家制度？他在结束这个话题时宣布：“国家制度和立法权之间的冲突只不过是国家制度和自身的冲突，是国家制度这一概念中的矛盾。”②

我们在此不妨再多说两句。不论我们如何认同马克思的要求，即由人民来规定法律和国家制度，也不论我们多么愿意赞成他关于正式变革（即革命）的周期必然性的观点，这里我们还是感觉马克思在处理一些问题时比较草率，就某些方面而言，谨慎的黑格尔式论述仍有其优长之处。问题不止关乎某主体缔造国家制度的“权利”，不管这主体是“人民”、立法机关抑或其他更为明确的群体。问题同样关乎此类群体或机构切实兑现预期目标的能力。我们这里不必强调传统主义的论点，即国家制度绝不可能脱胎换骨，而是始终立足于现存的礼义观念，这些礼义观念从来不能被化约到有意识的自由“意志”的层面。这论

---

① Marx, *Die Frühschriften*, p. 66.《马克思恩格斯全集》第3卷，人民出版社2002年版，第72页。

② Marx, *Die Frühschriften*, p. 67.《马克思恩格斯全集》第3卷，人民出版社2002年版，第73页。

点不见得一定成立，人们很容易高估它的意义。笔者认为，即便我们承认人民能够自由而自觉地缔造国家制度，并且这国家制度仅仅为了满足人民的需要，共同体仍可能不会成为“自由的、自我规定的定在”。人民的国家制度也得像君主的国家制度那样经过“设定”。一经创立，人民的国家制度就不可避免地采取某种形式、具备某种刚性，这样，新的需要一旦出现，只能不惜如下代价而被纳入立法，即精心处理形式和内容之间、国家制度的“存在”和“流变”之间的矛盾。国家制度和立法权之间的矛盾，不妨被称为“国家制度这一概念中的矛盾”，但这种所谓的“矛盾”不限于君主制国家。而且承认矛盾未必等于消除矛盾，矛盾的化解也不见得能以马克思建议的方式操作。法国大革命及其余波只是一个例子（而且还不是最重要的例子），足以让我们对马克思的命题持保留意见。

第三个问题是人民代表制。这个问题的出现涉及马克思对黑格尔式“等级”概念的批判，我将在本文最后一部分再次讨论后面这一点。我之所以在此谈及这个问题，是因为它承载着与黑格尔和马克思各自政治原则相关的更广泛旨趣。黑格尔在《法哲学原理》第 308 节触及代表制问题，他认为社会的工商业部门——农业部门稍后再议——只能通过议员来参与政治生活，并且社会任命的这些议员不是代表着个人，而是代表着职能。国家的全体成员都应该参与讨论和决定，这一要求在黑格尔看来并不合乎理性。“民主因素”是可取的，但不能没有“合乎理性的形式”。黑格尔认为不宜死抱住“成为国家的成员”这种“抽象的规定”。这里实际引出三个问题，马克思全部予以考察，但考察结果并不都令人满意。所有人都应该参与立法吗？所有人都应该参与任命（即选举）代表吗？选举是该依照职能还是该依照别的原则进行？

马克思接受黑格尔的如下观点，即不宜死抱住每一个人都是国家成员这种抽象的规定；但马克思认为，这里的错误一定程度上源于黑格尔对国家概念的阐发方式，一定程度上源于那承载着国家和市民社会二元论的现代生活实际状况。马克思坚信，民主因素不仅应当成为形式上的东西，也应成为国家的现实基础，这样，民主因素将为国家赋予“合乎理性的形式”。① 此外：“如果指的是真正合乎理性的国家，那么可以这样回答：‘不是全体人员都应当单个地参与国家的普遍事务的讨论和决定’，因为‘单个人’是作为‘全体人员’，即在社会的范围内并作为社会成员参与普遍事务的讨论和决定。不是全体人员单个地参与，而是单个人作为全体人员参与。”②黑格尔提出的二难推理——即要么允许市民社会通过议员来影响政治，要么允许单个人的政治参与——在马克思看来属于同一本质的实存的对立（参见前面论及的马克思的范畴区分）。这里所涉及的实存是“数”。这种被黑格尔视为单纯“表面”的考虑因素，却成为反对全体人员直接参与国家事务的最好理由。马克思主张，这个问题本身的产生，无论如何只是以抽象政治国家作为假设的，故而它本身是个“抽象的政治问题”。马克思在此表现出个人主义者的姿态：

> 或者是单个人作为全体都这样做，或者是单个人作为少数人即作为非全体而这样做。在两种情况之下，全体性仍然只表示单个人表面的众多性或表面的总体性。全体性不是单个人所具有的本质的、精神的、现实的特质。全体性不是某种使单个人失去抽象单一性的规定的东西，而只是由单一性构成的全数。一个单一体、众多单一体、全体单一体。一个、众多、全体，——这些规定中没有一个规定能改变主体的即单一性的本质。③

马克思接着展开概念分析，说如果我们把国家理解为人民的“普遍事务”，那么成为国家成员就意味着关心政治问题。这样一来，不仅

① Marx, *Die Frühschriften*, p. 136（《马克思恩格斯全集》第 3 卷，人民出版社 2002 年版，第 144 页）。

② Marx, *Die Frühschriften*, p. 137（《马克思恩格斯全集》第 3 卷，人民出版社 2002 年版，第 145 页）。

③ Marx, *Die Frühschriften*, p. 138（《马克思恩格斯全集》第 3 卷，人民出版社 2002 年版，第 145 页）。

各成员是国家的一部分,国家同样是各成员的一部分。“要成为某种东西的有意识的一部分,就要有意识地掌握它的一部分,有意识地参与它。没有这种意识,国家的成员就无异于动物。”①马克思对国家成员资格的这种规定,当然运用了费尔巴哈著名的“人=类存在(Gattungswesen)”的概念,这一概念在马克思的《1844年经济学哲学手稿》里派上了大用场。马克思接下来指出,这样看来真正的问题不在于全体国家成员是否应当参与公共事务,而在于全体人员是否应当成为国家成员。有鉴于“数”的问题,他本人似乎否定了直接参与讨论和决定的可能性,而是着力倡导全体人员通过选举参政议政。就现代的代议制国家制度而言,他宣称真正要关心的问题不是决定采取代议制还是直接普选制,而是“扩大选举并尽可能普及选举,即扩大并尽可能普及选举权和被选举权。无论在法国或在英国,这都是围绕着政治改革进行的争论的焦点”②。选举是市民社会和国家之间唯一的现实纽带,故而只有通过废除普选权的限制条件,市民社会(即生活在现实物质条件下的国家成员)才能拥有十足的政治性。

现在还有个问题留待解决。国家成员应该或者可以凭什么能力参与政治?这个问题不容小觑,因为随着时光流逝,以及有鉴于马克思所作出的有趣但不够明晰充分的相关评论意见,黑格尔为支持基于同业公会职能的代表制而给出的坚实论证,已经与他关于该主题的更为过时的那些论断一起被淘汰。黑格尔论证的实质要点——大意是说国家成员唯有通过其职业组织(即社会阶级)的成员资格,方可被视为具备政治性——则一如既往地具有当代相关性。马克思的态度如何呢?

马克思认为,市民社会成员应当单个地参与或间接影响立法,此乃现代政治国家的预设。这里的立法机关并不表现为国家成员的现实社

① Marx, *Die Frühschriften*, p. 139(《马克思恩格斯全集》第3卷,人民出版社2002年版,第146页)。

② Marx, *Die Frühschriften*, p. 143(《马克思恩格斯全集》第3卷,人民出版社2002年版,第150页)。

会生活的流溢或职能，而仅仅关乎市民社会的组织结构（即形式）。这种立法机关的组织结构，直接要求社会成员把彼此视为相分离的单个人。他们的国家成员资格是抽象的，因为在这个层面上，国家成员资格并没有表达他们的现实生存活动。诚然，让全体人员都成为立法机关的成员是不可能的，因为这等于令市民社会臣服于国家。市民社会通过议员参与政治，“这正是它们分离的表现，而且正是它们的纯粹二元性统一的表现”。如果我们把市民社会视为现实的政治社会，又当如何呢？

> 如果这样，提出那种仅仅从政治国家是同市民社会分离开来的存在这一观念中产生的要求，提出那种只是从关于政治国家的神学观念中产生的要求，这是荒诞无稽的。在这种情况下，作为代表机关的立法权就完全失去了它的意义。在这里说立法权是代表，这是指，一切职能都有代表性，例如，鞋匠是我的代表，因为他能满足某种社会需要；这是指，作为类活动的任何特定的社会活动都只代表类，即我固有的本质中的某种规定；这是指，每个人都是另一个人的代表。①

马克思的评论到底所指何意，对此我们可以揣度，但很遗憾的是，我们无从洞明。代表制属于马克思作品中未予切实正面讨论的问题之一。马克思最接近于讨论上述引文似乎在传达的要点的地方，是在《资本论》，涉及劳动的“社会性质”。但那里的论证显然与政治代表制无关。马克思《黑格尔法哲学批判》立场的核心问题似乎在于，一方面，他看起来拒绝基于单个人和地域的代表制，因其只在假定存在着单独的纯“政治”国家时才有意义，另一方面，他不认为“市民社会”中的代表制必须被赋予政治形式。换言之，他似乎坚信，一旦市民社会成为政治社会的同义词，代表就变成直接的东西，变成多种“类活动”的和

① Marx，*Die Frühschriften*，p. 141（《马克思恩格斯全集》第 3 卷，人民出版社 2002 年版，第 148 页）。

谐状态的表现。他不去设想多种社会职能之间可能存在的持续冲突，以及“中介”的必要性。与黑格尔更加谨慎的表述相比，他的这一信念看起来过于乐观。

四

下面我打算结合黑格尔时代的实际政治架构——其得到黑格尔的证成，并遭到马克思当然的责难——简要谈谈马克思如何在更具体层面上批判黑格尔政治哲学。在本文前一节，我或多或少着力宣扬了对马克思批判意见中更隐秘要点的探讨。我这样做是因为我相信，只有那些问题——政治哲学、尤其是人民主权的未解之“谜”——才使得黑格尔和马克思的关系问题甚至在当代依然鲜活和令人振奋，无论就学术而言抑或就意识形态而言皆如此。不过，我最终不得不相应收敛我的评论意见。这样做的正当理由在于，一方面，马克思在《黑格尔法哲学批判》里展开的具体论证已被他后来的作品超越，另一方面，黑格尔在这些具体问题上的立场，实际上似乎比他的一般政治原则脆弱得多。黑格尔的《法哲学原理》着意于捍卫特殊类型的“分离”和“中介”，并勾勒一种有着鲜明具体制度特征的国家结构。该国家保留了作为欧洲社会中世纪政治框架之余迹的“等级”制度；包含着执掌政府的强大官僚体制；以世袭君主制作为先决条件，将其视作最合乎理性的主权形式；并且依托于土地贵族，将其作为最稳固、最具“实体性”的部门或等级。

就这个层面而论，马克思在文中兵分两路展开批判。马克思当然对实际的社会和国家——黑格尔《法哲学原理》号称是它们的理论表达——采取坚决的批判态度。正是经济生活和政治生活之间实际的、物质的、世俗的分离，正是人的整体本质的多方面裂变，被黑格尔的逻辑范畴粉饰得宛若天堂。在现时代，人表现为一种情感的、敏感的造物，他与同胞之间有着爱的关系体验；人表现为追逐私利、自作主张的个体，一门心思要胜过同胞；人也表现为（仅仅在思想中）能够超越世俗考量的理性存在。黑格尔的家庭范畴、市民社会范畴和国家范畴，正是上述境况的反映，而马克思当然旨在准确揭露此种分裂状态的应受谴责性和非人道性。那么，在马克思看来，只要黑格尔在讨论那预设了普遍分离和异化"市民"的那种社会的精神，黑格尔的政治哲学就是正确的。当然，这不会令黑格尔受到马克思的爱戴，因为马克思极其敌视这种社会。马克思对破碎的人类世界的揭露，在他那经典的资本主义批判中达到顶峰；资本主义的政治缺陷在《论犹太人问题》①（从许多方面来讲，这是马克思写下的最为敏锐的政治短文）里面受到责难，资本主义的心理影响在《1844 年经济学哲学手稿》中受到责难，资本主义的剥削性则在马克思后续的全部作品中受到责难。因此，马克思《黑格尔法哲学批判》所阐述的对资产阶级社会的非难，只有次要的、纯粹学术考据方面的意义。

然而，马克思在批判黑格尔时采取的另一条路径更有趣，因为它为后来马克思主义者关于黑格尔的成见（即黑格尔是资产阶级哲学思想盖棺定论的真正代表人物）提供了某些复杂化因素。事实上，正是马克思本人在他发表的《〈黑格尔法哲学批判〉导言》里面宣称：纵然德国的政治现状是个时代错乱，②德国人仍是当代的"哲学同时代人"，③德国的国家哲学和法哲学"在黑格尔的著作中得到了最系统、最丰富和最终的表述"。④ 但事实是，在他对黑格尔政治哲学的大部分直接抨击

① *Zur Judenfrage*（1844）.中译本参见《马克思恩格斯全集》第 3 卷，人民出版社 2002 年版，第 163—198 页。

② "如果想去德国的现状本身出发，即使采取惟一适当的方式，就是说采取否定的方式，结果依然是时代错乱。即使对我国当代政治状况的否定，也已经是现代各国的历史废旧物品堆藏室中布满灰尘的史实。" Marx，*Die Frühschriften*，p. 209（《马克思恩格斯全集》第 3 卷，人民出版社 2002 年版，第 200—201 页）。

③ Marx，*Die Frühschriften*，p. 214（《马克思恩格斯全集》第 3 卷，人民出版社 2002 年版，第 205 页）。

④ Marx，*Die Frühschriften*，p. 215（《马克思恩格斯全集》第 3 卷，人民出版社 2002 年版，第 206 页）。

中，马克思没怎么指责黑格尔为资产阶级社会精神代言（他甚至勉为其难地欣赏资产阶级社会），反倒着重指责黑格尔甚至没有达到与这一历史发展阶段相适应的论证水平。① 为让资产阶级［社会］的碎片化变得令人称道，黑格尔不是诉诸自己的形而上学幻想，而是运用那些即便资产阶级意识也会摒弃的概念。我们发现一个有趣的现象，即马克思对黑格尔式中世纪情结的激烈谴责，在基调和文风上有时与自由主义哲学家的作品似乎没有多大差别，尽管他的预设诚然远为激进。

这里要考虑两点。首先，马克思指出，黑格尔通过等级中介职能确立市民社会和政治国家统一体的尝试土崩瓦解了，因为他试图调和两条对立的原则，即等级原则和代议制国家制度。② 各等级在类型上属于中世纪的共同体，其全盛时代的私人利益和公共利益具有事实上的一致性。③ 那是民主的时代、一体性的时代。

> 在中世纪，政治制度是私有财产的制度，但这只是因为私有财产的制度就是政治制度。在中世纪，人民的生活和国家的生活是同一的。人是国家的现实原则，但这是不自由的人。因此，这是不自由的民主制，是完成了的异化。抽象的反思的对立性只是现代

---

① 须注意，恩格斯成熟时期对黑格尔的评价，比马克思本人在《〈黑格尔法哲学批判〉导言》里面的评论更契合马克思的批判意见。恩格斯在《路德维希·费尔巴哈和德国古典哲学的终结》（*Ludwig Feuerbach and the End of Classical German Philosophy*，1888，Moscow，1950）中宣称："哲学在黑格尔那里完成了"（p. 22），"德国的工人运动是德国古典哲学的继承者"（p. 91）。但他清楚地指出，按照马克思主义的分析，《法哲学原理》所表述的观点是对时代错乱的政治架构的证成（p. 20）（《马克思恩格斯文集》第 4 卷，人民出版社 2009 年版，第 271、273、313 页）。

② 霍切瓦尔（Hočevar，*Stände und Repräsentation beim jungen Hegel*，p. 15）称赞马克思第一个洞悉黑格尔政治哲学中的这种二元性。霍切瓦尔在解释黑格尔的代表制概念时，强调其源自中世纪精神的议会，从而与马克思的批判多有重要契合点。

③ Marx，*Die Frühschriften*，p. 87（《马克思恩格斯全集》第 3 卷，人民出版社 2002 年版，第 90—91 页）。

世界才有。中世纪是现实的二元论,现代是抽象的二元论。①

在现代世界,让等级复归或者令其正式融入一种基于不同物质前提的共同体的政治制度,乃是一种自相矛盾的、异想天开的、不可理喻的做法。等级制度在它不再作为中世纪传统徘徊不去的时候,企图把人推回到他的狭小圈子里去(即便在政治层面亦然),并把他的特殊性变为他的实体性意识。② 如果说现代社会是对"私人"、亦即脱离了他的现实社会生活的"单个人"的最高表达,那么中世纪也通过使人沦为特殊存在(即与他的直接规定性保持一致的动物),同样让人与他的"普遍本质"相分离。中世纪构成了人类史上的动物学阶段。③

第二点涉及马克思对世袭制原则的抨击,我认为马克思的文笔恰在这里最有摧枯拉朽之功效。正是由于宣称世袭制是在哲学上"合乎理性地"建构国家时的必然方面,黑格尔远远落后于资产阶级思想的特有表述。后者例如霍布斯、洛克、18 世纪欧洲启蒙运动和法国大革命政治宣言的思想,都立足于出身平等和人格品质,将此二者作为政治—社会先进性的尺度。尽管在马克思看来依然"抽象",这套资产阶级原则仍是完全"合乎理性的"。黑格尔当然将之采纳为一般原则,并将之与其他举措一道适用于官僚政治的成员资格,因为他说官僚政治任人唯贤唯能。但黑格尔还是在自己政治哲学的两处要点上坚持保留世袭制,将其作为政治身份的基石:一处是在作为国家元首的立宪君主,另一处是在所谓的"农业等级"。马克思觉察到这两项主张的背后隐含着一种原始的"自然主义",他谴责这两项主张,视其为分别接受

① Marx,*Die Frühschriften*, p. 50(《马克思恩格斯全集》第 3 卷,人民出版社 2002 年版,第 42—43 页)。

② Marx,*Die Frühschriften*, p. 98(《马克思恩格斯全集》第 3 卷,人民出版社 2002 年版,第 101—102 页)。

③ Marx,*Die Frühschriften*,p. 99(《马克思恩格斯全集》第 3 卷,人民出版社 2002 年版,第 102 页)。

肉体和土地的奴役。他认为,君主代表着黑格尔任意施加于国家的专断个人意志,这看来源自黑格尔哲学观念中的“单一性”原则。黑格尔将君主设定为“绝对的自我规定”的环节。① 马克思追问这种自我规定的含义,并在君主的自然人身那里找到了答案。

> 君王世袭制是从君王的概念中产生的。据说君王是与自己的整个类、与其他一切人特别不同的人。这么一个人与其他一切人的最后的明确的区别究竟是什么呢?是肉体。肉体的最高功能是生殖活动。这样,国王的最高宪政活动就是他的生殖活动,因为他通过这种活动制造国王,从而延续自己的肉体。②

此外,

> 令人奇怪的是,自我意识的类的产物竟被看成是自然类的直接产物。我凭借出生就成为人,用不着社会同意,可是我凭借特定的出生而成为贵族或国王,这就非有普遍的同意不可。只有得到同意才能使这一个人的出生成为国王的出生;因此,使这个人成为国王,是大家的同意而不是出生。如果说出生不同于其他的规定,能直接赋予人一种地位,那么人的肉体就能使人成为这种特定的社会职能承担者。③

土地贵族之所以享有立法机关世袭成员这一政治身份,在黑格尔看来立足于他们的独立地位,即他们拥有土地和(类似于君主的)“以自身为基础的”意志。④ 马克思一针见血地指出,该意志其实并不以自身为基础,而是以土地所有权为基础。令马克思尤为震怒的是,黑

① *Philosophie des Rechts*, § 275, p. 225([德]黑格尔:《法哲学原理》,范扬、张企泰译,商务印书馆 1961 年版,第 292 页)。

② Marx, *Die Frühschriften*, p. 54(《马克思恩格斯全集》第 3 卷,人民出版社 2002 年版,第 52—53 页)。

③ Marx, *Die Frühschriften*, p. 126(《马克思恩格斯全集》第 3 卷,人民出版社 2002 年版,第 131—132 页)。

④ *Philosophie des Rechts*, § 305, p. 250([德]黑格尔:《法哲学原理》,范扬、张企泰译,商务印书馆 1961 年版,第 324 页)。

格尔进而坚信农业等级的“实体性”须得到长子继承权制度的保障，长子继承权甚至凌驾于家庭之爱。① 马克思在此很容易就找到了批判的靶子。他认为，上述论断意味着黑格尔政治大厦的顶端不是理性，而是私有财产，并且这种财产对人来说在性质上比其他任何东西都更加根本，即它意味着人格和意志自由。家庭生活本身表现为一种死气沉沉的幻象，其地位低于粗鄙的私有财产。地产的不可转让性表明，财产的统治占了国家政治生活的上风。它意味着财产是我们真切的“主语”，理性、人则又是单纯的附属物、谓语。黑格尔把长子继承权制度描述为“防范人类弱点的保障”，这多么虚伪、多么具有误导性！

> 私有财产，从而具有最抽象形式的私人任意，极端狭隘的、非伦理的、粗陋的意志，在这里表现为政治国家的最高合题、由任意所实现的最高外化、向人类弱点进行的最顽强、最英勇的斗争，因为在这里私有财产的人性化、人化是人类弱点，——所有这一切正是关于长子继承权的权力范围的富有浪漫色彩的急切愿望。②

不过，尽管马克思此处的论调无疑是愤愤不平的19世纪自由民主人士的论调，但我们必须注意，他所展望的绝不限于按照如下看似更为开明的体制实施的财产“人性化”，即在保持私有的前提下自由持有财产。③ 马克思在此得出的结论，在他后来的作品中回荡不息：

> 与无依赖性的私有财产的粗陋愚昧相比，职业无保证是悲哀

① *Philosophie des Rechts*, § 306, p. 250（［德］黑格尔：《法哲学原理》，范扬、张企泰译，商务印书馆1961年版，第324—325页）。

② Marx, *Die Frühschriften*, p. 120（《马克思恩格斯全集》第3卷，人民出版社2002年版，第126页）。

③ 麦克莱伦的下述观点无可厚非，即严格说来马克思此时未必是在力倡废除私有制（*Marx, before Marxism*, p. 125）。但就另一个层面而言，阿维纳瑞的看法也是正确的，即《黑格尔法哲学批判》里面首次出现了“商品拜物教”这一著名概念的雏形（*Social and Political Thought of Karl Marx*, p. 30）。

的，追逐利润是造作的（戏剧性的），占有物的可变性是应认真对待的天命（悲剧性的），对国家财产的依赖性是合乎伦理的。总之，在所有这些特质中我们透过所有权听到人心的跳动，这就是人对人的依赖。①

（译者 南京师范大学法学院、中国法治现代化研究院副教授）

① Marx, *Die Frühschriften*, p. 121（《马克思恩格斯全集》第3卷，人民出版社2002年版，第127页）。

黑格尔的国家概念与马克思的早年批判*

[美]伊尔廷 著 祁 涛 译

1843年的春夏时节，青年马克思写了一部关于批判黑格尔国家哲学的著作，这部批判著作决定性地影响了马克思主义的历史，并且影响至今。① 虽然马克思宣称他曾经和卢格（Luge）一起全身心地接受过黑格尔的想法，但是在波兰哲学家奇茨科乌斯基（August Cieszkowski）与费尔巴哈的影响下，青年马克思决定采取反对黑格尔的立场，并对其国家哲学的学说展开直接的激进批判。② 这种兼具内在矛盾和争议性的大转变不仅持续延续到马克思晚期著作里，同时也继续决定着今天马克思主义者对黑格尔哲学的诠释。此外还意味着经过激烈摒弃了黑格

* 译自K.H-Ilting，"Hegel's concept of state and Marx's early critique"，in Z.A.Pelczynski（ed.），*The State and Civil Society*，Cambridge University Press，1984，pp. 93-113.伊尔廷写作本文的语言是德语，该书收录的版本为英语，译者为H. Tudor and J.M.Tudor，本译文根据英译本翻译。译文中引用《法哲学原理》的中译文，若无特别说明，一律引用的是范扬、张企泰译本《法哲学原理》（商务印书馆）；引用《黑格尔法哲学批判》的中译文，一律为《马克思恩格斯全集》中文一版第1卷（人民出版社）。本译文部分术语的翻译得到张寅博士的指正，特此鸣谢。

① 众所周知，德拉沃尔佩（G.della Volpe）和他的学派，如科莱蒂对此产生了巨大的影响。G.Giannantoni，*Il marxismo di Galvano della Volpe*，Rome，1976，47flf；L. Colletti，*Ilmarxismo e Hegel*，Bari，1973，pp. 24ff and 87ff.

② 我在另一本著作中有详述。见*Hegel diverso*，Bari，1977，p. 224ff.

尔哲学之后,马克思在何种程度与何种方式上仍然是个黑格尔主义者。

马克思批判的中心点是否定黑格尔的国家概念。马克思认为,通过具体讨论黑格尔《法哲学原理》里有关国家理论的介绍性段落,他能够论证黑格尔的政治哲学颠倒了主语和谓语,即黑格尔将一个独立的实体理解并表现为一种属性,只有当一个独立实体作为自身,一个独立存在客体的属性才表现为一种属性。根据这种解释,黑格尔寻求理解国家作为一个对象,独立存在于所有个体生活的国家共同体,并且认可个体仅仅是作为依赖于国家的存在。最终,黑格尔因此断定国家本身不过是一个抽象"理念"的实存。

由于黑格尔所描述的国家理论过于符合保守的国家构想,今天自由派甚至法西斯主义倾向的作者们都经常不假思索地接受并传播这样的讲法。在正统马克思主义的推波助澜下,这种讲法的准确性完全没有得到检查。此外,马克思对黑格尔的评论也一样含混不清,颇为费解地与黑格尔法哲学相关部分混为一谈。因此只有通过细致的研究才可能确定,青年马克思在何种程度上对于黑格尔国家概念的解释与批判是正确的。下面的研究将尝试阐明这个努力。

一

黑格尔出版于 1820 年的《法哲学原理》第 257—270 节详细阐释了他的国家概念。《法哲学原理》是对应于 1818—1819 年冬季学期"自然法与国家科学"(Natural Law and the Science of the State)讲义的扩充版本,法学院学生卡尔·古斯塔沃·霍姆梅尔(Carl Gustav Homeyer)为我们逐字逐句地记录下课程的相关要点。① 现在应该清楚的是,先去参考 1818—1819 年的演讲,对于澄清黑格尔的国家概念颇为便利。

---

① 参见我编辑的版本:G.W.F.Hegel, *Vorlesungen iiber Rechtsphilosophie 1818-1831*, Stuttgart-Bad Cannstatt, 1973, vol. 1, pp. 217-351.

涉及国家的段落从这句话开始:“伦理理念,是(个人)随着他自然的感觉沉浸其中的理念,(也是)个人的单一性和特殊性的目标,使他们脱离整体,从自身之中吸收自身,并且(它们)只会产生它作为这个心灵的环节,把它作为目的并依赖于它,这就是国家。”①在这些介绍性的段落中,国家被描述为从诸个人的集合建立起来的国家观念。黑格尔认为,作为家庭成员和市民社会的成员,这些人有其自身的目的,这些目的与他们所属的国家共同体的目标颇不一致。但是,这些私人目的仍然将它们与国家共同体的目标联系起来,因为国家的首要任务是协调不同的社会利益。② 对于个人而言,至关重要的是认识到他们的私人和个人的目的,从长远上看是与共同体的目标相结合,是共同维护了国家共同体的目的。这就是私人目标沉浸于“伦理理念”中时,他们已被认定为是“理念”(ideal)。③

在黑格尔的早期作品中可以很好地理解,黑格尔将国家描述为“伦理理念”的事实。在1795年的作品中,他写道:“在共和国中,人们为了伦理理念而活;在君主国家中,他们为一个人而活。在后一个制度里,人们依然没有一个理念;他们只是把使自己成为一个人的理念,成为一个理念。我们在君主国家里找到的理念是理念所应该是的样子;这里的(共和国中的)理念正是神圣性,即一种人们极少靠自己创造的东西。”④

所以黑格尔在政治哲学背景下所说的“理念”就是政治共同体,自由公民的共同目标是维持这一理念。黑格尔认为这样一个共同体是希

---

① §114,*PhR* 1818-1819.目前看到的英译本并不好,括号内的内容是我补充添加进去的。

② “市民社会的几个部门必须构成在同业公会中,其利益冲突及其普遍内在联系反过来要求了整体的监督。”§113,*PhR* 1818-1819.

③ “理念”是黑格尔界定所有有限的事物的术语,其明显的独立性被吸收到更大的统一性中,最终融入了无限整体的统一。参见黑格尔《逻辑学》,第二章“实有”的“无限”部分。

④ *Theologische Jugendschriften*, edited by H.Nohl, Tubingen, 1907, p. 366.

腊民主的现实化，以及罗马共和制的现实化："一个人的国家或一个人的民族之理念是催动他（作为自由公民）拼搏奋斗的无形和更高的现实；这也是世界历史的终极目的，自由公民在他日常生活的现实显现中理解了该目的，或者他本人参与了该目的的表现和维系。"①

黑格尔在《1818—1819 年自然法讲演》第 114 节发展的国家概念，十分显著地接近他在法兰克福和耶拿时期著作中的言论，他毫不犹豫地支持国家的共和性质。

考虑了黑格尔这些思想的准备阶段，我们可以理解黑格尔在第 114 节第二部分所说的话："一个自由国家的公民仅仅是人民在精神中的环节（moments），并且正因如此，这样的公民产生出他们人民的'精神'；但是这样的'精神'不仅是他们的行为的目的，也是他们的行为和他们'依赖于精神'的理解（他们把精神作为自身的基础）。"②所以，我们毫不惊奇地看到，黑格尔关于第 114 节解释性的评论中说："国家的法（Recht）是对个人的最高法律，"这不是有的人可能所认为的，是要求个人从属于国家的利益；恰恰与之相反，公民对于法的承认是在国家内参与政治的决策。

《1818—1819 年自然法讲演》的第 116—121 段，黑格尔面临着将这种基于雅典民主和罗马共和国的国家概念，应用于现代国家的制度建设的任务之中，并且展示该观念对现代国家表现出怎样的影响。他

① *Theologische Jugendschriften*, edited by H. Nohl, Tubingen, 1907, p. 222. 以及"自由的共和主义者本着他自己的精神，为自己的国家消耗了自己的生命，为了自己的国家履行了义务，却没有过于重视他的付出，去要求获得回报或补偿。他为自己的理念和他的职责而工作"。p. 70 同样可以参考（Hegel, *On Christianity*, Early Theological Writings trans. T. M. Knox and Richard Kroner, New York, 1961, p. 154）.

② "鉴于这个公共劳动是他们所有人作为意识的工作，他们在其中外在化了自己；但这个外部是自己做的；它只是他们所做的；它们已经不再活跃了；而在这种外在性本身，作为调停人，作为代理人的存在，他们将自己看作是一个人，这样他们的工作就是自己的思想本身。"参见 *Jenenser Realphilosophie* 1（1803－1804），Leipzig, 1932, p. 233。

是从这样的想法中展开的:在现代国家中,自由必须以公民的自决权利的现实化开始。

具体自由的现实化是国家,它是基于个体的个性和特殊性不仅得到充分的发展,能够承认他的权利,可以部分地吸收普遍利益并且部分地自觉、主动承认这种普遍利益,并且代表普遍利益开展行动;所以如果没有特殊利益,没有特定的知识和良好的意愿,而且没有特定人格居于其中并为了特定的利益而生活,与此同时也并愿意和有意识地诉诸普遍利益,那么这种普遍性是不会得到实现的。(第 116 段)

现代国家区别于古代政治共同体的最先和最重要的一点是,现代国家中的公民有权享有私人领域。① 但是,在黑格尔的著作中,这些自由的公民权利被扩大为基本的社会权利(达伦多夫):个人不仅被保证了对私人领域的"自身权利的承认",在此之上,公民还被保证自身个性和特殊性的"充分发展"。但是根据黑格尔的概念,这些私人的公民权利必须得到政治权利的完善。由于公民的私人利益被纳入到普遍和公共利益之中,那么在现代国家中现实的自由之理想状态是,公民应该有意识、有考量地认识到"普遍性"(国家机关和他们的行动),这对于自由在国家中的实现是可取的。没有这种承认,现代国家不能声称自己实现了具体自由的制度。然而关键的因素在于,除了这种承认之外,公民必须被赋予代表"普遍性"的权利。只有这样,黑格尔认为,国家才能被防止分裂成两个相互对立的部分,即政治领域和私人领域的分离。根据他的概念,如此一来,国家的统一性只有当国家机关不独立于公民的特殊利益的条件下才能得到保障,而且是在公民的许可下行动于公共领域。反过来说,公民不限于追求私人利益,而且同时可以根据共同体的普遍利益行事,着眼于普遍的目标。如果这些条件得到满足,那么黑格尔确实可以说,现代国家的公民也"仅仅把国家作为这一个

① Cf. *Jenenser Realphilosophie* 11 (1805-1806), Leipzig, 1931, p. 251; Phanomenologie des Geistes, VI, A, c: "Dcr Rechtzustand"; *PhR* 1820, § I24R, § 138R, § i85R, § 260 and § 279R.

精神的‘环节’产生出来”。由此,以古代政体为核心的共和主义被明确阐述为现代自由民主法治国家的概念。

黑格尔在《1818—1819 年自然法讲演》的第 117 节描述了私人生活和公共生活两个领域之间关系的内涵:仅从出于私人目的的公民利益角度来看,国家似乎只是一个“外在的必要性”,因为公民行为依赖于国家并受到它的影响。但是,从公民自觉的政治参与权的角度来看,国家获得了“现实性中的自由”,只有这些私人权利和公民权利得以现实化,才能使国家获得“真正的生机”。因为国家只能在赋予了公民权利的条件下,才能向公民提出要求。①

有了这个国家概念,黑格尔批评了两种互不相容的片面观点,他在 118 节第 12 条中做了进一步的说明。② 一种观点希望通过唤醒政治意识(情绪)来实现自由,特别是一种理想型自由意识的觉醒。③ 另一种观点认为,只有在国家制度的基础上建立国家法规才是实现国家自由的适当和充分的手段。④ 黑格尔试图将两方面的正当性融入他作为“有机体”的国家概念中:国家应根据其“具体的等级”从内部构建自身,并且“通过理念”去确定工作机构所履行的任务。⑤ 从这些活动和利益出发,就会产生“普遍的利益和成果,以及与此相伴的普遍的政治情绪。政治情绪和国家机关应该相互决定对方,形成“有机的”国家机

① “只有在这些领域(家庭,私人权利和个人福利)及其特定利益在其内部得到独立发展的情况下,它才具有现实自由和(具有)其真正的实力。(个人)对国家尽多少义务,同时也就享有多少被国家承认的权利。”参见《法哲学原理》第 261 节,引文内的文字是伊尔廷改动了黑格尔原文的结果。译者注。

② 在 1820 年的《法哲学原理》中,这个内容被完全抛弃被替换为第 265—267 节的内容。

③ 在这方面,正如他在 1818—1819 年的讲演中其他的许多观点,黑格尔一直在攻击他的老对手——弗里斯(Jakob Friedrich Fries,1773-1843)以及学生联盟里晚期的支持者。第 118 节表明,他对弗里斯的反对是尖锐的,而非就其内容。

④ 黑格尔因此摆脱了当代立宪主义。普鲁士国王弗里德里希·威廉三世在 1815 年郑重承诺要赋予国家一个宪法,但没有履行这一承诺。

⑤ 有了这个表达,黑格尔提出了他的权力分化理论。(*PhR*,1818-1819,§121)

构。然后，黑格尔在接下来的三段中描述了它们的内部结构，并由此结束本部分的讨论。

家庭和市民社会的领域合起来形成了私人生活的范围，在这里个人追求自己的特殊和有限的目标。作为这个国家的一部分，黑格尔所说的这个领域就是“在它有限性之中的国家‘精神’”（§119）。黑格尔明显回应了青年黑格尔时期有关共和主义的理想，他解释私人存在的有限特征是作为自由人性的一种丧失，这种自由的人性只有作为维护政治社会的一种必要牺牲才是正当的：“看起来似乎很难让道德生活的整体要求一部分个人自愿放弃家庭生活的约束或市民生活的需要。这一方面是必需的，另一方面这种必须中存在着和解。”[①]在这个意义上，我们也应该理解“国家的精神”（Geist）将一部分个人—大众—“降格到家庭和公民社会的领域。”显然黑格尔在此并未设想国家吸收社会的活动潜能，如柏拉图在《理想国》里提出的那样。但是为了消除任何这种误解，他立即补充说，国家自由“只有经由公民的特殊意志才是具体的和实际的。”

然而不同于他早期的著作，黑格尔在《1818—1819 年自然法讲演》中强调，即使私人生活领域已经被公共生活的法规和法律所渗透，它们是吸收“普遍性到其自身”。此外，长远追求私人利益有利于政治共同体的所有成员。因此，私人领域归根结底“在普遍的目标中形成并正当化”。即使在市民社会的机构中，个人也可以“承认并确认”作为它们实体的普遍目的和国家共同体的结构。（§119）在接下来的第 120

① 在第 119 节，黑格尔讨论了自己制定的“伦理悲剧”，该内容持续出现在他的《自然法》（1802）中：这个等级成员的“政治虚无性”是私人拥有“和平与贸易成果以及享受这些的彻底安全。”对青年黑格尔来说，和解在于“必要性的承认以及伦理生活放弃其无机属性的权利，以及通过废除和牺牲自己一部分隐含权力。”黑格尔关于牺牲和和解的观点，在这一点上是对欧里庇德斯的《复仇女神》的重新解读。参见 *Schriften zur Politik und Rechtsphilosophie*, ed.by G.Lasson, Hamburg, 1967, p. 383f; *Natural Law*, trans, by T. M. Knox, Philadelphia, 1975, pp. 103-104.

节,黑格尔命名了保障国家自由实现的机构:人身和财产自由,"公共法律",法官、法院、自治团体和地方自治政府以及市民社会的同业公会,它们直接为个人提供普遍的职业岗位。但是,自由的实现只有在国家机构的组织下才能实现自由。在第121段中,黑格尔试图解释这一点。

在国家机关中,国家行为以"普遍性"为终点,它既在处理公共事务,也在监督市民社会的"特定领域"。黑格尔现在试图遵循康德的实践理性来概述国家机关的结构和权力的分配原则。① 制定普遍准则是立法机关的任务,"吸纳处理特定的情况"是政府的任务;剩下是基于普遍性和特殊规范基础之上的作为单个行为的行政活动。但在这一点上,与康德一样,黑格尔就不能将实践演绎的模式应用于国家权力的分配。他把国家的运行中对具体情况有直接影响的那些行为,解释为"意志的最终决定的主体性",并将其归于"王权"——这一宪法的机关,之前从来没有在这样的叙述中被提到过。然而,非常清楚的是,在黑格尔分配权力的模式中,君主行为的权力完全由单一的行政行为组成,它的执行权是在政府这里。②

但是,我们不能忽视黑格尔共和主义理念与当时的历史权力相冲突的事实。如果个人造就了国家,并依赖于国家作为个人的目的(§114),那么这个国家的君主只能作为部分的国家元首存在,原则上他可以随时被罢免;而在权力复辟的时期,欧洲国家的君主们宣称,他

---

① 康德在《道德形而上学》第45节的"公共法权"一节中指出,三种国家权力的关系就像"实践理性中推理中的三个命题:大前提,包含着那个意志的法律;小前提包含着依法行事的命令,亦即使之归摄到那个意志之下的原则;结论,包含着对当下案例什么是正当的所作的宣判(判决)"(《康德著作全集》第6卷,第323—324页,张荣、李秋零译,中国人民大学出版社2007年版)。参见:Kant, *The Metaphysical Elements of Justice*, trans. with an introduction by John Ladd, Indianapolis/New York, 1965, p. 78.

② 我们可以看到,这是黑格尔在第122节的解释性注释中提到如下观点:"王权由空洞的最终决定组成;还没有基于理性的客观决定的可能性。"这就是政府所要做的事务。第124节"统治者给王权命名","决定常常不重要,只有一些应该做的决定才是重要的"(cf. Ilting, Hegel diverso, Bari, 1977, p. 3 5ff.)。

们行使了最高权力的非派生权利。黑格尔通过接受复辟国家的"君主制原则"来规避这一冲突,①并试图通过参照历史来证明这一冲突;②至于其余的部分,则试图在国家理念上降低君主的政治意义使其产生"政治的虚无性"(political nullity)。

二

1819年的春夏两季,黑格尔正忙于创作他的法哲学;他打算在9月付印法哲学的文本。随后颁布了所谓的卡尔斯巴德法令(Karlsbad Decrees),德国大学被施加了严格的政治管控,扩大了对科学研究的出版前审查。1819—1820年冬,黑格尔再次讲授法哲学;直到1820年10月才正式出版。

这些事实说明了我们应当如何解释《1818—1819年自然法讲演》与1820年问世的《法哲学原理》之间的关系。很显然,这15个月来,黑格尔在演讲完成和印刷之后大幅扩大了他的手稿:出版的书显示,该书并不是142段,而是360段。但是,它们确实与讲演的内容非常接近;对于黑格尔来说,通常状况是用旧的手稿作为写作完整版本的基础。在国家概念的相应部分也表现得很明显,如下表所示:

《1818—1819年自然法讲演》	《法哲学原理》
114节	257节
	258节
115节	259节
116节	260节

① Cf.H.O.Mcisner, *Die Lehre vom monarchischen Prinzip im Zeitalterder Restauration und des Deutschen Bundes*, Breslau, 1913.

② "每个人都有其自己的历史,并且能意识到自己的精神"(*PhR*, 1818-1819, §121R)。

续表

《1818—1819 年自然法讲演》	《法哲学原理》
117 节	261 节
118 节	
119 节	262 节
	263 节
120 节	
	264—266 节
121 节	
	267—273 节

《1818—1819 年自然法讲演》的第 114—117 节紧密对应于 1820 年《法哲学原理》第 257—261 节，在 1818—1819 年间黑格尔重组了接下来的相关段落。

因此，在 1820 年的《法哲学原理》中，国家概念是从共和主义的国家理想开始阐述的，基本上集中在古代自由公民的政治联合。黑格尔甚至到目前为止，依然将政治联合描绘成某种神圣的东西，如同亚里士多德《形而上学》里的神圣心灵（divine mind）一样，是“绝对不受推动的自身目的”（§258）；[①]这是“绝对神圣的原则”，具有“绝对的权威与尊严”（§258R），并且对照世俗女神雅典娜，“民族精神”被称为自知、自欲的神物（§257R）。[②] 1820 年，黑格尔将这一切明确地应用于现代国家。[③]

然而，在经修订过的《法哲学原理》的第 258 段，有关自由公民的共和国的古典维度之理念，也明确表达为现代民主国家的形式，如卢梭最先所构想的；“一旦意识被提高到普遍性的意识，此时国家在特殊自

① 参见：《法哲学原理》第 152 节。

② 范扬与张企泰译本翻译为“认识自己和希求自己的神物”，这里采用邓安庆译本，见《法哲学原理》（人民出版社 2017 年版，第 382 页译者注）。

③ “国家是神的意志，也就是当前的、开展成为世界的现实形态和组织的地上的精神”（《法哲学原理》第 270 节附释）。

我意识中具有的实体性意志的现实性”。公民因此认识到他们是政治联合的成员，不仅作为自己的“实质”，而且是自己“活动的目的和成果”(§257)，也是他们共同创造的制度。(黑格尔将他的构想塑型于1818—1819年的自然法讲演中)。因此，和卢梭一样，黑格尔拒绝将国家定义为“保证和保护所有权和个人自由”，因为这会剥夺了公民的政治特性：“人是被规定着过普遍生活的”。因此，他清晰地赞同了卢梭确立的功绩“意志作为国家的原则”。(§258R)

然而，正是在这一点上，黑格尔摆脱了他的共和制或民主制国家理念的政治影响。如果国家是由公民共同意志和创立的制度，那么公民也有权自己确定国家制度。正是在这样的情况下，黑格尔才会在1820年不再承认之前的政治理念，因为再这么做，他会质疑复辟时期国家的君主原则。根据卢梭的理论，“君主的权威”——正如他所说的那样——“无论从形式上说，或是从它的规定上说都是派生的。”(§279R)，黑格尔通过宣称卢梭的理论，不得不反对这个概念将会破坏国家绝对神圣原则，以及其威严和绝对权威的逻辑推论(§258R)，这似乎意味着黑格尔断言了卢梭国家民主理论与他自己国家的共和概念的不相容性。事实上，国家民主理论与复辟君主制原则的信条之间的斗争，就是黑格尔正在寻求证明和证实的原则。现在很清晰的一点是，当他告诉我们：“因此，唯有哲学才能思维地考察这个君主伟大之处的问题，因为除了纯以自身为根据的无限理念的思辨方法以外，一切其他探讨方式都会自在自为地取消君主伟大之处的本性的。”(§281R)既然共和主义的政治联合是神圣的东西，如此理念转变成君主权力，也有了某种神圣的意味：“最符合这个概念的理念(黑格尔有关君主制思辨的‘实体化’)，就是把君主权看成以神的权威为基础的东西。”(§279R)①

① 在黑格尔《论符腾堡的等级》文章里，1817年的黑格尔甚至还说道：“理念迄今为止都没有被思想或理性接受”“政府与君主还是基于神圣权威”(*IVerke*，VI，p. 393)。

但是黑格尔为了能够维护自己的政治哲学与复辟意识形态的一致，他由此拒绝了如下理念：君主的权威是被由某种事物派生出来的，并且还将人民主权理论看作是一个“混乱的想法”（§279），黑格尔也含蓄地怀疑了自己的国家理念，这个理念表示，公民把国家理解为他们活动的“目的和成果”。一个拥有国家主权的君主和他自身掌管的绝对权力，是与黑格尔原本共和制的国家理念不相关的。因此，在1818—1819年的讲演中仍然是潜在、却又是注定了的理论冲突，到了1820年的《法哲学原理》中变得更加明显。

黑格尔在《法哲学原理》国家部分的两个开头段落中提出的理念，确实完全符合他在1818—1819年讲演第114节中提出的观点。但是，这个概念的基础被1820年发生转变的知识背景所瓦解。然而，黑格尔仍然在他介绍的第二部分（§§260—270）中试图表明自由理念是如何在现代国家中得以现实化。因此，黑格尔把1818—1819年讲演中（§264）几乎所有文字移植到了《法哲学原理》有关自由和政治基本权利的两段话中（§116）。但在第261节的附释中，他几乎撤销了他以前所规定的内容。在讲演中曾认为，国家中的个人只有当有权利反对国家的时候，他们才对这个国家负有义务（§261）。① 在《法哲学原理》的附释中这个理念变成了：作为主体的公民权利在内容上完全从它自身的义务转到了他之于君主和政府的义务。黑格尔自己之前的解释是，公民的权利必须成为国家所有义务的基础，现在转变成了，主体的义务成为所有公民权利的先决条件：“个人从他的义务说是受人制服的，但在履行义务中，他作为公民，其人身和财产得到了保护，他的特殊福利得到了照顾，他的实体性的本质得到了满足，他并且找到了成为这一整体的成员的意识和自尊感；就在这样地完成义务以作为对国家的效劳

① “只有”这词在意义上的不确定性，在这里会有所误导，尽管它出现在1818—1819年讲演的相应段落中。

和职务时,他保持了他的生命和生活"①(§261R)。共和主义的政治自我意识似乎减少了主体作为'整体中一员'时对自己的认识和自豪感,公民参与国家的政治权利不再被提及,也就是如下观点:"个人为普遍物而祈求,自觉为达成这一普遍物的目的而活动。"(§260)黑格尔只提到自由的公民权和一定的"官场嗅觉与政治感觉"。(§310)

《法哲学原理》第 261 节附释与《1818—1819 年自然法讲演》第 260 节表述之间的不相容性,这是黑格尔在 1819—1820 年间论证法哲学的典型案例。到目前为止,似乎在《法哲学原理》出版后,黑格尔组成文本中最重要的部分是 1819 年 9 月的卡尔斯巴德法令,这体现在《法哲学原理》的序言和附释中,顺便说一句,这些内容频繁而清晰地出现在一个附释的最后部分。这表明黑格尔基本没有改变他在 1819 年 9 月付印的文本,而主要是通过删除和补充以作修正。② 因此,在第 262 至第 270 节,黑格尔将国家概念看作为"具体自由的现实"(§260),但是在第 260 节附释中却没有暗示这些极权国家理念,一直到第 261 节也是如此。这当然不意味着在这些段落中,原先的共和主义的"法哲学"概念的表述是没有受到歪曲的。

事实上,《法哲学原理》的部分是对《1818—1819 年自然法讲演》第 119 至第 121 节的修订,我们的结论是根据 1820 年的《法哲学原理》第 262 节和《1818—1819 年自然法讲演》第 119 节之间词汇用语的比对。这两个版本之间仍然存在着显著差异。1818—1819 年,黑格尔明确将家庭和市民社会领域与国家制度区别开来,③在 1820 年,他希望特别表明,现实的自由理念如何将社会制度与国家制度联系起来:个人

① 1818—1819 年讲演的原句是:"主体履行义务不能直接保障作为公民的权利,这是在说:在极权国家里,公民只有在履行义务的基础上才获得权利。"

② 这与《哲学全书》第二版和第三版的修订相符。见 *Encyclopedia*, 1827 and 1830;Ilting edition, Hegel *Rechtsphilosophie*, iv, 755-903.

③ 在 1818—1819 年讲演中,国家与社会制度还没有形成联系,体现在第 119 节附释"国家的精神在其有限性中"以及第 121 节"'普遍性'被设定为相互斗争"。

在已有情况下选择自己的家庭和社会地位(§262);但市民社会所有成员的相互依赖已经显示出“理性在必然性中的力量”(§262)。因此,个人在社会制度中实现其私人和公共自由权利(§264),形成国家在“特殊领域中”的国家“制度”(§265);但社会制度需得到统一;①在统一的社会制度中,公民的政治情绪和公民情绪可以得到发展(§267f);国家制度的结构是基于理性原则建构的(§269),国家目的在国家组织的活动中完全实现(§270)。凭借这些论述,黑格尔似乎进一步展开了他在第260节中以总纲形式宣称过的内容。毫无疑问,在这个程度上,1820年的文本和1818—1819年的早期文本都隐藏了同样的写作意图。

然而这些意图好不容易才能被辨析出来,这些意图上的差别导致两个版本之间的进一步差异。而在1818—1819年,黑格尔毫无疑问地描述了“自由总体的保证与现实”(§120),在1820年,他似乎在相应的段落中试图用含混的方式掩饰他的意图:

“因此,自由总体的保证和现实在于人身自由和财产自由的制度,公共法权,陪审团的公开审判,还有市民社会特定分支的构成,②以及教区和省内公共生活的个人领域,如拥有管理自己利益和拥有独立权利的同业公会,它直接提供个人一种普遍的职业机会。”(1818—1819年讲演的内容,译者注)

“构成群众的个人本身是精神的存在物,所以本身便包含着各是一个极端的双重要素:(i)在一个方面,具有自为的认识、自为的希求的单一性(ii)在另一个方面,认识实体、希求实体的普遍性。因而个人就能够获得这两方面的权利,既然他们无论作为个别的人或作为实体性的人都是现实的,这样一来,他们在这两个领域中既能直接达到前一方面,又能间接达到后一方面。达到前一方面的手段是:在各种制度

① 这一点在1818—1819年讲演里以另一种立场陈述得更加清晰(《1818—1819年自然法讲演》第5页)。

② 讲演手稿里“法条”(Fassung)一词,明显是对“宪法”(Verfassung)一词的误听。

中,即在潜在于个人特殊利益的普遍物中获得自己的实体的自我意识;达到后一方面的手段是:这些制度在同业公会的范围内给他们以普遍目的的职业和活动机会。”(《法哲学原理》第264节,译文稍作修改)

更简单但更清楚地说,1820年《法哲学原理》第264节或许可以做如下概括:在国家内部,个人具有私人权利和公共权利;他们在家庭和市民社会领域直接得到的私人权利;他们的公共权利有两种实现方式:在处理其特殊利益的社会制度中,他们具有“实体的自我意识”(就这些制度而言);在积极从事这些活动的情况下,他们还获得了“面向普遍目的的职业和活动”的机会。因此,显而易见的是,黑格尔在这里只是重申他在1820年《法哲学原理》第260节(1818—1819年讲演的第116节)中已经说过的内容。

无论如何,现在也很清楚的是,《法哲学原理》第264节的写作中,黑格尔撤回了第260条里提前表述的大部分内容。在第260节中,如同1818—1819年讲演中的相应段落那样,国家中“具体自由的现实”意味着“个人为普遍物而祈求,自觉为达成这一普遍物的目的而活动”;相反,在第264节中,“实现普遍目的的职业和活动机会”仅限于市民社会的制度,其目标是“被限制的和有限的”(limited and finite, §265)。相比之下,“政治情绪”只是“国家制度的产物”;但是按照黑格尔的表述,这种观点只是“这样一种意识:我的实体性的和特殊性的利益包含和保存在把我当做单个的人来对待的他物(这里就是国家)的利益和目的中”(第268节)。因此这里盖棺定论了社会领域对公民自由的限制;对他来说,国家不再是“活动的目的和成果”(§257),而是一个“他物”(another)。在第260节中,仍然保留了公民参与国家政治权利的内容,《法哲学原理》是继续了1818—1819年讲演的内容。黑格尔在讲演之后所做的论述(§§262—270),就悄无声息地一笔带过了。根据黑格尔的说法,所谓“普遍生活”是公民注定要领导国家(§257R),在随后的观点里,“普遍生活”被削弱为主体依据他们利益行动,仅仅是去“信任”国家机构的活动了(§268)。

一旦黑格尔以这种方式限制了国家公民去参与同业公会的自治的公共权利,他当然不能再将“国家的有机体”(§269)设想为,是从公民自由中发展出来的了。因此,从第266节起,公民自由就被国家自由所取代。在国家制度中实现的公民自由不是公民自己的自由,而是在国家制度中“是自为的对象和目的”,从而形成“自由的形态”(§266)。如果问他们的精神如何可能以国家机关的自由形态去自我实现?黑格尔肯定会回答说,这是自由公民所构想的国家主张。但是,在复辟时期的政治条件下,他不能认为自由公民在国家政治制度运作是“自为的对象和目的”的,所以他必须不去处理国家在政治现实中的“精神”的基础问题。

黑格尔确实强调,即使在这一点上,“国家的目的”是“普遍利益”本身,“特殊利益”是包含在普遍利益之下得到实现的(§270);这即使在家长制的国家宪法中也是如此。在共和主义国家观念的背景下,黑格尔应该表明公民本身是如何有权利为国家普遍目的之实现做出贡献。相反,他自己将国家机关的理论从国家普遍目的概念中派生出来:国家目的的概念“把自己分为国家活动领域的各种差别,这些差别形成了现实的巩固的规定”(§270);国家权力的结构是“概念的本性规定的”(§269)。有了这些表述,黑格尔无疑是刻意地预设了权力分配的理性模式,在随后的273节,就像他在1818—1819年的讲演中所说的那样,黑格尔延续康德的原创理论。① 但黑格尔并没有明确说明这个模式是为了服务于一种关于国家的理性理论的目的:即国家职权的权力是从制度上保障权利的现实性中派生出来的,并以这些术语来定义它们。既然这一点在整个文本中显得不清不楚,黑格尔就不能成功地将国家制度建立在自由现实性的观念的基础之上。因此,这造成了这样一种印象:即国家目的的抽象概念导致了一种独立的存在,它根据

① 《1818—1819年自然法讲演》第17页。

概念自身的需要"把自己分为国家活动领域的各种差别,这对应于这个概念的诸个环节"。

在黑格尔论述的尾声完全彰显出,国家目的与共和国自由理念的现实相分离的可怕后果。黑格尔试图把国家理念带回到政治现实的领域,而后者先前是被他移除出了讨论。在国家机关的活动中,国家的"精神"就成为一个"认识自身和希求自身的精神"(§270)。黑格尔在这里讨论的是,国家权力承担者的政治意识与市民社会成员"政治情绪"的分离,他只是靠着"信任"来解释政治情绪:国家权力持有者会保存市民社会的成员"实体性的和特殊的利益"(§268)。因此,黑格尔在阐述国家概念的尾声,只提到在国家机关中活跃的人,他说:"国家知道它希求什么"(§270)。相比之下,在国家部分论述的开端,他宣称国家"间接存在于单个人的自我意识和他的知识和活动中"(§257);而且,他当然意味着全体公民,而不仅仅是担任公职的人。因此,在1820年《法哲学原理》中,公民的国家已经成为公务员的国家,共和国的国家概念已经沦为了极权的国家。

三

上述分析的结果似乎在很大程度上证实了马克思在1843年提出的,关于黑格尔法哲学这一部分提出的批评性评论。但是,一旦更仔细地考察马克思的评论,这种印象就表明是误导性的。因为马克思主要通过参考《法哲学原理》的文本来证明费尔巴哈对黑格尔哲学批判的正确性,所以他几乎总是在忽略黑格尔的意图和思考。此外,他似乎几乎不了解黑格尔文本重要部分的含义。他所谴责的黑格尔的错误,后者根本没有犯;他忽略了原本对于他的批评有利的那些缺陷。所以他关于黑格尔的政治哲学所得出的结论既没有公正对待黑格尔的意图,也没有达到自己的目的。

在保存的手稿的一开始,马克思对1820年《法哲学原理》第261

节展开评论。[1] 马克思看上去强硬地将自己明显的意图置于黑格尔文本的分析背景之中。黑格尔希望明确指出,在市民社会的个人利益方面,国家既是"内在目的",也是"外在必然性和更高的权威",马克思完全依靠自己的想法认为,私人利益依赖于国家的普遍利益并且从属于国家利益。马克思迫使黑格尔去承认这个观点是绝对的,在他所构想的状态下,国家中"限制和违逆自主性的关系"是普遍的(404.24f),[2] 他继续断言,黑格尔所说的国家必然性,是"违反事物内在本质的关系"(404.27f),事实上,黑格尔很少提到国家似乎只是在个人利益上的"外在必然性"。[3] 黑格尔同时将国家描述为私人生活领域的"内在目的"(因为是国家保证了私人领域的存在)。在马克思的观点里,只要国家"一方面是外在必然性,另一方面又是内在目的"(405.1—3),马克思就将这种状况诊断为黑格尔思想中"无法解决的二律背反"。但他似乎没有意识到,在任何国家里,私人利益和普遍利益都只能局部吻合。在他对黑格尔的批判中,马克思为了私人利益所采取的态度(显然他自己都无法清楚解释),是拒绝为个人自由权利的政治保证付出任何的代价。

马克思显然忽略了黑格尔在《法哲学原理》第261节中,首先将市民法作为国家所有义务的基础,然后在附释中提出履行主体的义务是维系市民法的条件。马克思完全没有评论黑格尔两个方面的论点:一方面,一个公民的义务必须与他享有的权利完全一致,另一方面,黑格

---

① 手稿的前四页没有保留下来。马克思明显是从那部分的最后一段,即"市民社会"部分(§256)作为论述的起点;因为他内容开头的标题是"黑格尔的推移与解释"。因此,丢失的四页手稿必须处理第256至第260节的内容。*MEGA*,I,I,Introduction lxxi,p.553.footnote.

② 这里的页码与行数都引自:*MEGA*,I,I.Textual corrections from the editions *Marx Engels IVerke*, Berlin,1958 and *Karl Marx*,*Fruhschriften*, ed.H.-J.Lei be r and P. Furth,Stuttgart,1962.英文本参考:*Karl Marx*:*Critique of Hegel's "Philosophy of Right"*,(ed.)Joseph O'Malley,Cambridge,1970.

③ 黑格尔对他1818—1819年讲演的相关段落的评论(第117节)使得这一点非常清楚:对于那些处于特殊性中的人,普遍性看来是一种外部需要。

尔回避了这种理论的后果。

马克思更加强调的一点是，他也在第262节的讨论中明确指出：在这个论述的关头，黑格尔的“逻辑的泛神论”已经“暴露无遗”(404.21f)，“这一节集法哲学与黑格尔全部哲学的神秘主义之大成”(408.30—32)。但马克思所达成的结论，只是借助第262节为背景，并完全误解了黑格尔论述的意图。而黑格尔希望展示市民社会成员的自由权利如何扩大成为参与社会制度的权利(§§262—264)，而马克思的判断仅仅依靠黑格尔语言风格上的形而上学口气。马克思借助黑格尔的这句话：“生产”被认为是“变成它自己产品的产品”(408.1f)，来作为确认黑格尔哲学品质的证据，在他看来，黑格尔呈现了由国家引起的个人活动是抽象的“理念”活动的结果。而马克思的批评，(至少在这一点上)是不正确的，这也揭示了马克思本人是在不充分假设的基础上所进行的批判。

《法哲学原理》第262节中，同样出现在1818—1819年讲演第119节，黑格尔首先从整体的角度描述了一个国家的政治共同体，并强调了国家自由的现实。黑格尔的理论出发点是，市民社会成员决定自己社会地位的行为，始终取决于在现行的自然条件和社会条件之下，作为社会预先存在结构的条件。从作为整体的国家角度来看，家庭和个人职业选择的建立将被解释为，个人进入已经预先存在的社会活动部门和社会制度的过程。黑格尔哲学语言的形而上学风格尽管如此，但是他表述的内容没有任何神秘。然而，马克思觉得他有责任插一句嘴：“政治国家没有家庭的天然基础和市民社会的人为基础就不可能存在。”(407.40—42)——好像黑格尔曾经对此事实产生怀疑一样。

马克思试图解释黑格尔是一个“逻辑的泛神论”的代表，他的说法首先基于黑格尔这样的论述：“现实的理念，即精神”，精神把自身分为家庭和市民社会这两个领域，“把自己这种有限的现实性的材料分配给上述两个领域，把所有的个人当作群体来分配”。这里似乎确实显得黑格尔的想法有些理念的“主体化”(406.37)，同时也是普遍概念的实体化。事实上,这仅仅意味着一种谈论的方式(façon de parler),黑格尔正在谈论的是从国家的视角所描绘出的过程,如同它们是国家的一种活动方式。个人“分配”到家庭和市民社会领域,具体来说意味着个人在自我决定的基础上承担各种社会职能。正如黑格尔特别强调的那样,这种“分配”是以“情势,任性和本身使命的亲自选择作为中介的”。他并不是说这种中介只是一种表象,乃至是一种错觉,而是强调了一种特定角度的观察方式。

马克思误读了这层简单的意思,并表示“这一事实,这种现实的关系被思辨的思维归结为现象”(406. 25—27),因此成为“想象的内部活动”(406. 37—39)。但在这里表达的所谓“思辨哲学”,只是任何事实的描述所依赖的那种产生它的立场;就像个人的职业选择是从个人的立场出发,都是从他的生活历程中做出的一个决定,从社会的立场(“理念”)看来,这是一种社会功能的假设。这些过程的思辨性解释确实旨在表明,活动的个人观察事物的方式既不是唯一可能的,也不是唯一“真实”的描述社会事实的途径。

相比之下,马克思正是倾向于认为现实个人的视角是唯一“真实”的视角。因此,他非常重视这一点:“事实却是这样,国家是作为家庭和市民社会的成员而存在的这种群体中产生出来的”(408,12—14)。现在,黑格尔在这部分文字中的意图确实如我们上述的分析,是为了将国家从公民的活动中显现出来。但是,黑格尔肯定不会把它当成一个“事实”来看待。马克思不仅没有看清黑格尔的意图,而且他还觉得有必要去提出反对,马克思说,在黑格尔那里“经验事实在其经验的存在中被赋予了超出其本身范围的意义”(408. 23—25)。这仅仅是这样一种程度的反对:如果马克思是假设经验事实除了表现为经验事实,它就没有任何其他存在的意义。但是,当批评黑格尔的思辨方法时,这种经验主义就不足以作为恰当的论证基础。

马克思在分析中产生的误读还源于他未能考虑第 262 节与下述段落之间的联系。尤为重要的是,他几乎忽略了第 263 至第 268 节的内容,既是由于它们意义的隐晦,也由于它们内容的重要,这些内容都是非常值得考察的。马克思没有注意到,在这些段落中,黑格尔正在指向他在《法哲学原理》这一部分开始时所提出的目标:发展一种作为"公民活动目的与成果的国家理念",或者用马克思的话来说,"国家是作为家庭和市民社会的成员而存在的这种群体中产生出来的"。(§257ff)因此,马克思完全没能理解黑格尔如何错过这一目标,在马克思的表述中,国家的理念几乎以某种方式在独立实体中得到修正。相反,他只是反对黑格尔借助他的逻辑学,使用他抽象的逻辑范畴来展示家庭和市民社会向政治国家的推移;马克思说:"推移并不是从家庭的特殊本质等等中引申出来,也不是从国家的特殊本质中引申出来,而是从必然性和自由的普遍的相互关系中引申出来的。"(409.29—33)他说,黑格尔完全关心"替各个具体规定寻求适应于它们的抽象规定"。(409.38f)但这种指责肯定是不合理的。在第266节里,黑格尔确实使用他惯常的方式,用逻辑来解释社会制度与国家之间的关系。但是,他并没有表明逻辑范畴的顺序,使得国家从家庭和市民社会中的推导成为可能。①

由于受到费尔巴哈批判黑格尔哲学的影响,马克思主要关注点是所谓黑格尔的神秘主义,他几乎没有触及黑格尔所表述的政治含义。

① 在社会制度中,根据黑格尔的话,国家的"精神"仍然处于"必然性"的状态(§266);从而形成"现象王国"。然而,国家精神也存在着作为现象王国"理想性",因为这些制度的"内在核心"变得"客观和现实"。因此,这种"必然性"就变成了"自由的形态"。(这里的术语翻译采用了邓安庆译本,译者注)当推移的必然性从社会转向政治领域,本文的表述是更为隐晦而非明确,这是基于这样的观点:在社会制度层面的讨论和决定中仍然是在处理有限的利益和目标。在更高的政治层面上,寻求利益的协调必须保证整体的稳定。在政治层面上,社会利益是片面的(或"理念的")。因此,推移到这一层面是必要的,因为社会上的个人和团体只追求自己的利益,由此利益的协调和稳定的确保,对于公正和持久的共同生活的秩序是必不可少的。另一方面,当马克思认为,"任何现实领域的纯粹理想性都只能作为科学(Wissenschaft)存在"(410.22—24),他显然完全没有理解黑格尔的观点。

因此,虽然他一直指责黑格尔陷入抽象,但是应该承受这一指责的却是他自己。马克思自己抽象了该文本的真正政治含义,草草地认为文本是黑格尔逻辑学的应用,而不是通过黑格尔逻辑概念和模型去阐述黑格尔所要传达的具体政治涵义,以及他也没有将《法哲学原理》做出仔细而彻底的政治批评。然后,他多次批评黑格尔的地方,恰恰是黑格尔所要谋求实现的东西。① 就因为如此,马克思没能根据自己标准——也就是黑格尔的意图——去认识到这个文本真正具有缺陷的部分。他因此赞扬黑格尔关于政治情绪的有着很好的表述(410. 29f.),但他毫不关心黑格尔的文本里同时提到,政治权力的参与是政治情绪的基础。恰恰相反,马克思的反对意见是"没有澄清的是家庭和民情,家庭和社会制度的方式,与政治情绪和政治制度有关,与他们联系"(410. 13—17)。但正是黑格尔在第 264 至第 266 节中扩大这些引申部分所表达的意图。不得不说,黑格尔在这一点上勉强超越了路德教会的权威国家爱国主义,但他被批评没有去探索这种联系是不公正的。

在马克思详细讨论第 269 节时,马克思把这种联系转向了其对立面。他把黑格尔的意图归结为,从理念的抽象概念中推导出国家宪法的意图。黑格尔的确试图寻找国家目的的抽象理念之上国家权力和权力分配,而不是从国家公民的政治自由的原则中推导出来。按照自己意图的准则,这当然还是不充分的。当他认为立法,政府和君主权力是以"概念的本性"来规定的(§269),即为了实现国家目的,必须由特殊制度所代表的普遍性,特殊性和单一性的"环节"(§273),人们由此可以合理地预计黑格尔可以说得清楚,"人是被规定着过普遍生活的"

① 这在以下的反对意见中尤为明显:第 268 节包含关于政治情绪或爱国主义的论述,是与他哲学体系的逻辑发展无关,除了黑格尔将其定义为"只是存在于国家中的各种制度的结果,这些制度作为在国家中实际现存的合理性",而另一方面这些制度同样是政治情绪的客观化。黑格尔自己在 1824—1825 年法哲学讲演中已经道出了马克思在这里提到的重要的反对意见,作为他自己观点的扩充:"爱国主义是国家制度的结果,但这种情绪也是一个原因;经由政治情绪以及来自政治情绪,国家得到其自身的确认和保存。"

(§258R)。但是,这些黑格尔的遗漏并不足以证明黑格尔没有任何描述这种联系的意图,他反而试图给予"政治制度与抽象理念"相应联系,将其归因为"理念发展链条上的一个环节"(415. 6—8)。在这两段中,黑格尔并不是总体上谈论抽象思想,而是在谈论国家的观念。

马克思似乎不明白这三种政治权力是以"概念的本性"来规定的。他借以评论道:"各种不同的权力便不是由它们'自己的本性'规定的,而是由另外的本性规定的。"(415.i2f)

马克思理所当然地认为,"概念的本性"与国家权力的"自身本性"毫无关系,这种讲法一定是不正确的。康德和黑格尔通过参考实践三段论的模型来描述权力分配是应当承认不充分的;①但不能否认,他们打算使用这种解释模式来合理地和恰当地确定国家权力的彼此关系。康德和黑格尔寻求建立权力分立的合理性,这并不因此与这些权力的"本性"相异化;而正是这种确切的"自身本性"。建立权力分立的合理性并不是错误的尝试;错误是在于尝试通过实践三段论——这种过于简单的模型来实现这一点。

鉴于这些根本的误解,我们就不吃惊马克思在批判《法哲学原理》这一部分结束时得出的结论是,他认为黑格尔的法哲学在总体上说"只是逻辑学的补充"(419. 17f),黑格尔通过使用"有机"这个术语用于宪法(§269),在其中,国家的三种权力与实践三段论的三个命题在某种程度上相互关联;也就是说,它们的各种功能相互补充,从而形成一个整体。在国家的三种权力中,国家的普遍目的被表达成一种"有机"的宪法——(为了保持自耶拿时期的亚里士多德研究以来,黑格尔始终非常重视的想法)。通过这种解释,黑格尔力求克服自由主义中作为相互"权力制衡"的分权观念。即使马克思也认为这是"向前迈进的一步"(411. 17f)。但是,由于他未能认识到这一概念的理论基础,

---

① 政府的活动并不局限于执行规定的法律,虽然"行政"这个词确实似乎暗示了这一点。司法判决(康德)和君主(黑格尔)的政治决定都不能被理解为从法律和政府指示中的演绎。

即实践三段论的模式，他必然很较真地如此总结道，在黑格尔的国家概念中，黑格尔希望将宪法的"有机"本性从有机体的抽象理念中消解掉。接着，他批评黑格尔的这个所谓的错误，而这明显是没必要的批评（412.2—20；413—34；414—10；and 414.18—41）。

马克思自始至终开始于这样的前提：黑格尔将主语变为了谓语，马克思仅仅满足于反驳这种关系。① 因此，他认为，在他的国家理论中，黑格尔应该预设了权力分立，以及"前提、主体是政治制度的现实的差别或各个不同方面。谓语是这些不同方面的规定，即有机的规定。可是在这里理念反而变成了主体，各种差别及各种差别的现实性被看做理念的发展，看做理念发展的结果，实则恰好相反，理念本身应当从现实的差别中生产出来。有机的东西正是差别的理念，正是差别的理想规定"（411.28—36）。但这些话表明，通过陈旧的"主语和谓语"所辨析出的内容是多么微不足道。在国家理论中，权力的划分不能简单地假定为被给予的东西，就好像是一个经验事实。以及值得怀疑的是，把宪法的"有机"本性称作这一"主语"的"谓语"，这样做是否会有任何的意义。

在讨论本节最后一段，马克思继续展开分析他所理解的预设。黑格尔试图从国家普遍的目的中推导出国家机关，《法哲学原理》第270节中表明，国家是现实化于作为"认识自身和希求自身"的国家权力之中。在马克思看来，黑格尔应该从"真正的起点"开始，即从"认识自身和希求自身"，如果没有这种精神，国家的普遍目的和三种国家权力只不过是"虚无缥缈的幻想，成为失去本质的甚至不可能有的存在物"（418.4—7）。当黑格尔将国家目的和国家权力描述为"实体"的存在

① 马克思忠实地维护了费尔巴哈在《关于哲学改造的临时纲要》（1843年）开始时提出的原则："我们只要经常将宾词当成主词，将主体当成客体和原则，就是说，只要将思辨哲学颠倒过来，就能得到毫无掩饰的、纯粹的、显明的真理。"（译文采用《费尔巴哈哲学著作选集》上卷，荣震华等译，商务印书馆1984年版，第102页。译者注）

形式时,并且在此基础上区分它们,他只是用国家的逻辑去证明了这一点。但是,黑格尔的国家理论确实如马克思所要求的那样,是从政治联合的前提出发,最终存在于国家成员"特殊利益的维持"。因为个人只能在国家保障的基础上追求和实现他们的特殊利益,所以他认为"普遍利益"(国家目的)是特殊利益的"本质"。这很清楚地表明,国家不应该被看作为是与其成员特殊利益分开的事物。当马克思提出如下的反驳:"假如出发点是现实的精神,那么'普遍的目的'在这种情况下就是这种精神的内容,各种不同的权力是它实现自身的方式,是它的实在的或物质的定在,而这种定在的特定性质正应从它的目的的本性中产生出来。"(418. 10—14),那么我们必须指出,黑格尔只是做了这样的表述:"真正的精神"是从个人的"特殊目的"中开始产生的。①

由于马克思误解了所有这一切,并且得出这样的看法:我们要重新颠倒被黑格尔所颠倒了的主语和谓语关系,他断言黑格尔应该在他停止讨论的地方——"认识自身和希求自身"——开始进行讨论。但黑格尔认为,这是那些活跃在国家机关中的自我意识;因为只有当"国家知道它希求什么,知道在它的普遍性中作为被思考的东西的自己希求的对象;因此,国家是依照已被意识到的目的和认识了的基本原理,并且是根据那不只是自在的而且是被意识到的规律而行动的;又因为国家活动的对象是现存的环境和关系,所以它是根据对它们的一定认识而行动的"。(§270)。这些自我意识才是真实的。当马克思说,黑格尔的国家理论应该从这一点开始,马克思混淆了国家制度中国家权力承担者的政治意识与国家制度的政治意识。他没有看到黑格尔根据自己的共和主义方式将国家权力承担者归于国家的所有公民:即政治的自我意识。以及马克思同样没有看到,据他自己的说法是,黑格尔越来越忽视他的最初的前提:在第257节中,国家"间接存在于单个人的自我意识中";在第270

① 根据黑格尔的说法,国家的目的并不局限于这一点,因为个人的命运当然是"以普遍目的为指向的"。但是黑格尔在他的表述结束之后,即在他限制公民参与社会制度自治的政治权利后,再也没有提到这一点(§264)。

节中,国家"认识自身和希求自身"存在于公务员的自我意识之中,而公民和主体的政治情绪则被削弱为"信任",即他的"实体性的和特殊性的利益被包含和保存在一个他者(在这里就是国家)的利益和目的中"(§268,此处采用邓安庆译本)。由于他急于在《法哲学原理》的文本上验证费尔巴哈关于黑格尔混淆主体和谓词的有关问题,所以马克思没有看到黑格尔在1820年版本中真正发展出的关键的政治缺陷。

四

早在1841年,在马克思博士论文的一个注释中,马克思写道:"有关黑格尔,他一部分的学生表现出相当的无知,当他们通过寻求适应的方式来解释黑格尔哲学体系的一个或另一个规定,简言之,他们只是在道德上解释黑格尔的体系(MEGA,I,i,63)。这句话是针对当时黑格尔追随者们普遍存在的观点,在黑格尔的柏林时期,黑格尔表现出愿意作出许多与普鲁士国家复辟时代的妥协,这些调和掩盖了在当代关于法哲学和宗教哲学论辩中黑格尔的真正观点。① 在奇茨科乌斯基的影响下,马克思用这样的观点反对黑格尔:"这种表面上的适应的可能性本身的最深刻的根源,在于他的原则本身不充分或者哲学家对自己的原则没有充分的理解"(MEGA,1,i,64)。② 像奇茨科乌斯基一样,他认为,在黑格尔基本方法的沉思性质中,他发现了据称是黑格尔哲学根基之处的不足。

这个结论显然不是依靠在一个无偏见论证的评价之上,对于黑格尔大多数的追随者而言,似乎透露了黑格尔哲学"和解"(accommodation)的部分。没有任何一点指出马克思试图让这些论证失效。恰恰相反,他认为,将哲学工作的不足之处归因于其哲学前提的不足,是一种"更

① 关于这一点,参见 Ilting, *Hegel diverso*, pp. 200ff.

② Ilting, *Hegel diverso*, pp. 211ff.

加哲学”的观点,取而代之的应该是解释相关议题和相关政治问题的政治反应。而马克思在他的博士论文中采用了唯心主义历史概念的论述,这可能显得有足够说服力。① 但是,令人惊奇的是,新马克思主义的作家,如卢西奥·科莱蒂,②或哈贝马斯,③都应该采取这种唯心主义的观念,只因为它是在马克思那里被发现的,以及它拒斥了黑格尔的这般见解:即作为一种政治动机之决定的复辟时代政治观念。如果更多地关注哲学论述的政治意义,那么将会更符合作为尤其是政治哲学的马克思主义的自身形象。

如果我们的研究支持这样一个观点,在黑格尔的柏林时期,黑格尔便计划对普鲁士复辟时期做出理论让步(尤其是在黑格尔左派那里)。持有这样的观点,黑格尔在该时期的作品受限于政治条件可能的转变,一旦转变出现了理论就立即做出对应的解释。④ 但是,在青年马克思的博士论文里,马克思基于其所判定的黑格尔哲学,作出取消黑格尔哲学前提的批判做法。黑格尔绝不是朝向过去的沉思哲学家,他同时旨在解释 1820 年及之后的时代。当面对复辟力量的增长时,他描绘了在米纳发猫头鹰形象里哲学的历史作用,哲学只在黄昏降临的时候才开始飞行,这种观点是根据时局的政治评估情况,从时间上有条件地产生出来的。当黑格尔将哲学的任务与老鼹鼠的颠覆活动进行比较时,更加忠实地反映了他自己的历史形象。⑤

---

① 在他的博士论文中,马克思是以黑格尔的方式理解了近代哲学史,即把哲学史的发展作为世界思想的内在发展过程加以理解。Ilting, Hegel diverso, pp. 131-3,143,64f.

② Colletti, *II marxismo e Hegel*, 94ff.

③ CJ.Habermas, *Hegel*, *Politische Schriften*, Frankfurt, 1966.

④ J.d' Hondt, *Hegel en son temps*, *Berlin* 1818-1831, Paris, 1968; Ilting, *Hegel diverso*; D.Suhr, *Bewusstseinsverfassung und Gesellschaftsverfassung*: *iiber Hegel und Marx zu einer dialektischen Verfassungstheorie*, Berlin, 1975.

⑤ 参见 *Vorlesungen iiber die Geschichle der Philosophie* in *IVerke*, xix, 685; (*Hegel's Lectures on the History of Philosophy*, ed.& trans.by E.S.Haldane 6c Frances H.Simson, London, 1968, vol.ill, pp. 546-547)

本研究仅证实了黑格尔的评估。更详细地说,在1820年《法哲学原理》中讨论国家概念时,黑格尔在许多情况下削弱和压缩了他在1818—1819年法哲学讲座相应段落中提出的内容。这些暂时性的、有条件的让步的确违背了他的基本概念;但他在1820年发展起来的国家概念包含了远远超出黑格尔所处时代、足以延伸到未来的政治目标。而马克思在1843年的批评中始终忽视了这一点,为了追上费尔巴哈的风潮,他能够揭露作为泛神论代表的黑格尔哲学。但是,至少在这里所讨论的文本中,他的解释在各方面都远离了黑格尔的意图。

显而易见的是,马克思的批判成果之于马克思主义哲学与黑格尔哲学的关系层面——特别是在意大利——这些文本讨论具有一定的意义。① 马克思在1843年手稿中对黑格尔的批判是非政治性的方法,这部分地负责造成了一个事实:马克思主要关心经济和社会问题,并且很大程度上忽略了法哲学和政治哲学的问题。② 由于坚信于马克思对黑格尔政治哲学的批判,集中废除了整个政治哲学的立场,即认为德国政治哲学和法哲学在黑格尔那里得到了"最系统,最丰富和最完整的阐述",③马克思认定自己的职责是将主要注意力放在对分析社会和经济进程之上。正统马克思主义者的主要观念倾向——即使在列宁主义—斯大林主义范围之外——仍然存在这种对于法哲学和政治哲学问题的忽视。

这是由于马克思激烈且过早地要求走出黑格尔的巨大阴影中,因此所必须付出的代价,尽管如此,不成功的解放尝试在政治上是实质上

---

① 这点主要指的是德拉沃尔佩。参见 G.della Volpe, *Umanesimo positivo e emancipazione marxista*, Milano, 1963, p. 9。

② 这点针对的是博比奥。参见 N.Bobbio, *Esiste una dottrina marxista dello Stato*? and *Quali alternative alia democrazia rappresentativa*?, Mondoperaio, 1975, no. 8 and no. 10.Cf.the discussion by D.Zolo, *Stato socialista e liberta borghese*: *una discussione sui fondamenti della teoria politico marxista*, Bari, 1976。

③ Marx, *Towards a Critique of Hegel's Philosophy of Rights*, in *MEGA*, I, i.pp. 613-41 f(中译本参见《马克思恩格斯全集》中文1版,第一卷,人民出版社1960年版,第460页)。

的必需品。当马克思明确自己要具有巨大决断力和开放视角的时候，为了推进黑格尔所小心而审慎地捍卫的政治原则，黑格尔哲学中过度的反思性必然要被证明是一个障碍。从奇茨科乌斯基“行动哲学”的观点来看，黑格尔的政治哲学可能确实不过是“泛神论”。虽然这个批评是在哲学意义上没有被认真而公正地对待，但在政治意义上却显得有道理；黑格尔回归了一种形而上学语言的运用，我们比较1820年的《法哲学原理》和1818—1819年讲演时，明显地可以看出，鉴于1820年的政治局势，他的法哲学从他学说的政治后果中明确的承诺里倒退，不管这种语言使用可能会带来其他额外的哲学含义。就作为一个政治纲领来说，如同放在当代的效用来看，黑格尔的法哲学是无用的。

但是任何一个政治纲领，不仅仅是马克思主义的纲领，都需要建立在一个名副其实的政治哲学基础之上。在黑格尔之后，没人在政治理论的基础领域超越了黑格尔，因此没有人可以断言，我们远远超出了黑格尔对该问题的认识。相反，自从黑格尔展示了收窄该问题的视域之后，政治哲学的历史只有通过更精细的方法论分析和大量增加的经验知识来抵消这个问题。因此，任何严肃重思政治理论的基本原则的人，除非充分考虑了黑格尔提出的问题，否则最终一定会存在着无法实现理论意图的风险。

（译者　复旦大学哲学学院讲师）

黑格尔在何种意义上是反民主的

康　翟

摘要:近代市民社会的兴起既使得主观自由原则得以确立,又带来了个人作为市民与公民的二重化。对黑格尔而言,时代的重大问题即在于如何在包容主观性原则的基础上克服分离重建统一。通过批判和整合英国以及大革命以来法国的政治经验,他尝试构建一种新的国家形式。这一国家形式处理和应对了那些形塑当今时代民主政体的基本规划:代议制、三权分立、多数民主等,因此,回到这一形式的具体建构,将有助于我们把握黑格尔有关民主问题的思考,并为回应和解决当代民主实践的危机提供新的可能性。

关键词:代议制　民主　三权分立　官僚政治

黑格尔写作《法哲学原理》的时期,英国和美国已经建立起了我们今天称之为代议制民主的基本雏形。而他所生活于其中的普鲁士以及欧洲绝大多数国家虽仍旧处于君主专制政体,但在一个后法国大革命的时代大背景下,旧的封建秩序已是日薄西山、行将就木。拿破仑战争不仅使得欧洲经历了战火的洗礼,同样也为欧洲带去了自由、民主的理念。1806 年黑格尔在《德国宪制》中描绘的未经改革的贫乏的、毫无生机的机械国家,已经变成和现代化了的巴伐利亚、符腾堡十分接近的新型现代国家。在这个意义上,即使黑格尔的《法哲学原理》是他作为

“官方哲学家”对普鲁士现状的辩护，我们也不能因此就为他贴上保守主义的标签。更何况情况远非如此，黑格尔的国家理论并不是指向某一现存的国家，而是着眼于国家的理念。以此种国家的理念观之，当时的普鲁士同样在应受批判之列。当黑格尔在他的现代国家理论中引入了代议制议会时，普鲁士尚且没有发展出这种内容，与其说黑格尔在迎合普鲁士政府，倒不如说他的学说构成了对于后者的委婉批评。晚近以来人们对于黑格尔自由主义形象的确认，消解了长期以来笼罩在黑格尔政治哲学之上的保守主义迷雾。但是，我们是否就能进一步将黑格尔看作是民主的拥护者？如果不能，又是在何种意义上我们将他视作是民主的反对者？如何看待黑格尔在其政治哲学中对于民主的处理和应对，正是这一问题促使我们将目光聚焦于他有关内部国家制度的构思。我们的分析表明：首先，黑格尔并非将王权看作是任意的、专断的权力，而是更多地强调了王权的象征性，因此，黑格尔并不是在拥护专制的意义上反对民主。其次，他对现代民主的批判主要针对作为其基本程序的代议制，正是这种批判的态度，促使他在同业公会、自治团体等的基础上重构了代议制。最后，通过限制等级要素尤其是议会下院的立法职能，官吏成为立法机关中的实际决策者。既然官吏同时掌握了立法权与行政权，而王权只是象征性的，那么，黑格尔所构建的内部国家制度就应该被正确地称之为官僚治国体系，但后者同时受到同业公会等社会自治团体的制约。总之，黑格尔不仅批判了民主的程序，同时也通过赋予官僚统治权而建构了一种精英政治的模式，基于以上两点，我们认为黑格尔是反民主的。

一、王权的象征性

黑格尔是在君主立宪制的范围内展开对王权的讨论的，他将君主立宪制看作是现代的成就，认为它代表着一种达到了内部划分的统一，因而本质上是一种有机体。与此相反，古代的君主制、贵族制和民主制缺乏此种统一,因而只是片面性的。作为有机体,现代国家的每一个环节包括王权在内都构成整体,正因为如此,黑格尔要求用作为整体的现代王权取代片面性的古代王权:“王权本身包含着整体的所有三个环节:国家制度和法律的普遍性,作为特殊对普遍的关系的咨议,作为自我规定的最后决断的环节,这种自我规定是其余一切东西的归宿,也是其余一切东西的现实性的开端”①。不仅如此,黑格尔也将批判的矛头指向封建时期的王权,他认为,孟德斯鸠关于君主制的观点正是沉浸在封建传统中:“在这种制度中,内部国家法的关系被固定下来成为个人和同业公会的合法私有权和各种特权。”②

在黑格尔看来,王权首先意味着主权,主权则是各种特殊权能的有机统一,它不同于封建时代存在的各种特殊权能的简单集合。在封建时代,国家和市民社会的各种特殊权能和权力分散在独立的同业公会和自治团体,每一个这样的团体都将自己拥有的权力看作是私有财产。因此,个人不是出于义务而是出于偏好才为共同体贡献力量,而共同体的各个部分的划分也只是机械的。并且,每一部分在保存自己的时候,只保存和创造自己,而不同时保存和创造其他部分。相反,黑格尔构思的立宪君主制的构成环节,相互之间处于一种有机的联系中,其中每一个环节在保存自身时都同时保存了另一个环节以及整体。譬如说,王权作为单一性的环节与国家制度的普遍性环节相互保障,而一旦后者得到保障,公共自由就获得了保障。

另一方面,王权作为主权也不应当被看作是专断和任意,从而将其与专制相混淆。在黑格尔看来,专制意味着特殊的意志本身替代了法律,这里的特殊意志既可以是君主的意志也可以是人民的意志,因此,不加制衡的多数民主恰恰蕴含着专制的可能性。这表明,黑格尔既反

---

① [德]黑格尔:《法哲学原理》,范扬、张企泰译,商务印书馆 2010 年版,第 292 页。

② [德]黑格尔:《法哲学原理》,范扬、张企泰译,商务印书馆 2010 年版,第 290 页。

对君主专制主义,也反对多数民主制。这两种反对的共同之处是,在这两种制度下,法律作为调整行为的客观制度消失不见了。我们看到,法国大革命的极端主义倾向所表现出的根本错误,正是以个人主义为取向的多数意志成为至高无上的权威。由此,人们能够脱离历史现实,依据此种多数意志建构政治秩序,最终导致了整个国家的混乱与恐怖:"人们根据抽象思想,从头开始建立国家制度,并希求仅仅给它以想象的理想东西为基础。又因为这都是缺乏理念的一些抽象的东西,所以它们把这一场尝试终于搞成最可怕和最残酷的事变。"①人们惯常站在民主的立场上来指责黑格尔为专制主义辩护,殊不知黑格尔恰恰是在反对专制的意义上拒斥多数民主。

黑格尔无疑提供了一种极富原创性的看待王权的方式,不仅如此,他为王权的辩护也是独特的。依他之见,王权在现代国家中之所以是必不可少的,乃是因为现代国家是建立在主观性原则的基础上,这种主观性原则必须获得表达:"主观性只是作为主体才真正存在,人格只是作为人才存在……因此,整体的这一绝对决定性环节就不是一般的个体性,而是一个个人,即君主……它作为至上者扬弃了简单自我的一切特殊性,制止了各执己见相持不下的争论,而以'我要这样'来做结束,使一切行动和现实都从此开始。"②表面上看,黑格尔的王权理论是自相矛盾的,因为他一方面将王权理解为绝对的自我决断、"我要这样",另一方面又同时强调王权并非专断和任意。马克思正是从前一个方面出发,得出了黑格尔的王权等同任意的结论:"王权观念,按照黑格尔对它的阐发,不外是一种任意即意志决断的观念。"③马克思并非不明白黑格尔绝不是要为王权赋予专断和任意的属性,但是,问题在于黑格

① [德]黑格尔:《法哲学原理》,范扬、张企泰译,商务印书馆 2010 年版,第 255 页。

② [德]黑格尔:《法哲学原理》,范扬、张企泰译,商务印书馆 2010 年版,第 296 页。

③ 《马克思恩格斯全集》第 3 卷,人民出版社 2010 年版,第 33 页。

尔并没有提供制度性设计来保障王权不蜕变为专制。马克思对黑格尔王权理论的批判主要集中于黑格尔从观念出发推出定在的神秘主义做法。他认为,透过黑格尔的主谓颠倒和神秘主义,所能得到的肯定的结论无非是:王权等同于任意,王权的确立决定于出生。在这里,我们遭遇到了黑格尔的自我理解与马克思的解读之间的分歧。如果认同后者,那么,黑格尔似乎应当被视作是一个专制主义者,因为他将王权等同于任意和专断。笔者认为,黑格尔的许多表述的确会让人产生上述印象,但值得注意的是,他的从观念出发的神秘主义恰恰表明,王权只是为了观念的目的才被设置起来,王权本身具有象征观念的意义,就这一点而言,他并不需要赋予这一环节实际的权力。

黑格尔似乎认为,打击旧的专制主义的君主制观念与复辟时期正统理论的唯一有效方式就是保存君主制形式,使之成为主观性与自我规定的现代政治观念的象征:“在一个组织完善的国家中,问题仅在于作形式上决断的顶峰和对抗激情的自然堡垒。因此要求君主具有客观特质是不正确的。君主只用说一声‘是’,而在御笔上一点。其实,顶峰应该是这样的,即他品质的特殊性格不是有意义的东西……在一个有良好组织的君主制国家中,惟有法律才是客观的方面,而君主只是把主观的东西‘我要这样’加到法律上去。”在另一处,“当国家制度巩固的时候,他除了签署之外,更没有别的事可做。可是这个签署是重要的,这是不可逾越的顶峰。”①既然黑格尔讨论的是国家理念或理想的国家制度,那么,这样的国家制度显然称得上“有良好组织”、“国家制度巩固”,因此,我们可以得出如下结论,至少在黑格尔的构思中,王权是象征性的权力。阿维纳瑞也注意到了这一点,他认为这正是黑格尔王权理论的独特性所在:“一方面黑格尔保持了君主制的传统形式,另一方面通过使王权成为自我规定的象征,又剥夺了君主本人的所有实

① [德]黑格尔:《法哲学原理》,范扬、张企泰译,商务印书馆2010年版,第300,302页。

际权力。”①事实上,也正因为这一点,黑格尔才认为,君主的资格才不与客观的特质相联系。如果要求君主具有某些理性能力,那么长子继承制就是一种任意的制度了。相反,官员的任命以他们的客观特质为基础,从而他们也应当承担相应的责任。

二、代议制的批判与重构

站在现代民主的视角来审视代议制,代议制无疑提供了一种人民参与国家事务、掌握国家权力的方式,从而是实现民主的必要手段。现代国家的复杂性及其庞大的规模,使得古典形式的直接民主失去了可行性,并使得代议制成为一种不可或缺的设置。尽管现代民主经历了漫长的发展历程,但是,这一核心要素始终没有改变,发展的一个主要方面即在于将代议制的基础不断扩大,亦即不断取消财产、性别等方面的限制而迈向当代的普选制。代议制在历史上起源于封建君主为了解决征税问题而召开的等级会议,《法哲学原理》中黑格尔在引入代议制时仍旧保留了其传统的名称。在黑格尔看来,等级会议应该是两院制,上院由贵族成员组成,下院则通过代议制的方式确定其成员。

黑格尔对代议制的批判首先针对其原子个人基础。在他看来,如果私人等级作为原子式的个体而不是作为同业公会、自治团体等的成员参与政治生活,必将带来以下两重后果:(1)政治生活失去根基;(2)政治冷漠。首先,黑格尔认为,只有个人作为特殊集团的成员,从而市民社会以其本来的样子进入政治领域,存在于国家内部的特殊物才能和普遍物真正地联系起来,否则,市民社会和政治国家之间的鸿沟将无法弥合:“以上述集团为存在形式的各种共同体进入了政治领域,即进入最高的具体的普遍性领域的时候,竟有人想把这些共同体重新分解

① [以]阿维纳瑞:《黑格尔的现代国家理论》,朱学平、王兴赛译,知识产权出版社 2016 年版,第 239 页。

为个人组成的群体。因而这种想法就把市民生活和政治生活彼此分割开来，并使政治生活悬在空中，因为按照这种想法，政治生活的基础只是任性和意见的抽象的单一性，从而就是一种偶然性的东西，而不是自在自为的稳固而合理的基础。"①这种政治生活失去根基的状况带来了民众的被动地位，即只能是政策的消费者，而无法成为政策的最终制定者。熊彼特曾经引用过历史上一位十分成功的政治家的话来说明这一点："实业家不了解的是，正如他们在经营石油，我在经营选票。"②事实上，当今西方民主国家中经常出现的情形是，政治精英在成功经营选票掌握权力之后便把竞选承诺抛诸脑后。同样，由于民众本身的分散性，他们无法构成制约精英的力量。任期制的设置的确起到了一定作用，但正如卢梭曾指出的，任期制意味着：公民只有选举国会议员的时候才是主人，而一旦选举结束，他们就成为奴隶了。

其次，黑格尔注意到，在一个人口基数庞大的国家里，由于个人通过投票对于结果所能造成的影响微乎其微，政治冷漠将势不可免。"关于许多单个的人所进行的选举，还可以指出一点：特别是在大国里，由于选民众多，一票的作用无足轻重，所以不可避免要有人对自己的投票抱漠不关心的态度，而且有投票权的人虽然赞扬这种权利并对其推崇备至，但却不去投票。这样一来，这种制度就会造成和它本身的规定相反的结果，而选举就会被少数人、被某一党派操纵，从而被那种正好应当加以消除的特殊的偶然的利益所操纵。"③这里，黑格尔一方面敏锐地捕捉到了困扰当代民主政治的参与率低的难题："自 20 世纪末以来，西方国家的公民投票率高者百分之七十，低者仅百分之五六十。比如，美国总统大选的投票率一般只达到 60%—70%，而当选者最

① ［德］黑格尔：《法哲学原理》，范扬、张企泰译，商务印书馆 2010 年版，第 323 页。

② ［美］熊彼特：《资本主义、社会主义与民主》，吴良健译，商务印书馆 1979 年版，第 416 页。

③ ［德］黑格尔：《法哲学原理》，范扬、张企泰译，商务印书馆 2010 年版，第 329 页。

多也只能得到60%—70%的选票。"①。另一方面，也将政治冷漠与民主政治的自我否定联系了起来，在黑格尔看来，正是前者为党派和大资本集团通过民主的程序操纵多数人提供了便利。当民众不珍惜自己选票之时，往往是最容易被统治之时。

为了解决上述难题，黑格尔在同业公会、自治团体等的基础上重构了代议制。在他看来，如果民众作为无定形的原子个人的聚合，只是临时为了完成单一的活动才聚合并在事后没有任何进一步联系，那么，他们就既缺乏稳定的可被清晰辨识的利益诉求，同时又因为本身的分散而缺乏力量和权能，从而无法在政策制定过程中施加足够的影响。相反，当原子个人被同业公会等社会团体所取代时，代表们就不再是个别的人和不确定群众的代表，"而是社会生活的某一重要领域的代表，是这一领域的巨大利益的代表"。② 由此，民众得以将其所归属的社会团体的特殊共同利益表达和整合在国家的普遍物中，从而不再处于被动的消费政策的地位，并且他们在进入政治领域之前已经组织起来这一事实也使得他们有足够的力量，迫使政治领域对他们的要求作出回应。总之，建立在社会分化基础上的代议制将能够成为制约精英政治的有效武器。按照查尔斯·泰勒的看法，黑格尔在这里试图解决的困境及其方式与后来的托克维尔有着惊人的相似之处："这是托克维尔设法解决的同一个困境，只是在表达方式上不同罢了。他认为诸多健全的组元群体共同存在于一分散的权力结构中，这对于民主政治，关系至为重要。……这个巧合其实并不意外，因为这两位思想家同时皆深受孟德斯鸠的影响，而且对于过去以及未来的浪潮均有深刻而同情的了解。"③尽管如此，我们却不能因此得出结论，黑格尔与托

① 唐士其：《被嵌入的民主》，《社会科学文摘》2016年第5期。

② [德]黑格尔：《法哲学原理》，范扬、张企泰译，商务印书馆2010年版，第329页。

③ [加]泰勒：《黑格尔与现代社会》，徐文瑞译，吉林出版集团有限责任公司2009年版，第182页。

克维尔一样是民主的支持者。恰恰相反,黑格尔为精英政治设置制衡因素,乃是为了防止其蜕变为寡头政治,足见对他而言精英政治才是正轨。

另一方面,需要指出的是黑格尔对代议制的重构尽管起到了制衡精英的效果,但是,他的主要目的还在于,让代议制成为沟通普遍与特殊的中介,从而实现国家的整合和稳定。在他看来,无论代议制(议会下院及其所代表的工商业等级)、实体等级还是普遍等级都是中介机关:"各等级(工商业等级与实体等级——引者注)作为一种中介机关,处于政府与分为特殊领域和特殊个人的人民这两个方面中间……各等级所处的这种地位和组织起来的行政权有共同的中介作用。"①既然王权根本上是象征性的,而立法权和行政权不过意味着各等级的不同职能,那么,就无怪乎黑格尔会直接宣称:"国家制度本质上是一种中介体系。"②正是通过构建中介体系,黑格尔试图解决现代世界的基本问题:普遍与特殊的分离、国家与市民社会的分离。③ 在黑格尔看来,这种分离蕴含着对抗的可能性,从而对政治国家的存在本身构成威胁,而一种健康的关系恰恰是各等级和政府谐和一致、相互合作。通过代议制、官僚制等制度的中介,人民被整合为有机体国家的组成部分。这意味着,各等级既忠实于国家和政府的意愿和主张,又保留了特殊集团和单个人的利益,从而特殊与普遍的统一取代了对抗,在黑格尔看来,这正是国家巩固存在的根源。

---

① [德]黑格尔:《法哲学原理》,范扬、张企泰译,商务印书馆 2010 年版,第 321 页。

② [德]黑格尔:《法哲学原理》,范扬、张企泰译,商务印书馆 2010 年版,第 322 页。

③ 在马克思看来,黑格尔显然没有完成他的目标,因为这样一种分离是不能通过构建中介的方式得到解决的:"真正的极端之所以不能互为中介,就因为它们是真正的极端。但是,它们也不需要任何中介,因为它们具有互相对立的本质"(参见《马克思恩格斯全集》第 3 卷,人民出版社 1995 年版,第 110 页)。

三、官吏治国体系及其制约

表面上看,黑格尔已经解决了他所提出的问题。但是,我们的分析恰恰表明,他对代议制的引入只是将冲突和对抗置于议会的范围内,与其说他消除了对抗的可能性,不如说这一可能性发生了位移。这意味着,虽然有代议制的存在,但是各等级的地位仍然是抽象的,“就是说,对整个王权原则或君主制原则说来,(各等级)是经验普遍性的极端,这种经验普遍性的地位对这一原则来包含着一种适应的可能性,因而也包含着敌对的可能性”。这里,黑格尔真正担忧的是,由等级代表构成的议会成为特殊性借以对抗普遍性的手段。于是,就需要寻求中介使得敌对的可能性被消除,从而成为一种“合乎理性的关系”。

这种中介即是实体等级,长子继承权使得这一等级无需依赖于国家的财产,也和市民社会的利己主义冲动无关。在黑格尔看来,拥有独立财产的人不会受外界环境的限制,这样,他就能毫无阻碍地出来为国家做事。因此,这一等级天然适合承担政治使命,适合参与普遍事物。通过等级要素的自我分立,实体等级从原来的与王权相对的极端而变身为中介环节。按照黑格尔的说法,“这是最重要的逻辑真理之一,就是作为对立面而处于极端地位的特定环节,由于它同时又是居间者,因而就不再是对立面,而是一种有机的环节。”这段话暴露了黑格尔解决方法的思辨神秘主义实质。但是,等级要素的分立何以能够促使“敌对的可能性”不再可能,从而让等级要素真正起到一种中介作用呢?黑格尔写道:“通过这种分立,不仅能因多次的审议而更好地保证各种决定的周密完善……而且(这正是主要的)在这种分立的情况下,等级要素就不大会采取直接反对政府的立场。”①这里说得十分明确,等级

① [德]黑格尔:《法哲学原理》,范扬、张企泰译,商务印书馆 2010 年版,第 330 页。

要素自我分立的主要目的就在于消除反对政府的立场。但问题在于，谁会持有反对政府的立场？实体等级显然不会，因为，“这个等级是为了政治地位和政治意义按照比较确定的方式构成的。”那么，剩下的可能性便是工商业等级，这一等级倾向于为了特殊利益而损害普遍利益。因此，所谓消除反对政府的立场，实际意味着用议会上院的立场抵消和压制议会下院的立场。不过，黑格尔也强调，“如果中介环节也站在第二等级这一边，那么这个等级的意见就更有分量，因为这样一来，它的意见就显得更加公正，而与这种意见相反的意见则被抵消了。”换言之，代议制、等级会议同样也能够起到制约官僚政治的作用，虽然需要受到制约的情况在黑格尔看来是较为罕见的。

在黑格尔的构思中，议会下院只是等级要素的一个部分，而等级要素本身不过是立法权的三个构成环节之一。并且，相比于立法权的另外两个环节——行政权与王权，等级要素在立法活动中的作用可谓是无足轻重。“各等级对普遍福利和公众自由的保障，并不在于他们有独到的见解，因为国家的高级官吏必然对国家的各种设施和需要的性质有比较深刻和比较广泛的了解，而且对处理国家事务也比较精明干练；所以，他们有等级会议，固然要经常把事情办得很好，就是不要各等级，他们也同样能把事情办得好。”①如果说等级要素毕竟发挥了作用，那么，这种作用不过在于补充高级官吏的见解、监督官吏的所作所为。这也可以解释，黑格尔何以反对将官吏排除于议会之外的做法，而对有着相反设置的英国议会表示赞许。另外，各等级存在的意义也在神秘主义的基础上得到辩护，即需要为观念找到借以得到表现的定在。黑格尔认为，当各等级通过代表参加对普遍事务的了解、讨论和决定时，那些不参与国家行政的市民社会成员的形式的自由这一环节就达到了它的权利。总之，在立法权中，各等级只是辅助性的，真正的决策者是

---

① ［德］黑格尔：《法哲学原理》，范扬、张企泰译，商务印书馆 2010 年版，第 319 页。

国家官吏。

不仅如此,黑格尔认为确定议员资格也应该主要着眼于客观的方面,这种客观方面作为个人的品质和情绪,“主要是他们在官府和国家的职位上实际管理事务时所获得的和受过实践检验的情绪、技能和关于国家和市民社会的设施和利益的知识,以及因此而发展起来并经过锻炼的官方和国家的智能。”①依照这种观点,最适合担任议员的人显然是有过国家官吏生涯的人。既然最适合参与立法的是曾经是官吏的人,而现任官吏本身又是立法机关的主导部分,那么,看来立法机关的实际意志必将取决于官吏的意志。尽管黑格尔强调立法权是一个整体,但我们不得不说,这个整体恰恰取决于部分即行政权。黑格尔在谈到私人等级通过选举方式产生的议员时,强调他们不会为某一个自治团体或同业公会的特殊利益而反对普遍利益,而会在实质上维护这种普遍利益,这里的“维护”应该理解为遵从,因为,官吏显然更好地理解了国家的事务,问题只在于通过等级要素的自我分立、自我抵消,使这种更好的理解不致遭受反对,从而转化为最终的决定。

既然官吏取得了立法权中的主导地位,同时又是行政权的掌握者,那么,近代以来的分权原则就受到了挑战,黑格尔意义上的内部国家制度似乎就蕴含着某种官僚集权主义的危险。从分权的角度来看,我们自然会这么想问题。但是,黑格尔的独特性恰恰在于,他要尝试用一种新的制衡模式来取代分权制的制衡原则。这种新的制衡模式强调的是社会内部的自组织对于官僚等级的制衡。诚如阿维纳瑞所言:“经典的分权理论对黑格尔无甚吸引力,他超出了权力在形式上的分配,而进到社会组织领域,并要求增加自愿组织来平衡政府的权威。”②黑格尔基于以下两点反对三权分立:首先,三权分立的原则隐含着分裂国家的

① [德]黑格尔:《法哲学原理》,范扬、张企泰译,商务印书馆 2010 年版,第 328 页。

② [以] 阿维纳瑞:《黑格尔的现代国家理论》,朱学平、王兴赛译,知识产权出版社 2016 年版,第 213 页。

风险,一个典型的事例即是1642年至1651年的英国内战,它正是起因于立法权与王权的冲突。其次,三权分立原则体现的是否定的理智的要求和贱民观点的特征,它意味着:“把仅仅否定的东西作为出发点,把恶的意志和对这种意志的猜疑提到首位,然后依据这个前提狡猾地建筑一些堤坝,从效用上说,只是为了对抗一些相反的堤坝,所以需要这些堤坝。”①不过,不能因此认为黑格尔反对权力的区分,事实上,他认为区分是必要的,因为权力的区分根源于社会的等级划分。现代社会无法再将一部分职能交给奴隶去从而避免在其积极成员中分工,相反,必须涵摄重大的差异,而这必然带来分工以及社会等级划分。

总之,黑格尔一方面让官僚政治在国家中居于主宰地位,同时又十分注重对其实现制衡与约束。在他看来,如果缺乏此种制衡与约束,国家就会缺乏力量,并成为一架了无生气的机器。法国大革命所创立的统治制度正是这种反面典型,黑格尔将其原因归结为:“法国缺少同业公会和地方自治团体,即缺少特殊利益和普遍利益在其中交汇的集团……但毕竟应该肯定,国家的真正力量有赖于这些自治团体。”②通过建构一种多元主义的制衡模式,黑格尔既批判了典型的英国式的分权制度,同时也批判了法国式的官僚集权主义。

四、结　语

通过以上分析,我们看到了黑格尔所构建的十分精致的国家机体,这一机体具有鲜明的反民主形象。尽管抓住了时代的最为重大的问题,但不得不说,他的解决方式存在着根本的缺陷。他关于国家机体的构思基于社会的等级分化,这种等级分化反映在政治层面,分别表示着

① [德]黑格尔:《法哲学原理》,范扬、张企泰译,商务印书馆2010年版,第285页。

② [德]黑格尔:《法哲学原理》,范扬、张企泰译,商务印书馆2010年版,第310页。

不同的政治角色：立法权（实体等级与工商业等级）、行政权（普遍等级）。考虑到王权的象征性，可以说，他的内部国家制度完全是以社会的等级分化为基础的。然而，笔者认为，他关于等级分化的论点是颇成问题的。首先，各个等级的分野已经被历史的发展所否定，农业等级本身已经资本主义化了，而社会日益分化为两个对抗性的阶级；其次，现代社会剧烈的同质化，使得人们在外观和生活格调上都在往统一发展。此外，黑格尔的国家理论还面临着另一重困境：那些从属于社会分工的抽象劳动者，即黑格尔称之为贱民的群体，如何能够整合在国家中？这个问题曾令黑格尔十分苦恼。我们知道，马克思恰恰是在令黑格尔苦恼的那个群体中发现了彻底改造社会的力量。在《黑格尔法哲学批判》中，马克思提出了一种更为激进的反民主思路，这种思路将对民主的批判转换为对现代国家本身的批判。因此，无论君主制还是民主制都在被批判之列："君主制与共和制之间的争论始终是在抽象国家范围内的争论。政治的共和制是抽象国家形式范围内的民主制"，在另一处，马克思写道："君主制是这种异化的完备表现。共和制则是这种异化在它自己领域内的否定。"①马克思的确使用了民主一词，但却绝不是在我们今天熟知的任何一种意义上使用的。在写作《黑格尔法哲学批判》的时期，马克思仍然被费尔巴哈的巨大阴影所笼罩，他在思考民主时借助的概念也是来自于费尔巴哈，譬如说，他将民主制看作是国家制度的类，而将其他形式看作是类的异化。马克思的激进民主着眼于现代世界的根本问题而提出，无疑具有巨大的理论穿透力，但在政治制度的设计和建构方面，黑格尔对现代民主基本原则的批判和重构似乎更值得我们格外重视和借鉴。

（作者　上海财经大学人文学院讲师）

① 《马克思恩格斯全集》第 3 卷，人民出版社 2010 年版，第 40—41 页。

马克思对黑格尔财产权理论的批判和超越*

张守奎

摘要:马克思与黑格尔思想之间的传承关系,尚待进一步反思和清理。但这种反思和清理应超越在纯理论哲学中旋转的做法。马克思与黑格尔关注的"源初的"和核心的问题,首先是政治的、经济的和社会的。财产权当属这样的问题之一。因此,选择财产权为切入点,能够更容易真正领会和切中马克思与黑格尔思想的本质内涵。在财产权问题上,马克思与黑格尔之间是一种继承、批判和超越的关系。一方面,马克思继承了黑格尔对自由主义财产权理论的反思和批判精神,从而进一步确证财产权不是一种自然权利。另一方面,他又不认同黑格尔把财产权单纯地把握为自由意志外化和实现的问题,而是把它领会为一个重大的经济和社会问题。经由把"作为资本的私有财产关系"本质性地理解为"劳动"与"资本"之间的对立和分离关系,马克思揭示了私有财产权背后隐含的有产者对无产者的统治和支配关系,并提出要实现真正的人类解放,必须彻底扬弃私有财产制度的主张。

关键词:私有财产　自然权利　法权　财产权批判

近年来,随着卢卡奇以降对马克思思想进行黑格尔主义式诠释之

* 本文是国家社会科学基金重大项目"马克思主义与当代社会政治哲学发展趋势"(项目编号:12 & ZD106)和国家社科基金青年项目"当代视域中的马克思财产权理论及其价值研究"(编号:13CZX008)的阶段性成果。

路径所显现出来的问题越发显著,学界开始重新反思和清理马克思与黑格尔思想之间的传承关系问题。截至目前,这种反思和清理依然主要局限于哲学领域。但马克思与黑格尔关注的"源初的"和核心的问题,显然不限于哲学的,而更是政治的、经济的和社会的。如果一定要把他们面对和处理的问题,把握为从属于哲学的,那也必定不只是传统的纯粹的理论哲学,而是"经济哲学"或"社会政治哲学"的问题。财产权就是这样的问题之一。① 因此,相对于以纯粹理论哲学为论域而言,选择财产权之类的问题为切入点,或许更容易真正领会和切中马克思与黑格尔思想的本质内涵,并由此澄清马克思思想的黑格尔渊源。本文的目的正在于以"财产权"为突破点,重新清理马克思与黑格尔思想之间的传承和超越关系问题。

就思想史而言,虽然"私有财产"不是西方近代世界所独有的现象,但对私有财产权正当性和合法性的"证成"(Justification)则是近代的事情。特别是伴随着近代市民社会的兴起以及国民财富和贫困问题的凸显,关于私有财产权的问题便一直成为众多思想家们考察的核心论题之一。黑格尔之前,近代思想家处理私有财产权问题的进路,主要是以洛克为代表的基于自然法之上的"自然权利财产论"。这种对财产权的论证路径,带有明显的神学先验论特征。黑格尔在反思和批判近代自由主义财产权论证路径的基础上,提出了基于自由意志之上的"法权财产论"。尽管这两种路径在论证财产权起源之根据上存在着根本性的差别,但它们服务于一个共同的主旨,即论证人类自由的根据以及如何具体实现它的问题。换言之,它们整体上都把财产权理解为个人发展和自由之实现的必要条件。② 马克思的财产权批判理论受惠于自由主义与黑格尔,其理论渊源和论域内在于整个西方社会政治哲

① 在黑格尔和马克思的社会政治哲学语境中,类似于"财产权"这样的问题还有很多。比如,"市民社会"、"需要"、"贫困"、"民主制"以及"劳动分工",等等。

② 张守奎:《社会政治哲学传统中的马克思财产权批判理论》,《天津社会科学》2014年第1期。

学思想史之传统,但它显然不属于自由主义财产权之谱系。与洛克和黑格尔不同,马克思没有严格意义上的财产权理论,他既没有论证"财产权的正当性",也没有勾勒出"财产权的具体内容"。① 在私有财产权问题上,马克思总体上持一种批判性的态度。在《1844 年经济学哲学手稿》中马克思认为,私有财产关系内在地包含着"作为劳动的私有财产关系"和"作为资本的私有财产关系",以及这二者之间的相互关系,②由于古典自由主义者和黑格尔均没有意识到这种区分,从而他们实际上没有认识到私有财产内在包含的"资本"本性,③只是把它单纯地把握为个体发展人格和实现自由的必要条件。但马克思认为,"作为资本的私有财产关系"由于受制于资本追求利润最大化逻辑的支配,其背后必然隐含着权力、统治和剥削关系。因此,相对于个体人格的发展和自由的实现来说,它不仅不是必要的构件,而且反倒成了障碍。

一、"自然权利财产论"及黑格尔的批判

尽管近代西方对财产权的论证方式是多样的,但以洛克为代表的"自然权利财产论"最为典型。洛克的财产权理论在整个西方近现代社会政治思想史上具有举足轻重的地位。之后的整个自由主义传统以及代表对自由主义反思和批判的黑格尔和马克思传统,在处理财产权问题上,一定意义上要么是洛克的"同路人",要么在汲取洛克既有思

---

① Margaret Jane Radin, *Property and Personhood*, Stanford Law Review, vol. 34, 1982, pp. 957-958. 拉丹指出,任何一种财产权理论均有如下两种主要功能:一是论证财产权的正当性,二是勾勒出财产权的具体内容。依据此种看法,马克思本人显然没有属于自己的财产权理论。

② 《马克思恩格斯全集》第 3 卷,人民出版社 2002 年版,第 287 页。

③ 关于资本的本性,马克思在《1844 年经济学哲学手稿》中指出:"资本,即对他人劳动产品的私有权","资本是对劳动及其产品的支配权力"。在《1857—1858 年经济学手稿》中,马克思又进一步指出:"资本是资产阶级社会的支配一切的经济权力。"分别参见《马克思恩格斯全集》第 3 卷,人民出版社 2002 年版,第 238 页;《马克思恩格斯全集》第 30 卷,人民出版社 1995 年版,第 49 页。

想的基础上批判性创新。洛克的财产权理论的主要贡献在于:他把财产权看作一种先验的自然权利,并把“劳动”看作获取财产权的正当性根据。洛克财产权理论的特质在于,他对财产权的探讨直接指向人类自由的根据及其如何实现的问题。换言之,论证政府的起源、目的以及财产权理论,实际上只是洛克政治学说的一个重要的内在构成部分,这些均服从于他要解决的一个根本性问题,即从理论层面上解决自由的价值问题和制度设置问题。洛克思考的重点问题是,在新兴的资本主义市民社会(市场经济)这一新的境遇下,人如何才能真正实现自由。这本身又内在地包含着两个方面,即“如何获得自由”以及“如何保障和保护自由”。与此对应,他的财产权理论也内在地包含着两个层次,即说明“财产权的起源”和解释“财产权的具体落实”。前者具体体现为他在神学背景下依据自然法传统说明财产权是人享有的天赋权利,以及根据自由(劳动)视角对财富转化为私有财产的解释;①后者具体展示为以共同同意或契约的方式引入政治权力和政府,并由其制定各种法律规定以便保证财产权和自由在公民社会中的具体实现和落实。

洛克认为,相对于政府而言,正当的财产权是在先的和目的性的,政府则是在后的和工具性的。② 人们建立政府的目的就是为了更好地保护财产权,③而财产权作为自由的具体化样式表明,政府最终是为实

① 伊恩·哈里斯:《洛克的政治哲学》,载[英]斯图亚特·布朗主编:《英国哲学和启蒙时代》,高新民、曾晓平等译,中国人民大学出版社2009年版,第124页。

② 伊恩·哈里斯:《洛克的政治哲学》,载[英]斯图亚特·布朗主编:《英国哲学和启蒙时代》,高新民、曾晓平等译,中国人民大学出版社2009年版,第128页。

③ 洛克:《政府论》下篇,叶启芳、瞿菊农译,商务印书馆2012年版,第77页。洛克说道:“人们联合成为国家和置身于政府之下的重大的和主要的目的,是保护他们的财产”(第77页)。“虽然人们在参加社会时放弃他们在自然状态中所享有的平等、自由和执行权,而把它们交给社会,由立法机关按社会的利益所要求的程度加以处理,但是这只是出于各人为了更好地保护自己、他的自由和财产的动机(因为不能设想,任何理性的动物会抱着每况愈下的目的来改变他的现状),社会或由他们组成的立法机关的权力绝不容许扩张到超出公众福利的需要之外,而是必须保障每一个人的财产,以防止上述三种使自然状态很不安全、很不方便的缺点”(第80页)。

现人的最大程度的“政治自由”或“人的自由”服务的。这种观念缘于洛克相信，良性的制度设计能够有利于保护每个人的生命、自由和财产权。但在有效地设计出一套良好的制度和政府之前，必须首先解决财产权的合法性起源问题。洛克对财产权的合法性起源问题的理解总体上采取了两种进路，即先验的进路和社会的（经验的）进路。前者体现为他依从基督教《圣经》传统并从预先设定的原初“自然状态”中，引申出每个人所平等具有的各种天赋权利和所享有的“自然的自由”①。后者体现为他借助于劳动“渗透”和“掺入”说，从社会性的进路解释财产权的起源。

洛克的财产权理论以及他的整个政治哲学思想背后有一个宗教神学传统。② 他坚持认为，在初始的“美好的”和“完备无缺的”自然状态

---

① 对洛克而言，“自然的自由”与“社会的自由”、“公民的自由”对应。它指的是在完美的自然状态下人所先天享有的各种天赋自由权利，他不受任何外在意志的支配。这与后来在进入公民社会之后人所能够享受到的法律规定和约束下的个人自由是不同的。

② 关于洛克的自然法、财产权理论乃至他的整个政治哲学的宗教神学背景，还可参见如下文献：Jeremy Waldron, *God, Locke, and Equality: Christian Foundations of John Locke's Political Thought*, Cambridge University Press, 2002; Jeremy Waldron, *The Right to Private Property*, Clarendon Press, 1988; Oakley, F, Locke, "Natural Law and God-Again", *History of Political Thought*, 1997, pp. 624-651; Schochet, G, Guards and Fences: "Property and Obligation in Locke's Political Thought", *History of Political Thought*, 2000, pp. 365-390; Brown, Vivienne, The "Figure" of God and the Limits to Liberalism: A Rereading of Locke's "Essay" and "Two Treatises", *Journal of the History of Ideas*, pp. 83-100; Ward, W.R. 1995. Divine Will, "Natural Law and the Voluntarism/Intellectualism Debate in Locke", *History of Political Thought*；以及［美］迈克尔·扎科拉：《自然权利与新共和主义》，王崇兴译，吉林出版集团有限责任公司2008年版，第253—254页；梁晓杰：《洛克财产权利的宗教伦理维度》，《中国社会科学》2006年第3期。其中，杰里米·瓦德荣（Jeremy Waldron）指出，对洛克而言，财产权理论有四个主要的“神学前提”。它们分别是：(1)“使用资源”（the use of resources）。造物主创造世界，乃是为了人类的使用。(2)“平等和非从属”（equality and non-subordination）。因为所有的创造物处于同一等级或地位，我们不能为另一个人的目的而被使用，如同我们为了自己的目的使用低级动物一样。(3)“维持生存的义务”（the duty to preserve human life）。上帝想要我们人类尽可能地生存，并要求我们实现它的意图。(4)“劳动的义务”（the duty to labour）。上帝命令人们为了自身的生存必须劳动。参见Jeremy Waldron, *The Right to Private Property*, Clarendon Press, 1988, pp. 141-147.

下，人们在源于上帝的自然法的指引下，可以他们认为的任何合适的方式去决定他们的行为和处理自己的财产和人身，而不受任何外在的他人的意志的支配。这是因为，在洛克看来，人和世界中的其他事物均是上帝的创造物，上帝是人和世界的创造者。因此，人类和自然都是上帝的财产。“上帝是一个智力无边的创造者，因此，和他精工制造的手工艺一样，他显然有理由享受《圣经》上通常给予上帝的一种称呼，‘我们的创造者上帝，我们的创造主’”①。上帝的意志和人的理性保证了在完美的自由和平等的自然状态下，尽管每个人从保存自身的权利出发，但不会由此推演出对他人的生命、自由或财产之伤害的自然法，因为自然法在本质上是理性的，是上帝意志的体现。② 上帝出于人类能够自我保存的目的，将自己的财产交给人类使用，这是人类财产的神圣来源。

由神学传统，并借助于自然状态下人所享有的各种自由的天赋自然权利的论说，洛克实现了对财产权神圣性来源的证明，并由此确保了每个人生来自由和平等的终极根据。但依据财产权的这种神圣起源的观点，上帝是将世界“给人们共有的”，而不是给某一个人或任何人所独自拥有的私有财产。换言之，上帝最初将低等造物赐给人类作为他们的共同财产，而非将他们作为私有财产给予任何人。③ 但人类的自我保存本能，以及人易于膨胀的主观抽象性促使人走向贪婪和狂热、爱好占有和支配的特点，决

① [英]洛克：《政府论》上篇，瞿菊农、叶启芳译，商务印书馆 1997 年版，第 46 页。

② [英]洛克：《政府论》下篇，叶启芳、瞿菊农译，商务印书馆 2012 年版，第 5 页。洛克说道：“为了约束所有的人不侵犯他人的权利、不互相伤害，使大家都遵守旨在维护和平和保卫全人类的自然法，自然法便在那种状态下交给每一个人去执行，使每人都有权惩罚违反自然法的人，以制止违反自然法为度。自然法和世界上有关人类的一切其他法律一样，如果在自然状态中没有人拥有执行自然法的权力，以保护无辜和约束罪犯，那么自然法就毫无用处了。而如果有人在自然状态中可以惩罚他人所犯的任何罪恶，那么人人就都可以这样做。因为，在那种完全平等的状态中，根据自然，没有人享有高于别人的地位或对于别人享有管辖权，所以任何人在执行自然法的时候所能做的事情，人人都必须有权去做。”

③ 洛克由此批评了罗伯特·菲尔默爵士(Sir Robert Filmer)的观点。因为菲尔默根据君权神授的观点认为，上帝最初是把财产赐予亚当和挪亚，以及他们的嫡传子嗣，而不是赐予人类共有的。

定了财产既不能始终处于共有状态,也不能将绝对的支配权交给主权者,而必须通过行为者的劳动来确立个人对财产的占有和支配关系。①

劳动之所以能够成为私有占有的合法性根据,在洛克看来,主要是因为:其一,它使原本共有的东西"脱离了自然所安置的状态"。"尽管原来是人人所共同享有权利的东西,在有人对它施加劳动以后,就成为他的财物了。"②"从共有的东西中取出任何一部分并使它脱离自然所安置的状态,才开始有财产权的;若不是这样,共有的东西就毫无用处了"③,"由于劳动使它脱离了自然原来给它安置的共同状态,就成为对此肯费劳力的人的财产","只要有人对这类动物花费了这样多的劳动去发现并追赶它,他就使它脱离原来的共有的自然状态,而开始成为了一种财产"。④ 洛克甚至认为,即使不是个人自己亲自直接劳动,但只要在一对象上"掺入"了劳动,或者说"我的劳动使它们脱离原来所处的共同状态,确定了我对于它们的财产权"。"因此我的马所吃的草、我的仆人所割的草皮以及我在同他人共同享有开采权的地方挖掘的矿石,都成为我的财产,无须任何人的让与或同意。"⑤其二,劳动的对象化为自然状态下的事物"添加了一些东西","使一切东西具有不同的价值"。因此,他说:"谁把橡树下拾得的橡实或树林的树上摘下的苹果果腹时,谁就确已把它们拨归已用。……劳动使它们同公共的东西有所区别,劳动在万物之母的自然所已完成的作业上面加上一些东西(That added something to them more than Nature),这样它们就成为他的私有的权利了(Private right)。"⑥因为,"正是劳动使一切东西具有不同的价值。"其三,就劳动是一个人的生命活动自身的展现而言,劳动

---

① 王楠:《财产作为自然权利——洛克的自然法学说》,载《启蒙及其限制》,罗卫东、陈正国主编,2012 年。

② [英]洛克:《政府论》下篇,叶启芳、瞿菊农译,商务印书馆 2012 年版,第 19 页。

③ [英]洛克:《政府论》下篇,叶启芳、瞿菊农译,商务印书馆 2012 年版,第 19 页。

④ [英]洛克:《政府论》下篇,叶启芳、瞿菊农译,商务印书馆 2012 年版,第 20 页。

⑤ [英]洛克:《政府论》下篇,叶启芳、瞿菊农译,商务印书馆 2012 年版,第 19 页。

⑥ [英]洛克:《政府论》下篇,叶启芳、瞿菊农译,商务印书馆 2012 年版,第 18—19 页。

的对象化实质上就是人的意志和人格的对象化。因此,我把劳动掺入到一物体上,就等于我把我的意志和人格具象化到该物体上,它就是我的人格和意志的体现。关于这一点洛克在论述财产权问题时并没有明确点破,①但从《人类理智论》中他对“人格同一性”(the personal identity)问题的论述上能够推定出来。②

从对后来理论家影响的思想史效应来看,洛克自然权利财产论在理解财产权或私有财产问题身上提供的最主要理论贡献在于,他把“劳动”用来作为证成个人的财产权或私有财产正当性的根据,并进而把财产权把握为人所天然享有的自然权利(生命权、自由权和财产权)之一种。之后的古典政治经济学家斯密把劳动提升为政治经济学自身的理论原则,并进而影响了黑格尔。③ 比较而言,黑格尔并不否认通过

① 杰里米·瓦德容因此说:“根据黑格尔的观点,为了谋求自己伦理性的发展成为一个个体,一个人必须在外在对象中体现他的自由,从而把自己变成一个所有者。在洛克的论述中,根本找不到类似的观点。”参见 Jeremy Waldron, *The Right to Private Property*, Clarendon Press, 1988, pp. 217-218。

② [英]洛克:《人类理解论》。Henry, Allison, *Locke's Theory of Personal Identity: a Re-Examination*, in Locke on Human Understanding, 1977 以及[美]迈克尔·扎科特:《自然权利与新共和主义》,王岽兴译,吉林出版集团有限责任公司 2008 年版,第 370—373 页。萨拜因的说法从另一个维度可以表明“人格”之于洛克财产权理论的重要性,他说道:“不论洛克理论的渊源为何,他都认为,私有财产权利乃是因为人通过劳动而把所谓的个人人格扩展至他所生产的物品而产生的。通过把自己的内在能量耗费在这些物品上,个人于是把它们变成了他自身的一部分。一般来说,这些物品的功利大小取决于耗费在它们上面的劳动多寡,因而洛克的理论也导向了后来的古典经济学和社会主义经济学中的各种劳动价值论。”参见[美]乔治·萨拜因:《政治学说史》下卷,邓正来译,上海人民出版社 2010 年版,第 223 页。但这种说法不能被过分强调,因为洛克毕竟不是黑格尔,他远没有把这个观点发挥到黑格尔那样明确。

③ 黑格尔在早期阅读过斯密的《国富论》和弗格森的《市民社会史》,并为后者写过一篇评论,可惜这篇评论后来遗失。时至今日,黑格尔的政治经济学思想尚未引起学者们的充分重视,由此导致,黑格尔在我们心中的形象始终是一位思辨的观念论者,而他对现实具体问题则不甚关注。但实际上,这是我们片面阅读黑格尔造成的一个错误结果。黑格尔不仅关注现实问题,而且他早年正是从批判性地阐释经济和政治问题出发步入学术生涯的,只不过后来随着其自身理论的成长和完善,他把对现实问题的关注转而以自己个性化的理论给再现出来。

劳动占有财产的合法性根据，但在他看来，仅仅凭借劳动尚不足以保证获取财产权（所有权）的正当性。因为，“财产权”与“占有”是两种性质不同的东西。通过劳动，可以确证和实现对某种外在物体的单纯物理性“占有”，但这种“占有”就其特点和内在规定而言仍然具有“外在性”。而财产权或所有权在本质上则根源于人的“内在性”，即黑格尔所谓的具有独立人格之个体的“自由意志”。在黑格尔看来，是“意志”而非“劳动”构成财产权的本体论根据。黑格尔不同意洛克把财产权把握为一种先验的自然权利，他认为，财产权是不同意志行为主体间契约关系的体现，因而是“经验的（后天的）”产物。因此，与洛克把财产权把握为人的自然权利不同，黑格尔从意志和人格的对象化角度论证财产权，把抽象法阶段的财产看作“人格的最初定在”和“意志的定在”。

二、黑格尔“法权财产论”的具体内容

与洛克不同，黑格尔社会政治思想的主要兴趣不在于为社会某一具体的规范性结构做辩护，他的目标在于揭示“社会”在“个体自由发展过程中”所能够发挥的作用和扮演的角色。①

黑格尔与洛克兴趣点上的这种差异，根源于他们所身处的时代境遇以及所面对的问题状况不同。与洛克所身处的17世纪工业文明及市民社会刚刚兴起相比，黑格尔身处的18世纪末和19世纪初叶的欧洲，无论是工业文明，还是市民社会，均得到了实质性的发展。这种发展上的“实质性”，既体现为经济的进步和文化上的繁荣，也体现为政治上一定程度的开明，更表现为在人类进入了“市民社会”中，②从而个

① ［澳］彼得·德霍斯：《知识财产法哲学》，周林译，商务印书馆2008年版，第84页。

② 根据黑格尔的看法，“市民社会对现代国家是陌生的并且规定了现代性自身”。在“市民社会”的理解上，黑格尔的独特性表现在，他把一直被人当做国家因素的许多方面看作是市民社会的实体性因素。他认为政治国家区别于市民社会，但两者结合在一起便是广义上的国家。参见《法哲学原理》第267节，以及［美］约翰·罗尔斯：《道德哲学史讲义》，张国清译，上海三联书店2003年版，第465页。

人从原来的封建的和办封建的、宗法的和半宗法的、血缘的和半血缘的狭隘共同关系摆脱出来,实现了近代意义上的个人自由和自主。① 在黑格尔看来,这是现代性所能够给人类带来的最大成就之一。但现代性本身也有阴暗的或者说"弊"的一面,这主要根源于现代性所内在具有和显现的"分裂"(*Entzweiung*)本性。② 黑格尔深谙这种现代性之弊:原子化的"个人"与伦理共同体之"善"之间的分裂和矛盾关系,同时也是私人领域与公共领域的完全隔离。延伸开来看,近现代社会与古代社会的一个显著区别在于:个人从公共伦理善的共同体中脱离和独立出去,从而摆脱了古代社会那种深度的人身依附关系,个人走向了原子化的自主和自立。如果说,古代社会那种具有高度人身依附关系

---

① 黑格尔认为,具有独立性人格和自由意志的个体完全是近代社会或现代性的产物。并且他认为,传统社会的那种严密的整体性已经在基督教和现代贸易发展的双重作用下被击垮了。根据新教的教义,基督教将个体的良知看成是至关重要的,是所有价值观的源泉和中心;而现代贸易则以各种方式促成了资本主义所特有的、具有强烈占有欲的个人主义。黑格尔说:"主体的特殊性求获自我满足的这种法,或者这样说也一样,主观自由的法,是划分古代和近代的转折点和中心点。这种法就他的无限性说表达于基督教中,并成为新世界形式的普遍而现实的原则。它的最初形态是爱浪漫的东西、个人永久得救的目的等等,其次是道德和良心,再其次是其他各种形式。"(黑格尔:《法哲学原理》第124节附释,范扬、张企泰译,商务印书馆1996年版,第126—127页。)现代贸易的直接结果之一是市民社会的产生,而"在市民社会中,每个人都以自身为目的,其他一切在他看来都是虚无。但是,如果他不同别人发生关系,他就不能达到他的全部目的,因此,其他人便成为特殊的人达到目的的手段"(《法哲学原理》第182节补充,第197页)。

② 张汝沦教授认为:"与卢梭一样,黑格尔是他那个时代对现代性问题最敏感的人。他几乎一走上哲学道路就发现,现代的特征是分裂(*Entzweiung*),表现为精神与物质、灵魂与肉体、信仰与理智、自由与必然、理性与感性、才智与自然、存在与非存在、概念与存在、有限与无限的对立。而所有这些分裂,其根源恰恰在于启蒙。启蒙本身就是精神自我分裂或者说自我异化的产物。"并且,张教授指出:"黑格尔是第一个从世界历史的高度对现代性进行全面反思与批判的思想家","黑格尔也许是第一个看出现代性其实是一个异质性的文明形态的人。"参见张汝沦:《政治世界的思想者》,复旦大学出版社2009年版,第203、224、225页。需要指出,德国哲学家哈贝马斯在20世纪的七八十年代也提出过类似的看法(参见[德]于尔根·哈贝马斯:《现代性哲学话语》,曹卫东等译,译林出版社2004年版)。

的共同体,只能是一种熟人社会,那么,近现代社会经过公共领域与私人领域的高度分化之后,每个个体从本质上来说面对的都是一个陌生人的社会:每一个个体都是独立的自立体,古代社会中的那种伦理共同体之“善”,失去了对每个个体自身行为的普遍性约束意义。① 黑格尔认为,共同体的伦理之善的丢失是一个致命的问题,因为这将直接把“社会”(伦理共同体)这一中间环节“抛离”出去,导致“个人”与“国家”之间的敌对,最终既损害了国家也威胁到个人权利。因此,黑格尔一生旨在调和现代个体主义(individualism)、主体(subjectivity)与对共同体和伦理生活的需要之间的关系问题,以致于阿贝尔·盖扎(Abel Garza Jr.)说:“贯穿黑格尔整个哲学生涯所面临的任务在于,创造一个共同体和伦理生活的空间,但同时又保持了自由主义个体主体的合法权利”。② 也正缘于此,黑格尔在其整个学术生涯中均把带有统合性和整体性的“社会公共领域”(the public sphere of society)和“国家”的重要性提高到实质性高度(a substantial degree of importance)。③ 黑格尔赋予伦理共同体生活(*Sittlichkeit*)和“国家”以绝对的普遍性,认为它们的这种普遍性不是契约达成的产物和结果,而是在存在论上具有优越性的理念意义上的东西。黑格尔这么做,其目的在于借助“市民社会”及其展开过程,实现孤立性的个人与共同体之间的“和解”(reconciliation)④,以缝合现代性所给人类带来的各种分裂境况。

---

① 列奥·斯特劳斯把现代性较之于古典的显著特征之一概括为,在自然法传统上实现了从古代的“善”到现代的“权利”的转换,即“权利优先于善”。参见[美]列奥·斯特劳斯:《自然权利与历史》,彭刚译,三联书店2006年版。

② Abel Garza Jr.,“Hegels Critique of Liberalism and Natural Law:Reconstructing Ethical Life”,*Law and Philosophy 9*,pp. 375-376.

③ Abel Garza Jr.,“Hegels Critique of Liberalism and Natural Law:Reconstructing Ethical Life”, *Law and Philosophy 9*,p. 376.

④ Michael O.Hardimon,*Hegel's Social Philosophy*:*The Project of Reconciliation*,Cambridge University Press,1994.查尔斯·泰勒对这种“和解”解释道:“‘和解’并不单纯只是‘解开’或‘恢复原状’(undoing);要回复到主体与自然尚未分离的原始状态,是不可能的。相反,我们所向往的,乃是既保有分离所得的果实,亦即自

上文的论述,既是对黑格尔阐释和批判财产权理论的时代背景之表达,也是对他分析财产权问题的哲学基础之揭示。一言以蔽之,黑格尔对待财产权问题的最大特点在于,他把对财产权的分析与对现代性的反思紧密结合起来,并以一种动态的、生成着的辩证视角理解它。黑格尔关于财产问题的论述,乃至他的全部法哲学,均是他的整个理论体系的内在构成部分,按他本人的说法,它们都是真理实现自身过程的一个环节。[①] 而"真理"在他看来乃是一个"整体",是自由意志或绝对精神的自我实现过程。自由意志的这种自我实现过程,明显地表现出了他的整个逻辑学展开过程中所体现的"正题、反题与合题"的三元辩证模式。就此而言,必须结合自由意志或绝对精神的对象化展开过程去理解,才能真正把握他的财产权理论的实质。[②] 而一旦这么做,就立即显示出黑格尔处理财产权问题的独特性。黑格尔由于把时间性和历史性的维度纳入了考察的视角,因此,财产权在他那里就不像在洛克那里那样,是一种单纯的对财产权正当性的论证,它同时也是对既往财产权理论的解释性说明和批判性反思。他对洛克和康德为代表的立足于自然法传统论证财产权正当性的做法表示不满,并进而把对这个问题的考察推进到法权研究的视角或高度,就是证明。黑格尔把财产权问题与法和自由的实现紧密结合起来,认为财产权为个人从自然意义上的人(*Mensch*)成长为法权意义上的人格(Person),以及自由意志的现实化和个人主观自由获得实体性的内容,所不可或缺。但另一方面,在他看来,作为自由的"最初的定在"的财产,也有其自身历史性的限制,它必

由的理性意识,而又将此意识与统一(unity)调和起来,也就是与自然、社会、上帝,甚至与命运或事物的进展历程等调和起来。"参见[加]查尔斯·泰勒:《黑格尔与现代社会》,徐文瑞译,吉林出版集团有限责任公司 2009 年版,第 23 页。

① 马克思在未完成的《黑格尔法哲学批判》一书中甚至认为,黑格尔的法哲学只不过是对他的逻辑学的具体运用和补充(参见《马克思恩格斯全集》第 1 卷,人民出版社 1995 年版,第 263 页)。

② 斯蒂尔曼甚至说:"黑格尔对财产的讨论必须被放入他那作为整体的政治哲学语境中去理解。"参见 Peter G. Stillman, "Property, Freedom, and Individuality in Hegel's and Marx's Political Thought".

须通过过渡和深入到市民社会、伦理生活以及政治国家中去,即在不断扬弃和超越自身的过程中获得实体性的内容,并获取他人的"承认"。①

不过,黑格尔对财产及财产权问题的相关论述并非只是对私有财产存在的合法性论证,尽管他确实谈到了一种绝对的占有权,并认为自由意志通过客观化为私有财产而实现自身。黑格尔不同于先前的自由主义者,他在财产及财产权问题上所持的态度是双重的:一方面论证财产及财产权之于人的人格性及自由得以被实现的重要性,另一方面揭示财产权之为人的天赋权利的荒谬。② 总体上,黑格尔思考的主髓问题是自由问题,即自由意志如何实现自身的问题,或者说他所关注的是"思想或意志在外部物质世界的起源"问题。他把人与外部世界之间的原初关系,看作是一种既直接面对同时又具体对抗性的局面。但这种局面可以被打破(即实现"和解"),人格通过宣称"外部世界属于它自己"就能使自身从上述局面中摆脱出来。而人格宣称"外部世界属于我的",就意味着我把"我"的人格客观化到了外在对象身上,从而它就是"我"的自由意志和人格的体现,它就成了我的"财产",换句话说,"我"享有对该外在对象的财产权。可见,财产代表着人格或自由意志现实化过程的第一个阶段。这是自由意志现实化自身的最初行为之

① 关于从"承认"视角探讨黑格尔的财产理论的文章和著作可参见:Vladimir Milisavljevic, *Struggle for Recognition in Hegel's Jena Writings*, Annals of the Faculty of Law in Belgrade International Edition, vol. 2007, pp. 133–150; Andrew Chitty, "Recognition and Property in Hegel and Early Marx", *Ethical Theory and Moral Practice*, 2013; Renato Crist, *Hegel on Property and Recognition*, Laval theologique et philosophique, 1995; Robert R Williams, *Recognition: Fichte and Hegel on the other*, SUNY Press, 1992,以及 Heikki Ikaheimo and Arto Laitinen edited, *Recognition and social ontology*, Koninklijke Brill NV, 2011。此外需要说明的是,近年来从"承认"的视角研究黑格尔的法哲学(包括他的财产权理论)越来越成为黑格尔哲学研究领域的一种"时尚",包括霍奈特(《为承认而斗争》)、查尔斯·泰勒(《承认的政治》、《黑格尔与现代社会》)、罗伯特·B·皮平(《Hegel's Practical Philosophy: Rational Agency as Ethical Life,》)等均是这一进路的代表。

② 就此而言,黑格尔与卢梭较为接近,但卢梭主要是从"消极的方面"看待私有财产的,他把私有财产理解成人类史上产生不平等的根源。

一,在这一过程中,具备人格的意志拥有了一种具体的、自由的形式。不过,对黑格尔而言,财产的存在主要并不是满足一般的欲求、欲望或追求,尽管他承认,它很容易给人造成这样的印象。最重要的现实是"财产是自由的最初定在",因此,它是自由得以获得实体性内容和被现实化的首要手段。

黑格尔与自由主义在如下的观点上是一致的,即"私有财产确保了实现个体自由的必要但不是充分条件"。① 根据这种观点,要想确认某人对其所有物的拥有权,就必须不断地屈从于欲望和一些外在的因素。超越这种状态,部分地是通过订立契约来实现的。但私有财产不仅仅是用来满足现有的冲动和欲望的手段,其自身就是目的所在。也根源于,私有财产是个人"自由的最初的定在",是"意志的定在",就此而言,它就是人将要实现的"自由"本身。黑格尔并不满足于抽象的形式化的自由,他把自由看作一个不断展开和实现的过程,因此,作为自由的最初的定在的财产,也不会仅仅停留于"抽象法"阶段,而是要过渡和深入到"伦理"领域中的"市民社会"和"政治国家"中去。一旦如此,黑格尔发现市场不会仅仅让自然状态的竞争维持在一个较高的水平,它还会通过发展他自我实现的能力来改变个体。② 市民社会是一个私人利益纷争的战场,在这个战场上,每个人是凭靠彼此间达成的承诺和契约为自己的私有财产权提供保障。在黑格尔看来,意识到他人的存在,对个人超越其简单的个体特殊性至关重要。通过表明甚至共同的财产安全也能产生出一种事先存在的社会契约,黑格尔对此作出了阐释:因为"我不仅可以通过实物和我的主观意志占有财产,而且同

---

① Ron Rowe, *Is Property Necessary for Freedom? An Examination of Hegel's Conception of the Relation Between Property and Freedom*, http://ronrowe.home.insightbb.com/papers/Hegel,_Property,_and_Freedom.pdf

② 普兰特:《黑格尔政治哲学中的经济和社会的整体性》,载中国社会科学院哲学研究所西方哲学史研究室编:《国外黑格尔哲学新论》,中国社会科学出版社1982年版,第289页。

样可以通过他人的意志，也就是在共同意志的范围内占有财产”①。黑格尔把市民社会的私有财产权奠定在契约之上，实际上在财产权来源和根据上就引入了人与人之间的相互“承认”的问题。这是一种与洛克为代表的自然法家处理财产权起源截然不同的进路。

当然，在契约财产论上，黑格尔持一种辩证批判的态度。关于《法哲学原理》中黑格尔对财产权所持的态度，学术界有不同理解。一种观点认为，如同洛克和康德等人一样，黑格尔是为了证成财产权的正当性；另一种观点则认为，黑格尔对财产权总体上是持一种批判性的立场。我认为，就《法哲学原理》而言，上述两种观点均能找到部分支撑性文字论述的依据。但考察黑格尔对待财产权问题的态度和立场，既要结合《法哲学原理》整个文本，又要结合他处理这个问题的时代背景、他所面对的主要问题以及西方思想史上关于财产权问题的整个传统。即便限于《法哲学原理》来说，黑格尔认为，无论是在“抽象法”，还是在“市民社会”和“伦理生活”中，财产权之于个人自由的实现都是极为重要的；但另一方面，由于黑格尔基于对现代性分裂本性的反省去理解财产权，因此，他把政治国家和伦理生活看作在存在论上优越于市民社会和孤立个人的存在，这与其说是一种事实，不如说是一种考察问题的视角高度。从这样的视角高度出发，黑格尔认为洛克和康德等人从自然法传统去理解财产权的做法存在着诸多问题，这既体现为他们均从一种设定的自然状态出发，把财产权理解为人所享有的天赋权利，又体现为他们没有注意到财产权是一个只有通过“斗争”才能获取的果实。黑格尔通过自由意志的辩证运动过程，把这两个方面结合了起来。这种结合同时就是对传统财产权论证模式的批判。由此可见，黑格尔在财产权问题上，持一种辩证的态度。但总体上，他不是为了证成财产权的合法性和正当性，因为这对他而言是毋庸置疑的，根本就不需要浪费时间去论证；他是要展示财产权之于个人实现自由的重要性，以及通

① ［德］黑格尔：《法哲学原理》，范扬、张企泰译，商务印书馆 1996 年版，第 80 页。

过获取财产权实现个人自由的艰辛过程。有必要附带指出，那种认为黑格尔在财产权问题上主要持一种肯定的证成其合法性态度的观点，其理论依据往往被局限于《法哲学原理》的“抽象法”部分，并由此把黑格尔在“抽象法”部分中讨论的财产权看作一种私法理论。

黑格尔在契约财产论上所持的辩证立场，深刻地影响了后来的马克思。与黑格尔一样，马克思在私有财产问题上也持一种历史性的辩证立场。他一方面看到了私有财产在个人的生活和自由方面所发挥的“积极意义”，另一方面，由于马克思生活的时代欧洲工业化与现代性发展相对较高，私有财产的集中化及其为无产者所带来的破坏性程度也较严重，因此，他主要关注的是私有财产相对于无产者的消极性的方面，并对其主要持批判的立场。

三、马克思对黑格尔财产权理论的批判

财产权问题同样是贯穿于马克思思想发展始终的核心问题之一。历史唯物主义正是在私有财产和资本逻辑批判的过程中被充分巩固起来的，它的巩固反过来又进一步强化了对自由主义的自然权利财产论和黑格尔的法权财产论的批判和超越。但马克思处理财产权问题的方式有别于洛克和黑格尔，其语境是政治经济学批判和经济哲学（或宽泛意义上的“社会政治哲学”），他把财产权问题既看作政治和法哲学的问题，又看作经济的问题，以及经济背后的“权力支配、统治和剥削关系”。

相比于自由主义和黑格尔，马克思对私有财产的考察显然有一个更开阔的社会历史背景，这决定了他能够立足于整个近代西方社会政治传统，去力图揭示和把握私有财产关系所内在包含的复杂的社会关系本质。当然，马克思对私有财产的社会关系本质之内在复杂性的认识和科学把握，不是一蹴而就的，而是有一个不断深化的过程。总体上看，这一过程经历了从早期的法哲学和思辨哲学视角（主要继承于黑

格尔),到思想过渡时期的经济学视角,再到思想成熟时期的社会政治哲学视角(社会关系视角)的不断深入和转换。当然,马克思对私有财产之本质的这种把握经过了一个不断深化理解的过程。在克罗茨纳赫时期,尤其是《黑格尔法哲学批判》,以及《〈黑格尔法哲学批判〉导言》和《论犹太人问题》中,他主要通过对黑格尔的国家哲学,特别是黑格尔所主张和推崇的"长子继承制",以及"政治解放"和"人类解放"之间的关系问题的考察,明确了如下社会事实,即私有财产并不像在自由主义者和黑格尔那里所表明的那样,与个人的自我发展和自由的实现是直接同一的,实际上恰恰相反,"私有财产不是人的自然权利,……因为它不利于人的自我实现(human self-actualization)以及在社会中实现普遍的自由"①。该问题在《1844 年经济学哲学手稿》中得到进一步深化理解。为解决私有财产的起源问题,马克思把私有财产问题的关键把握为"劳动"与"资本"之间的分离和对立关系,并揭示了私有财产内涵的内在复杂性,他把私有财产的关系区分为"作为劳动的私有财产的关系"和"作为资本的私有财产的关系",以及这两种表现的相互关系。这一思想为之后《共产党宣言》中的"消灭私有制"和《资本论》中的"重新建立个人所有制"思想做了预先的准备。

马克思认为,在"作为资本的私有财产关系"盛行的时代,私有财产之于人的自我发展和自由的实现而言,不仅不像黑格尔和自由主义所声称的私有财产是保障个人实现自由的必要条件,相反它构成了对个人"人格性"(Personality)之展开和实现的一种损害和障碍。② 因此,扬弃或消灭"作为资本的私有财产"既是实现人类解放和自由发展的需要,也是历史发展的必然。可见,马克思对私有财产问题的处理显然不属于自由主义传统,甚至在一定意义上它就是对自由主义传统的质

---

① Wall, Barbara E, "Marx's Analysis of the Relationship between Private Property and the State in his Early Writings", *Philosophy Today*, vol. 31, 1987.

② Margaret Jane Radin, "Property and Personhood", *Stanford Law Review*, vol. 34, 1982, pp. 957-1015.

疑和扬弃。在这个意义上,说马克思是黑格尔的精神继承者是有道理的,因为正是黑格尔真正开启了以"普遍性"的高度来反思和批判自由主义财产权理论的路子。但与黑格尔的"调适"和"反拨"的方式相比,马克思显然要激进的多。他不仅不是要证成私有财产权,还要从根本上证否或证伪私有财产(即"作为资本的私有财产")。就此而言,如果把自由主义对私有财产的处理路径概括为"私有财产的证成路径"(总体上而言,黑格尔依然属于这种进路),那么,马克思所代表的就是"私有财产的批判路径"。在继承黑格尔批判精神和立足于其理论的现实基点上①,并通过对私有财产展开政治经济学的和存在论的批判,马克思从根本上否定了私有财产权是人的"自然权利"的可能性。因为,根据他的看法,私有财产的存在无论是对"个人的自我人格性"的实现还是对"人类普遍自由"的达成都是一种妨碍。② 需要指出,尽管从马克思的观点来看,私有财产是一个历史性的产物,但这并不意味着在市民社会产生之前,就完全不存在"财产"或"所有"概念及其关系。而是说,"作为资本的私有财产"以及法权意义上的财产权或所有制关系,是以具有独立性人格之个体(Personal Individuals)的存在为前提的,而这样的"个体"只有在市民社会充分发展的历史时代和社会制度下才能逐渐生发出来。也正是这一点,本质性地把法权意义上的财产权或所有制关系与自然权利意义上的财产权或所有制关系明确区分开来。

进而言之,马克思以一种哲学上批判的态度对待黑格尔的法权财产论。他一方面充分肯定黑格尔法权财产论所内在包含的历史性(否认它是自然权利)和关系性(契约双方基于共同同意达成)维度。另一方面他又批评黑格尔只是从自由意志去理解财产权,以及由此所体现

① 马克思说:"黑格尔站在现代国民经济学家的立场上"(参见《马克思恩格斯全集》第3卷,人民出版社2002年版,第320页)。

② Wall, Barbara E., "Marx's Analysis of the Relationship between Private Property and the State in his Early Writings", *Philosophy Today*, vol. 31, 1987.

的这种历史性和关系性的虚妄不实。因此,在《德意志意识形态》中马克思批评性地评论说:“仅仅从对他的意志的关系来考察的物根本不是物;物只有在交往的过程中并且不以权利(一种关系,哲学家们称之为观念)为转移时,才成为物,即成为真正的财产。”①黑格尔认为人把其意志体现于物内由此便构成财产权概念,但马克思认为意志的占有尚不足以构成私有财产的真正基础。因为“私有财产的真正基础,即占有,是一个事实,是不可解释的事实,而不是权利。只是由于社会赋予实际占有以法律的规定,实际占有才具有合法占有的形式,才具有私有财产的性质”②。在马克思看来,“占有”是一种事实,是人对物的感性对象性的排他性的支配关系,但它并不必然要求(或意味)他人(或国家)的承认。换言之,它不必然是法权关系。占有之所以能够成为法权关系,成为一种权利,是由于他人或社会对这种占有关系的承认,并以法律规定的形式确证了这一占有事实关系。当然,马克思并没有完全否定私有财产的法律意义,他对黑格尔的批判仅限于他以意志去解释私有财产这一观念论实质。后来在土地所有权问题上,马克思对黑格尔的批判仍然遵循着这种理论进路:“没有什么比黑格尔关于土地所有权的说法更可笑的了。他认为,人作为人格,必须使自己的意志这个外在自然界的灵魂具有现实性,因此,他必须把这个自然界作为自己的私有财产来占有。如果这就是‘人格’的规定,就是人作为人格的规定,那么,由此可以得出结论说,每个人都必定是土地所有者,才能作为人格而实现。土地的自由私有权,——一种十分现代的产物,——据黑格尔说,不是一定的社会关系,而是人作为人格对于‘自然界’的关系,是‘人对一切物的绝对占有权’。”③因此,马克思认为,按照这种既定的认知逻辑去理解,土地所有权肯定不是天然的或自然的东西,而是历史和社会的产物,换言之,它不是没有前提的。“土地所有权的前提

① 《马克思恩格斯全集》第3卷,人民出版社1960年版,第72页。

② 《马克思恩格斯全集》第1卷,人民出版社1956年版,第382页。

③ [德]马克思:《资本论》第3卷,人民出版社2004年版,第695页。

是,一些人垄断一定量的土地,把它当作排斥其他一切人的、只服从自己私人一致的领域。"①这实际上表明,土地所有权内在地包含着双重的维度,一是具体占有对象之物相的维度,一是权力或关系的维度。"物相的维度",从外观上显示土地的占有或分配的量上的不均等,少数人多占,大多数人则少占或不占。"权力或关系的维度",则从被物相遮蔽了的实质层面揭示,土地所有权实际是一种对他人利益的"排斥"关系,是对他人劳动力及其对象化结果或产物的统治、剥夺和支配关系。而黑格尔的根本性错误就在于,他没有真正理解和把握财产权的"权力或关系的维度"。

综上所述,在财产权问题上,马克思与黑格尔之间是一种继承、批判和超越的关系。一方面,马克思继承了黑格尔对自由主义财产权理论的反思和批判精神,从而进一步确证财产权不是一种自然权利(即政治和"政治解放"的问题)。另一方面,他既不认同黑格尔在批判自由主义财产权理论上的"调适"和"反拨"做法,又不同意黑格尔把财产权单纯地把握为自由意志或人格外化和实现的问题(哲学和形而上学问题),而是把它领会为一个重大的经济和社会问题(或"人类解放"问题)。由此,马克思揭示了私有财产权背后隐含的有产者对无产者的统治和支配关系,并提出要实现真正的人类解放,必须彻底扬弃私有财产制度的主张。马克思对私有财产权批判的上述特质,在资本全球化的今天依然具有一定的时效性。就当下的中国来说,这种时效性主要体现为两个方面。首先,当今中国所遭遇的资本逻辑的支配性之强度尽管远比马克思时代要强烈得多,但这并非意味着私有财产和私有财产权就是一个应该被完全随便抛弃掉的东西。恰恰相反,由于历史发展的限制,切实地保护"个人的合法所得"的私有财产权已成为当今中国要解决的最为迫切性的问题之一。其次,马克思的私有财产批判理论的当代性还体现在对当今中国的历史唯物主义研究的启示上。历史

---

① [德]马克思:《资本论》第3卷,人民出版社2004年版,第695页。

唯物主义的真正生成语境是“经济哲学”或“政治经济学批判”，而不仅仅是先前人们认为的“哲学人类学”或“政治哲学”。

（作者　深圳大学社会科学学院副教授）

马克思对费尔巴哈“类本质”概念的扬弃及其哲学史意义

——以《巴黎手稿》为中心 *

郗　戈　张继栋

摘要:类本质概念是把握马克思与费尔巴哈思想史关系的一把钥匙。马克思承袭了费尔巴哈的“类本质”术语形式,但根本上改变了“类本质”的概念内涵。《巴黎手稿》中“类本质”概念在不同语境下呈现出不同的语义关联、理论内涵与逻辑线索。在异化劳动和异化交往批判的语境下,类本质概念的内涵分别被界定为劳动实践和社会联系(共同存在性)。《巴黎手稿》中的“类本质”概念既蕴含着实践活动的主体性维度,又孕育着社会关系的主体间性维度。由此,“类本质”概念就蕴含着“形而上学形式”与“历史性内容”之间不相适应的矛盾,这一内在矛盾推动着马克思思想的进展。因而,“类本质”这个看似最具有费尔巴哈特色的概念,恰恰构成了马克思扬弃费尔巴哈人本主义、走向历史科学的关键路径。马克思对费尔巴哈的继承接受之处同时也是对费尔巴哈的批判超越之点,马克思并没有经历过一个所谓“费尔巴哈阶段”。“类本质”概念具有重要的哲学史意义,构成了马克思哲学

* 本文是中国人民大学科学研究基金(中央高校基本科研业务费专项资金资助)项目“《资本论》历史唯物主义思想及其当代价值研究”(项目号:12XNJ013)的阶段性成果。

革命得以发生的关键性的中介环节。

关键词:类本质　异化劳动　劳动实践　社会联系

青年马克思思想发展的关键时期曾经深受费尔巴哈影响,因而马克思究竟有没有一个“费尔巴哈阶段”就成了马克思主义哲学发展史关注的焦点。由于马克思受费尔巴哈影响较大的时期是1843年的5月费尔巴哈发表《关于哲学改造的临时纲要》和《未来哲学原理》至1845年春天这段时间①,因此《巴黎手稿》(包括《1844年经济学哲学手稿》和《詹姆斯穆勒政治经济学一书摘要》(下文简称《穆勒评注》))自然成为了研究马克思与费尔巴哈思想关系的主要文本依据。“类本质”概念是把握马克思与费尔巴哈思想史关系的一把钥匙,同时关于其思想内涵和理论价值一直也存在争议。不少国内外学者认为,《巴黎手稿》大量使用的类本质概念是马克思承袭自费尔巴哈的现成概念,因而表明马克思仍然受费尔巴哈的决定性影响,甚至正处于“费尔巴哈阶段”或“费尔巴哈派阶段”。而我们认为,恰恰是马克思的“类本质”概念本身就蕴含着对费尔巴哈的超越意图和扬弃路径。我们从《巴黎手稿》中的“类本质”概念入手,通过文本语境、语义关联和概念涵义的考察,分析这一概念在多种语境下的不同内涵,以此来透视马克思与费尔巴哈之间具体而复杂思想史关联。

一、“类本质”:马克思与费尔巴哈关系问题的难点

马克思与费尔巴哈之间思想史关系是研究马克思主义哲学发展史中一个不可逾越的问题。在恩格斯对马恩早期思想脉络的回顾中,最著名的论述莫过于在《路德维希·费尔巴哈和德国古典哲学的终结》

① [美]麦克莱伦:《青年黑格尔派与马克思》,夏威仪、陈启伟、金海民译,商务印书馆1982年版。

中谈到费尔巴哈《论基督教的本质》一书时所表述的那样,“这部书的解放作用,只有亲身体验过的人才能想像得到。那时大家都很兴奋,我们一时都成为费尔巴哈派了。马克思曾经怎样热烈地欢迎这种新观点,而这种新的观点又是如何强烈地影响了他(尽管还有种种批判性的保留意见),这可以从‘神圣家族’中看出来”①。作为马克思主义的第二小提琴手和那次哲学革命的亲身经历者,恩格斯的这段话无疑是真实可信的。但是其实联系上下文可知,恩格斯这番话的主要目的并不是准确地叙述费尔巴哈与马克思的思想发展之间错综复杂的逻辑变化,而是描述在将近半个世纪之前黑格尔哲学解体大语境下费尔巴哈对整整一代青年黑格尔派的影响。要在马克思本人思想剧烈变动的1844年确切地把握马克思与费尔巴哈的关系,仅仅依靠笼统的论述是不够的,必须要回到文本本身。同时由于一些历史的原因,马克思在这段时间并未留下完整的关于他本人与费尔巴哈思想关系的著述,因此,在回到文本的同时必须要深入到文本内部,理清文本内部诸多概念的语义关联或同一概念背后不同的逻辑指向,才能够科学而又全面的对马克思与费尔巴哈思想关系做出一个客观的评价。

关于马克思是否存在一个“费尔巴哈阶段”这一问题,学术界大体分为两个阵营。一部分学者认为,“费尔巴哈阶段”是在马克思思想发展史上客观存在的,另一部分学者则对此持否定意见。在国际上最早明确提出马克思存在一个“费尔巴哈阶段”的学者是普列汉诺夫。普列汉诺夫在马克思思想史的历史分期上提出的“三阶段说”认为,马克思恩格斯“整个道路是由三个阶段构成的。第一阶段是黑格尔的抽象的自我意识,第二阶段是费尔巴哈的具体又抽象的人,第三阶段即最后阶段是现实的人,生活在特定社会经济环境下的现实阶级社会中的人”②。国内也有一些学者认为,马克思曾经历了一段信奉费尔巴哈观

① 《马克思恩格斯文集》第4卷,人民出版社2009年版,第275页。

② 《普列汉诺夫机会主义文选》下卷,三联书店1965年版,第416页。

点的时期。这主要是依据马克思在《〈政治经济学批判〉序言》中对《德意志意识形态》写作目的的回忆，“当一八四五年春他（指恩格斯）也住在布鲁塞尔时，我们决定共同阐明我们的见解与德国哲学的意识形态的见解的对立，实际上是把我们从前的哲学信仰清算一下。”①从前的哲学信仰在这里主要是指费尔巴哈，“费尔巴哈阶段”的论断由此成立。相反地，对“费尔巴哈阶段”持否定意见的学者认为，虽然马克思曾经高度评价费尔巴哈，并把费尔巴哈的哲学概念当作自己批判的武器，但是实际上这是马克思误读和拔高了费尔巴哈，并将自己的哲学新发现（将人的本质视为自由自觉的劳动实践活动）视作费尔巴哈的成就。由此，他们得出结论认为马克思在《巴黎手稿》中就已经超越了费尔巴哈，进一步推论马克思并未经历一个“费尔巴哈阶段”。

我们认为，马克思并没有经历过一个所谓“费尔巴哈阶段”。对于思想史的研究当然要有文本依据，但是文本依据并不等于字面的“文字”依据。如前文所述，此时的马克思正处在孕育其哲学革命的前夜，各种逻辑进路在马克思的头脑中迅速更迭、碰撞，因此如果只是单单抓住马克思在文本的表述形式上所采用的一些费尔巴哈的概念来判断他与费尔巴哈真实的思想关系，难免有失偏颇。马克思确实在《〈政治经济学批判〉序言》的文本中明确表述他曾在《德意志意识形态》中清算了作为曾经信仰的费尔巴哈，但是倘若论者仅仅以此为依据就论断马克思在他的思想历程中有一个“费尔巴哈派”阶段，论据未免过于单薄。假如在《德意志意识形态》中被马克思清算过的思想家就可以算作他思想发展所曾经历的一个阶段，那么作为《形态》中篇幅最长的“圣麦克斯章”显然会比“费尔巴哈章”更有资格成为马克思哲学革命前最重要的思想阶段。可是，就现存文本来看，并没有任何证据表明马克思曾经也经历过一个独立的“施蒂纳阶段”。

衡量思想史上不同论者之间的互相影响，不仅仅要看他们是否采

① 《马克思恩格斯全集》第30卷，人民出版社1998年版，第414页。

用了同一术语或概念,更要看他们之间对这一概念的理解即这一概念的思想内容是否一致。马克思这种善于"旧瓶装新酒"的思想家,往往是承袭前人术语,但根本改变了术语的概念内容。费尔巴哈的标志性概念莫过于"类本质",而马克思虽然在《巴黎手稿》中借用了"类本质"这一概念,但是他对"类本质"的理解恰恰是迥异于费尔巴哈的。也就是说,马克思承袭了费尔巴哈的"类本质"术语,但根本上改变了"类本质"的概念。学界以"类本质"概念作为出发点分析马克思和费尔巴哈之间的关系时,一个新颖的解释思路是先从《巴黎手稿》笔记本Ⅰ中所表达的"自由自觉的实践活动"开始,再进入到《穆勒评注》中关于社会关系维度的表述。这基本准确地把握了费尔巴哈与马克思二者之间的区别,但是这种思路在解读笔记本Ⅰ"异化劳动和私有财产"一节时仍然存在着一些困难。因此,我们试图在这里从相反的方向提出一个推论和猜想,即马克思的写作顺序和他本人当时思考的逻辑顺序并不是一一对应的。在马克思的思想中,是不自觉地先形成了社会的历史的视野,并在这种视野下运用费尔巴哈的类本质异化的方法进行写作了《巴黎手稿》。或者概括地说,马克思在写作笔记本Ⅰ的时候,他的"类本质"概念中本来就不自觉地包含着"社会关系"与"实践活动"两个维度,只是这两个维度还没有形成自觉的、完整的理论表述,因此马克思在《巴黎手稿》中对费尔巴哈的超越恰恰在于蕴含在经他改造过得"类本质"概念中"实践"和"社会关系"双重维度的开启。

因此,理解《巴黎手稿》中马克思与费尔巴哈关系的关键一点是,虽然马克思仍然继续沿用费尔巴哈的"类本质"概念,保留了这一概念的自然性、感性外观与抽象形式,但同时也不断地进行着如下的思想实验——在异化劳动批判和异化交往批判中,以劳动实践活动和社会联系(共同存在性)不断重铸"类本质"概念的内核,从而使之成为马克思扬弃费尔巴哈人本主义走向历史科学的关键路径。可见,《巴黎手稿》中的"类本质"概念内在蕴含着承袭自费尔巴哈的形而上学形式与马克思独创的历史性内核之间的矛盾。这种思想的内在矛盾推动其思想的进一步发展。

二、“类本质”与“异化”的原初关联

“类本质”是德文词 Gattungsewsen 的中文翻译，也可以翻译成“类存在”。在青年黑格尔派中，费尔巴哈的宗教批判使它成为一个受到广泛关注和使用的概念。因此，在讨论马克思类本质概念时，有必要先对费尔巴哈的“类本质”概念及其与异化概念的最初关联进行一番简要梳理。

首先，“类本质”概念在费尔巴哈那里表现为一种非生成性的对象化能力。所谓非生成性的对象化能力，是指人可以在对象物中把握（认识、直观）其自身的本质性力量。如果一首音乐或是一副雕塑能够让一个人从中感受到美，那么对于这个人来说，这首音乐和雕像就成为了它的对象物，他在这个对象物中所证明的恰恰是人在其自身之中所具有的音乐家或者雕塑家的天性。这种对象化能力不仅仅是在艺术的审美体验之中，更为重要的是费尔巴哈将其运用到了宗教批判领域。费尔巴哈将人与上帝的关系也理解为这样的对象化关系，人在上帝之中所崇拜的是自己对象化了的本质性力量，“上帝只是人类的对象。动物和星宿只是在人的意义之下，赞美上帝。所以上帝本质的特点，就是他不是人以外的其他实体的对象，上帝是一种人类特有的对象，是一种人类的秘密”①。

其次，费尔巴哈将这种对象化能力的基础诉诸理性与感性、思维与感觉的联合，但是在反对黑格尔哲学的具体语境中，这种联合的重点不可避免地偏向了感性一边。费尔巴哈将这种联合归结为法国唯物主义与德国观念论的联合。“直观提供出与存在直接同一的实体，思维提供出与存在异化了和分离了的间接本质。因此只有存在与本质结合、

① 《费尔巴哈哲学著作选集》上卷，商务印书馆 1984 年版，第 127 页。

直观与思维结合、被动与主动结合、法国感觉主义和唯物主义的反经院派的热情原则与德国形而上学的经院派的冷淡态度结合起来的地方，才有生活和真理。"①最后，在费尔巴哈那里，"类本质"概念从对象性意识出发，最终指向的是人作为单一主体的自我反思性特征。虽然费尔巴哈试图恢复在黑格尔哲学压制下的感性原则，但是费尔巴哈的"类本质"概念却出现了一种奇特的自我矛盾，即这种重新确立感性确定性优先地位的努力却不得不依靠一种新的反思性哲学的重建。既然基督教的上帝是人的本质性力量的异化，其最终证明的只是人自身的力量，那么人的类本质就必然是人以人自身为对象的对象化过程。"人的内在生活，是对他的类、他的本质发生关系的生活。人思维，其实就是人跟自己本人交谈、讲话。没有外在的另一个个体，动物就不能行使类的职能；而人，即使没有另一个人，仍旧能够行使思维、讲话这种类的职能，因为，思维、讲话是真正的类的职能"②。在希腊哲学中，亚里士多德同样将思维和言语视作人的本质性特征，不过对于亚里士多德而言，这一本质性特征必然是在政治共同体之中的。而费尔巴哈虽然强调人与人之间的关系，并将这种关系视为其"类本质"的核心内涵，"人的本质只是包含于团体（Gemainschaft）之中，包含人与人的统一之中，但是这个统一只是建立'自我'和'你'的区别的实在性上面"③，但是费尔巴哈的人与人之间的关系难以被称为"社会关系"，"自我"和"你"的区别的实在性建立在以感性直观为基础上的、无中介的直接性，对于费尔巴哈而言无非是他的"人学宗教"的代名词。即便费尔巴哈在宗教那里看到的是人自身本质的确证，但这种本质的确证因为缺乏社会历史内涵而显得苍白无力，一方面费尔巴哈承认人是文化和历史的产物，但是另一方面，对他来说人类的历史实际上是各个宗教依次更替的过程，而更替的动力则表现为人的本质在异化之后的必

① 《费尔巴哈哲学著作选集》上卷，商务印书馆 1984 年版，第 110 页。

② 《费尔巴哈哲学著作选集》下卷，商务印书馆 1984 年版，第 27 页。

③ 《费尔巴哈哲学著作选集》上卷，商务印书馆 1984 年版，第 185 页。

然复归,后者恰恰是非社会、非历史的,仍然是一个人、一个概念的自我运动。恩格斯对此公允的评价到,费尔巴哈的理论"是为一切时代、一切民族、一切情况设计出来的;正因为如此,它在任何时候和任何地方都是不适用的"①。

由上可见,费尔巴哈的"类本质"概念虽然立足于感性、对象性意识来颠倒黑格尔以理性、自我意识为中心的人性概念,但说到底,仍然没有走出黑格尔式思辨认识论和抽象人性论,仍然是将存在论问题转化为认识论问题,仅仅是反向地再生产出了黑格尔的主体形而上学。

在当时的环境下,费尔巴哈作为德国青年黑格尔派中的领军人物,其思想不可避免地对马克思产生了一定影响。在《巴黎手稿》中许多具体的术语和修辞上都可以明显看出费尔巴哈的色彩,"类本质"作为费尔巴哈哲学的核心概念也正是在这样的大环境下出现在马克思的思想历程之中。虽然马克思借用了费尔巴哈这一术语,但是从"类本质"概念出场的文本语境、与其他概念的语义关联、其自身内在结构来看,马克思的"类本质"概念在许多关键节点上都迥异于费尔巴哈的"类本质"概念。我们试图从"类本质"与异化劳动、"类本质"与交往异化这两个关系入手来说明这一问题。

三、"类本质"与异化劳动

青年马克思常用的批判方式是以价值悬设(或规范基础)来观照社会现实,在1844年承担着价值悬设功能的概念正是"类本质"。对于费尔巴哈而言,"类本质"概念虽然也具有一定意义上作为价值悬设进行现实批判的意味,但是这一批判意味并不强烈。费尔巴哈认为区分人类历史发展阶段的是宗教的形态,因此他的批判方式主要是宗教批判,力图建立起一种能够取代基督教的、真正的人本学宗教。但是对

① 《马克思恩格斯文集》第4卷,人民出版社2009年版,第294页。

于马克思而言,宗教批判仅仅是为社会现实的批判提供了可能性,“真理的彼岸世界消逝以后,历史的任务就是确立此岸世界的真理,人的自我异化的神圣形象被揭穿以后,揭露具有非神圣形象的自我异化,就成了为历史服务的哲学的迫切任务”①。任何仅仅批判意识领域、而不触动社会现实根基的哲学都不能满足对社会现实进行批判的任务,这也是马克思在《巴黎手稿》中对黑格尔的劳动观进行批判的理论出发点。“类本质”概念也是一样,马克思的“类本质”从一开始就不同于费尔巴哈的“类本质”概念,首先在于马克思的“类本质”概念的内核并不是费尔巴哈所强调的对象性意识和自我反思性,而是感性的主客体对象性活动即劳动实践。这集中表现为,《巴黎手稿》中类本质概念与异化劳动概念的语义关联和思想联系。

分析“类本质”与异化劳动两个范畴的关系,首先要把握“类本质”范畴与劳动实践范畴的矛盾关系。从《巴黎手稿》的整体框架来看,“劳动(实践)”和“类本质”都是对作为“主体”的“人”的核心内涵所做的规定,都是对人的本质、对主体性所做的一种概念规定。那么,在这两个概念对“人”、“主体性”的双重规定中,谁是更为根本的一个规定性呢?在两种概念规定之间究竟是一种什么样的语义关联和逻辑结构呢?这种关系究竟包含着怎样的理论意蕴与思想奥义呢?首先,应该看到,在《巴黎手稿》中抽象的“类本质”是比“劳动(实践)”更为根本、更为源始的一个主体性概念,直接规定着“人”的本质。其次,“类”、“类本质”概念在“劳动”和“人的本质”这两个概念之间趋近、对接和交融过程中起着桥梁式的语义和逻辑作用,是一个关键性的中介概念和理论对接点。再次,还应该注意到“劳动(实践)”与“类本质”这对概念之间更为微妙复杂的矛盾关系。“类本质”、“类生活”、“类意识”和“劳动”这几个概念的结合与纠缠显示出了这样一种倾向:劳动概念正在被吸纳、消融到“类本质”的概念之中去。由此,我们应该特别注

① 《马克思恩格斯全集》第3卷,人民出版社2002年版,第200页。

意以下几个方面。第一,在《1844 年经济学哲学手稿》中,马克思预先设定了一个理想化的抽象的"类"实体,并据此用"类本质"和"本质力量的对象化"来规定和解释劳动(实践)的本质,试图把它吸纳、统摄进"类"概念之中去,进而又用这种"类"、"类本质"去规定人的本质。① 第二,劳动表现出的三个历史状态(劳动的"三段式"即未异化的理想状态、异化状态和复归状态)实质上包含着这样一个前提预设即人的本质的"三段式"——人的本质的理想状态、异化状态和复归状态,这样,劳动的历史形态和历史演进就被"类本质"的理想原型做了抽象的先验规定。第三,人通过劳动而诞生的历史又被规定为以人的这种抽象本质的"自我复归"和"自我实现"为目标和终点的"历史"。生产劳动历史发展的必然趋向即"共产主义"又被抽象地规定为人的自我异化的扬弃和"通过人并且为了人而对人的本质的真正占有",是"人向自身、向社会的即合乎人性的人的复归"。②

可见,在《巴黎手稿》中,马克思有意识地用"劳动"概念来"填充"费尔巴哈的"类本质"概念的抽象空壳,用"类本质"概念来吸纳、包涵"劳动"概念,并通过这两个概念之间的相互规定、相互嫁接来扩展"类本质"概念的内涵。这一系列做法的理论动机就在于以扩展了的"类本质"概念来拒斥形而上学的理性、自我意识概念,重新奠定主体哲学的理论底蕴和现实根基。虽然,从表层语义结构来看,马克思对类本质概念之扩展意味着"类本质"概念对劳动(实践)概念的吸纳和消融;但是,从深层次的理论动机上来看,对"类本质"概念的扩展其实质意义还是在于,以劳动概念填充"类本质"概念的空洞内核,通过把"类本质"概念的思想内核由抽象的"对象性意识"、僵死的"自然性"扩展、改造为"对象性活动"、"实践"活动,来全面推进"主体哲学"领域内的现实化和非形而上学化的理论趋向。而这种主体哲学的直接表现形式是

① 《马克思恩格斯全集》第 3 卷,人民出版社 2002 年版,第 324—326 页。

② 《马克思恩格斯全集》第 3 卷,人民出版社 2002 年版,第 297 页。

异化劳动及其扬弃的理论。[①] 异化劳动是理解马克思“类本质”概念最重要也是最直接的概念。在笔记本Ⅰ的“异化劳动与私有财产”一节中,马克思对异化劳动做出了四个规定:劳动者与劳动产品相异化、劳动者同劳动过程相异化、劳动者同类本质相异化以及人同人相异化。具体而言,异化劳动首先使劳动产品不属于劳动者,因此劳动者的能动的主体能力变得敌视劳动者自身;其次,劳动丧失了确证劳动者主体能力的属性,因此“劳动过程同劳动者相异化”也被马克思称之为劳动的“自我异化(Selbstentfremdung)”。

在劳动的自我异化中,在能动的社会实践活动下的主体与客体的双向生成构成了马克思“类本质”概念与费尔巴哈“类本质”概念的核心差异之一。马克思在笔记本Ⅰ中将“类本质”概念表述为人类改造世界的能力,“正是在改造对象世界的过程中,人才真正地证明了自己是类存在物”、“劳动的对象是人的类生活的对象化”。人们通过自由自觉的劳动活动能动的改造外部世界,满足自己的需求,并且不仅仅能够按照自己的需求进行生产,还能够按照“美的规律”进行生产。人将自己的本质性力量对象化到劳动产品之中,并在自己的劳动产品中确证了自己。这种双向生成的过程使马克思的“类本质”概念区别于费尔巴哈以感性直观为基础所建立起来的“类本质”概念。

相应地,社会关系视域的引入是马克思“类本质”概念对费尔巴哈“类本质”概念构成决定性超越的另一个因素。如果马克思仅仅是谈论人能动的改造外部世界,那么就仍然停留在了近代启蒙主义的主体哲学的框架之内。虽然笔记成文有先后,但是思想形成却不一定严格按照笔记的顺序。马克思在写下笔记本Ⅰ的时候,可能已经开始形成《穆勒评注》中交往异化的框架,并在这个框架下写出“异化劳动和私有财产”。同时在笔记本Ⅰ中,已经有足够多的暗示

---

① 参见郗戈:《从哲学革命到资本批判——马克思历史唯物主义基本范畴的当代阐释》,世界图书出版公司2012年版,第100—110页。

线索来提示这一点。首先是谋生劳动这一概念。按照马克思手稿的写作结构来看，谋生劳动这一概念已经出现在了笔记本 I 中第七页的结尾，只是此时马克思并没有详细的展开论述，仅仅是提到了这一概念，“劳动在国民经济学中仅仅以谋生活动的形式出现”①，而谋生劳动这一概念的真正展开，恰恰是在笔记本 I 结束之后所写作的《穆勒评注》之中。

不仅仅在文本上，在异化劳动这一概念本身的论述中，马克思也暗示了社会关系的解释思路。异化劳动的第二规定中对劳动的外在性有这样的描述“这种劳动不是他自己的，而是别人的；劳动不属于他；他在劳动中也不属于他自己，而是属于别人”②。关于在劳动的自我异化中所出现的“别人”这一指涉劳动者之外的另一主体的问题，国内已有学者注意到。在“笔记本 I”中，既然马克思在类本质时所指向的意蕴是指人的自由活动和其生命过程的确证，劳动异化归根结底也是劳动的“自我异化”，那么在这里出现的这个“别人”是从何而来的呢？除此之外，异化劳动还面临着一些问题。作为用来解释不同于一般私有制的资本主义私有制来源的经济事实，异化劳动的历史是什么样的？或者简单说，劳动本身是如何变成异化劳动的呢？在笔记本 I 中，马克思对这一如此重要的问题也没有做出详细的解答。我们以为，对这些问题可以通过引入《穆勒评注》交往异化的范畴来回答。

四、“类本质”与交往异化

笔记本 I 的异化劳动理论已经蕴含着后来写作《穆勒评注》时系统阐发的社会关系论的种子。马克思的异化劳动的第一规定直接从“当前的经济事实”出发，笔记本 I 中“工资”“地租”“利润”三节大量的经

① 《马克思恩格斯全集》第 3 卷，人民出版社 2002 年版，第 232 页。
② 《马克思恩格斯全集》第 3 卷，人民出版社 2002 年版，第 271 页。

济事实为他的批判积攒了大量的经验材料，但是仅仅从这些材料出发，仅仅依靠费尔巴哈主宾倒置的人本学方法，是不能说明作为异化和贫困的根源的私有财产的。马克思如何扬弃异化这一问题只有借助一个新的逻辑框架才能解决，而这个逻辑框架正是《穆勒评注》中交往异化。从马克思理论兴趣来判断，这样的推论也是完全有可能的。对于孤立个人的主客体关系考察并不符合马克思从大学毕业之后的关注点。人们通常将马克思写给阿诺德·卢格的信中的一句话当作对费尔巴哈的称赞。“费尔巴哈的警句只有一点不能使我满意，这就是，他过多地强调自然而过少的强调政治”①。在马克思看来，缺少了社会关系维度的人本主义批判却无法成为批判社会现实的有力武器。实际上，马克思在论述异化劳动时也没忘掉在一定社会关系的框架下来理解异化劳动。

在《穆勒评注》中，马克思直接论述的对象是交换与分工，由此开启了审视人的现实生活的社会关系维度。马克思明确地把人的交换与“类本质”、“类生活”关联在一起：“不论是生产本身中人的活动的交换，还是人的产品的交换，其意义都相当于类活动和类精神。”②因为“我”和“你”对彼此的私有财产有着互相的需要，“我”和“你”以交换的形式来满足彼此存在和实现本质所必需的劳动产品，而正是这种互相需要使人意识到他同每个人的关系正如每个人对他的关系一样，都是作为社会总体中的一员而存在的。交换使得劳动者从出于本身需要的简单直接生产开始转变为追求对他人劳动产品的占有，但是，并不能说交换的产生是异化劳动的根源，因为交换只是人的需要的对象化从完全由其自身完成转变为经过中介在他人中完成。在交换活动中最关键的一环是谋生劳动的产生，谋生劳动是指劳动者的劳动产品完全用来交换，因此它产生了两个不可避免的后果。首先，劳动与劳动自身、

① 《马克思恩格斯全集》第27卷，人民出版社1956年版，第443页。

② ［德］马克思：《1844年经济学哲学手稿》，人民出版社2000年版，第170页。

与资本相分离，确认人的类本质的自由的劳动被谋生劳动所代替，劳动对于劳动主体来说变成“异化和偶然的联系”，因此劳动产品与劳动者的需要不再有直接的关系，他所从事的劳动种类完全取决于对他来说是外在的社会需要。这样一来，对于劳动者而言，从事什么样的生产对他来说并没有实际的意义，劳动作为劳动者的生命活动确认其类本质的能力也就无从谈起了，劳动完全转变为维持劳动者个人生存的手段。其次则是“交换关系”的形成，马克思在这里使用的交换关系实际上就是资本主义的雇佣劳动关系，异化劳动在这种关系下达到了自己的顶点。由上可见，交换是“类的行为”，但是这种私有财产的互相外化也使得异化得以可能。与异化劳动一样，“交换”仍然被理解为人的“类本质”的一种异化形式。

此时强调马克思“类本质”概念中社会关系的维度，并不是说马克思《巴黎手稿》的思想已经达到了后来《德意志意识形态》思想的成熟水平。此时的马克思思想中，新哲学的萌芽与费尔巴哈的人本主义价值悬设是纠结在一起的。有学者甚至认为此时马克思历史观的“底色”是“隐性唯心主义”的。诚然马克思看到了交换关系即资本主义雇佣关系和异化劳动不可阻挡的趋势，“分工随着文明一同发展”①，甚至批评国民经济学把这必然的历史趋势看作偶然的产物，但是马克思此时对历史的把握仍然相当模糊甚至存在矛盾（当然这种现象也有可能是我们今天无法看到笔记本 II 所致，马克思在笔记本 III 中对“历史”这一唯物史观关键概念的把握与笔记本 I 相比清晰很多）。马克思此时的头脑中一方面是劳动、需要和分工等脱胎于黑格尔“需要的体系”和国民经济学的市民社会逻辑，另一方面是充满着批判激情和人文关怀的费尔巴哈人本学的批判逻辑，两条互相矛盾的线索共同推动着马克思的思想水平向前发展。而恰恰是这种矛盾的纠缠，使得马克思能够在短短几个月之后以施蒂纳对费尔巴哈的清算为中介迅速脱胎换

① ［德］马克思：《1844 年经济学哲学手稿》，人民出版社 2000 年版，第 175 页。

骨,创立新世界观,实现自己的哲学革命。

再把经过《穆勒评注》丰富之后的视野重新引入笔记本 I“异化劳动与私有财产”一节中,我们就能够从对异化劳动逻辑的基础上初步回答前文中提到的“自我异化”中的第四规定性即“别人”问题。异化劳动的逻辑从劳动的对象化开始,劳动的对象化是劳动者主体能力与自然界的互相交换,在这种条件下劳动者的生产没有超过其现实需要,因此劳动直接以其需要为限,因而异化也无从谈起。紧接着马克思的逻辑转入《穆勒评注》之中,将原本一个个孤立的劳动者置于社会联系或共同存在之中,这就是交换。交换是“类的行为”,但是这种私有财产的互相外化也使得异化得以可能,马克思在这里作出了“人的交往”与“异化的交往”的对比:如果这个交换的关系是按照“真正的人”的关系组织起来的,那么每个人的劳动产品就是每个人互相的本质的确证;如果是在私有制(不论是一般私有制还是资本主义私有制)的前提下,彼此的本质的需求就异化为对彼此的互相奴役,类本质就异化为维持其生存的手段。交换关系的发展引起了货币和谋生劳动的产生。谋生劳动使得劳动与资本、与劳动自身相分离,劳动过程从人的生命的自由自觉的确证变成维系其生存的手段,劳动者无法也无须直接“领有”其劳动产品,而是获得交换的中介(货币),从而在其他私有者那里获得维系其生存的物质资料。可见,异化的交换所揭示的正是构成异化劳动之前提和要素的劳资雇佣关系,因而,在马克思的自我异化的论述中才会出现一个“别人”。

这样马克思在《巴黎手稿》中的“类本质”概念就可以分为两个方面来理解:一方面,类本质是自由自觉的活动,包含着主体性维度;另一方面,类本质则包含着社会关系、社会联系或共同存在性的维度,包含着主体间性维度。就此时马克思的思想而言,个人的特殊性经由黑格尔“需要的体系”(市民社会)所达到的“普遍性”。但是普遍性在这里并不应该理解为黑格尔意义上的绝对精神对自身的概念把握,相反,它是近乎费尔巴哈意义上的即个人在每个他人、在“类”的集体中实现其自身的能力。但是,与费尔巴哈实质不同的是,费尔巴哈将这种个人在共同存在中自我实现的能力理解为抽象的爱、理性和心,马克思却将之理解为个人的自我实现与个人间的互相肯定的统一。因此,“类本质”概念在马克思那里不仅具有实践内涵,还具有社会交往、社会关系的内涵。

结　语

综上,《巴黎手稿》中的“类本质”概念既蕴含着实践活动的主体性维度,又孕育着社会关系的主体间性维度。《巴黎手稿》用自由自觉的劳动实践来界定“类本质”,是对费尔巴哈的首次超越,进而马克思对费尔巴哈人本主义异化逻辑的决定性超越则是人的社会联系(共同存在性)的社会历史维度的引入。应当承认,在将劳动实践范畴作为自己的哲学基点这一点上马克思已经不同于费尔巴哈,但是费尔巴哈同样在主客体能动关系上讲思维与存在的统一,缺乏社会关系维度的劳动实践因其并未脱离旧哲学主客关系的范畴,实际上并未在青年黑格尔派的自我意识哲学上迈出多远。包括费尔巴哈在内的青年黑格尔派却很少关注社会关系的维度,一方面是普鲁士王国当时的专制形势使然,另一方面也是旧哲学的视野所限。而马克思却通过对黑格尔精神哲学和英法政治经济学的批判获得了社会关系的视野,也恰恰正是这个新的视野使马克思在青年黑格尔派中脱颖而出,奠定了唯物史观诸多概念的基本框架,也成为他日后的研究确定了方向。

我们认为,“类本质”概念是把握马克思与费尔巴哈思想史关系的一把钥匙。马克思承袭了费尔巴哈的“类本质”术语形式,但根本上改变了“类本质”的概念内涵。《巴黎手稿》中“类本质”概念在不同语境下呈现出不同的语义关联、理论内涵与逻辑线索。在异化劳动和异化交往批判的语境下,“类本质”概念的内涵分别被界定为劳动实践、交往与社会联系(共同存在性)。由此,马克思的“类本质”概念始终蕴含着“形而上学形式”与“历史性内容”之间不相适应的矛盾,这一内在矛盾推动着马克思思想的进展。孙伯鍨先生所提出的青年马克思思想中的人本主义与历史科学的“双重逻辑”,不仅运演于“类本质”与“实践”、“经济事实”之间,而且更为深刻地表现为类本质概念的内在矛盾。因而,“类本质”这个看似最具有费尔巴哈特色的概念,恰恰构成了马克思扬弃费尔巴哈人本主义、走向历史科学的关键路径。马克思对费尔巴哈的继承接受之处同时也是对费尔巴哈的批判超越之点。马克思并没有经历过一个所谓“费尔巴哈阶段”。

从马克思思想发展史上看,《巴黎手稿》中的“类本质”概念具有重要的哲学史意义,构成了马克思哲学革命得以发生的关键性的中介环节。① 在经济学和哲学双重语境中“双向生成”的劳动(实践)、社会联系(共同存在性)概念代表着马克思同时从哲学内部和从哲学之外的经验实证科学(经济学)领域开始的,对思辨形而上学尤其是其主体哲学进行“双向突围”的强烈理论动机。在此基础上,他曾经试图以劳动(实践)和“类本质”概念相互嫁接的结合物为理论基点来深度颠覆“认知—反思”模式的形而上学主体结构,并建立起一种“非形而上学化的感性活动式的主体性—主体间性结构”。然而,思想的发展证明,“类本质”概念仅仅只能作为哲学革命的一个临时搭建的扶梯和桥梁而已;一旦劳动(实践)和交往(社会联系)概念获得了它的全部现实内涵,包含着某种“形而上学陷阱”的“类本质”概念就会因为过于抽象、直观和僵死而变得完全不合时宜了。在《关于费尔巴哈的提纲》和《德意志意识形态》中,马克思将“类”的观念连同“类本质的异化”和对劳动(实践)、共产主义概念的抽象规定一起,逐出了他的思想视界,因而也就较为彻底地驱逐了形而上学式的主体性构造,同时,一个全新类型

① 参见郗戈:《从哲学革命到资本批判——马克思历史唯物主义基本范畴的当代阐释》,世界图书出版公司 2012 年版,第 100—110 页。

的主体概念即在现实生产条件、社会关系下从事物质生产活动的"现实的个人",即"实践主体"的概念由此最终诞生。

（作者　郗戈,中国人民大学马克思主义学院、马克思主义研究院;
张继栋,中国人民大学马克思主义学院）

从传统的公私对立到马克思的价值理论

张　寅

摘要：马克思从未讨论传统政治思想中极为根本的公私对立问题。对此，阿伦特等保守主义思想家、追随卢卡奇的西方马克思主义者以及哈特和奈格里等后现代学者作出了各自的解读。本文试图证明这些解读都没有彻底突破传统政治思想的境域，而《资本论》开篇的价值理论表述了一种思考政治经济问题的新境域，公私对立在这一境域中不再具有根本性。马克思在这里运用的一对关键概念是“可感性”与“超感觉性”。

关键词：价值理论　公共　私人　可感性　超感觉性

传统政治思想的一个根本问题是公共与私人的对立[①]，前者主要关系到政治和军事，后者则主要关系到劳动和享乐。倘若不首先区分公共和私人，传统政治思想就无法运作。或者说，传统政治思想必须从一开始就划定政治的领域即公共领域，并将私人领域排除在外，不予置问。我们在柏拉图的对话《游叙弗伦》中可以看到，如果奴隶在主人手

① 德语的“公共”可以是“publik”和“öffentlich”，后者在德国观念论传统中更为常见；“私人”是“privat”。马克思常用的“gemeinschaftlich”虽然也经常译作“公共的”——例如“公共的生产资料”是“gemeinschaftliche Produktionsmittel”——却不属于古典政治传统，而是与共产主义密切相关的概念，本文无法详加讨论。

中丧命，控告主人杀人就是可能的；那名奴隶假如不曾死亡，只是照常做工，就是与公共领域无关的人。

然而在马克思的《资本论》和《1857—1858 年经济学手稿》等重要的后期文本中，“私人”还经常出现，“公共”则几乎没有提到。为什么马克思不关心公私对立？后人大致作了如下三种解读。

1.按照阿伦特等保守主义思想家的看法，马克思被资本主义经济的巨大成就所迷惑，片面推崇劳动的力量，遗忘了至关重要的公共性。因此，他的共产主义思想严重缺乏一种关于政治和国家的学说，这一点可以部分地解释 20 世纪东欧国家在政治上的混乱。

2.追随卢卡奇的西方马克思主义者同样认为资本主义经济埋没了公共性，把政治贬低成了经济的附庸；然而共产主义被视为一种对政治的重申，一种要求团结群众、“改变世界”的运动。因此，这些学说的首要问题是如何在群众中发现或培养具有政治自觉性的进步力量。

3.在后现代思潮的影响下，哈特和奈格里等学者主张脱离公私对立，因为资本主义私有制和社会主义公有制都遇到了无法解决的困难。他们发现当今世界正在形成一种既非公共亦非私人的“共同体”，马克思的许多论述在这里被重新激活了，因为它们早已超出了公私对立。

本文的目的是证明以上解读都没有彻底突破传统政治思想的境域，而《资本论》开篇的价值理论——上述解读不谋而合地撇开了这一价值理论的具体内容，至多借用了其中的拜物教概念——表述了一种思考政治经济问题的新境域，公私对立在这一境域中不再具有根本性，只是一个衍生性的问题。马克思在这里运用的一对关键概念是“可感性”(Sinnlichkeit)与“超感觉性”(Übersinnlichkeit)，前者在《1844 年手稿》中已经扮演了活跃的角色(译作“感性”)，并在《资本论》中得到了深入的阐发。下文中的“Gemeinsinn”(共同感)和“Gesinnung”(态度)等术语都与“Sinnlichkeit”相关。

一、传统政治思想中的公私对立

现代认识论把可感物仅仅当作感官可以从中获取信息的东西，而且这些信息还过于初级，有待于心智的进一步加工。在阿伦特看来，这种观点忽视了古典的“共同感”（common sense，Gemeinsinn）：

> 共同感转化为一种内在感觉是整个现代的特征；在德语中，古老的德文词 Gemeinsinn 和代替它的较新表达 gesunder Menschenverstand 之间的区别，暗示了这一特征。①

只有通过共同感，“所有其他严格私人性的感觉才适合于一个共同世界”②。共同感使得生活在同一个世界中的人们体会到他们生活在同一个世界中，而不是仅仅忙于各自的事务。因此，在阿伦特的理想中——例如在她推崇备至的古希腊城邦里——可感性应当兼有公共的和私人的形式。然而自笛卡尔以来，共同感就逐渐丧失了：“现在人们共有的不是世界，而是他们的心智结构，严格说来，心智结构也不是他们共有的，只是碰巧在每个人那里都相同的推理机能。”③在这种心智的机能中只存在“内在感觉”，所以人们除了私人的劳动和享乐之外，实际上无法触及公共性。在阿伦特眼里，缺乏共同感的人不成其为公民，只是劳动动物，因此她把现代性的最终后果称为“劳动动物的胜利”。然而，古典的公共性真的与私人性如此截然不同吗？

众所周知，即使在古希腊城邦里也只有少数人是公民。事实上，到了古希腊和罗马共和国的末期，连大多数公民都被剥夺了政治动物的地位。从阿伦特本人的角度看，这并不是或然的历史现象，而是具有必

---

① [美]汉娜·阿伦特：《人的境况》，王寅丽译，上海人民出版社 2009 年版，第 260 页。

② [美]汉娜·阿伦特：《人的境况》，王寅丽译，上海人民出版社 2009 年版，第 225 页。

③ [美]汉娜·阿伦特：《人的境况》，王寅丽译，上海人民出版社 2009 年版，第 225 页。

然性:虽然一般人都可以劳动,但是公共领域的"行动"不同于劳动,而是"意味着去创新、去开始(因为希腊词 archein 表示'创始'、'引导',最终意味着'统治'),发动某件事"①。既然有"引导"(lead)和"统治"(rule),就必定有被引导者和被统治者。因此,对统治者来说清晰可感的公共领域必须在被统治者面前表现为一个含混不清的超感觉世界,否则被统治者就同样有能力统治了。或者说,传统政治思想在划定公共领域的同时就区别了对公共性"有感觉"的人和对它"没感觉"的人,后者只能停留在私人领域,而且应当接受前者的引导和统治。雅克·朗西埃据此批判了阿伦特和列奥·施特劳斯:"'自由'的民众[……]在确定不移的意义上只有一件事可做:保持沉默并服从。"②

因此,阿伦特等保守主义思想家无非是把共同感设想为某种珍贵的产品,只能由统治者享用,民众则没有资格拥有。反过来,私人事务对于每个人自己都是可感的,所以这种可感性如同普通的产品。这种设想被朗西埃称为"可感物的分配"(distribution of the sensible)③,它与阶级社会的产品分配具有相同的结构。换句话说,保守主义政治思想尽管将劳动贬为私人事务,却在公私对立这一根本问题上依赖于产品分配的隐喻。他们未曾说明这一隐喻,因而公共性显得完全不同于私人性,但其实两者遵循同一种逻辑。

这一逻辑同样适用于《法哲学原理》的"伦理"部分。黑格尔把人们对公共事务和私人事务的感觉统称为"态度"(Gesinnung)④,并认为"政治态度从国家机体各个不同的方面取得自己特定的内容"⑤。也就是说,只有有能力进入"国家机体"的人——议员、官吏和君主——才

---

① [美]汉娜·阿伦特:《人的境况》,王寅丽译,上海人民出版社 2009 年版,第 139 页。

② Rancière, *Dissensus*, Bloomsbury Publishing 2015, p. 30.

③ Rancière: *Dissensus*, Bloomsbury Publishing 2015, p. 36.

④ 通行的范扬、张企泰译本一般把这个词译作"情绪",不取。

⑤ [德]黑格尔:《法哲学原理》,范扬、张企泰译,商务印书馆 1961 年版,第 269 页。

会抱有政治态度,而不具备政治态度的人没有资格在公共领域出现。女性一如既往地被排除在公共性之外,因为“她的伦理性的态度就在于守家礼”①。

总之,传统政治思想的基本做法是:将公共的与私人的可感性划分开来,前者较为罕见,后者则稀松平常,所以必须找到或培养对公共事务“有感觉”的少数政治主体——而且这与产品分配的逻辑是同构的。马克思也采用过类似的做法。《1857—1858 年手稿》在论述生产和消费的同一性时提到,“艺术对象创造出懂得艺术和具有审美能力的大众,——任何其他产品也都是这样”②。可见,艺术的可感性(“懂得艺术”是“kunstsinniges”)与它的公共性(“大众”是“Publikum”)相互关联,而且“任何其他产品”都具有这种关联。本文第 3 节将证明《资本论》的价值理论包含了一种完全不同的境域。

二、激进思想对公私对立的重释

在这个问题上,追随卢卡奇的西方马克思主义者和奈格里等后现代激进思想家都未能同传统政治思想彻底决裂。从本文的角度看,《历史与阶级意识》的主张是一种新的“可感物的分配”:与古代统治者相反,现代资产阶级已经沦落为劳动动物,而要重建公共领域,必须依靠现代工人阶级,因为它有可能、也有必要具备政治态度。卢卡奇的论述可以概括为三个层面。

第一,物化成了一种普遍现象,资产阶级和工人都是物化的受害者。它不仅支配了物质生产,而且侵入了“心灵领域”和“伦理领域”,以至于“雇佣劳动中产生的各种意识问题以精致的、超凡脱俗的、然而

① [德]黑格尔:《法哲学原理》,范扬、张企泰译,商务印书馆 1961 年版,第 166 页。

② 《马克思恩格斯全集》,第 30 卷,人民出版社 1995 年版,第 33 页。

正因此而更强烈的方式反复出现在统治阶级那里”①。换句话说,资产阶级遭受的物化更为严重,因为这种物化没有表现为赤裸裸的压迫。由于这一困境,资产阶级无法成为拥有共同感的古代统治者,只能实行官僚统治,这“意味着使生活方式和劳动方式以及与此有关的还有意识,类似地适应于资本主义经济的一般社会—经济前提”②。

人之为人就在于社会历史的总体据说应当是可感的:

> 马克思要求我们把“感性”、“对象”、“现实”理解为人的感性活动。这就是说,人应当意识到自己是社会的存在物,同时是社会历史过程的主体和客体。③

第二,与保守主义学说不同,这里的社会历史总体同时涵盖了政治与经济,仿佛合并了公共领域和私人领域。然而卢卡奇并没有真正超出传统政治思想,只是用公共性统摄了总体性,将经济政治化了,以革命热情压倒了经济生活的自律性——或者说惰性、惯性。正如他在《历史与阶级意识》1967 年的“新版序言”中所说,当初“这种以最激进的方式推断马克思主义根本革命内涵的尝试失去了真正的经济基础”④。

第三,人类必需的公共性会在自觉的工人阶级身上得到体现。卢卡奇承认“在资本主义仍然内部完全稳定的时期,工人阶级广大群众在意识形态上完全站在资本主义的立场上,是可以理解的”⑤,但他始终认定资本主义的“正常”运行与革命政党的积极介入终究会将工人

---

① [匈]卢卡奇:《历史与阶级意识》,杜章智等译,商务印书馆 2011 年版,第 163 页。

② [匈]卢卡奇:《历史与阶级意识》,杜章智等译,商务印书馆 2011 年版,第 162 页。

③ [匈]卢卡奇:《历史与阶级意识》,杜章智等译,商务印书馆 2011 年版,第 69 页;“对象”原译“客体”。

④ [匈]卢卡奇:《历史与阶级意识》,杜章智等译,商务印书馆 2011 年版,第 11 页。

⑤ [匈]卢卡奇:《历史与阶级意识》,杜章智等译,商务印书馆 2011 年版,第 349 页。

推向无产阶级的立场。这种新的政治动物不像传统的统治者那样远离劳动，也不再是少数人，却和传统的统治者一样对公共事务抱有恰当的态度。

至此，我们就可以理解卢卡奇之后的西方马克思主义为什么会陷入双重疑难：(1)只有在《历史与阶级意识》所处的革命年代，政治才有可能居于压倒性的地位。到了后来，特别是第二次世界大战后的西欧，公共领域和私人领域很快就像过去那样分开了，哈贝马斯等人完全接受这一点。(2)（欧美的）工人阶级似乎很难拥有共同感。不论是在“正常”时期还是在经济危机当中，大多数工人都只懂得计算各自的经济利益，没法成为合格的政治主体。

哈特和奈格里试图通过“生命政治”的概念解决第一个疑难：

> 随着全球经济的后现代化，财富的创造愈加倾向于成为我们所说的生命政治性的生产，这是社会生活自身的生产，经济的、政治的和文化的东西在其中越来越相互重叠、相互渗透。①

之所以公私对立是阶级社会的常态，是因为经济生活向来并不重要，只是为政治提供了一个相对自律的基础，如同“消极的舞台台柱”②。可是在生命政治的时代，这种自律性再也无法保持下去了；经济生活的诸多变化——例如交通工具和通信工具的更新、自然资源和文化资源的开发——会直接促使人们提出政治问题，因为这些变化与人们的共同生活密切相关。人类的欲望和需要也不再是只能通过千篇一律的劳动来满足的东西，而是越来越富有内容，越来越兼具共同性与个别性。哈特和奈格里认为“欲望在这里表现为生产性的空间，表现为在创造历史的过程中人类协作的实现”，而这一全新的空间“远远优于汉娜·阿伦特关于政治空间的怀旧空想”③。

从这个角度看，对私人领域的贬斥是以劳动的单调乏味为前提的。

① Hardt and Negri, *Empire*, p.xiii.

② 《马克思恩格斯选集》第1卷，人民出版社1995年版，第581页。

③ Hardt and Negri, *Empire*, pp. 387-388.

一旦经济事务在资本主义时代逐渐以丰富的生命政治形式将人类联系起来,公共与私人就开始融合了。这意味着人类正在脱离公私对立,进展到一个新的共同世界。对传统政治的怀旧或多或少隐含了对现代政治经济的嫉妒。

然而,恰好也是生命政治的概念令哈特和奈格里摆脱不了上述第二个疑难。就像过去需要政治动物一样,现在必须识别出“生命政治动物”——称为“多众”。与生命政治相适应的劳动必须能培养人们的共同感,所以这种劳动被限定为“非物质劳动”,它生产的是“交往、社会关系和协作”①。学术团体、媒体工作者、情感服务人员等从事的都是非物质劳动,因而是多众的一员。许多传统的物质劳动事实上也越来越受到非物质性的支配,例如现代化的农业和制造业已经离不开科学研究和信息产业。可是在被全球资本主义抛在后面的欠发达地区,许多人受制于狭隘的、压迫性的处境,几乎没有可能成为生命政治的主体。他们只能被排除在多众之外。因此,“可感物的分配”仍然清晰可辨:有能力参与全球公共事务的人只能是对这些事务“有感觉”的人——无怪乎哈特和奈格里的政治口号是“多众成为君王”。

三、马克思的价值理论对可感性的动摇

上述学说无疑都有不容抹杀的理论价值和实践意义,但这不应当妨碍我们注意到它们都不曾深入马克思的价值理论,即《资本论》第1卷第1章。马克思之所以不关心公私对立,是因为他在这一章颠覆了一个向来不言而喻的观点:私人领域对于每个人自己是可感的。我将首先说明价值量不具有可感性,然后论证使用价值的可感性远远比看上去要复杂。

在商品的二重性中,使用价值仿佛还是可感的,价值量则不然:

① Hardt and Negri, *Multitude*, p. 113.

> 如果我们把劳动产品的使用价值抽去，那么也就是把那些使劳动产品成为使用价值的物体的组成部分和形式抽去。［……］它们的一切可以感觉到的属性都消失了。［……］各种劳动不再有什么差别，全都化为相同的人类劳动，抽象人类劳动。①

“可以感觉到的属性”（sinnlichen Beschaffenheiten）构成产品的使用价值，把它们抽去之后，余下的抽象人类劳动是由价值量来衡量的，交换价值也以此为根据。简言之，价值量和交换价值是不可感的。因此，人们在实际的交换行为中不会考虑这两者，只会关注使用价值和价格。或者说，价值量和交换价值的概念不是用来描述交换行为的——许多对《资本论》的批判都据此以为这两个概念是多余的——而是要揭示交换是什么。就实际的交换活动而言，马克思早已指出价值量必定要隐藏自身，通过“否定的否定”才成为人们看得见的价格②。由于经济主体一般来说感觉不到价值量，以商品的二重性为基础的所有理论——特别是由劳动力商品的二重性所导致的生产过剩——在市场行为中都难以进入人们的意识。我们尽管懂得生产过剩和经济危机的学说，可是一旦在市场中活动，就不得不把这些学说撇在一边了。

自由主义改良派同样明白这一点，并提出了一种解决办法：既然经济主体不会考虑总生产以及可能的危机，这些事务不就构成了资本主义特有的公共领域吗？于是，必须有人对新的公共性采取政治态度，这种人不能停留在市场里面，而是技术专家、（凯恩斯主义的）政府、（比尔·盖茨式的）公益团体之类。这些政治主体致力于缓解一国的甚至全球的经济危机和社会危机。可是无论如何，物的使用价值仿佛仍旧是私人的可感物，新的政治动物至多关心基础设施、社会保险、人道主义援助等，却不过问一般商品的有用性。

马克思在这里迈出了革命性的一步：在社会化的生产中，不仅价值

① ［德］马克思：《资本论》第1卷，人民出版社2004年版，第51页。

② 《马克思恩格斯全集》第30卷，人民出版社1995年版，第85页。

量和交换价值是不可感的，而且由于交换与生产密切交织在一起，就连使用价值的可感性也变得复杂了。如果说使用价值在前资本主义时代无非意味着使用者与物之间的对象性关系，那么“在我们所要考察的社会形式中，使用价值同时又是交换价值的物质承担者”①。人们只是为了将一个对象给予他人才会生产这个对象②。在生产过程中，产品的使用价值虽然在生产者手中成形，却是作为消费者的使用价值呈现出来的。这个产品尽管在现实中还是生产者的对象，在生产者的想象中却已经是消费者的对象。当它从无到有获得自身的存在时，仿佛有一个将要使用它的他者也能“感觉”到它，而直接感觉到它的生产者反倒不使用它。因此到交换时，“价值要被表现的商品只是直接当作使用价值，而另一个表现价值的商品只是直接当作交换价值”③。换句话说，双方手中的物都仅仅在对方眼里才是有用的物，对于己方则不过是交换价值。

这一观点实际上改造了《1844 年手稿》的异化学说。在青年马克思眼里，劳动产品的异化意味着“工人对自己的劳动的产品的关系就是对一个异己的对象的关系”④，因为产品的所有权属于资本家，而这种由私有财产支配的社会关系是与工人敌对的。《资本论》则迟至第 5 章才开始讨论剩余价值；在第 1 章，资本家对工人的剥削还被存而不论，生产者还是平等的所有者（第 2 章“交换过程”才引入所有者的契约），而

① ［德］马克思：《资本论》第 1 卷，人民出版社 2004 年版，第 49 页。

② 这一现象虽然在今天极为平常，但在理论史上或许是马克思首先注意到的。例如在黑格尔看来，主体首先生产自己需要的产品，而付诸交易的产品“不再是他的一个需要，而是一个剩余”（Hegel, *System of Ethical Life and First Philosophy of Spirit*, p. 118）；因此主体还保有“从交易中抽离（即退出）的可能性”，而这相当于“自由的可能性”（Hegel, *System of Ethical Life and First Philosophy of Spirit*, p. 122）。这种“自由”很快离开了历史舞台。马克思在 1844 年的《穆勒笔记》中已经看到，“在分工的前提下，［……］人交换的已不再是他的余额，而是他所生产的、对他来说是完全无关紧要的物”（马克思：《1844 年经济学哲学手稿》，第 175 页）。劳动力商品更是根本没有退出交易的“自由”。

③ ［德］马克思：《资本论》第 1 卷，人民出版社 2004 年版，第 77 页。

④ 《马克思恩格斯文集》第 5 卷，人民出版社 2009 年版，第 90 页。

产品的“异化”已经出现了，生产者的直接感觉已经被他者的“感觉”侵扰了，尽管这种“感觉”只是生产者必要的想象。生产者不得不问自己：我怎么知道我的东西对别人是有用的？马克思回答说：“生产者只有通过交换他们的劳动产品才发生社会接触，所以，他们的私人劳动的独特的社会性质也只有在这种交换中才表现出来。”①在进行交换之前，生产者已经在劳动，却还不能断定这一劳动的“社会性质”，还不清楚他者会如何看待自己的产品。生产者即使事先对人们的需要有所调查，也无法完全摆脱盲目性、试探性。这种深不可测的他者性属于一切现代社会关系，因为社会化的生产不再是所有人都相互熟悉的小生产了。

生产者的上述疑问同时关系到产品的质和量。即使所有人都在质的方面承认某种产品是有用的，也不意味着例如十万个这样的产品都能找到消费者，所以生产者还是免不了焦虑。用传统哲学的术语说，“这种产品是有用的”是关于类的判断，不足以决定个体产品的命运。

总之，不仅价值量和交换价值超出了经济主体的感觉，而且产品的使用价值也只有通过生产者与消费者的交换才真正得以存在，而在交换之前，产品的有用性对于生产者自己也是捉摸不透的。由此可见，现代性的真正后果不是公共性的丧失和“劳动动物的胜利”，而是根本动摇了私人的可感性。在社会化的生产中，私人领域已经不再是私人的，而是以生产者之间的交换或“社会接触”为前提的。一旦交换不如生产者所愿，他的生存就可能面临威胁。或者说，传统政治思想允许一般人忙于自己的事务，同时把共同感当成贵重的产品，只能属于政治动物；现代的社会化生产则把人们自顾自的生活变成了幻觉。因此，公私对立在政治经济学批判中丧失了根本性。

四、拜物教的物：“可感地超感觉的物”

对于任何难以掌控的运动来说，最坏的理解是被强行给定一个

① ［德］马克思：《资本论》第1卷，人民出版社2004年版，第90页。

“原因”,一个仿佛在运动完成之前就起决定作用的力量,好像这样就能消除运动的不确定性一样。例如艺术作品存在于开放的鉴赏行为中,会随着鉴赏行为的不同展现出不同的艺术性,尽管作品自身的属性是不变的。假如把艺术性变成作品自身的另一个属性,仿佛“艺术属性”是先于鉴赏行为存在的,鉴赏就变成了考察作品的这一神秘属性。同样,生产者可以幻想产品身上除了使用价值以外还有另一个属性:“物的天然的社会属性”①。物的“社会属性”仿佛不需要通过社会运动就可以提前决定生产者与消费者的关系。

马克思由此——有别于卢卡奇的物化理论——引出了拜物教问题:

> [在商品形式中,]劳动产品成了商品,成了可感地超感觉的物或社会的物。②

“可感地超感觉的物”(sinnlich übersinnliche [⋯] Dinge)原译“可感觉而又超感觉的物”,恐怕并不准确。按照原译,“可感觉”和“超感觉”都是修饰“物”的定语,但其实只有“übersinnliche”是形容词,是修饰“Dinge”的定语,而“sinnlich”是副词,是修饰“übersinnliche”的状语③。原译意味着马克思运用了矛盾修辞法,但实际上作为商品的物单纯是超感觉的,不过这种超感觉性本身是可感的。陷入拜物教的生产者在交换之前就把决定社会运动的力量幻想成产品已然拥有的社会属性。这个属性不是可感的使用价值,所以完全是超感觉的,不过这种幻想本身对于生产者又是清晰可感的,甚至是他的信念。

纠正了译文之后,我们就能发现拜物教问题与德国观念论传统的

---

① [德]马克思:《资本论》第1卷,人民出版社2004年版,第89页。

② [德]马克思:《资本论》第1卷,人民出版社2004年版,第89页。

③ 《资本论》的译者在注释中指出这个说法出自《浮士德》。歌德的原文是(梅菲斯特讥刺浮士德说)“Du übersinnlicher, sinnlicher Freyer”,钱春绮译作“超俗而又入俗的情种”(歌德,《浮士德》,第218页),绿原译作“你这追逐肉欲和意淫的能手”(《歌德文集》第1卷,第110页)。无论如何,“übersinnlicher”和“sinnlicher”在这里都是形容词,是并列的两个定语,不同于马克思的用法。

关联。最先对超感觉性本身的可感性做出探索的是《判断力批判》："人们可以这样来描述崇高者：它是一个（自然的）对象，其表象规定着心灵去设想作为理念之展示的自然的不可及。"①崇高的自然对象——诸如星空、群山——是可感觉的，不过我们由此感觉到的不是自然整体，而是这一整体无可揣度的本性。这里就包含了拜物教的可能性：我们可以把整个自然生生不息的无限性幻想成是由崇高的自然对象推动的（诚然，现代人很少会这样想了）。按照第一批判，自然整体不属于现象界，我们对它的"感觉"无非是先验幻相；可是这就把拜物教当成了一种主观谬误。只有从第三批判出发，可感地超感觉的物才能被理解成人们在崇高的对象面前难免产生的幻想。

如果说现代人不会对自然的崇高者抱有这种幻想——因为它们不再让我们感到无限畏惧了——那么还有什么东西容易将我们引向神秘呢？即使谢林也只是主张"一切崇高者或者是自然，或者是心灵体制"②。走完最后一步的是黑格尔：崇高首先在印度、波斯、伊斯兰教和西方表现为"泛神主义的艺术"，然后在希伯来诗里更好地表现为"对唯一尊神的第二种否定的歌颂"③。黑格尔在论述后者时写道（这并非他的最终观点）：

> 在神的面前，被创造的事物是被看作飘忽来去的，无能力的，[……]只有实体才是有能力的。正是（造物主与被创造的事物之间的）这种关系被艺术用作内容和形式的基础，才使艺术类型具有真正的崇高性格。④

只有神还能给各种无法掌控的运动充当决定性的"原因"。马克思的拜物教概念正是借用了神学的隐喻，而且是以德国观念论为背景的。

不过，马克思本人关于拜物教也有一些可疑的说法：

---

① [德]康德：《著作全集》第5卷，中国人民大学出版社2010年版，第278页。
② [德]谢林：《艺术哲学》，中国社会出版社1997年版，第127页。
③ [德]黑格尔：《美学》第2卷，商务印书馆1996年版，第81页。
④ [德]黑格尔：《美学》第2卷，商务印书馆1996年版，第90—91页。

> 产品交换者实际关心的问题，首先是他用自己的产品能换取多少别人的产品，就是说，产品按什么样的比例交换。当这些比例由于习惯而逐渐达到一定的稳固性时，它们就好像是由劳动产品的本性产生的。①

在这里，拜物教的起因被归为交换中养成的习惯。然而首先，“永远的不安定和变动，这就是资产阶级时代不同于过去一切时代的地方”②，所以毋宁说资本主义时代总是在打破稳固的习惯。进而，越是在人们可以遵循习惯的时期——在经济“正常”运行时期——人们越是远离拜物教，反倒是经济危机让人们乞灵于神秘。马克思在讨论货币危机时指出：

> 昨天［货币危机尚未发生时］，资产者还被繁荣所陶醉，怀着启蒙的骄傲，宣称货币是空虚的幻想。只有商品才是货币。今天，他们在世界市场上到处叫嚷：只有货币才是商品！③

由此可见，诸如拜物教这样的神学幻想只有在人们的生存遭到威胁的关头才会将人们击倒。在紧急状态的压迫下——这种压迫可以在下层劳动者那里表现为物质性的困境，也可以在中上层那里表现为更加“精神性的”焦虑——我们难以承受他者性的深不可测、自然整体的变幻不定等，宁愿相信某些预先存在的“原因”。这是阶级社会政治经济的死结。传统的公私对立不仅不能思考这一死结，而且总是把政治动物确立为社会的“原因”或统治者。

（作者　复旦大学哲学学院讲师）

① ［德］马克思：《资本论》第1卷，人民出版社2004年版，第92页。
② ［德］马克思、恩格斯：《共产党宣言》，人民出版社1997年版，第30页。
③ ［德］马克思：《资本论》第1卷，人民出版社2004年版，第162页。

马克思“价值形态说”的近康德阐释

——柄谷行人的《跨越性批判》评述

徐 艳 如

摘要：日本学者柄谷行人为了消除马克思主义哲学阐释中的主体之主体性，倡导直接从康德的背反论中寻求与马克思辩证法的关联，柄谷认为康德的背反论即某种关系（自身与他者）视角的辩证法，所以康德的自在之物（自由）并非超越性实体，而是作为“自身的他者”的现实存在。柄谷正是“他者之他者性”说明马克思的“共产主义”并非超越性目标，而是与现实的异化的人的世界“一体两面”的现实存在，为此柄谷从《资本论》中的价值形态说入手，试图揭示资本主义的历史性，进而揭示共产主义的“现实可能性”。但由于柄谷未能明确“关系”背后的历史性本质，即产生生产关系的历史运动本身，从而其理论沦为了形而上学的虚假预设。对柄谷的批判性解读无疑可以为我们理解马克思的历史辩证法提供一种新的视角。

关键词：视差之见　价值形态　交换方式　联合　资本的四个界限

通行的马克思主义传统认为，马克思的价值理论是对古典劳动价值理论，尤其是对李嘉图劳动价值说的发展与完善。在这一语境下，价值被定义为凝结在商品中的抽象的人类劳动，而剩余价值则被定义为超过劳动力价值的那部分价值，甚至许多学者断定《资本论》最大的贡献就在于通过劳动价值论的阐述来揭示资本主义剥削的秘密。这种解读只能将马克思的《资本论》还原为理论的抽象，从而失去了现实历史意义。而柄谷行人对马克思的解读则跨越了这种“古典”方法，他着力于马克思在《资本论》中关于“价值形态”的分析，即在不涉及劳动价值说的情况下，在各种商品之间的关系体系中探索由货币经济构筑起来的现实存在，即现实的资本运动及其以世界性的规模正在构筑着的“社会性关系”。在其成名著作《跨域性批判：康德到马克思》一书的导论中，柄谷明确指出：“有关马克思，一个不可忽视的重大转向，是从中期的著作《政治经济学批判导言》向后期的资本论的转移。具体而言，这便是价值形态的导入。”①柄谷认为，马克思在《资本论》中对于价值形态的引入，表明马克思突破了以往黑格尔式的在逻辑上自我实现的概念框架，在关系之间直面由差异暴露的现实向度，在某种意义上，这是向康德立场的复归，即某种“视差之见”的辩证法。

一、视差之见：康德的背反论与马克思的价值形态

在《纯粹理性批判》中康德将自己所建立的认识论体系称之为哥白尼式革命，一般流行的阐释多认为，康德此举实现了主观性哲学的转向，或者说在批判的意义上将经验论与唯理论二者折中。“在以往形成知识的过程，认识主体始终围绕认识对象而旋转的，引入哥白尼式的革命原则后，这个过程完全被颠倒过来了，即认识对象开始围绕认识主体而旋转”。② 长期以来，康德作为开拓主观性哲学的先行者而屡遭批判，柄谷则认为，康德的哥白尼革命超越了经验论与唯理论二元对立的独断理解，即在坚持二律背反不可消解的前提下，进入两者关系不停变

① ［日］柄谷行人：《跨越性批判：康德与马克思》，赵京华译，中央编译出版社2010年版，第5页。

② 俞吾金：《被遮蔽的马克思》，人民出版社2012年版，第59页。

换的视角之中，从而在某种超越论式的关系结构之间构建一个基本的批判立场。柄谷写道：“康德的《纯粹理性批判》是彻底的以理性玩味理性，他称之为‘超越论的’批判。”①在柄谷看来，物自体作为他者既确证了主体的活动能力，又提示了主体活动的界限，所谓跨域性批判即在作为场域的主体和他者之间移动，以一方批判另一方，它既非主观性的反思，亦非客观性的考察，而是向以“物自体”为中心的思考转移。在柄谷的解读中，康德的“物自体”并非先验的预设，而是凭借我们现实经验无法消解的二律背反特征才能辨认的现实存在，“它（物自体）仿佛我们的脸一样，其存在是毫无疑问的，但却只能作为印象（现象）而看到”。② 因而柄谷认为，在康德那里，物自体乃是“他者”，指向超越、指向自由，主观认识的普遍性只有以他者性的引入为前提，但这并非是在主客二分的基础上将外部世界的规定性纳入主体内部，因为康德的“主体”乃是世界之内与构成世界的主体，而“他者”也并非主体的表象，而是赋予超越论批判以动机的东西，物自体作为他者无法随意内在化也无法事先获得，而是作为世界内部展开的现实存在。可见，在柄谷那里，康德的哥白尼转向颠覆了传统反思哲学对主体性妄想症的执着，甚至已经触碰到现实自明的世界那一度了。由此，柄谷总结道，康德的超越论，在作为无之运动这个意义上，其内在底色便是海德格尔的存在论的。

正是以这种他者之他者性的“视差之见”，柄谷揭示了康德背反论与马克思辩证法的关联。这一关联主要集中于《资本论》中关于价值形态的论述，而与贝利对古典派之批判的相遇则是马克思引入价值形态的契机。一方面，马克思接受了贝利对古典经济学劳动价值说的批判。古典经济学把劳动视为价值实体，是构成商品价值的唯一要素，而货币仅仅是对交换价值的表现而已；就此而论，商品应该具有购买其他

① ［日］柄谷行人：《ヒューモアとしての唯物論》，筑摩書房1993年版，第123页。

② ［日］柄谷行人：《跨越性批判：康德与马克思》，赵京华译，中央编译出版社2010版，第20页。

商品的力量,而货币只是实现交换的媒介,不过是一种虚幻的假象而已;贝利对此予以了激烈地批判,他否定了商品内在的劳动价值,认为商品价值只存在于商品之间的纯关系属性中,即商品之间只有得到交换和流通,商品价值才能由其他商品的使用价值相对的表现出来。柄谷认为,《资本论》时期的马克思无疑受到了贝利的影响。在《资本论》中马克思没有即刻将各商品的价值还原为劳动价值,而是试图从各种商品之间构建一个所谓共时性的关系体系,正如马克思本人所说:"我们实际上也是从商品的交换价值或交换关系出发,才探索到隐藏在其中的商品价值。"①然而另一方面,马克思也清楚地认识到贝利与李嘉图同样忽视了货币的意义。古典派基于劳动价值说而将货币置于幻象,而贝利也忽视了一个单纯的事实,即商品之间不能直接发生关系,只有通过货币的媒介作用才能产生某种关联性。在马克思那里,货币不仅仅是价值尺度和流通手段,所有的商品都需要通过货币作为一般等价物的商品之关系来体现自己的价值。"它(货币)的职能——不论由它亲自执行,还是由它的代表执行——使它固定成为唯一的价值形态,成为交换价值的唯一适当的存在,而与其他一切仅仅作为使用价值的商品相对立。"②柄谷认为正是马克思所执着的货币的秘密揭示了资本主义的新型统治结构:在资本主义交换体系中,货币在被放置在一般等价形式的地位,其他商品则被置于相对价值形态上,因而货币获得了能与一切商品进行等价交换的权能,在资本主义经济体系中占据了核心的地位。经过这样一种错置,隐瞒了货币与商品之间的非对称关系:作为手段出现的货币越来越成为生产的目的,交换关系逐渐在人类关系中占据支配性地位。换言之,货币所有者可以随心所欲地购买商品而成为主体;而劳动力商品则处于被支配地位。因此,资本家所要追逐的不过是货币的主导权,这正是货币完成自我增殖实现变体为资本的

---

① [德]马克思:《资本论》第1卷,人民出版社2004年版,第61页。

② [德]马克思:《资本论》第1卷,人民出版社2004年版,第153页。

根本前提；而劳动者则“自由”地一无所有，只能以出售自己的劳动力商品以满足生活的基本的“物”的需要。

综上，柄谷认为，价值形态论为马克思剖析资本主义提供了绝佳的切入点，这说明马克思突破了古典派与新古典主义相抵牾的既定立场，而前《资本论》的马克思不论具备怎样的批判立场，仍然是处于古典政治经济学的思考范式内的。对此，齐泽克的评述颇为精到，他说：“在柄谷看来，马克思面对古典政治经济学（李嘉图及其劳动价值论——相当于哲学上的理性主义）和新古典主义的价值非实质纯关系简缩（贝利——相当于哲学上的经验主义）之间的对立，他的《政治经济学批判》也恰恰突破了视差视野。”①为了阐明马克思思想主题的这一转变，柄谷利用索绪尔来比附马克思。针对传统语言学将单一的语言本身作为研究对象，索绪尔则把语言作为某种共时性体系来研究，他采用了经济学的模式、从体系的变化来理解语言的共时性变化。马克思本人虽然不赞同拿货币与语言相比较，但柄谷认为，与此相应，马克思在不涉及劳动价值说的情况下，排除了那种把具体商品视为“商品学”专门研究对象的古典方法，他要追溯的是复数的体系而非单一的体系，即促使某种物成为货币和商品的关系体系（价值形态）。具体而言，马克思认为货币之所以能获得与任何商品进行交换的权能，乃在于货币在资本主义的商品关系体系中被放置在相对于其他商品的等价形态的位置上。“某个物是商品还是货币，取决于它所处的位置”②，商品与货币的区别乃在于相对价值形态与等价形态的区别。因此在柄谷看来，马克思在《资本论》中引入了价值形态说以后，他所追溯的已不是单纯的商品和货币，不是单一的物，而是物所置于的关系领域，这是由货币经济所构筑起来的现实存在。

---

① ［斯洛文尼亚］齐泽克：《视差之见》，季广茂译，浙江大学出版社2014年版。

② ［日］柄谷行人：《跨越性批判：康德与马克思》，赵京华译，中央编译出版社2010年版，第159页。

二、资本主义的内在批判与共产主义作为“自身的他者”的现实可能性

当然,上述问题的内在意蕴绝不局限于经济领域,因此还不足以说明马克思价值形态说跨域性批判的视野。柄谷认为,马克思价值形态说的主要课题就在于分析资本主义生产关系的内在结构,从而找到一条走出资本主义的道路。如前所述,柄谷指出,《资本论》时期的马克思认为,商品要具有价值形态,就必须在各种商品之间发生价值关系或者交换关系。“马克思在《资本论》中作为价值形态来论述的,正是一个商品只有被其他商品所交换才可能有其价值。”①但是,商品之间的关系并不是单纯的交换关系,而必须有商品监护人的自主意志蕴含在物中而彼此发生关系。“商品是被置于相对价值形态的东西(物、服务、劳动力等),货币则是处在等价形态上的。同样,承担这些概念范畴的‘资本家’和‘劳动者’,其规定性在于他们个人被置于哪一方”。②在柄谷那里,一般价值形式和等价形式的区别、价值等式两端商品的不同性质问题,如果抛开了商品所有者的关系结构,都是无法理解的。换言之,没有所有者的商品是不存在的,没有所有者的社会关系体现在其中,商品作为单纯的物是无法彼此发生关系的。因此柄谷总结道,马克思在《资本论》中所说的经济范畴不是货币或商品那样的东西,而是价值形态,是物的外表掩盖下的人与人之间的社会关系。正如马克思本人所说:“商品形式在人们面前把人们本身劳动的社会性质反映成劳动产品本身的物的性质,反映成这些物的天然的社会属性,从而把生产者同总劳动的社关系反映成存在于生产者之外的物与物之间的社会关

① [日]柄谷行人:《跨越性批判:康德与马克思》,赵京华译,中央编译出版社2010年版,第153页。

② [日]柄谷行人:《跨越性批判:康德与马克思》,赵京华译,中央编译出版社2010年版,第15页。

系。”而柄谷认为《资本论》所考察的正是这种“关系结构”以及被置于这种场域下的现实的个人是如何意志地呈现这种存在的。

具体而言，柄谷认为，相对于古典派单一的生产立场，马克思的价值形态论有一个重大的转换，就在于他对流通过程的重视。“使《资本论》与古典派经济学区别开来的，就是对使用价值以及流通领域的重视，这反映在价值形态论。”①在马克思那里，某物在生产上不管消耗了多少劳动时间量，如果不进行社会性的交换，其本身的价值也就不存在。古典派认为商品乃是使用价值和交换价值的综合，然而柄谷指出这不过是一种事后的观点而已。在马克思那里，商品在事前并不包含交换价值，若不经过惊险的跳跃，即通过不把它当使用价值的人的手里转到了把它当使用价值的人手里从而实现为使用价值，商品才能实现自身的价值。简言之，马克思认为，价值虽然由是生产过程创造，然而这种创造仅仅是潜在的形式，只有生产的商品售出，完成货币—商品—货币的循环，商品的价值才能真正实现。可见，商品价值的实现不仅在生产过程，更重要的在流通领域，这是商品的“致死一跃”。在马克思那里，流通与生产交互规定，共同构成了其政治经济学批判的基础性问题视域。换言之，不把交换与流通作为出发点考虑进去，就不能合理地理解资本主义的内在界限及其必然崩溃的结局。柄谷认为，马克思的价值形态论从商品二重性的分离，即价值概念里使用价值和交换价值的分离来探索资本逻辑的本性，这是居中而思、视差之见。而马克思之后的“马克思主义”都丧失了这种视差透视法，即他们不是从价值体系的差异来认识价值的实现，而是采取一种片面重视生产的单一立场，而把交换和消费等其他领域都视为虚幻。

由此，柄谷提出用交换方式替代生产方式来考察资本主义的历史性。他认为，交换促使传统社会形态中作为共同体基础的生产方式发

---

① ［日］柄谷行人：《跨越性批判：康德与马克思》，赵京华译，中央编译出版社2010年版，第255页。

生了根本性的变革,故而在现代社会的建立过程中起到了重要的革命作用。与马克思所区分的几种经济形态相对应,柄谷认为人类历史进程中产生过三种交换方式,即赠与互酬制(农业共同体的内部)、掠夺与再分配(封建国家①)、货币交换(资本主义内部)。当然,这几种交换方式是广义上的交换诸类型,不仅体现了经济性的维度,还涵盖了政治、情感和道德等其他方面的交换。在实际的社会构成体中,这三种交换方式共生共存、相互渗透,只是在不同的历史时期占主导地位的有所不同而已。柄谷指出,现代资本主义国家虽然以货币交换为主导,但并没有排除掉其他交换方式,而是形成了以资本为主导的"资本—民族—国家"三位一体的混合形态,它们之间相互补充相互强化,要超越这种三位一体的"强强联合"并非易事。为此,柄谷举例说道:"每人在经济上自由任意地行动,如果这导致了经济上的不平等和阶级对立,就会通过国民相互扶助的感情来消解之,并靠国家重新分配财富。在这种情况下,如果只想打倒资本主义,则国家的管理会得到强化,或使民族的感情得救。"②资本主义扎根于不同的"交换"原理之中,要想抵抗资本主义统治体系,就必须同时与这三位一体的圆环抵抗。为此,柄谷提出了第四种交换模式,即联合,这是互酬制在更高层次上的复归,"建立在互酬原理基础上的社会在被国家的统治和货币渗透而解体以后,在更高的层次上对曾经的互酬的、相互帮助的关系的复归。"③这种联合主义是一种后资本主义的市场经济联合体,它以每个个体的自由契约为依据,在某种程度上与市场经济相似,但它不主张资本制那样的利润挂帅;此外,它与原始共同体是相似的,但没有共同体那样封闭也不是排他性的,它是自律性的、互酬的、相互扶助的。这是康德视野下

① 柄谷所谓的封建国家并不对应着被严格规定的封建制。准确的说法应该是"前资本主义榨取体系。"

② [日]柄谷行人:《跨越性批判:康德与马克思》,赵京华译,中央编译出版社2010年版,第244页。

③ [日]柄谷行人:《双重的颠倒——马克思关于"未来"的认识》,载《清华大学学报》2013年第2期。

伦理与经济的联合体,是柄谷所谓的世界共和国的理想。柄谷指出,马克思的共产主义正是这样一种联合运动,它不是理应完成的什么目标或是应当实现的什么理想,它产生于当下的所有前提之中,作为自身的他者,共产主义是一种扬弃现状的现实的运动。与马克思一样,柄谷拒绝谈论未来,他坚持马克思对资本主义的扬弃,因而它的"世界共和国"的理念是一种给予持续的现实批判以根据的整合性理念,是基于现今的资本—民族—国家三位一体的外部广泛联合的自发性交换组织。

三、时代资本帝国的哲学政治学基础:形而上的理论预设

那么这种世界共和国的理想何以可能?柄谷认为,在资本自我增值的运动体系中,生产劳动虽然是资本获得利润的关键,但商品价值的最终实现依赖于流通过程的致死一跃,即卖出,也就是说,作为总体的劳动者的总工资如果不能消费掉他们生产的总产品,剩余价值则无法实现。柄谷认为马克思正是在交换领域中给予了对抗资本的契机:"对于资本来说,消费是剩余价值最终得以实现的场域,也是使之从属于消费者意志的唯一的场域。"①众所周知,在资本的逻辑体系中,资本家站在"资本"的位置上而处于能动地位,而出卖劳动力商品的人则处于被动的位置。但是这种关系并不是一成不变的,价值形态中关系之场域规定着主体的位置,也就是说,虽然在生产领域中资本家和劳动者处于"主人和奴隶"的位置,但是在流通领域劳动者作为购买者而具有唯一主体的可能性。生产与消费的分离赋予了劳动者成为主体的可能性,也赋予了劳动者对抗资本的契机。柄谷通过对剩余价值的重新阐

① [日]柄谷行人:《跨越性批判:康德与马克思》,赵京华译,中央编译出版社2010年版,第253页。

释发现:在资本的增值运动中,即 G-W-G′的运动过程中,资本有两个容易遇到的危险契机,即购买劳动力商品和向劳动者出卖生产物,无论哪个过程出现了断裂,资本都无法继续增值而无以成为资本。从这个层面看,奈格里提倡的劳动者“不劳动”以及“不买资本主义生产物”都是对抗资本的入口。然而柄谷在《世界史的构造》一书中明确指出:在生产领域资本可以控制劳动者,甚至可以使他们积极地与之合作,但在消费领域资本是无法左右作为消费者的劳动者的,资本即使有强制人劳动的权力,却没有强制人消费的权力。流通领域的劳动者斗争就是柄谷所谓的“拒买”运动,这是一种非暴力的合法运动,资本对此是无能为力的。因此柄谷总结道:以往的革命运动总是基于劳动者进行政治性的罢工和“武装起义”,这总是归于失败;而如今,对抗资本的场域已由生产领域转向流通领域,革命的主体也由工人劳动者转向消费者。但是必须明确,柄谷所谓的“消费者”是作为劳动者的消费者,这意味着柄谷并没有将生产领域和流通领域生硬地割裂开来,而是在“位置转换”之间寻找一种对资本进行跨域性批判的契机。柄谷认为,为了对抗资本的无限压迫,作为消费的劳动者必须建立自己的联合,这就是他提倡的“生产—消费合作社”,“在这种自由平等的生产者们的联合中,不存在雇佣劳动(劳动力商品)。反过来说,只有通过生产—消费合作社才有可能扬弃劳动力商品。”①

当代资本主义已经告别了维多利亚时期的状态,产生了许多新生的变化。在马克思逝世后的一个多世纪里,工业国家采取了大量改革措施来提升劳工生活的水准,甚至第二次世界大战后资本主义进入黄金发展期之后,劳资关系似乎也并未出现马克思所预估的互相对抗的情势。柄谷认为,当今资本主义已经发生了结构性的变化,其现实的发展并没有在马克思所目睹的那种狄更斯式的阶段上继续存在。一个重

① [日]柄谷行人:《跨越性批判:康德与马克思》,赵京华译,中央编译出版社2010年版,第260页。

要特征就在于马克思所谓的政治上层建筑和经济基础发生了分离，经济不再具有决定性的基础作用，而政治则获得了很大的自主性空间。柄谷指出，马克思将市民社会视为底部的经济基础，而把国家与民族视为意识形态的上层建筑，视为市民社会自我异化的状态，但现实世界的种种情形表明国家与民族具有无法还原到资本主义经济结构的独立性。基于此，柄谷指出了他与马克思最大的不同：“马克思要阐明的，只是由商品交换样式所形成的世界。这便是《资本论》，至于由其他交换样式构成的世界，即国家和民族，马克思乃是将其打上引号暂时予以悬置。在这里，我所要做的是，在考察不同的交换样式分别构成世界的同时，观察其作为复杂的结合而存在着的社会构成体之历史变迁，进而，找到如何扬弃之的可能性。”①针对马克思从生产方式的角度来领会社会构成体的历史，柄谷指出，如果单从该角度出发，很难说明政治层面，即国家和民族这样的东西。在柄谷看来，民族与国家是与经济层次不同的、独立的东西，它们基于不同的交换原理，而不是一个单纯的意识形态的布置，比如资本市场是基于一种依据相互协议的货币交换、国家是基于作为掠夺和再分配的交换原理、而民族的存在则植根于和商品交换不同的互酬制交换方式。柄谷认为，现代性是由资本—民族—国家三者相互补充相互强化的有机整体，因而需将资本—民族—国家看成三位一体的体系而辩证地予以把握，“当我们考察资本主义经济的时候，必须同时考察分别建立在不同原理上的民族和国家。换言之，对抗资本必须同时与民族和国家对抗。”②可见柄谷所要构建的联合是不同的交换样式分别构成的世界，在这个体系结构里国家和民族并不是被悬置的，而是同资本一样是这个体系的灵魂。

如果忽略柄谷对于康德和马克思花样繁多的比照性解释，柄谷的

① ［日］柄谷行人：《世界史的构造》，赵京华译，中央编译出版社 2012 年版，第 11 页。

② ［日］柄谷行人：《跨越性批判：康德与马克思》，赵京华译，中央编译出版社 2010 年版，第 247 页。

《资本论》解读无疑具有浓厚的解构主义色彩。正如黑格尔所说，人总是以最为极端的方式落入它反对的窠臼之中，柄谷对当今马哲阐释中的黑格尔主义（主体性解释）的极端反抗最终仍然使得马克思主义落入了形而上学之中。具体有以下几个具体表现：（1）物质生活的生产方式并不等同于一般意义上的唯物论。我们知道，马克思对他的历史科学有过一段经典表述："物质生活的生产方式制约着整个社会生活、政治生活和精神生活的过程。不是人们的意识决定人们的存在，相反，是人们的社会存在决定人们的意识。"①在这段文字中，"物质生活（市民社会）"被赋予了极其重要的地位，但这并不意味着马克思是一位"唯物质论"者。应当注意的是，马克思强调的是这样一种观点，即植根于人们物质生活中的感性存在决定着人们的意识，而不是相反。在马克思那里，市民社会不是单纯的经济形式的存在，更非意指任何具体形式的存在，而是包含着各种交往关系的感性存在形式，人与社会、社会与交往体现为同一性，简言之，马克思的市民社会即"社会总体"，固然包含着柄谷所谓的交换形式，柄谷极端地以交换方式替代生产方式试图驳斥传统的"生产方式决定论"，无异于画蛇添足，将马克思的"生产方式"狭隘理解的结果只能是重新回到"唯物质论"的桎梏之中；（2）剩余价值问题的意义究竟何为？马克思在生产领域探寻剩余价值产生的可能性，并不是重新用某种价值实体为剩余价值寻求依据，而是为了证明资本主义生产方式的有限性，他在《资本论》第一版序言中就明确指出："我要在本书研究的，是资本主义生产方式以及和它相适应的生产关系和交换关系。"②在马克思那里，资本不存在自洽系统，而生产领域正体现了资本自身否定自己的感性力量。为此，马克思在《资本论》中明确指出了资本逻辑的四个内在界限，即第一，必要劳动是活劳动交换能力的界限。这就是说，虽然平等交换是现代经济制度相较于前资

① 《马克思恩格斯选集》第 2 卷，人民出版社 1995 年版，第 32 页。

② ［德］马克思：《资本论》第 1 卷，人民出版社 2004 年版，第 8 页。

本主义经济制度而具有的进步,但是基于利润动机,资本一方面要尽力控制本企业劳动者的工资收入,另一方面又希望资本市场上有足够购买力的消费者,这无疑是两个自相矛盾的要求。笔者认为,柄谷所谓从流通领域来抵抗资本渗透的观点正是体现了资本的第一个内在界限。当然除此以外,在马克思那里,资本还包括其他三个内在界限:即剩余价值是剩余劳动和生产力发展的界限、货币是生产的界限、交换价值是使用价值生产的界限。可见,柄谷从流通领域来把握资本的限度只是相对于马克思提出的资本的第一个内在界限而言,他的拒买和所谓消费者联合体只是就资本内在运动的一个环节来反对资本运动的整体;而马克思对从生产方式的角度来把握资本的四个界限无疑是针对整个资本运动的基础,是从整体的角度来揭示资本主义的自我扬弃的必然性。可以说,柄谷所提倡的消费联合体并没有从根本上触及资本运动的本质,这种抵抗并不试图去消灭权力,而只是让权力并不那么畅通无阻而已;这种非资本主义方式的运动理念固然刺激了人们的理论想象力,为人们重新确立理论批判目标提供了一定的依据,但是资本对于现代社会的统治,是不可能在不消除抽象劳动的暴力强制下被克服掉的,柄谷所谓通过交换方式的变革来扬弃资本主义不过是一种理论幻想而已;(3)从根本上忽视劳动生产意义只能将社会存在抽象为观念的存在,个人成了免于此在在世的超自然的永恒观察者。柄谷的康德式解读固然试图抵御学术界“以黑解马”而无可避免陷入的绝对精神的自我实现,但脱离了总体性辩证法,脱离了人的感性活动,柄谷对资本主义的批判只能重新回到“合目的论”的外部观照之中,导致共产主义原则被架空。其陷入的理论抽象又如何将马克思的历史辩证法区别于现今的知性科学,更枉论马克思的实践品质与革命精神了。

(作者　复旦大学哲学学院博士研究生)

列宁革命政治的哲学思想

——以战争的辩证法为视角

伍 洋

摘要:战争与革命是列宁革命政治的主题;把战争转变为革命条件,变帝国主义战争为国内阶级斗争,是这个主题的核心策略。但是列宁如何在战争和革命之间进行辩证转化,背后的哲学思想还有反思空间。在传统研究中,从战争矛盾到革命的可能性被作为列宁运用唯物主义辩证法的自然结果,顺理成章。但问题是,向马克思和黑格尔的理论回溯并不能确保战争向革命转化的逻辑必然性,恰恰相反,列宁是立足于对战争本身的深度挖掘,才得以确立行之有效的政治策略。这意味着我们需要对战争本身的辩证法有更加充分的正面分析,直面其中的偶然与断裂而非用理论简化其复杂性,以便更进一步认识列宁革命政治中的哲学思想。

关键词:战争　革命　克劳塞维茨　黑格尔

从1914年到1917年,列宁在战争环境下彻底地进行了哲学思考。帝国主义战争的出现造成了欧洲共产主义阵营的内部分裂,使各国工人阶级在反抗本国资产阶级和保卫祖国之间陷入选择困境。在这样的挑战下,社会主义革命的主体意志和决心被不断逼问。如何在充斥着偶然经验的环境中,重新建构起革命理论与实践之间的激进政治关系,这成为列宁的哲学问题。巴里巴尔认为,正是战争引发了列宁的哲学问题,而且在其整个政治时期,真正的哲学时刻只有一个,那就是他对战争的态度①。

列宁哲学问题的特征,是思想与革命行动直接关联,一切思想后果都在实践中立刻呈现。而采取怎样的战争态度能够确保革命策略的正确性,列宁在马克思和黑格尔那里都无法找到现成答案。这一切取决于列宁自己对战争这个事实对象本身的深刻分析。

列宁借用了克劳塞维茨的《战争论》和黑格尔的历史哲学这两大思想资源来认识战争,并得出关于战争的辩证法思想。他在写作《哲学笔记》的同一时期,也做了阅读《战争论》的笔记,而且在全集多处同时提及黑格尔和克劳塞维茨。克劳塞维茨本人深受德国古典哲学的影响,尤其是与其处于同一时期的黑格尔的辩证法体系。列宁对克劳塞维茨的评价很高,称赞他是军事史问题的伟大著作家,而且在"思想上曾从黑格尔那里受到教益"。② 两位思想家分别在战争和历史发展问题上的辩证研究,为列宁辩证分析帝国主义战争提供了思想利器。

列宁将克劳塞维茨和黑格尔的思想相互补充,综合平衡,有选择地吸收前者的战争实践智慧和后者的历史目的论思想,从而形成自己的一套帝国主义战争语境下的革命政治观念。两位思想家的理论资源之所以构成列宁革命政治中思想要素,原因在于二者共同触碰到了革命政治中的哲学问题,即理论和实践及其交互关系。本文认为,列宁注意到了理论和实践之间交互共振的生产性关系,并自觉到维持革命政治中这一生产性结构的重要意义。那么,一个重要的思考就是如何防止理论和实践之间的双向简化,即防止充满偶然性的战争被宏大的历史逻辑吸纳,或者用战争的经验实践消解掉客观的历史逻辑。

列宁反思这一问题的现实意义是,在哲学思想的层面回应第二国

---

① Sebastian Budgen, Stathis Kouvelakis, and Slavoj Zizek, *Lenin Reloaded*: *Toward A Politics of Truth*, Durham and London: Duke University Press, 2007, p. 207.

② 《列宁全集》第 26 卷,人民出版社 1988 年版,第 235 页。

际内部的分裂和叛变。面对帝国主义战争带来的经济和政治危机,列宁批判第二国际的思想家们采取民族主义、经济主义、修正主义等非革命的政治态度。正是因为他们没有看到革命政治的生产性,放弃理论和实践这一结构所内含的矛盾转化的辩证法,单方面做纯粹理论的考证,才会在列宁看到行动可能的地方看到阶级斗争的不可能。

一、克劳塞维茨的战争论

克劳塞维茨对战争的核心观点是:“战争不仅是一种政治行为,而且是一种真正的政治工具,是政治交往的继续,是政治交往通过另一种手段的实现。”最为著名也常被列宁引用的一句话是:“战争无非是政治通过另一种手段的继续。”①

首先,克劳塞维茨讨论了正确认识战争本身的性质。他指出,战争内部贯穿着政治目的和暴力手段、理性主义的策略和非理性主义的激情这两大主线。两大主线之间的关系是,政治理性是构成战争本质规定性的内核,一切战争的发动和进程都与政治动机、政治形势密切相关;战争中的暴力激情等非理性因素,只是战争的特色,尤其在现代世界中并不存在脱离理性本质的纯粹非理性的战争。

人们不那么容易看清战争中政治目的和手段之间关系的原因在于,战争具有高度的变化和多样性,关于战争的节奏、进程和表现形式从来就没有一定之规。在极端情况下,战争会表现出异常激烈和暴力,似乎一旦触发就不受任何控制,显得脱离政治的规范,只受自身规律支配。但大多数时候,“战争并不是‘一次性爆炸’就能消失的极端行为,往往有一段持续时间,是时急时缓的‘暴力脉冲’。”②这增加了战争的复杂程度和人们把握战争性质的困难度。

① [德]克劳塞维茨:《战争论》,商务印书馆1982年版,第43页。
② [德]克劳塞维茨:《战争论》,商务印书馆1982年版,第43页。

除此之外，更关键的原因是，战争中的政治目的和手段之间存在双向影响的互构关系。虽然政治目的是决定战争的首要因素，但是并不能决定一切，而是必须适应各种战争手段的特殊性质。每一阶段的作战经验本身亦会增加政治决策的偶然性和不确定性，影响政治预测的未来。

针对战争的性质，克劳塞维茨做了一个理论上的总结："战争是一个奇怪的三位一体，它包括三个方面：一、战争要素原有的爆裂性，这些是盲目的自然冲动；二、概然性和偶然性的活动，它们使战争成为一种自由的精神活动；三、作为政治工具的从属性，战争因此属于纯粹的理智行为。"它们分别对应的是人民、统帅—军队、政治家。"①

那么，针对战争内部偶然经验和政治必然相交织的复杂性质，我们应该确立什么样的理论指导呢？

"一切战争都可看作是政治行为"②，这意味着政治应当被理解为全面的智慧。把战争和政治分开，认为战争是脱离政治的纯粹暴力，或者政治是避免使用暴力的狡猾计谋，这对于现实不能得出任何有益的指导。

从否定面来看，第一，要避免走上构造关于战争的任何死板的规则、原则甚至体系。政治家和军事统帅如果把实际发生的战争排除在理论思考之外，或者总是期望战争按自己想从事的样子出现，那这是在战略问题中最致命的错误。这个错误的来源是理论家们把战争的理论构建变成搭造死板的战争原则和体系，造成了理论和实践之间存在永远无法解决的矛盾。第二，理论家们不能只计算那些可以被计算的物质对象，追求肯定的数值。"这些理论只考察物质因素，但整个军事行动却始终离不开精神力量及其作用"③，而"理论一研究精神因素就会

① ［德］克劳塞维茨：《战争论》，商务印书馆1982年版，第46页。
② ［德］克劳塞维茨：《战争论》，商务印书馆1982年版，第45页。
③ ［德］克劳塞维茨：《战争论》，商务印书馆1982年版，第115页。

遇到困难"①。

由此可见,作战理论的正确性要由战争本身的核心困难来衡量。根据克劳塞维茨的概括,战争的核心困难是:精神力量及其作用、活的反应、一切情况的不确实性。只有直接面对这三大问题,作战理论才是符合实践需要的理论。

根据这样的思路,从肯定面来看,建立正确的战争理论就要充分用理性把握到战争中的精神因素和一切偶然与变量。克劳塞维茨关于精神力量的洞见是,与理论和学术研究相比,"各种感受、总的印象和一时的灵感更能播下智慧的种子,结下精神的果实"②。这些精神果实通过真正的实践才能获得,比如军队作战技能的熟练和意志、勇敢精神的锻炼,并且精神力量的原因、作用、结果不可分割地与物质力量的原因、作用、结果融合在一起。

但是,克劳塞维茨认为战争的精神因素无法真正被理论化系统化,只能被呈现和领悟于经验实践中。"只能根据经验来确定战略上应该探讨的手段和目的"③。其《战争论》因而以大量的战术分析和作战要点为主,比如兵种比例、军队配置、行军、给养、民众战线等。至于如何能动地使用精神要素,在宏观的历史目的论上阐述战争的政治智慧,对此克劳塞维茨并没有能够涉及和加以穿透。

二、黑格尔的历史哲学思想

黑格尔对战争的态度来自于其历史哲学思想。

在黑格尔看来,自然的、历史的和精神的世界是一个巨大的整全,和包含了具体环节的过程。作为内在逻辑的绝对精神,支配着这个历

① [德]克劳塞维茨:《战争论》,商务印书馆1982年版,第116页。
② [德]克劳塞维茨:《战争论》,商务印书馆1982年版,第188页。
③ [德]克劳塞维茨:《战争论》,商务印书馆1982年版,第127页。

史过程中的运动、变化和发展，赋予历史的经验表象以本质意义。所以“历史是精神的发展，或者它的理想的实现”。[①] 所有纷繁复杂的历史现象背后，必然存在一定的规律和目的，它们构成了历史的意义和方向。恩格斯认为黑格尔是唯心主义历史观的第一人，因为他第一个打破传统的历史观念，不把历史看作一堆仅仅由历史事实构成的杂乱无章的材料，而是看作人类理性精神为了确证自身而必然经历的外化过程。“黑格尔第一次——这是他的伟大功绩——把整个自然的、历史的和精神的世界描写为一个过程，即把它描写为处在不断的运动、变化、转变和发展中，并企图揭示这种运动和发展的内在联系。”[②]马克思主义批判地继承了黑格尔回旋上升的历史目的论思想。

在黑格尔唯心主义的历史目的论中，人的精神力量得以张扬。与过去把人理解为完全受制于因果必然律的机械历史观念不同，黑格尔从人的主体意识和主观能动性来反思人与历史的关系。他天才地洞察到，历史中的人在理性精神的指引下，可以影响历史进程并确证自身的自由意志，而这正是历史发展的终极目的。为了实现这一目的，人作为理性计划的实施主体通过活动发展精神意识，不断向更高级的历史观念跃升和靠近。

人类精神活动的现实表现是，建立各项普遍原则，形成社会共同体。在黑格尔那里尤指构成附带有法律、政治秩序等理性约束的“国家”和完整意识形态，比如民族精神。当然，这条人类将理性精神外化于现实世界的道路，是一条充满矛盾、冲突和偶然道路。为了建立最符合普遍理性原则的国家共同体，人类社会必然经历朝代更迭和历史时期的巨大转型。他由此描绘出一幅宏大的人类历史发展图景：历史从东方世界经过希腊世界、罗马世界，一直发展到真正代表现代世界精神的日耳曼世界。黑格尔坚信日耳曼民族注定是基督教原则的承担者，

---

① ［德］黑格尔：《历史哲学》，王造时译，上海书店出版社 2006 年版，第 1 页。

② 《马克思恩格斯文集》第 9 卷，人民出版社 2009 年版，第 26 页。

和世界绝对精神的完成者。

出于这样的历史目的论观念,黑格尔对战争持肯定的态度。他认为战争是历史矛盾冲突的一种极端表现形式,并认可这一破坏性形式对于历史的推动作用。比如,当拿破仑侵入黑格尔的祖国,在耶拿战役中大获全胜的时候,黑格尔反倒称赞拿破仑是“马背上的世界精神”。因为法兰西的帝国战争传播了自由思想,从世界历史进步的客观角度看,这样的战争具有巨大的进步意义。

但需要注意的是,黑格尔对战争有严格的伦理限定,即战争始终应该服从于国家理性和民族精神。明确这一点才能理解黑格尔所认识的战争本质——战争的本质只存在于世界历史发展这一客观目的,任何对于战争偶然性和突变的运用,都应该被排除。战争在国家理性的原则下才具有合法性,而且为了国家的统一和稳定,战争必须被作为一种暂时的、“应该消失的”①特殊历史形态。否则,战争的冲突就会演变为暴动和革命,一如法国大革命那样。黑格尔反对法国大革命,认为战争不应该出现在国家内部,针对个体,因为一国之内的矛盾和不统一问题,应该交给国家理性来维持普遍性和利用政治法律手段强制性解决。战争不能破坏国内的和平状态,只能出于维护国内统一而一致对外,尤其是当一国的理性发展与外部关系出现客观矛盾的时候。肩负对内保持同一性、对外保持主权与独立性这一双重职能的现代政治国家,才是战争的政治主体,规定了战争的政治目的。国家有权利和义务出于维护民族精神和自由主权而战斗,为获得承认而发动战争。

所以,在黑格尔那里,战争的本质来自于绝对精神的历史目的论思想,受国家共同体的政治规定,在否定的意义上发挥对外处理国际关系,对内保持国家的伦理形态和个体在共同体中的同一性的历史作用。任何对于战争偶然经验的运用,利用战争中的对抗关系引导出革命的

① [德]黑格尔:《法哲学原理》,范扬、张企泰译,商务印书馆 1996 年版,第 350 页。

可能性,都应该被杜绝。“在这里,重要的不是个人的胆量,而是在于被编入普遍物之中”①。

三、列宁对二者的纠正和综合

通过分析归纳不难发现,克劳塞维茨和黑格尔就战争问题有一个基本的共识,那就是政治对于战争具有优先地位,二者是目的和手段、本质和表象的关系。比如克劳塞维茨讲战争是政治的一种继续,黑格尔讲战争在国家理性、世界历史目的面前的作用,是将国内各要素整合统一,积极地建构一个社会共同体的普遍性,进而推进历史目的的进程。此外,两位思想家都注意到战争问题中的多重辩证关系。比如,克劳塞维茨反对死板地把战争理论体系化,指出战争中的不确定性和偶然性可以极大地影响政治方向,而且战争中的精神要素也要从经验实践的方向来深入,一直到社会的阶级关系、军事领导等层面上。作为辩证法大师的黑格尔则严密论述了战争暴力如何能够转化为建构社会伦理和国家普遍性的积极动力。

克劳塞维茨和黑格尔的不同点在于,针对辩证法内部历史目的与冲突手段,二人侧重不同,进而导向了完全不同的实践可能性。克劳塞维茨作为一个军事家,从战争的现实经验角度,展现了战争手段的不确定性和偶然性所带来的可能性,这种可能性对于政治目的具有生产的意义。因而从理论趋势来看,战争不会被简化归纳入政治目的,回避偶然,而是能够被作为一个独立的思考对象,通过整合社会阶级等经验细节而发展出新的政治可能性。与此相反,黑格尔有意识地把战争的暂时性和偶然性吸纳进历史目的论的逻辑体系中,尽可能避免战争的特殊历史形态与客观的历史精神计划发生偏离。

① [德]黑格尔:《法哲学原理》,范扬、张企泰译,商务印书馆1996年版,第344页。

列宁同时吸收借鉴了这两个思想资源,在二者之间做出选择和平衡。他纠正克劳塞维茨的地方是,战争的政治本质及精神要素,需要从历史目的论的角度来阐释。这样才能更完善地表明战争在何种情况下是政治目的的一种必要手段,具有什么特殊性和转化条件。正因为缺少这个维度,克劳塞维茨的战争性质分析没有超出资本主义战争本身的界限。他没有解释为什么战争是"资本主义的一个不可避免的阶段,它与和平一样,也是资本主义生活的一种合乎规律的形式"①,以及,既然战争是对战前政治的延续,那么社会中的阶级斗争和政治分裂如何在战争条件下继续表现出来。这些恰恰是列宁最关注的问题。克劳塞维茨虽然提出天才洞见——战争是政治的延续——却没有进一步渗透战争在历史中的作用。

列宁纠正黑格尔的地方则是对其历史辩证法做实践性的诠释,坚持在大尺度概念下细究各种具体情势。比如战争中的集体行动,在很大程度上取决于"难以名状的精神资源"②。如何激发起强有力的精神力量以动员大众,这不仅需要宏观的意识形态宣传,也需要恰当的领导人物、适时的胜利经验等小尺度上的实际效用。此二者是同等重要不可或缺的。此外,虽然黑格尔相信历史的理性目的对战争手段有足够的控制力,他却没有针对战争的对抗形势的持久性、尖锐程度和可能的现实方向,以及能否引发革命反抗给出答案。这就极大地削弱了黑格尔历史哲学思想对于现实战争的解释力度,其辩证智慧也因此显得没有实际用处。在这里,列宁明白只有自己去思索和寻得答案。他说:"这些我们不知道,而且谁也不可能知道。只有先进阶级——无产阶级革命情绪的发展及其革命行动转变的经验才能告诉我们。"③

雷蒙·阿隆在《战争与和平:国际关系理论》中总结道:"无可争辩的是,政治科学不是操作性的,不具备物理学意义上的操作性,甚至不具备

---

① 《列宁全集》第21卷,人民出版社1963年版,第22页。

② [法]阿隆:《战争与和平:国际关系理论》,中央编译出版社2013年版,第2页。

③ 《列宁全集》第26卷,人民出版社1988年版,第233页。

经济学意义上的操作性。"①这道出了战争与政治的某种要义。那就是,只要我们不人为地把看似偶然非理性的战争和必然理性的政治截然二分,那就要直面其中的断裂和空隙,而这种空隙没有既定的运算公式。

对列宁来说,察觉并明智地应对这种断裂和空隙,恰好就是"一切社会党人的不可推诿的和最基本的任务"②。该任务包括:"向群众揭示革命形势的存在,说明革命形势的广度和深度,唤起无产阶级的革命意识和革命决心,帮助无产阶级转向革命行动,并建立适应革命形势需要的、进行这方面工作的组织。"③通过综合平衡克劳塞维茨和黑格尔的战争观点,列宁从帝国主义战争的经验现实和无产阶级的历史目的这两个方面,综合考虑这一任务,并以实际有效的革命策略为落脚点。当列宁独立思考"战争不过是政治通过另一种〈即暴力的〉手段的继续"这一辩证法原理在战争上的运用时,他不是空谈政治目的和战争手段二者间的张力问题,而是试图借助前述两种思想资源来提出自己关于革命政治的哲学思想。

四、列宁革命政治的哲学思想

战争与革命是列宁革命政治的主题。战争是当前帝国主义政治的现实表现,革命则是以马恩科学社会主义为历史目标的政治行动。面对当下战争的强大冲击和未来的革命理想,列宁从两个方面双向思考了战争与革命的关系。第一,在战争的偶然断裂中寻找革命的可能时机。第二,用唯物主义历史观诠释战争,强化战争的帝国主义政治本性。根据列宁的帝国主义理论,帝国主义是资本主义的最高阶段,是社会主义的前夜。帝国主义的政治就是资本主义大国为资本扩张而全球

---

① [法]阿隆:《战争与和平:国际关系理论》,中央编译出版社 2013 年版,第 768 页。

② 《列宁全集》第 26 卷,人民出版社 1988 年版,第 233 页。

③ 《列宁全集》第 26 卷,人民出版社 1988 年版,第 233 页。

掠夺、抢占世界市场的充满冲突的国际政治。从资本的矛盾本性和历史发展规律来看,帝国主义的资本主义必然内在爆破,走向灭亡。可见,列宁用无产阶级历史观,在微观的战争经验和宏观的革命方向之间构建起了基本的一致性。

但是,仅仅用无产阶级的历史目的论吸纳战争产生的政治可能性,是不够的。这仍然是单方面的历史目的论还原。实际上,列宁的革命政治中还包含两个重要环节,它们共同支撑起战争与革命之间的有效转化。

第一个环节是战争与政治之间的转化。列宁综合平衡克劳塞维茨和黑格尔的思想成果是提出自己的革命政治思想:首先,根据政治对于战争的优先性,作为历史客观任务的无产阶级斗争应当从实际战争环境中抽离出来,保持历史发展逻辑上的独立性。所以,即使在战争打乱革命策略的环境中,无产阶级斗争仍然应该继续制造自身的影响,发挥意识形态功能。在这一点上,列宁的政治立场已经高出其余的马克思主义领导者。比如卢森堡,虽然在原则上仍然坚持阶级斗争的立场,却在实际的战争问题面前,采取了用民族战争的策略。其他的第二国际思想家亦如此。这实际上等于在战争事实面前放弃主动地制造阶级斗争的政治话语。这也是为什么列宁认为对社会党人来说最严重的灾祸不是革命计划被战争打乱,而是背叛自己社会主义的信仰①。

其次,根据战争对于政治的生产性,当下的世界大战应该被转化为阶级斗争的条件,而且这种转化的可能性能够被无产阶级领导者从理论和实践上掌握。显然,只有列宁坚持这种可能性,并成功地找到了行动介入的方案:变帝国主义战争为国内战争——这是唯一正确的无产阶级口号。他看到,无论直接回溯马克思还是黑格尔,都没有关于把战争转变为一种阶级实践的现成主张,只有从战争与政治本身的内在断裂中介入主体行动,打乱战争固有的逻辑和既定的资本主义意识形态

① 《列宁全集》第26卷,人民出版社1988年版,第8页。

话语,才能利用战争中的偶然性空间,进行政治性的生产。所谓政治性的生产,在列宁这里就是革命的可能。

第二个环节是战争态度与革命策略之间的转化。对于坚持制造无产阶级的意识形态影响和在当下寻找阶级斗争的可能条件,列宁将这两点概括为对于战争的态度问题。而且,对于战争的态度内在地包含政治立场,进而决定了革命策略的制定。换句话说,革命策略的客观基础虽然是宏观的科学社会主义历史目标,但在直面现实和转化的辩证语境中,一切都取决于主观的意志和决心,取决于对当下时刻的解读深度。这正是革命政治的主体动力,是列宁主义革命精神的内核。

从战争态度到革命策略,列宁有一系列的推演步骤。早在1914年2月,他就在民族自决问题上思考了发生在“东方”世界的战事冲突所具有的世界意义。到这一年的8月,他已经把西方世界的相互征战和对外扩张与国际社会主义运动对接起来,不仅把它们作为一个巨大历史事件的两个对立面,而且以之来对应共产国际阵营内部的政治分裂。在此之后的一系列文章中,列宁将这种观点发展为一种辨别政治立场的标准,区分俄国社会民主党和第二国际的大多数领袖,批判以民族主义偷换社会主义的斗争方式①,等等。所有这些,都被列宁放在社会民主党人“对战争的态度”这一问题上来讨论。在1914年年底,列宁在《战争和俄国社会民主党(1914年9月28日)》中正式提出变帝国主义战争为国内战争的口号,这是第一个表明布尔什维克党对战争态度的正式宣言。列宁提出这一口号,这来自于既有的巴黎公社的经验,也来自于资产阶级国家之间的帝国主义战争的客观结果。他认为,“只有这样的策略才会成为工人阶级适应新历史时期各种条件的真正革命的策略。”②

① 《列宁全集》第26卷,人民出版社1988年版,第20—22页。

② 《列宁全集》第26卷,人民出版社1988年版,第23页。

五、结 论

至此,从战争辩证法的视角,我们可以为列宁的革命策略作如下辩护。

从第二国际支持战争的思想家到许多后世的研究者,他们只是在一种极其普通的、经验常识的层面上理解列宁转变战争为阶级实践的革命策略。人们或者认为这是列宁出于国内国际民族主义、爱国主义淹没社会主义思想,不得以才提出的纯粹实用主义的设想,或者认为列宁把历史唯物主义辩证法对现实进行粗暴的套用,利用社会动乱不安来洗脑大众。这两种见解,一个持纯经验实用主义的态度,另一个持抽象的纯观念的唯心主义态度,在本质上其实是一样的。如前文所述,这是单方面的克劳塞维茨视角或黑格尔历史目的论视角。

其实,列宁提出变帝国主义战争为国内战争时,他并非仅仅提出了一个在许多人看来显而易见的观点,而是内涵着深刻的战争辩证法思想。战争不单纯是一种灾难,也是一个过程。在这个具体战争形式复杂多样、或隐或现的持续性过程中,资产阶级已经在隐蔽地利用战争之于政治的双重性质,即一方面获取国际利益,另一方面整合国内矛盾,秘密地在战争手段和政治国家的权力统治之间背地里多向操作,明面上又相互简化。列宁看清楚了这一点,其他大部分人还浑然不觉。其中原因,除了列宁的政治睿智,还在于他始终忠诚于无产阶级、工人大众的立场。毕竟,退一步讲,无论战争如何多变和复杂,国家内部的工人大众被卷入战争而且并不真正有利于自身阶级利益,尤其在全球视野下,工人阶级只是被裹挟进了新的相互竞争、对立和消耗中,进入类存在异化的新阶段,这是一个事实,当然也需要天才人物的洞察。如何把握战争这一持续性过程,将其转变为阶级实践的条件,这要进一步通过论述革命才能真正完成战争和革命之间的互构工作。前文已经提到,战争不必然导致革命,革命也不必然产生于战争,但是战争和革命二者之间存在相似的内在结构。正如战争内部存在经验现实和政治目的之间的区分和张力,革命也是由现实实践和理论指导共同组建的。列宁通过思考战争的辩证法,看到了革命的可能性,而这是通过一系列现实和观念转变才能获得的。

(作者　复旦大学哲学学院博士研究生)

国外有关毛泽东思想之传统文化渊源研究综述

武 文 超

摘要:本文对国外学者有关毛泽东思想之传统文化渊源研究进行系统地梳理剖析,分别从儒学对于毛泽东思想产生的影响;毛泽东人格形成与文化背景的关系;军事思想与哲学辩证法中蕴含的传统文化底蕴;政治思想与群众理论等方面来对国外学界研究状况展开论述。国外毛泽东思想研究为进一步深入理解毛泽东思想提供了多重维度,拓宽了研究视域。但由于政治立场与文化背景存在巨大差异,国外学者关于毛泽东思想研究有些观点并未完全符合事实,要用批判性视角来重新审视,重新建构毛泽东思想研究的视域。

关键词:国外毛泽东研究　传统文化　儒学　军事　政治

毛泽东及毛泽东思想研究是国外学术界长期关注的领域,在毛泽东思想的中国文化传统渊源方面也有不少分析论述。比如 20 世纪六七十年代,围绕毛泽东思想的来源问题,西方学界就发生过两次大的论争。第一次论争双方是美国“中国学”右派的代表人物卡尔·魏特夫和“自由派”的代表人物本杰明·史华慈。争论源于史华慈在《中国的共产主义与毛泽东的崛起》一书中,首次提出了“毛主义”这一概念,此著认为毛泽东思想是马克思主义中的一个“异端”,不同于“正统的”马克思主义,并指出“在党与阶级的关系问题上,毛泽东主义在行动上的异端意味着这个分类过程中的另一个重大举措”①。依照这一分析,毛泽东思想具有独创性,而这种独创性是对马克思列宁主义的背离。右派学者魏特夫则不同意这种观点。在《“毛主义”的传说》中他指出,“毛主义”只不过是一个传说,根本不存在什么“毛主义”。毛泽东的革命理论和战略实际上是马克思主义的翻版,他反对“异端论”。第二次论战发生于20世纪70年代中后期。继续以毛泽东思想和马克思列宁主义的关系问题为争论焦点。论战一方以“左派”的理查德·费理察、安德鲁·沃尔德尔为代表;另一方以“自由派”的史华慈、施拉姆、迈斯纳为代表。“左派”学者的观点认为,毛泽东思想的独创性不是对马克思列宁主义的背离,而是为在中国实现共产主义目标的一种革命发展战略。费理察在《马列主义传统中的毛和马克思》中讲道:“我们怎样才能在其与马克思列宁主义的关系中来理解毛泽东的思想?答案就是,把它理解成为一种发展的马克思列宁主义理论和旨在中国实现马克思目标的革命发展战略。”②他们不同意“自由派”的“异端论”。而“自由派”的学者更强调毛泽东思想与马克思主义的区别,认为毛泽东的马克思主义只是名义上的而不是实质上的。毛泽东的思想已经偏离了马克思列宁主义,它是马克思主义同经过改造的中国传统文化相结合的产物。两次论战争论的核心其实是毛泽东思想是否是一种新的思想,能否归于马克思主义理论范畴,进而引发了对毛泽东思想的来源问题的深入思考。

一、儒学传统的影响

中华传统文化之主流是儒学,儒学从先秦孔、孟、荀思想发展到宋

① Benjamin I.Schwartz, *Chinese Communism and the Rise of Mao*, Cambridge: Harvard University Press, 1951, p. 202.

② 中共中央文献研究室《国外研究毛泽东思想资料》编辑组:《国外研究毛泽东思想的四次论战》,中央文献出版社1993年版,第85页。

明心学、理学之争,已构建了一套细致完备精深的理论系统。明清之际的思想家更是大胆创新,对于实学和启蒙思想的产生均有关键影响。学界不少学者认为儒学对毛泽东思想的形成产生的潜移默化的影响最大。

罗伯特·佩恩把毛泽东思想看作是孔子的学说同中国农民的要求相结合的产物。他说:“使中国革命成为现实的心理学力量早已众所周知了,这就是孔子的学说。”①并认为“毛泽东遵循了几乎所有儒学经典的指示”②。弗塞沃洛德·霍勒布尼奇 1964 年对《毛泽东选集》作了一次统计,说在文中的全部引文里面,儒学和新儒学的语录占了 22%,居各种语录之首。③ 这表明毛泽东思想来源于毛泽东早年的儒学功底。弗塞沃洛德·霍勒布尼奇还认为,中国语言所具有的独特性,使中国文化成为与西方各派思潮不能相容的文化,因此毛泽东思想的来源只能是中国的儒家文化。④ 将毛泽东思想之传统文化来源单方面归于儒家,未免以偏概全。魏斐德强调心学对于毛泽东的重要影响。毛泽东的实践论,他的“知行统一”与王阳明的“知行合一”非常相近。⑤ 毛泽东显然是以一种能使他完全忽视错误意识问题的方式将上述两种实践传统(王阳明和马克思)结合在一起的。⑥ 王阳明关于实践的理论、新康德主义、达尔文的进化理论、格林对意志的尊崇等,都对毛泽东的

① 罗伯特·佩恩:《毛泽东:红色中国的统治者》,美国纽约亨利·舒曼出版公司 1950 年版,第 253 页。

② 罗伯特·佩恩:《毛泽东:红色中国的统治者》,美国纽约亨利·舒曼出版公司 1950 年版,第 267 页。

③ 弗塞沃洛德·霍勒布尼奇:《毛泽东的唯物辩证法》,中国季刊(英国),1964 年,第 19 页。

④ 弗塞沃洛德·霍勒布尼奇:《毛泽东的唯物辩证法》,中国季刊(英国),1964 年,第 19 页。

⑤ Frederic Wakeman, Jr, *History and Will*: *Philosophical Perspectives of Mao Tse-tung's Thought*, University of California Press, 1973, p. 237.

⑥ Frederic Wakeman, Jr, *History and Will*: *Philosophical Perspectives of Mao Tse-tung's Thought*, University of California Press, 1973, p. 273.

“唯意志论”产生了强烈的影响,“使毛立志进行不间断的无休止的历史变革,比马克思所主张的更极端得多”。其所以如此,部分是因为毛泽东的思想作为“雅各宾主义的变体”,在根子里含有“救世”的思想,“就是孔子说的,君子有责任使民众获得新生”①。同时魏斐德也注意到,王夫之对族群主义的社会学理解深深影响了一批激进知识分子和民族主义者,包括毛泽东。② 毛泽东的爱国主义情节源自儒家传统。王赓武指出,20 世纪 20 年代这个阶段里,湖南爱国人士王夫之的文章、《孙子兵法》的谋略或是《水浒传》中的英雄故事对毛泽东的影响都很大。因为在毛泽东看来,这些思想更为进步,也更为实用。③ 有的学者认为,毛泽东思想也具有理学之传承。岩间一雄在《毛泽东的光与影》一书中,梳理了毛泽东关于中国革命理论的形成与实践。他认为,毛泽东接受其师杨昌济融合古今东西思想的影响,坚定地宣扬通过朱子学惩治人欲,以及阳明学的理想主义的实践主义,但同时毛泽东漏掉了马克思主义生产力的观点。④ 岩间一雄指出,毛泽东在声明信仰马克思主义之后,并没有将马克思主义当作唯一的世界观,依旧存在着无政府倾向,更深层的信仰则是宋明理学的世界观。

然而,也有不同的意见认为毛泽东主要运用马克思主义思想对于儒家学说进行了批判性改造。如金思恺指出,毛泽东完成了对包括儒学在内的中国传统哲学思想的批判,而批判传统文化、传统思想的唯一标准就是辩证唯物论和历史唯物主义的理论和方法。⑤ 王赓武指出毛泽东对于儒家学说态度的转变。在统一战线时期,毛泽东曾毫不犹豫

---

① Frederic Wakeman, Jr, *History and Will: Philosophical Perspectives of Mao Tse-tung's Thought*, University of California Press, 1973, pp. 293–294.

② Dick Wilson, ed., *Mao Tse-Tung in the Scales of History*, Cambridge University Press, 1977, p. 224.

③ Dick Wilson, ed., *Mao Tse-Tung in the Scales of History*, Cambridge University Press, 1977, p. 277.

④ [日]岩间一雄:《毛东その光と影》,未来社 2007 年版。

⑤ 金思恺:《毛泽东思想的形式和内容》,香港中文大学出版社 1979 年版。

地引用过儒家的说法，并带着些许的赞赏之情。20 世纪 50 年代，毛泽东开始降低孔子的名望，但直到 50 年代末期的“百花齐放”和“反右运动”之后，他才开始真正猛烈的攻击。① 他认为，作为中国人的毛泽东十分清楚，新正统可以与儒教国家做个比较，后者在 1911 年就结束了。比起鼎盛时期的儒学，毛主义不仅仅是在当代更具进步性，而且更为重要的是它还有助于改变世界，而这是儒学永远都不可能做到的。② 爱德华·弗里德曼认为，出于各种复杂因素，毛泽东发动了反对儒家思想的运动，他的目的是为了颠覆传统文化的残余。因为传统文化束缚女性，轻视年轻人，强调和谐退让更胜于斗争和追求，这种文化认为体力劳动者不可能有领导权。在寻求大众意识层面的过程中，文化传承阻碍了进一步的革命化。③ 弗里德曼的观点未免太过极端，没有看到毛泽东对于儒家传统的继承与肯定的一方面。在教育层面，恩瑞卡·皮斯切尔认为毛泽东反对孔子的教育观点，但又继承儒家的教育手段。他指出，毛泽东强调体力劳动对教育起着不可或缺的作用。这种通过体力劳动进行的教育与孔子的教育思想形成鲜明对比。因轻视劳动，孔子遭到了猛烈的攻击。毛泽东反对孔子的教育内容和教育方法。而皮斯切尔同时也指出，毛泽东另一方又继承了儒家传统，强调教育作为一种统治手段，首先是为了选拔统治者，然后才是通过教育使得他们得以统治人民。应当改变的是受教育者、教育目的和教育内容，但教育本身不用改变。④

关于毛泽东思想渊源与儒家的关系，学界基本可分为两类观点：

---

① Dick Wilson, ed., *Mao Tse-Tung in the Scales of History*, Cambridge University Press, 1977, p. 291.

② Dick Wilson, ed., *Mao Tse-Tung in the Scales of History*, Cambridge University Press, 1977, p. 296.

③ Dick Wilson, ed., *Mao Tse-Tung in the Scales of History*, Cambridge University Press, 1977, p. 314.

④ Dick Wilson, ed., *Mao Tse-Tung in the Scales of History*, Cambridge University Press, 1977, pp. 158-159.

一是肯定毛泽东思想中对于儒学的传承;二是毛泽东对于儒学进行的批判、否定与改造。也有学者认为毛泽东思想形成过程中,二者同时进行,并不矛盾,对于儒学一方面继承发扬,另一方面则进行批判和改造。

二、人格之形成

文化背景对于毛泽东人格与思想从产生到发展再到最后的形成,都产生着潜移默化的影响,也是国外毛泽东思想研究者一直非常重视的方面。学界从时空研究角度上着手:从时间上讲即是追溯历史,强调从幼年开始,毛泽东人格的形成离不开大的文化环境;从空间上讲,毛泽东思想具有中国本土文化的特性,追根溯源,他始终都是一个地道的中国人,中国人的思维习惯,中国人的文化传统,终其一生都无法摆脱其影响。

白鲁恂在《毛泽东的心理分析》一书中从心理学、历史学的角度研究了毛泽东的生平。他认为,那些潜心研究毛泽东思想来源和主要内容的学者并不能清楚地解释毛泽东的思维方式,他们的研究仅仅注重了结果,却忽视了原因。而我们必须承认的是毛泽东的人格因素在他的政治生涯中至关重要。① 白鲁恂对于毛泽东的人格特质做了大量的考察,试图通过这样的心理—历史研究,进而找到解释毛泽东的人格和思想的有效途径,很多问题都迎刃而解。他强调要回溯到儿童早期的基本家庭关系上。米歇尔·奥克森伯格认为白鲁恂的观点也许是正确的,对毛泽东的理解最好是基于情感而不是基于理智。② 然而,他强调目前可用的信息尚不足以支持从心理层面对毛泽东进行完满的解释,只能简单地描述他的思想观念和权利意识。他的本质中充满了流动、

① Lucian W.Pye, *Mao Tse-tung: The Man in the Leader*, New York, Basic Books, 1976.

② Lucian W.Pye, *Mao Tse-tung: The Man in the Leader*, New York, Basic Books, 1976.

灵性和变化,但同时又像一块磁石,坚实稳固。① 本杰明·史华慈认为毛泽东并不是生活在真空之中,他的思想及其来源有着深刻的中国文化背景。他强调教育对于毛泽东的影响,尤其是青年时代。毛泽东早年一直生活在"传统"中国,不仅接受了乡村的通俗文化,还接受过良好的中国传统文化教育。实际上后者对于毛泽东的影响可能更为深远。② 毛泽东成长于"传统"的中国社会,他的文化根基不可避免地带有传统文化烙印。比如,毛泽东对美学和文学的理解完全出自中国传统,而他的生活方式也保留有传统的习惯。③ 晚年毛泽东的反形式主义和反制度主义可能在中国英雄(禹—夏)传统的异端诗歌中有其本土性根源,而这些在史诗性小说中被活灵活现表达出来的东西,是毛泽东儿童时代最爱读的文本。这些文学想象一定会与在湖南、江西和延安的实践经验一起,融会在毛泽东的思想之中。④ 王赓武指出,毛泽东的诗词以及他对于传统形式的恪守,是他最具有中国味道的地方。尽管他的崇拜者们赋予他的诗词以马克思列宁主义意涵。诗词所记录的是他的一生。显然,毛泽东土生土长于中国。⑤ 王赓武强调毛泽东作为中国人的特性。魏斐德则认为毛泽东身上的爱国情怀正是源自于传统文化。他指出,毛泽东复兴中华的爱国思想来源于中国早期的两种民族传统观念:一种观念来自儒家的知识精英,他们提倡个体忠诚、爱国;另一种则在民间广泛存在,主要包括替天行道的英雄主义精神和集

---

① Dick Wilson, ed., *Mao Tse-Tung in the Scales of History*, Cambridge University Press, 1977, pp. 70-71.

② Dick Wilson, ed., *Mao Tse-Tung in the Scales of History*, Cambridge University Press, 1977, pp. 12-13.

③ Dick Wilson, ed., *Mao Tse-Tung in the Scales of History*, Cambridge University Press, 1977, p. 15.

④ Benjamin I.Schwartz, *China and Other Matters*, Cambridge, Mass: Harvard University Press, 1996, pp. 183-185.

⑤ Dick Wilson, ed., *Mao Tse-Tung in the Scales of History*, Cambridge University Press, 1977, p. 272.

体反抗外族入侵的文化传统。①

从时间与空间的角度分析毛泽东的性格与思想的形成，为进一步研究毛泽东思想提供了新的视角和维度。时间侧重于历史，空间侧重于地理环境的影响，这在毛泽东研究中都是不可忽视的重要因素。

三、军事与哲学

毛泽东性格中的战斗精神和实践中独到的军事战略思想，主要源于古代传统文化，包括文学作品、兵家、法家甚至道家等思想。纪亚玛指出，毛泽东从小就表现出了强烈的战斗气质。从青春期开始就逐渐形成了这样的性格特征。在那个年龄的所有中国学生都会读《三国演义》或是《水浒传》。但他们中只有极少数人才会受到这些书如此深刻的影响。在很早的时候，毛泽东就表现出强烈的反叛精神。② 纪亚玛认为他的军事学说来源于经验，并可以纳入他的哲学认识之中。毛泽东的军事思想具有非凡的适应性，这和当时中国的现实境况、毛泽东的个人经验以及他早期接受的理论训练密切相关，因而他能在战争中随机应变。毛泽东战略思想的基本要素很早就形成了，并在随后的过程中慢慢丰富发展起来。③ 他一度被指责是“游击主义”(guerrillaism)，很可能是遵从孙子的教诲：“是故胜兵先胜而后求战，败兵先战而后求胜。”④毛泽东从没有真正接受过任何军事训练，无论是传统的还是现代的。虽然如此，他却十分熟悉史学家所记载的那些中国军事历史，了解到伟大的军事家孙子的某些思想。他战略中诸如欲擒故纵、上兵伐谋等思

---

① Jerome Ch' en, *Mao and the Chinese revolution*, London, Oxford University Press, 1965, pp. 6-8.

② Dick Wilson, ed., *Mao Tse-Tung in the Scales of History*, Cambridge University Press, 1977, p. 118.

③ Dick Wilson, ed., *Mao Tse-Tung in the Scales of History*, Cambridge University Press, 1977, pp. 128-129.

④ 孙武:《十一家孙子校理·形篇》，中华书局 1999 年版，第 75 页。

想，应该出自孙子。而他的歼敌于野、一鼓作气却是受到了现代西方战术的启发。① 米歇尔·奥克森伯格看法略有不同，认为毛泽东采取了类似于荀子对孔子的解释：军队是权力的必要但不充分的组成部分，要进行有效的统治，军队就必须与礼义结合起来。② 也就是说继承了荀子的“隆礼重法”的思想。

毛泽东用实际战场证明了自己超凡的军事指挥才能和智慧，是对中国传统文化中军事战略理论的最好的运用。纪亚玛进一步指出，战争基本上是社会现象，而不是人性表达（个人或集体仇恨）。它不可能摆脱它的阶级成分。在这一点上，毛泽东突破了儒家传统，体现出了更多的道家思想。他甚至拒绝承认那些限制了古代战争的道德因素和社会因素。③ 纪亚玛认为在毛泽东的军事思想中道家因素也发挥着作用，毛泽东突破了儒家传统。

另一方面，在研究毛泽东哲学思想时，学者们注意到了毛泽东哲学辩证法思想的来源，除了马克思主义与西方学说的影响外，可能更多地受到了传统道家、甚至佛家学说的影响。

施拉姆指出社会主义条件下充斥着内涵丰富的矛盾，这在《矛盾论》中已初见端倪。他对矛盾的解释更多来自阴阳学说而不是马克思主义。④ 而且，自 1918 年起到毛泽东生命终结，他的著作中均隐隐流淌出古代道教辩证法的余音。⑤ 1958 年毛泽东在关于“不断革命”论的指示中写道：甚至到共产主义时代了，又一定会有很多的发展阶段，

① Dick Wilson, ed., *Mao Tse-Tung in the Scales of History*, Cambridge University Press, 1977, pp. 141–142.

② Dick Wilson, ed., *Mao Tse-Tung in the Scales of History*, Cambridge University Press, 1977, p. 83.

③ Dick Wilson, ed., *Mao Tse-Tung in the Scales of History*, Cambridge University Press, 1977, p. 127.

④ Stuart R.Schram, *Mao Tse-tung Unrehearsed*, Harmondsworth, Penguin Books, 1974, p. 109.

⑤ Dick Wilson, ed., *Mao Tse-Tung in the Scales of History*, Cambridge University Press, 1977, p. 60.

从这个阶段到那个阶段的关系必然是一种突变的关系。各种突变都是一种革命,都要通过斗争。① 此刻毛泽东已经表露出某种对人类必有一死和万物有序的认同。② 到20世纪60年代中期,这种看法变得更为显著,而且伴之以对道教经典的明确称引。"(我)赞成庄子的办法",他在1964年写道:"死了老婆,敲盆而歌。死了人要开庆祝会,庆祝辩证法的胜利,庆祝旧事物的消灭。社会主义也要灭亡,不灭亡就不行,就没有共产主义。"③老庄道家思想对于毛泽东思想的形成具有潜在性的影响,比起战略政策,更多的是一种思维方式的影响。1964年,毛泽东重新发现了道家和佛教。他这样做的一个后果便是放弃了马克思主义辩证法"三大范畴"中的两个,包括否定之否定。他认为,质量互变仅仅是一种对立统一的特殊情况,而否定之否定则根本没有。④ 施拉姆系统地阐述了毛泽东对于道家包括佛家学说的不断运用。韩国学者梁再赫在《中国古代哲学与毛泽东思想的渊源》一书中,对中国传统哲学中的自然概念与毛泽东哲学中的自然概念进行了纵向比较研究,认为毛泽东的自然概念不是一种单纯的本体论概念,更多的是一种呈现辩证法色彩的概念和体现实践性的概念。⑤ 阐释了中国古代哲学与毛泽东思想渊源之间的错综复杂的关系。野村浩一则认为:"毛泽东的矛盾辩证法思想的来源是古代中国的阴阳二元论,在本质上属于中国传统思想的一种。"⑥

国外毛泽东研究学者对于毛泽东之矛盾辩证法哲学思想非常重

---

① *Sixty Articles on Work Methods*, paragraph 22, quoted in S.Schram, The China Quarterly, No. 46, p. 229.

② Stuart R.Schram, *Mao Tse-tung Unrehearsed*, Harmondsworth, Penguin Books, 1974, pp. 108-110.

③ *Talk on Questions of Philosophy*, Stuart R.Schram, Mao Tse-tung Unrehearsed, Harmondsworth, Penguin Books, 1974, p. 227.

④ Stuart R.Schram, *Mao Tse-tung Unrehearsed*, Harmondsworth, Penguin Books, 1974, p. 226.

⑤ 梁再赫:《中国古代哲学与毛泽东思想的渊源》,中央文献出版社2000年版。

⑥ 徐黎:《日本对毛泽东哲学著作研究观点概述》,《天府新论》1997年第3期。

视,深入挖掘其根源,最终在先秦道家、阴阳二元论,甚至佛家思想中找到依据,说明了毛泽东思想不是单独某一种思想的传承,而是具有复杂性和创新性、深深扎根于中国大地的丰富的理论体系。

四、政治与人民

毛泽东的政治思想和理念,也带有深深的传统文化的印记。学界对于毛泽东的政治思想与传统文化的关系进行深入研究,进一步追溯其本源。

杰克·格雷认为:"毛泽东的思想与中国的传统政治文化的关系非常紧密,几乎是中国传统政治的主要特征的翻版。"①史华慈也认为"毛泽东的思想"作为一个抽象的整体,决不能与他的政治生活割裂开来。② 施拉姆强调毛泽东不仅把政治权利看成革命变革的催生因素,而且视作促成新价值的想象之所,以及决定道义是非的权威所在。在某种程度上,他的这种政治权力观点更接近于传统中国思想,而不是马克思或列宁。③ 米歇尔·奥克森伯格认为毛泽东为了使列宁主义和中国传统的主导思想(法家思想和儒家思想)保持一致,非常重视开明领导和组织能力,并将之作为影响政治结果的决定因素。④ 恩瑞卡·皮斯切尔指出,自从毛泽东成为马克思主义者后,他认为在阶级社会里实现"普遍法则"是不可能的。但在他的意识里,"被压迫者"或"人类的绝大多数"渴望达到理想世界,这个世界中绝大多数人能够非常接近

① 中共中央党史研究室第三室编译处:《西方学者论毛泽东思想》,中共党史出版社 1993 年版,第 405 页。

② Dick Wilson, ed., *Mao Tse-Tung in the Scales of History*, Cambridge University Press, 1977, p. 10.

③ Dick Wilson, ed., *Mao Tse-Tung in the Scales of History*, Cambridge University Press, 1977, p. 37.

④ Dick Wilson, ed., *Mao Tse-Tung in the Scales of History*, Cambridge University Press, 1977, p. 76.

“普遍性”。毛泽东恰当地运用了儒家概念,将之表述为大同思想。但这难道不是他年轻时代康德思想的再现吗?① 皮斯切尔将毛泽东试图创造的理想世界比作儒家大同世界,同时认为此思想也受到康德的影响。魏斐德也谈到,太平天国运动是一个非常复杂的社会现象,它有着独特的原始共产主义传统。后来的革命者如毛泽东等人,他们以此为傲,并带有强烈的自我认同。② 施拉姆却反对此观点,认为毛泽东是儒家英雄主义的年轻信徒,他更乐于支持曾国藩这样的儒家典范,这位击败太平天国运动的清朝官员,而不是太平天国运动本身。③ 魏斐德和施拉姆都注意到了湖湘文化及其代表人物对青年毛泽东政治思想产生的巨大影响。魏斐德指出,毛泽东对曾国藩的政治认同与他的家乡在湖南密不可分。曾国藩非常看重中国人民民族意识的觉醒和儒家道德观念的复苏。这一时期,湖南因为积极反抗外国入侵并极力尊崇儒家传统文化而负有盛名。1919 年五四运动时期,长沙成立了船山学社,毛泽东曾多次参加这个学社的活动。④ 王赓武直接指出传统文化对于毛泽东的决策和政策产生的重要影响。中国的观念和传统对毛泽东的兴味和决策上的影响是十分广泛的,对中华人民共和国政府的政策的影响也极为深远。⑤ 由此可知,毛泽东政治思想的形成与传统文化密不可分,甚至部分都是文化传统的直接继承。

在毛泽东政治思想中,“人民”概念是其核心内容。国外毛泽东思想研究界亦非常重视“群众”、“人民”概念,并展开了系统的研究。

史华慈强调作为在整个政治进程中最为积极和完全参加者的“群

---

① Dick Wilson, ed., *Mao Tse-Tung in the Scales of History*, Cambridge University Press, 1977, p. 148.

② Dick Wilson, ed., *Mao Tse-Tung in the Scales of History*, Cambridge University Press, 1977, p. 226.

③ Start R.Schram, *Mao Tse-tung*, *Harmondsworth*, Penguin Books, 1967, p. 51.

④ Dick Wilson, ed., *Mao Tse-Tung in the Scales of History*, Cambridge University Press, 1977, p. 227.

⑤ Dick Wilson, ed., *Mao Tse-Tung in the Scales of History*, Cambridge University Press, 1977, p. 285.

众”概念,已经成为“毛泽东思想”之本质的一部分。毛泽东在信奉共产主义之前,把人民群众看做动态的历史发展力量。这种看法在辛亥革命前就形成了,并没有受到改良派思想家的影响。毛泽东在中国传统文学作品中已经触及了关于“人民”的思想,只不过他当时没有将“人民”本身视为主要的动力。① 群众概念是毛泽东思想的本质部分,但与西方之群众概念有别,更加强调传统文化的影响。中国传统文化大量论述了君民之间的关系。儒家主张对人民施以仁爱。毛泽东早年便从儒家文化和通俗小说中接受了这些观念,后来又接触了外来的民粹主义思想。② 因此,如果青少年时期的毛泽东确实敏锐地意识到了“人民”所经受的欺压,那么这恰好印证了他所受到的中国文化熏陶和他以“学者”自居的责任意识。施拉姆不同意史华慈的观点,他指出毛泽东的“群众路线”认为普通群众可以成为制定正确政策的思想源泉,并且认为他们能够反过来理解这种政策,而不是盲目地执行政策,这标志着同中国传统思想的中心问题的巨大决裂。孔子曾言:“民可使由之,不可使知之。”(《论语·泰伯第八》)五四运动以来,即便毛泽东号召保护中国遗产中仍然进步和有用的东西,但他仍力图从中国人头脑中铲除儒家思想的这个方面。③ 施拉姆认为毛泽东恰恰想要批判儒家思想关于人民的理念。王赓武指出,毛泽东公开承认,他在政治上更为重视普通民众的价值观和愿望。作为一位马克思列宁主义者,他相信自己必须站在群众一边。因为普通群众过去是、现在是,将来也显然是中国人,这种中国身份与马克思列宁主义者之间并不存在矛盾。④ 王

---

① Dick Wilson, ed., *Mao Tse-Tung in the Scales of History*, Cambridge University Press, 1977, p. 20.

② Dick Wilson, ed., *Mao Tse-Tung in the Scales of History*, Cambridge University Press, 1977, p. 14.

③ Dick Wilson, ed., *Mao Tse-Tung in the Scales of History*, Cambridge University Press, 1977, pp. 44-45.

④ Dick Wilson, ed., *Mao Tse-Tung in the Scales of History*, Cambridge University Press, 1977, p. 273.

赓武一方面肯定毛泽东马克思主义者的身份,另一方面也注意到,毛泽东把自己和农民放在一边,他确定他是一名中国人,即使是最保守的儒家学者也不能苛责他。因为在儒家学说里,农民是首要的生产者,他们在中国传统的评价是很高的。① 毛泽东也是儒家思想重视农民的继承者。

要注意的是学界存在一大批学者认为毛泽东是一位民粹主义者。除史华慈外,永野英身认为,“毛泽东不是马克思主义者,而是俄国民粹主义者”,“民粹主义作为他终生不变的思想上的潜流在持续不断地流动着”。② 施拉姆则更直接地表达了这一观点,毛泽东是一个广义上的民粹主义者。“整个中华民族,是一个重要的历史统一体,而且是一个强大的进步力量。”另外,“他们不但把中华民族的尊严和对世界的伟大贡献当作反帝宣传的旗帜,而且认为它们本身就值得重视”。③ 雷蒙德·F.怀利也指出毛泽东是强烈的民族主义者,致力于推翻军阀和帝国主义,实现中国的统一和解放。此外,基本上是从民粹主义的观点来看待统一和解放的。④ 他认为这种民族主义和民粹主义的情感极大地影响了如何解释马克思列宁主义在中国的作用。民族主义的当务之急是要求国外的理论必须反映中国人民的历史文化特征。莱塞克·科拉科夫斯基则称毛泽东的人民思想为一种“乌托邦”主义,与马克思主义背离。他宣称:“毛主义的最后形式是一种激进的农民乌托邦,在它中间,虽然马克思主义的习语处处可见,但是其主要的价值观念似乎完

---

① Dick Wilson, ed., *Mao Tse-Tung in the Scales of History*, Cambridge University Press, 1977, p. 280.

② 中共中央文献研究室编辑组编译:《日本学者视野中的毛泽东思想》,中央文献出版社 1988 年版,第 30 页。

③ [美]斯图尔特·施拉姆:《毛泽东》,中共中央文献研究室《国外毛泽东思想资料选辑》编辑组编译,红旗出版社 1987 年版,第 29—33 页。

④ Raymond F.Wylie, *The Emergence of Maoism, Mao Tse-tung, Ch' en Po-ta, and the Search for Chinese Theory, 1935-1945*, Stanford University Press, 1980, p. 296.

全背离了马克思主义。"①其所谓根据,是"毛主义迷信农民是共产主义的支柱"②。

学界用民粹主义等同于毛泽东的群众概念,未免有些牵强,并不能够切实地理解毛泽东关于"人民"、"群众"的观点。毛泽东的群众路线,绝非一种简单的民粹主义,而是在传统儒家文化中"人民"观念的根基之上,结合了马克思主义思想,在实践中形成了一条适合于中国革命的道路,以人民为根基,其最终理想是实现共产主义,同时也是儒家传统"大同"理想的真实写照。用民粹主义生搬硬套毛泽东的群众路线,是并未真正理解并把握毛泽东思想之精髓。

(作者　上海理工大学马克思主义学院讲师、哲学博士)

① [波]莱塞克·科拉科夫斯基:《马克思主义的主要流派以及它们的各种起源、发展和瓦解》第3卷,英国牛津大学出版社1952年版,第495页。

② [波]莱塞克·科拉科夫斯基:《马克思主义的主要流派以及它们的各种起源、发展和瓦解》第3卷,英国牛津大学出版社1952年版,第511—512页。

二、西方马克思主义研究专题

民主“无断裂”地扩展能否实现社会主义*

——伯恩施坦有关民主道路思想的当代审视

张 晓 兰

摘要：第二国际时期，资本主义的新变化对马克思主义理论提出挑战，伯恩施坦民主道路正是理论与实践之间出现裂缝时的历史产物。伯恩施坦将社会主义视为一种“无断裂”地民主扩展，相信资本主义可以和平过渡到社会主义。这种道路曾遭到最严厉的批判，但其呈现的问题本身不容忽视，甚至在当代问题以不同形式再度重演，而重新审视这一问题对于思考社会主义道路和民主问题都具有一定启示。

关键词：民主　社会主义　资本主义　伯恩施坦

“在我们现在的包摄和吸收了一切过去的历史、包括它的一切愚蠢的错误的思想方法的创造中，又付出了多少的集体努力。也不应该忽略这些错误本身，因为虽然它们是在过去被犯下的而且在那以后已得到了纠正，但是，人们却不能保证它们在现在不会重演并再一次地需要纠正。”①伯恩施坦民主道路问题就是如此。随着资本主义全球化的

---

* 本文是上海高校青年教师培养资助计划（A—9103—17—041329）、上海市高峰高原计划—哲学（A—9103—17—065007）、上海师范大学文科一般项目“当代视域下伯恩施坦问题研究”（A—0230—17—001037）成果。

① ［意］葛兰西：《实践哲学》，徐崇温译，重庆出版社 1990 年版，第 8 页。

不断发展,社会主义运动不断陷入低谷,一些马克思主义者逐渐放弃了革命理想,试图像伯恩施坦一样选择通过扩展资本主义民主来实现社会主义的“民主道路”。这种道路遭到像艾伦·伍德等一些当代西方学者的批判,同时也激活了伯恩施坦问题,让我们再度重新审视社会主义道路和民主问题。

一、理论与实践裂缝中的“民主道路”

随着马克思和恩格斯的相继离世,第二国际内部纷纷开始分割他们所留下的“遗产”,“激进左派”陷入了忠诚和教条化的空想而无法继续忠诚下去,“正统派”(这里主要指的是考茨基)又陷入了左右为难的折中主义泥潭,那么偿还债务的任务也就被指定给了承认资本主义具有强大生命力的伯恩施坦。作为历史的悲剧角色,伯恩施坦不仅承担了来自第二国际社会民主党内部的所有批判,而且承担了整个社会民主党本身的一切责任,甚至成为后来所有剥夺马克思主义理论荣誉的代名词。列宁曾站在公正的立场上强调伯恩施坦问题的出现“不是个别人物的罪孽、过错和叛变,而是整个历史时代的社会产物”①。我们对伯恩施坦的批判曾用尽了一切证据,甚至将其视为过去历史中最愚蠢的错误和背离,但实际上我们不应忽视他所提出的问题本身,因为这些问题在当代则以不同形式再度重演,甚至成为当代马克思主义视域下的重大课题。

资本主义在19世纪与20世纪交替时期的新变化对马克思主义理论提出了一些挑战,很多人将其视为“马克思主义危机”②。面对这一危机,正统马克思主义通过毫不犹豫地坚持理论的有效性和新变化的

① 《列宁全集》第2卷,人民出版社1992年版,第494页。

② 我们或许会想起1898年Masaryk所创造的原来术语是“the crisis in Marxism”,但是在修正主义争论过程中,这个术语像拉布里奥拉即注意到的那样变成了“the crisis of Marxism”。

虚假性、暂时性，来克服理论与实践之间的裂缝。但以伯恩施坦为代表的“修正主义”则企图修正理论来适应实践的变化。伯恩施坦试图从和平民主策略出发，重新将实践纳入到马克思主义的理论体系内部，从而最终克服历史发展所呈现出的理论与实践之间的裂缝。在伯恩施坦看来，资本主义的发展不同于马克思所预言的不断集中，危机虽然没有消除但爆发普遍危机的可能性越来越小，更不可能出现“大崩溃”状态。“《共产党宣言》对于现代社会发展所下的预断，如果只就它对于这一发展的一般趋势的描绘来说，是正确的。但是它的许多具体结论，首先是它对于发展所需时间的估计，则是错误的。”①资本主义的寿命远远比马克思所预定的时间要长得多，那么发展所采取的形式也将必然是马克思无法预料的。伯恩施坦立足于资本主义的新变化，否定马克思主义的经济学说，强调社会民主党需要调整策略，走“和平长入社会主义”的民主道路。

民主道路的选择在根本上就是对社会主义意义的不同理解。有人将社会主义视为一种想象出来的状态，有人将其视为一种运动，也有人认为是一种政治制度，一种理想。马克思和恩格斯反对任何关于社会主义体系的构想，反对任何固定不变的方案，对他们来说，社会主义就是一定历史条件下不断完成着的社会发展过程，它是以资本主义生产方式为物质基础，以工人阶级的阶级斗争为动力的一种运动。在伯恩施坦看来，“如果人们把社会主义的实现理解为建立一个在一切方面都严格执行共产主义以规则的社会，那么我一定毫不犹豫地声明，我觉得这种社会还相当遥远”②，社会主义的实现不是一种制度的确立，也不是一蹴而就的革命夺权，而是“一部分一部分的实现”。“社会主义的到来或将要到来，不是一场巨大的政治决战的结果，而是工人阶级在其活动的各个方面所取得的一整批经济和政治胜利的结果。”③

① 《伯恩施坦文选》，人民出版社 2008 年版，第 101 页。

② 《伯恩施坦文选》，人民出版社 2008 年版，第 163 页。

③ 《伯恩施坦文选》，人民出版社 2008 年版，第 473 页。

伯恩施坦在马克思主义“危机”时正确地提出了问题，但却给出了错误的答案。伯恩施坦敏锐地抓住了时代和资本主义的各种变化，他的错误并不在于提出“和平长入社会主义”的美好愿望，而是在于其没有认清国家阶级统治和资本主义民主的本质。资产阶级为了自身的统治利益，无论如何也不会愿意和平放弃政权。在卢森堡看来，伯恩施坦问题并非在于其为了适应资本主义发展的现实情况而主张民主策略，问题的关键在于“社会改良和社会革命之间有着不可分割的联系”，“我们在爱德华·伯恩施坦的理论中第一次看到把工人运动的这两个要素对立起来”①，他将革命原则与民主策略相对立，强调民主策略而放弃革命原则，从而失去了对资本主义的批判维度。如果说早期马克思主义革命理论的根本局限在于过高估计了资本主义的成熟程度，那么伯恩斯坦民主道路的根本局限则在于用具体的“运动”牺牲了运动的未来——“最终目标”。

二、政治与经济分离背后的资本主义民主

伯恩施坦强调一种民主策略，似乎“从资本主义到社会主义的过渡已经转化成一个非对抗的制度改良过程。但是，难道说社会与生产关系的转变仅仅因为我们把它叫作是一种民主的扩展，而不是从资本主义向社会主义的过渡，从而就没什么疑问和对抗性了吗？”②，恰恰我们不能将其称作一种民主的扩展，而忽略生产关系中真正革命性的变化。实际上，这种观点是要基于这样的前提，即资本主义民主与资本主义本身存在分离，因此借助民主策略对资本主义法律和政治制度进行调整，就能在资本主义条件下使政治层面上的自由和平等与经济层面上的不自由和不平等之间产生一定张力，这种张力也将在一定意义上

① 《卢森堡文选》，人民出版社 2012 年版，第 1—2 页。

② ［加］艾伦·伍德：《新社会主义》，尚庆飞译，江苏人民出版社 2008 年版，第 138 页。

取代马克思所强调的阶级斗争,成为社会变革的真正动力。

在资本主义经济秩序中,生产遵循市场规则和利润最大化的竞争机制。劳动者不再受政治上财产所构成的“超经济”强制,而是受到不断增加的市场“纯经济”因素的限制。资本主义对劳动者的“超经济”身份漠不关心,并且使孤立个人从社会身份中抽离出来,成为可以随意交换的劳动单位。社会财产关系将劳动放在独特的位置,使其单纯并彻底地服从于经济规则,换一种方式来说也就是在资本主义条件下经济与政治分离,雇佣劳动者在未剥夺资本所有权的情况下就可以享受政治上的自由和平等。艾伦·伍德在《民主反对资本主义》中强调在古代雅典民主中因其政治与经济还未彻底分离,所以民主仍然保持着统一,“政治平等并不是简单同社会经济不平等同时存在,而是对之做了实质性的修改。在这种意义上,雅典的民主并不是‘形式的’民主,而是真实的民主”①。但资本主义民主则呈现为公民身份与阶级地位之间的分离,这种分离不仅意味着社会经济地位无法决定公民的政治权利,而且意味着公民政治上的平等无法影响和改变其经济上的不平等。在普选制度下,劳动与资本之间的阶级关系依然存在,这实际上也就使得没有社会含义的“形式民主”成为了可能。“民主化的时代就这样被转变成了公共政治伪善,或者更准确地说,口是心非的时代,从而造成了政治讽刺作品的时代”②。因此也就是说,在现代社会资本主义的“形式民主”无法真正从根本上触动资本主义的剥削。这恰恰是像伯恩施坦一样对民主过于乐观的人们,终将无法认识到的资本主义经济与政治分离背后的民主本质。

资本主义的特殊性在于政治与经济的分离,这就意味着政治上的自由民主可以与经济上的剥削和不平等共存。资本主义通过把统治权

① [加]艾伦·伍德:《民主反对资本主义—重建历史唯物主义》,吕薇洲等译,重庆出版社2007年版,第209页。

② [英]艾瑞克·霍布斯鲍姆:《帝国的年代:1875—1914》,贾士蘅译,中信出版社2014年版,第99页。

力不断转移为财产所有权，使得政治特权让渡于“纯经济”领域，公民权不断贬值，最终确立“形式民主”。伯恩施坦对资本主义民主诊断的问题并非在于强调议会民主发展和工人阶级获得一定民主权力的事实，而是在于将这种“形式民主”视为真正的现实。伯恩施坦“把民主解释为不存在阶级统治，解释为一种社会状况的名称，在其中任何阶级都不能享有同整体对立的政治特权，那么我们就同问题更为接近得多”①。他试图通过一切成员权力平等的民主来否定一切阶级特权，甚至包括无产阶级作为革命主体的“特权”，并在此基础上否定资产阶级的统治特权。这种民主方式通过改善工人条件和给予其一定政治权力，确实在一定程度上分散和否定了革命主体的“特权”，但最终根本上并未否定剥削和压迫的统治。

在伯恩施坦看来，资本主义民主因素在经济上体现为工会不断摧毁资本主义专制，确立工人对工业的管理和影响。在政治上则体现为实行普选权，人民掌握越来越多和越来越大的权利，不断成为国家主人。民主被视为保护人民权利的武器，倘若一个社会是民主社会，那么多数人则不会制定损害个人自由的制度和法律，任何对少数人的压迫都会威胁到统治。但伯恩施坦却没有认识到资本主义社会中自由民主与剥削压迫的并存，以及单纯的“形式民主”发展并不会威胁到统治。伯恩施坦主要强调了民主的作用，认为民主可以独立出来并不断扩展成为新社会的要素，从资本主义民主可以直接过渡到社会主义。这一定意义上使得民主将社会主义取代或包容于其下，社会主义不再意味着传统意义上阶级特权的目标，成为了随民主不断发展将自然实现的“乌托邦之梦”。伯恩施坦过分夸大民主的作用，放弃了“最终目标”，不断推崇议会民主的发展，但在根本上却忽略了资本主义社会无法实现真正民主，因为这种“形式民主”无法扩展到维持资本主义统治的经济领域。

---

① 《伯恩施坦文选》，人民出版社 2008 年版，第 267 页。

在资本主义条件下，经济已经超出了公民权和政治民主的范围，民主在本质上不再是取消特权或者将权力扩展到群众，而是借助自由概念存在于特权世界。在早期自由民主向群众的扩展对于变革社会具有重要的意义，但在经济已经超出民主范围获得独立性的条件下，所强调的自由民主实际上已经忽略了很多内容，同时失去了很多意义。资本主义民主无法触碰到资本主义的统治，也就意味着无法触碰到那些由市场原则所规定的生活领域。因为经济权力已经无限地扩展到了民主远远不能控制的程度，自由主义民主也并非是对这种无法控制程度的限制。“究竟是因为自由主义民主超过了所有可想象的选择，还是因为它在隐藏其他可能性的同时已经耗尽了其自身的能力，所以才使它看起来像是历史的终结?”①倘若我们真的面临着“历史的终结”，那么这种终结并非是资本主义民主战胜了所有竞争对手而获得胜利，而是其简单地将竞争对手从视野中隐藏了起来，并且在根本上已经几乎达到了自身的最终限度。

马克思正是抓住了资本主义民主的局限性，强调这种民主本质上就是资产阶级专政，它的根本问题就在于政治上的形式平等与经济上的不平等可以共存。他同时指出这种民主本质上是建立在生产资料私有制基础上，并不断为资本权力所操控。但一些人往往攻击马克思主义将资本主义与“形式民主”相联系，对民主与资本主义一起进行拒绝和批判，认为这将会导致把孩子连同洗澡水一起倒掉的错误。人们往往会被表面上的议会民主所迷惑，伯恩施坦甚至考茨基都难以逃脱这种诱惑。他们往往都争辩资本主义“形式民主”本身所具有的好处，忽视其自身的“形式性”，试图将这种自由民主从资本主义中分离出来，不断扩展民主原则，进而寄希望于否认资本主义，似乎这是民主原则延续和发展的唯一方式。

---

① [加]艾伦·伍德:《民主反对资本主义—重建历史唯物主义》，吕薇洲等译，重庆出版社2007年版，第233页。

伯恩施坦所选择的民主道路正是源于其看到了现实议会民主的发展以及对社会发展的促进作用,甚至奢望同时作为目的和手段的民主可以扩展到所有领域,扩展到一切人身上。但关键问题是他忘记了民主本质上的阶级性,而且错误地认为从资本主义民主过渡到社会主义民主具有连续性和“无断裂性”。对于缺乏自由民主的政治形式来说,“形式民主”毫无疑问是一种民主的发展和进步,但同样这种发展在历史和结构上与资本主义相联系,也就意味着民主内容的减少。人们不应该将人类解放限制在这种相互矛盾的关联之中,人类解放的范围在根本上应该大于自由民主,不然终将错误地相信资本主义民主是最可靠的保证。资本主义社会中的自由民主并非是根据人民在媒体中表达和发表言论的范围和选票获得来衡量,在根本上是根据资本可以自由获取利益的不同程度来衡量。剥削和统治并非是外在的可以取消的混乱状态,而是资本主义社会结构性所特有的组成部分。

三、民主与社会主义

伯恩施坦强调通过民主的扩展可以“无断裂”地过渡到社会主义,但问题的关键在于民主是否能从资本主义分离出来,成为阶级中立性的形式?资本主义民主的发展又是否无断裂地内在包含着新社会?我们也不禁要问,究竟民主是社会主义的组成部分,还是社会主义是民主的组成部分?伯恩施坦所强调的和平过渡恰恰就是在阶级中立性民主的基础上,试图用范围更广泛的民主概念来取代社会主义的目标,或者将社会主义包容在民主之下,但实际上民主本就应是社会主义自身所包含的应有之义。伯恩施坦认为“说到作为世界历史性运动的自由主义,那么社会主义不仅是时间顺序来说,而且就精神内容来说,都是它的正统的继承者”①,社会主义坚持了自由主义保障个人自由的原则。

① 《伯恩施坦文选》,人民出版社 2008 年版,第 274 页。

“而民主不过是自由主义的政治形式”[①]，社会主义作为自由主义的延续和继承，那么理应采取民主政治。这种观点突出强调了自由主义与社会主义之间的继承关系，更为重要地突出了民主本身在不同制度下无断裂的连续性。伯恩施坦的民主道路实际上不仅模糊了民主自身带有的阶级性，而且还抹杀了资本主义与社会主义之间的本质冲突，一定程度上成为了资本主义意识形态无批判的维护者。

马克思曾指出资产阶级统治在理论与实践上的矛盾，人民在政治上具有形式平等，在现实社会中则不平等，“正如基督徒在天国一律平等，而在人世不平等一样”[②]。也就是说，社会主义虽然在理论上是对自由主义原则的继承，但在实践上却最终无法真正实现。因此马克思寄希望于无产阶级与民主的结合，强调通过摧毁资本主义来确立无产阶级专政，最终实现真正民主。实际上与伯恩施坦相反，在马克思主义者看来，民主本身恰恰构成了社会主义的组成部分，社会主义革命内在地包含着民主革命。马克思理论的关键并非仅仅把资本主义的“形式民主”视为虚假物和神秘物，实际上马克思呈现了“形式民主”的局限性，而且使得资本主义民主与社会主义民主之间的非连续性断裂变得清晰可见。

然而，伯恩施坦却颠倒了民主与社会主义的关系，强调“造成一种真正的民主——我确信，这是我们当前的最紧急和最重大的任务。这是最近十年来的社会主义战斗给了我们的教训。这是从我对于政治的全部知识和经验得出来的学说。在社会主义成为可能以前，我们必须建设一个民主主义者的国家”[③]。民主不仅是社会主义运动的基础和必要条件，而且还成为了社会主义运动的手段和目的。但“民主是一种政治方法，即，为达到政治——立法与行政的——决定而作出的某种

① 《伯恩施坦文选》，人民出版社 2008 年版，第 274 页。

② 《马克思恩格斯全集》第 1 卷，人民出版社 1960 年版，第 344 页。

③ 《伯恩施坦文选》，人民出版社 2008 年版，第 285 页。

形式的制度安排。因之其自身不能是目的,不管它在一定历史条件下产生的是什么决定都是一样"①。伯恩施坦错误地将资本主义向社会主义的过渡转化成了非革命性、无断裂的民主扩展,失去了确定性的阶级意识,社会主义的斗争也就变成了概念化、非冲突的连续过渡。他对于和平过渡策略的盲目轻信,似乎重要的前提在于他不仅相信民主可以从资本主义当中分离,而且通过改革和调整资本主义的法律和政治制度,将会在资本主义的政治平等与经济不平等之间产生一种张力。恰恰这种张力在一定程度会取代阶级斗争而成为社会主义的主要推动力。伯恩施坦对民主一些方面的阐释对今天仍有一定意义,而这更多是在思考那种将民主的扩展视为"最终目标",或者将民主视为社会主义替代品的"新社会主义"策略。

把社会主义视为民主扩展的观点一般都很富有成效,民主成为了当代渐进斗争的口号,甚至不断成为左翼各种解放斗争的主题。但立足于马克思对资本主义的经典批判来看,我们不应对资本主义民主的发展和效果抱有幻想,即使政治上民主的资本主义国家在根本上也不能真正摆脱资本积累的控制,那么这在根本上也就无法触动剥削本质。像艾伦·伍德在《民主反对资本主义》这本著作中所批判的那样,资本主义与"真正的民主"完全是相互不兼容的,民主触碰到其本身不可触碰的领域也就意味着资本主义的末日。"社会主义是资本主义的对立面;用一种含糊的民主概念,或者把变化多样的社会关系简化为诸如'身份'或'差异'那样包罗万象的范畴,或者用不精确的'公民社会'概念取代社会主义,所有这些都等于是像资本主义及其意识形态的神秘化投降。"②资本主义民主终将不会有"彻底的发展"和"真正的实现"。

---

① [美]约瑟夫·熊彼特:《资本主义、社会主义和民主》,吴良健译,商务印书馆2009年版,第359页。

② [加]艾伦·伍德:《民主反对资本主义—重建历史唯物主义》,吕薇洲等译,重庆出版社2007年版,第259页。

从民主与社会主义的关系来看，后马克思主义一定意义上延续了伯恩施坦的问题域，在当代对其进一步发展，并在“激进民主”的基础上形成“新社会主义”策略。拉克劳和墨菲也像伯恩施坦一样，将革命道路转变成了一种民主形式向另一种民主形式的连续性过渡，强调社会主义是通过扩展阶级中立的民主来实现，“社会主义的要求，应当被看做民主革命的一种内在要素”①。普兰查斯也同样将剥削剔除出阶级理论，把“民主”视为一个非决定性概念，强调资本主义民主与社会主义民主属于不间断的连续序列，模糊和淡化了二者之间的冲突。这些新策略的“显著特征在于民主的抽象性和独立性，在于对资产阶级民主的‘非决定性’的强调以及对于任何特定阶级特征的缺乏，在于这样一种信念，即认为资产阶级民主的相对独立性使其在原则上可以扩展成为社会主义民主。这样一来，社会主义不过是资本主义的完成，而且这一从此至彼的变动，可以被认为是一个不间断的连续过程”②。

实际上，这种“新社会主义”策略不仅消除了不同制度间民主的本质差异和裂缝，而且通过民主自身的独立和分离，使得民主获得了与阶级力量不相关的崭新含义。民主不再具有本质上的阶级性，在一定程度上阶级剥削和压迫也变得合法化和神秘化，人与人之间的平等、自由关系不断掩盖和否定剥削、压迫的存在，最终导致资本主义与社会主义之间的矛盾和冲突不断概念化。但是，在根本上我们往往不得不承认，从资本主义民主到社会主义民主之间并不存在连续性，并且从前者过渡到后者也存在很大困难。艾伦·伍德对其批判性指出，“对于拉克劳来说，正确的策略不是去强调社会主义的特殊性，不是通过用社会主义民主去挑战资产阶级民主的局限性，从而呼吁社会主义民主，而且，最终也不是去追求工人阶级的特殊利益，而是去淡化分裂与冲突。我

① ［英］拉克劳、墨菲：《领导权与社会主义的策略》，尹树广、鉴传今译，黑龙江人民出版社 2002 年版，第 173 页。

② ［加］艾伦·伍德：《新社会主义》，尚庆飞译，江苏人民出版社 2008 年版，第 132—133 页。

们现在有一种与阶级和国家的理论相配套的意识形态理论，需要用它去支撑人民同盟，以及通过资产阶级民主形式的扩展而建设社会主义的策略，这些做法全都忽略了资本与劳动之间的直接对立”①，最终失去了对资本主义的批判维度。

资本主义民主的扩展从自身发展来说是重要的，但实际上法律和政治上的民主同经济领域生产者自发组织的民主存在质的差异，前者基础上的制度与后者基础上的原则并非一定对立，但这并非意味着所有的社会成员和利益都可以与同一种民主相协调，一些可以同资产阶级民主相适应，但一些则同阶级和生产关系方面的民主存在不可调和的矛盾。伯恩施坦直接过渡的民主道路却将民主同阶级利益相脱离，强调政治与经济的分离，以及二者的非相关性，恰恰这就掩盖了资本主义的剥削事实。资本主义民主与社会主义民主的根本分界点就在于阶级利益的分野。民主在政治层面上的扩展将生产关系的本质排除之外，似乎在不考虑生产关系的条件下，民主与资本主义是相互协调的，但实际上社会主义民主根本上却包含着生产关系的变革。生产关系的转变不会因为我们把它叫做民主扩展或转变就失去对抗性，同样地民主的彻底扩展意味着资本主义的末日，它也不会因为我们仅仅称为民主扩展就失去生产关系变化过程中的革命性。总结来说，社会主义并非仅仅是民主在量上的增长，而是生产关系上的彻底变革。“社会主义方案的一个重要障碍在于它需要的不仅是一个量的变化，不仅是选举权的又一次扩展或者代议制对于行政权力的进一步干预，而是进行一次史无前例的新的民主形式的质的飞跃。”②

（作者　上海师范大学哲学与法政学院讲师）

---

① ［加］艾伦·伍德：《新社会主义》，尚庆飞译，江苏人民出版社 2008 年版，第 52 页。

② ［加］艾伦·伍德：《新社会主义》，尚庆飞译，江苏人民出版社 2008 年版，第 151 页。

奥地利马克思主义者对革命的改良主义解释*

孟　飞

摘要：奥地利马克思主义的政治理论在第二国际中属于中派，在俄国十月革命胜利后，特别是第一次世界大战爆发后，他们的政治理想发生了分裂。然而，虽然对暴力革命、无产阶级专政、议会民主等概念的阐释发生了分歧，但奥地利马克思主义的精神实质还是不变的，他们提出了诸如"防御性暴力"论等改良主义论断，即对现实政治的共同特征是妥协的趋向，或者说是一种中间道路的观点。以列宁为代表的马克思主义经典作家科学总结了俄国十月革命的经验，对奥地利马克思主义折中主义的革命观进行了批驳，构建了完备的暴力革命框架，为之后的无产阶级革命指明了正确的通路。

关键词：十月革命　奥地利马克思主义　折中主义　议会政治　暴力革命

引言：奥地利马克思主义的理论分化

奥地利马克思主义政治理论成型时期所处的时代不仅与1848年

---

*　本文是国家社科基金青年项目"奥地利马克思主义研究"（15CKS027）和中国博士后科学基金第59批面上资助项目（2016M591751）阶段性研究成果。

欧洲革命时期不同,而且与第一次世界大战以前的第二国际时期也有很大区别。当时,德国和奥地利都已建立议会民主制的共和国,两国的社会民主党不仅支持成立共和国,也曾经参与执政。另一方面,俄国布尔什维克已取得革命的胜利,建立了无产阶级专政的苏维埃政权。在这种形势下,如何实现社会主义的问题必然涉及阶级斗争、无产阶级专政、资本主义民主制等方面的讨论。

在俄国十月革命前,奥地利马克思主义者之间的政治分歧尚未明显暴露,他们都围绕在中派意识形态的社会党周围。而到了第一次世界大战爆发和俄国革命取得胜利后,虽然总的来说仍然坚持折中主义的思想基础,但理论上和实践上(尤其是实践层面)的分化还是比较明显的。卡尔·伦纳的政治主张中间偏右,他支持奥地利政府的战争政策。弗里德里希·阿德勒和麦克斯·阿德勒站在中间偏左派立场,共同组织了“卡尔·马克思俱乐部”。麦克斯·阿德勒在政治上更为激进,赞赏俄国十月革命,拥护工人苏维埃,主张将“任何政治民主实质上都是专政”写入党纲。奥托·鲍威尔也属于中间偏左的阵营,从第一次世界大战末期到1934年他一直是奥地利社会民主党公认的领袖。他对俄国十月革命最初持反对态度,后来有明显改变。奥地利社会民主党在其领导下建立了武装“保卫同盟”,通过了“防御性暴力”的决议。

一、奥地利马克思主义右派的彻底妥协性

伦纳的政治理论站在中间偏右的立场上,他对于资产阶级的平等和民主等概念的不断引入体现了革命意志的丧失和妥协政治的全面铺陈。早在第一次世界大战时期,伦纳联合库诺和伦施,为帕尔乌斯所主办的《钟声》杂志撰稿,在当时的社会民主主义运动中,他显然代表着右派的方针。而之后的所有论著就是对他政治理念的进一步解释和发挥,十月革命之后的《马克思主义、战争和国际》(1917)、《作为完整过

程的经济和社会化》(1924)、《实现的途径》(1929)等都表明了伦纳只是改良主义的社会爱国主义者。

与正统马克思主义国家将消亡的立场相反,伦纳赞成维持一个强大的国家可以为工人阶级提供必要的服务。他的假设当然是建立在国家内部工人阶级和中产阶级的地位平等基础上,伦纳的想法颇为新颖,即把国家看作工人阶级潜在的、强大的仆人。1916 年,伦纳写道:"工人阶级获得政治权力等同于从资本主义当权者手中把国家权力解放出来。"①伦纳认为工人阶级及其领导者不仅有必要而且有能力管理国家机器,如果社会主义没有帮助工人阶级努力获取权力,那么它的主要任务就已经宣告失败了。伦纳详述了工人阶级参与国家管辖的紧迫性,因为他认为国家在社会主义化过程中构成最具有决定性的力量。1927 年,作为社会民主党领导人的伦纳谈到:国家不是阶级压迫的机关,而是一种"维护秩序和进行调解的权力"②,国家不仅成为这个社会最有效率的机关,它也逐渐转变为直接为工人阶级服务。从这里看出,奥地利社会民主党淡化了国家的阶级职能,转而强调国家的社会职能。右派突出一种所谓的"超阶级"国家,幻想国家组织不再具有阶级性,可以代表全社会的利益。"超阶级性"便是奥地利马克思主义和奥地利社会民主党国家观的最基本特征。③

我以为,伦纳理论的失误之处在于,忽略了现代国家依然具有明显的阶级实质,忽略了阶级矛盾及其尖锐性,并幻想资产阶级允许无产阶级通过一般的议会活动取得对国家的政治领导。伦纳作为奥地利马克思主义中间偏右政治观点的持有者,已经在折中主义和改良主义道路

① Karl Renner:*Austromarxismus*,Wien:Europa Verlag,1970,p. 282.此处,我们找到伦纳改良主义的影子,虽然术语都是马克思主义的,但是当伦纳把精力集中到和平的政治手段达到工人阶级政治目标时,他转向改良主义思潮。

② 殷叙彝:《当代西欧社会党人物传》,黑龙江人民出版社 1989 年版,第 335 页。

③ 参见赵建波:《奥地利社会民主党的国家观探析》,《理论探索》2006 年第 4 期。

上越走越远。伦纳在他的政治生涯中大力倡导“奥地利合作运动”①，并通过自己的著作给这些政治理念完善了理论注脚。我们看出，伦纳的改良主义使他进一步背离了革命的社会主义原理，并且直接与资产阶级和社会民主党右派合作。伦纳在当时代表了一部分社会民主党人的共同诉求：避而不谈粉碎旧的国家机器，完全拒绝革命的斗争方式，并且认为国家和无产阶级的某些其他组织形式就是实现社会主义的途径。

伦纳没有遵循马克思的观点，没有明确地指出国家的阶级实质，却企图使这些国家资本主义的萌芽日益具有超阶级的意义，也就是说，国家资本主义是唯一备选的组织形式，一旦消除资本对国家的影响，这种组织形式本身就会成为实现社会主义的杠杆②。虽然伦纳和奥地利社会民主党人观察到了国家资本主义的强大趋势，但是他们都根据自己的改良主义来篡改马克思主义。毫无疑问，他们的理论观点只会模糊无产阶级正确地认识时代和看待资产阶级国家以及对待无产阶级革命的态度等主要问题。伦纳竭力在理论上和实践上使工人阶级的活动走向非革命的路径，他认为，国家和资本主义经济正在日益社会化（积聚、集中、国家的影响等），所以打碎现在的国家机器是不可理解的。伦纳当然反对以虚无主义的态度来对待国家，他的主要意图就是使无产阶级相信，国家是实现社会主义的必不可少的组织。伦纳一系列结论的本质只不过是为了掩盖自己的改良主义意识形态和遮蔽它们同资产阶级国家合谋的倾向。

伦纳虽然没有否定马克思主义的阶级斗争的概念，但和其他渐进主义者一样，他相信，确保阶级斗争成功的最好方式是建立全新及加强现有工人阶级的机构，如奥地利的合作运动、工会、社会党等。伦纳以

---

① 奥地利合作运动是在奥地利开展较早的社会主义运动之一，它主要由伦纳领导。1938 年这个运动共有大约 325000 名成员。第二次世界大战结束后奥地利合作运动继续开展，进而成为奥地利经济生活中的一个重要组成部分。

② Karl Renner, *Marxismus, Krieg, und Internationale*, Stuttgart: Dietz, 1917, p. 28.

及几乎所有其他著名的奥地利马克思主义者都抽象地在理论上主张走向社会主义道路的两种可能性：和平的道路和革命的道路。伦纳在他的著作中指出，社会主义者必须准备实现后一种可能性，而首先要准备实现第一种可能性。我们看到，真正到了那个时刻，即便有这种手段，也是注定要失败的了。因而，要求无产阶级尊重国家的概念，这在法西斯主义猖狂的时期就意味着解除工人阶级的武装。①

二、奥地利马克思主义中左派的改良主义倾向

1917年布尔什维克通过暴力革命建立了第一个无产阶级国家之后，世界社会主义运动内部围绕和平与暴力、民主与专政等问题展开了激烈争论。鲍威尔在1920年发表的《布尔什维主义还是社会民主主义？》中写道："民主制是一种国家形式，在这种形式下，国家的权力分配仅仅是由社会力量因素决定的，不会由于运用物质暴力手段而朝着有利于某一阶级的方向转移"；"民主国家的'共同意志'仅仅是各社会力量的合力。"②鲍威尔由此提出了"社会力量因素"论和"防御性暴力"论。

鲍威尔认为，决定一个阶级力量大小的因素有两个：一是这个阶级的社会力量因素；二是这个阶级所掌握的物质暴力手段。社会力量因素包括五个方面：阶级成员的人数、阶级的组织性、阶级在生产和分配过程中所处的地位、阶级的政治积极性以及阶级所受的教育。③ 他指出，在专制国家，宪法赋予统治阶级的权力要远远大于其他阶级，这与社会力量的因素是不匹配的。在一切专制制度的宪法中都存在着由暴力维持的法律的权力分配和由社会力量因素决定的社会权力分配之间

① ［南］普·弗兰尼茨基：《马克思主义史》上卷，李嘉恩、韩宗等译，人民出版社1986年版，第253页。

② 《鲍威尔文选》，人民出版社2008年版，第244页。

③ 《鲍威尔文选》，人民出版社2008年版，第244页。

的矛盾,而在民主制国家里是不存在这种矛盾的。鲍威尔的结论是:民主制只不过是形式,它可以包括资本主义的内容,也包括农民的内容,还包括无产阶级的内容。民主制是阶级统治的工具,所以上述阶级的社会力量发展程度就决定了国家民主形式的样式。这对社会主义运动的启示是,民主制不注定是资本主义阶级统治的形式,也可以为社会主义服务,无产阶级是被压迫还是上升为统治阶级,这取决于在社会力量对比中和无产阶级的地位。麦克斯·阿德勒在分析国家的阶级性质时,比鲍威尔更具体,也更精确。他认为马克思恩格斯的历史理论给我们观察国家性质提供了科学的视角,国家绝不是形而上学的概念,应该在具体的、历史的情境中分析与说明。麦克斯·阿德勒坚持,马克思意义上的阶级统治在任何国家形态下都有效,无产阶级的国家仍然是阶级压迫的工具。现代资本主义国家的职能就是维护资本主义运行机制不被外力侵害,他们编纂法律来为剥削行为作强制性的论证,最终依靠法律的权威使用暴力镇压异己。"作为国家的共同体组织始终是剥削的一种形式。"①相比资产阶级的国家统治,到了无产阶级执政的阶段,权力分配改变了,无产阶级由于自身力量的强大而用法的强制秩序来反对资产阶级②。"防御性暴力"论与"社会力量因素"论是紧密联系在一起的。虽然暴力可以建立和维持与社会力量因素不相适应的权力分配,但暴力最终还是要取决于社会力量因素。暴力是由人的结构组成的,具体来说,如果一个阶级的人数很多,它在军队中的代表就肯定很多;如果它在生产中占有极为重要的地位,它就可以通过罢工剥夺军队的物质生存手段。③ 由此,鲍威尔认为,在西欧和中欧的发达资本主义国家,无产阶级可以在民主制基础上通过民主手段夺取政权。鲍威尔还分析了欧洲和俄国的阶级力量对比关系,认为欧洲革命极为复杂,俄国无产阶级所走过的暴力革命道路不适合欧洲发达资本主义国家。

---

① Max Adler, *Die Staatsauffassung des Marxismus*, Marx-Studien, Vol. 4, 1922, p. 84.

② 殷叙彝:《社会民主主义概论》,中央编译出版社 2011 年版,第 196 页。

③ 《鲍威尔文选》,人民出版社 2008 年版,第 244 页。

尽管鲍威尔主张在发达资本主义国家通过民主手段夺取政权,但他并不否认暴力革命。在大多数国家,反动势力掌握了武装力量,资产阶级是不允许无产阶级通过议会选举这种和平手段轻易攫取他们的政治统治和物质利益的,资产阶级一定会用残暴的暴力统治代替民主的议会政治。鲍威尔继而认为,在资产阶级用暴力统治来反对无产阶级的地方,无产阶级只有用暴力(即内战)才能摧毁资产阶级的统治。如果资产阶级反革命势力不顾社会民主党的努力,极力破坏民主制,阻止无产阶级和平地夺取政权,“无产阶级就只能在国内战争中夺取政权”。他批驳改良主义彻底放弃暴力的策略,坚持认为从始至终无产阶级夺取政权只有通过暴力革命的手段才能实现。

但是,鲍威尔理论本质上更多地强调暴力的“防御性”,也就是说,无产阶级为夺取政权而使用暴力是被逼无奈下的最后手段,这直接引导了奥地利社会民主党20世纪20至30年代的政治实践①。他在《民主制和社会主义》(1934)一文中解释道:在资产阶级民主制的国家里,如果条件允许,无产阶级应该以议会选举的合法手段来获得统治地位,就不需要为了摧毁资产阶级国家而动用暴力。只有当资产阶级罢黜了民主制度,把国家全完纳入极权主义的掌控之中,采取严酷暴力的形式镇压无产阶级,工人阶级被剥夺了一切民主斗争的手段时,“无产阶级才能通过暴力革命求得解放”②。麦克斯·阿德勒同样认为,国家是具体的社会条件的产物,马克思在《共产党宣言》中的界定非常准确——一种阶级压迫的、有组织的暴力。麦克斯·阿德勒和奥地利马克思主义的绝大多数理论家(无论是偏左的还是偏右的)一样,对于社会主义实现道路的设想存在一种“理想模式”。他们的无产阶级革命思想中总是潜藏着一种不彻底性,即幻想可以通过社会经济的发展,达到资产阶级社会向无产阶级社会和平的过渡。这种理想模式也存在于无产阶

① Tom Bottomore and Patrick Goode, (eds.), *Austro-Marxism*, Oxford: Clarendon Press, 1978, p. 43.

② 《鲍威尔文选》,人民出版社2008年版,第344页。

级专政理论以及一切与暴力相关的社会主义理论中。

奥地利马克思主义者认为当时的欧洲发达资本主义国家已经具备了完成这种过渡的客观条件,但是实际的斗争经验告诉他们,资本主义国家在朝这一方向发展的过程中不免遭到抵抗。在民主体制完备的最发达国家,无产阶级即使凭借议会斗争的合法途径取得了政权,资产阶级和别的反动势力不会束手就擒,他们仍旧会动用暴力来阻止无产阶级掌权。因此,暴力斗争的手段是不能丢弃的,但它只能在万不得已时使用(这几乎等同于鲍威尔指称的"防御性暴力")。可见,麦克斯·阿德勒是全面赞同和支持鲍威尔的,他在《马克思主义的国家观》和《政治民主还是社会民主?》两书中所表述的政治理论观点基本上和鲍威尔一致。并且,他还曾协助鲍威尔将这种思想写进奥地利社会民主党林茨代表大会通过的纲领。

三、"防御性暴力"论的不可能性,列宁对暴力革命的科学解释

十月革命前,列宁针对第二国际主要理论家在国家与革命问题上的主张,完成了《国家与革命》(1917)。十月革命胜利后,他又根据实际情况对该书作了重要增补。列宁从考察马克思恩格斯关于无产阶级专政理论形成发展的历史入手,明确指出:无产阶级专政是马克思的"国家学说的实质,只有承认阶级斗争、同时也承认无产阶级专政的人,才是马克思主义者"。列宁的暴力革命论是与其对资本主义制度本质的认识相联系的。列宁否认阶级社会中所谓的"一般民主"和"纯粹民主",民主一定具有鲜明的阶级性,有资产阶级民主,也有社会主义民主,但绝没有超阶级的民主。资本主义的议会民主是服务于资产阶级的,虽然工人阶级和工人组织通过这种议会民主可以获得一定的权益,但是这种权益总是被限制在资本主义所允许的范围之内。工人阶级的利益一旦超出了资本主义制度所能许可的范围,资产阶级专制

对无产阶级的镇压是无可避免的。从这点来看,所谓的议会民主制在本质上,就是资产阶级欺骗工人阶级的工具,工人政党依赖议会妥协者的政党,是一种自毁的行动方式。反观奥地利马克思主义者抛出的"社会力量因素"论和"防御性暴力"论,他们的无产阶级革命策略思想在一定程度上是符合马克思主义的,在理论上有一定的价值,但只是在表面上承认了国家是阶级统治的工具,而真正谈到国家政权的性质时却根本否定了阶级分析的方法。

从理论上看,鲍威尔虽然主张通过民主手段夺取政权,但他没有绝对地排斥暴力革命。另外,鲍威尔关于民主道路的思想是他根据"社会力量因素"提出来的。仅就这一点看,与马克思主义的论断出入不大,虽然马克思恩格斯未曾提出过像"社会力量因素"这样的概念,但他们观察到了一些发达资本主义国家民主制度的优点。马克思恩格斯在19世纪70年代以前认为暴力革命是无产阶级夺取政权的唯一道路。他们指出,革命实践一再向无产阶级表明,资产阶级通过革命取得的政权是决不会轻易拱手相让的,资产阶级的根本物质利益排斥工人阶级与之共享革命果实,他们只会不断用暴力镇压工人阶级。同时,不论资产阶级采取何种政权组织形式,他们都不会摧毁原有的国家机器,而是使其更加完备,以镇压工人阶级的起义。由此,马克思指出,工人阶级要想改变目前的状况,就必须(也只能)用暴力革命的方式来推翻资产阶级的统治,打碎资产阶级的国家机器,建立无产阶级专政。而在70年代以后,虽然他们坚持了无产阶级必须打碎资产阶级的国家机器,建立新型的无产阶级专政国家取代旧的国家机器。但他们明确提出在资本主义议会民主制国家,无产阶级有可能通过和平手段(即"普选权")夺取政权。此时,马克思恩格斯所主张的是革命同合法斗争并举,进而为无产阶级的最终决战积蓄力量的政治策略。

从社会主义运动历史上看,鲍威尔的"社会力量因素"同考茨基《无产阶级专政》中的"纯粹民主"异曲同工,他们的共同标靶是列宁的无产阶级专政思想及俄国的苏维埃政权。鲍威尔的《布尔什维主义还是社会民主主义?》对“社会力量因素”的阐述显然是对列宁与布尔什维克充满敌意的。“社会力量因素”论的实质是要说明:俄国的无产阶级专政是俄国具体国情决定的,落后的经济和文化使俄国的专政仅仅是少数人的专政。而在工业发达的中欧和西欧,无产阶级则不必要通过暴力革命的方式打碎资产阶级的国家机器,在民主制的基础上用选举手段夺取政权才是无产阶级斗争的主要方面。鲍威尔的观点旋即被列宁作为反批判的材料,他在共产国际第二次代表大会上专门就鲍威尔的《布尔什维主义还是社会民主主义?》及其“社会力量因素”论进行了尖锐的评价。列宁认为,鲍威尔的小册子是一部“道道地地的孟什维克式的诽谤作品”,鲍威尔背叛了社会主义,并且“与克伦斯基、谢德曼等等同流合污”。① 如果撇开鲍威尔对苏维埃政权的攻击,这里还牵涉到一个重大的理论问题:是否可以利用资产阶级民主制度为无产阶级服务?对此,列宁的态度非常明确,“摆脱议会制的出路,当然不在于取消代表机构和选举制,而在于把代表机构由清谈馆变为‘工作’机构。”②也就是说,如何看待民主的阶级属性以及如何对待资产阶级民主制是关键,而非暴力手段或和平手段夺取政权。无产阶级革命的实质是:“旧政权的纯属压迫性质的机关予以铲除,而旧政权的合理职能则从僭越和凌驾于社会之上的当局那里夺取过来。”③

从社会主义的实践来看,鲍威尔把暴力作为一种“防御性”手段,是极其危险的。“防御性暴力”论有其致命的弱点,在资产阶级国家中,无产阶级及其政党很难把握动用暴力的恰当时机,同时,他们也无法获得运用暴力的物质条件(如武器),因此在革命中必然陷入被动境地。当他们认定资产阶级开始破坏民主制时,无产阶级才会(才能)通过暴力手段夺取政权。但是事实上,当资产阶级开始极权统治时,反动势力往往做好了充分的准备,而无产阶级只能处于被动地位。20 世纪

---

① 《列宁选集》第 4 卷,人民出版社 1995 年版,第 269—270 页。
② 《列宁选集》第 3 卷,人民出版社 1995 年版,第 151 页。
③ 《马克思恩格斯选集》第 3 卷,人民出版社 1995 年版,第 57 页。

30 年代初,在法西斯主义的镇压下,强大的德国社会民主党以及奥地利的社会民主党相继失败,彻底证明了鲍威尔的资本主义替代方式只是流于书面的文字说明而已①,残酷的斗争现实容不得社会主义者浪漫主义的空想。所以,即使是奥地利马克思主义的左派,在具体涉及要不要革命的问题上是折中主义的:一方面,他们拒斥“纯粹民主”,支持暴力革命;另一方面又对革命的前景持保留态度,最终还是滑向了第二国际改良主义的主流意见中。列宁对资本主义议会民主制的判断,与马克思恩格斯在 1870 年对于资本主义民主制度的态度大致相当,但是马克思恩格斯晚年对议会民主制的看法有一定的转变,他们开始正视议会民主的积极因素。而列宁关心的主要范畴是阶级斗争,阶级对立的政治视角是统摄此时列宁对资本主义制度本质判定的根本维度。因此就不难理解,列宁必然会否定议会制,主张武装斗争,强调建立苏维埃政权。所以在列宁看来,武装斗争并没有过时,它仍然是无产阶级求得解放的根本手段。列宁坚决表示,“不用暴力摧毁资产阶级的国家机器,不用新机器代替它,无产阶级革命是不可能的。”②

结语:奥地利马克思主义的瓦解及其启示

1930 年代,社会民主党领导在法西斯势力和反动政府的强大军事压力下,只得妥协退让,甚至束缚工人阶级的反抗。所谓“保卫同盟”③在残酷的现实斗争中几乎是无效的。因此,奥地利社会党和工人运动岌岌可危。1934 年 2 月,法西斯政府向工人展开了全面进攻,社会民主党无力挽回时局,维也纳的保卫同盟由于力量过于弱小且缺乏正确

① 参见吴晓春:《奥托鲍威尔的民主社会主义思想》,《中国特色社会主义研究》2007 年第 3 期。

② 《列宁全集》第 28 卷,人民出版社 1986 年版,第 219 页。

③ 根据“防御性暴力”思想,维也纳和林茨、施蒂里亚等地区的工人还成立了“共和国保卫同盟”,使劳动群众获得安全上的保障。

的领导而宣告起义失败。① 社会民主党最终瓦解,奥地利马克思主义者四分五裂,作为一个思想流派和实践整体出现的奥地利马克思主义至此覆灭了。②

关于奥地利马克思主义的最终失败,鲍威尔找到了托词:战争和思想的分裂导致了整个学派的终结。但是中立的研究者却不认为这是合理的解释③,无论从理论还是实践上,他们的政治进程是无法抵达目标的幻想,作为与科学社会主义相对立的实践形态,中间道路的尝试在实质上起着解除工人阶级思想武装、瓦解革命营垒、维护资本主义制度的作用。国外学者精准地发觉了这一点,博托莫尔在其主编的《奥地利马克思主义》长篇序言中认为,恰恰是鲍威尔的"缓慢革命"瓦解了社会主义本应秉持的革命姿态和阶级斗争模型。与俄国革命相反,奥地利马克思主义的社会主义运动规避了"无产阶级专政"的实践目标。④其实直到1926年,奥地利社会民主党的"林茨纲领"仍然对"无产阶级专政"有明确规定:如果资产阶级通过有计划地阻碍经济生活,通过暴力行为,通过同国外反革命力量勾结,阴谋对抗无产阶级对国家进行的社会变革,那么工人阶级就会被迫用专政手段来粉碎资产阶级的反抗。不过显然,在这样的纲领中隐含了整个奥地利马克思主义对"暴力"和"专政"的态度是在被迫的情况下最后诉诸的手段。⑤ 布鲁姆认为,在

① 参见殷叙彝:《奥地利马克思主义》,《当代世界与社会主义》1981年第3期。

② 到了1945年,虽然奥地利社会民主党重新执政,但是战后的民主社会主义实践在经历了很多波折后还是分崩离析了。而自20世纪70年代以来,他们在选举中遭受了严重的失败。

③ 拉宾巴赫梳理了1927年至1934年以鲍威尔为主导的奥地利马克思主义最后的抗争岁月,当然所谓的抗争大多是政策的或口头的,没有还原为政治。参见Anson Rabinbach, *The Crisis of Austrian Socialism: From Red Vienna to Civil War 1927-1934*, Chicago and London: The University of Chicago Press, 1983。

④ Tom Bottomore and Patrick Goode, (eds.), *Austro-Marxism*, Oxford: Clarendon Press, 1978, p. 39.

⑤ Karl Stadler, *Austrian Social Democracy: The Image and the Facts*, *The Austrian socialist experiment: Social democracy and Austromaxism, 1918-1934*, 1985, p. 85.

第一次世界大战结束之后，奥地利马克思主义团体开始全面构建民主社会主义方案。① 与此切近，阿拉托直接指出，在奥地利马克思主义团体中，伦纳、鲍威尔和麦克斯·阿德勒不需要仔细加以区分，因为他们对民主的忠诚远远大于革命，最终共同遗忘了共产主义的要旨。② 格鲁伯甚至断言，奥地利马克思主义几乎不存在革命的实践性，他们在“红色维也纳时期”彻底完成了文化转向。③

总结一下，奥地利马克思主义对“中间道路”的解释援引了共产主义的理念，也运用了大量正统马克思主义理论的词汇，但是在马克思主义的理论框架内，中间道路是根本不成立的。他们披上改良主义的外衣，试图修正社会主义的理论，改造社会主义的实践，通过拼接不同的社会改良因素来达到他所谓的“中间道路”目标。这样的非马克思主义指针，其理论后果必然是进一步妥协退让，实践下场也只能是远离革命，向右派的改良政治靠拢，最终被反动势力所肢解。

（作者　东南大学江苏省中国特色社会主义理论研究基地博士后，
中共南京市委党校讲师，南京大学博士）

① Mark Blum, *Austro-Marxist 1890–1918: A Psychobiographical Study*, Lexington: The University Press of Kentucky, 1985, p. 15.

② Andrew Arato, *Austromarxism and the Theory of Democracy*, *The Austrian socialist experiment: Social democracy and Austromaxism, 1918–1934*, 1985, p. 139.

③ Helmut Gruber, *Experiment in Working-Class Culture 1919–1934*, New York & Oxford: Oxford University Press, 1991. 另参见 G. Sandner, “From The Cradle to The Grave Austro-Marxism And Cultural Studies”, in *Cultural Studies*, 2002. 6。

隐匿的对话:韦伯现代性视域中的卢卡奇与施米特*

高　雪

摘要:在马克斯·韦伯看来,现代社会是一个日趋合理化的祛魅过程。韦伯的两个弟子——卢卡奇与施米特——在认同这一理论的基础上,试图在现代政治生活中积极回应其关于现代性的合理化论题。并且,两人力求超越韦伯的现代性范畴,在反对韦伯式的自由主义道路的过程中形成了两种截然对立的新型的政治替代方案。从反思两种政治理论路径的视角看,无论对于左翼社会批判理论抑或右翼威权主义,面对韦伯关于现代性的问题,仍然具有可探索、可思考的讨论空间,有助于我们在现代化的新时代背景下重新思考结构转型和技术变迁在政治生活中可能带来的理论效应。

关键词:现代性　卢卡奇　施米特　韦伯

作为20世纪早期社会学界的重要思想家,马克斯·韦伯对资本主义社会的起源与制度模式的分析产生了深远而广泛的影响,在当代西方学界占据着重要位置。近年来,出于对资本主义经济社会的批判以

* 本文是国家社科基金青年项目"历史唯物主义与古典经济学理论传承关系研究"(15CZX004);国家社科基金重大项目"马克思主义政治哲学重大基础理论问题研究"(15ZDB002)成果。

及在新的历史背景下探索新型政治替代方案的双重理论诉求,西方思想家们从不同的理论视角出发对韦伯的学术思想进行了分析与重构,试图在技术理性化的社会生活中探寻现代自由与个体自我之间的新路径。从某种程度上说,无论是以赛亚·伯林的价值多元论,抑或卡尔·波普尔的"渐进的社会工程"学说,均可以看作是在自由主义谱系内部对韦伯关于现代社会意义上的祛魅与合理化的回应。但这种回应更多是对现代性个别环节与层次的修正、调节,并不会从根本上触动自由主义的命脉,正如霍尔姆斯所说:"那些具体思考个人的社会性构成的人从未想象过他们的发现会以任何方式对自由主义公民的自我理解起革命性的影响,或者将自由主义政治摧毁。"①然而,我们无意伸张不仅被人熟知,且更为主流的自由主义观点,而是把目光聚焦于20世纪思想史上另类的"反现代性"哲学理论,其中尤以卢卡奇的社会批判理论和施米特的政治存在主义为代表。之所以选择卢卡奇和施米特,不仅是因为二人各自在其代表性著作中提供了回应韦伯现代性论题的不同方案,并试图将其付诸实现;并且,站在今天时代格局的背景中重审"反现代性"的得失,有助于我们规避左翼批判理论和右翼威权主义社会理论的实践风险,从而为当代中国社会与政治的结构转型和技术变迁提供某些正反理论经验。有鉴于此,在以韦伯对于合理化论证为起点的视域基础上,探寻卢卡奇和施米特在批判性、颠覆性的话语中对现代性范畴的阐释与超越显得极为必要。本文试图统揽两位思想家关于现代性论述的核心文本,以思想史为语境展开二者关于现代性出路的对话空间。

一、韦伯与现代性问题的源起

在以往的研究中,卢卡奇通常以西方马克思主义创始人的形象出

① [美]斯蒂芬·霍尔姆斯:《反自由主义剖析》,曦中译,中国社会科学出版社2002年版,第268页。

现,其物化理论与总体性辩证法成为人们关注的焦点,但其思想的现代性源头却常常受到忽略。无独有偶,在对施米特的大量研究中,人们更愿意将目光聚焦于其公法学家的身份,重视其在魏玛时期的法学著作,殊不知在他对政治社会的法学批判背后暗藏着对现代社会深刻的经济技术批判。这是因为,人们没有注意到韦伯的政治思想和社会学方法对两人产生的巨大影响。事实上,卢卡奇与施米特在20世纪早期与韦伯交往极为密切,卢卡奇是韦伯社会学家讨论组的成员之一,而施米特则不仅亲临韦伯几次著名演讲,更是参与了1919—1920年韦伯的慕尼黑研讨会。正是在这一背景下,卢卡奇与施米特学术生涯中的问题意识——对抗现代性的合理化与祛魅过程——才确立起来。

众所周知,韦伯的理论关注点涉及多重领域,其论域庞大而复杂,内容丰富而深刻。然而,在其卷帙浩繁的著作中,合理化作为一个重要术语却贯穿了他学术生涯的整个思想历程。按照他的看法,资本主义的生产过程就是建立在可量化和可计算性的基础上形成的合理化机制,现代社会正是一种逐渐祛魅的理性化社会。在《交往行为理论》中,哈贝马斯就曾指出,“韦伯留下来的著作都是一些断片,但合理化理论是其中的一条主线,我们可以用它把韦伯的理论全貌建构起来”①。的确如此,韦伯曾多次论证现代性的最根本特点就是技术占据着统治的位置,或从宗教社会学的视角,或从经济—政治领域,强调现代人生活在一个以技术化、程序化机制主宰的,终极价值不断隐没,生命意义逐渐丧失的“既没有神也没有先知的时代”,一个“理性化、理知化、尤其是将世界之迷魅加以祛除的时代”②。深受这一思想的影响,卢卡奇与施米特在走向韦伯理论术语的过程中,经历了从认同到超越、从继承到批判的巨大改变,并在政治道路上提供了与韦伯截然相反的

① [德]哈贝马斯:《交往行为理论》,曹卫东译,上海人民出版社2004年版,第141页。

② [德]马克斯·韦伯:《学术与政治》,冯克利译,广西师范大学出版社2010年版,第193页。

理论方案。

在《新教伦理与资本主义精神》中，韦伯站在文化史观的立场反对“经济决定论”，并认为现代资本主义之所以不断扩张，其根源并不是资本积累的问题，而“在于一种新精神的作用，那就是现代资本主义精神”①。对于韦伯而言，新教伦理赋予人们的天职观念是资本主义兴起的真正原因，宗教教养对于破除传统主义、形成现代社会经济领域的技术化和理性化具有重要的作用。当这种资本主义精神渗入到资本主义经济生活中时，一些新型的企业家依据自身的伦理素养，将天职观念视为其创造新生活方式的正当理由，在谨慎严密的计算法则下将经济活动系统化，将劳动分工专业化，并在日常生活的管理中形成涉及法律、政治、科技、艺术等一整套的制度体系，这正是西方文化独特的理性主义，也是韦伯透过资本主义精神所论证出的现代社会特有的合理化模式。然而有意思的是，虽然在20世纪20年代卢卡奇与施米特分别站在各自的宗教立场（对卢卡奇来说是弥赛亚式的犹太教，而施米特则是一个虔诚的天主教徒）对韦伯的新教伦理观以及作品中展现出的非理性的、浪漫主义的残余进行批判，但不可否认的是，在他们的早期著作中两人都认识到了后者将现代性与新教伦理联系起来的合理性，并接受了他对资本主义现代化进程批判的真理内核。

事实上，这一判断不仅有理论逻辑为支撑，并且还有充分的文本根据。首先，从理论发展的逻辑上看，自德意志帝国统一后，实证主义便成为西方学术思想的主流形式，其所注重的经济技术思想和观察与分析的方法被卢卡奇与施米特深深厌恶，并将其视作资本主义现代社会文化危机的根源。因此，两人都试图站在新康德主义学派的立场对实证主义进行批判，对资本主义经济与法律发展过程中不可抗拒的技术理性化特征进行修正。其次，从文本角度来分析，我们会发现卢卡奇与

① [德]马克斯·韦伯：《新教伦理与资本主义精神》，马奇炎、陈婧译，北京大学出版社2012年版，第62页。

施米特在早期著作中都对工业资本主义社会的经济—技术与非人性化的生产模式进行过分析与批判。在对现代戏剧的研究中,卢卡奇就曾指出:“从个体的立场来看,现代劳动分工从本质上将劳动与工人的非理性的并因此与其质性的特征相分离,将其指向客观的、以目的为导向的标准,这种标准外在于并独立于工人的人格。资本主义的首要经济倾向正是这种生产的客观化以及与生产者的个性相分离。在资本主义经济进程中,作为客观抽象物的资本成为实际的生产者,当然,它与那些事实上拥有它的人并不存在有机关系。所有者自身究竟是否有个性变得越来越无关紧要——想一想合资股份公司。”①不仅如此,其另一部代表作《心灵与形式》的核心主题也是透过客观形式与主观内容之间的对立来阐述他对现代性的理论批判,指出资本主义社会中普遍存在的异化现象与生活在其中的人难以逃脱的异化命运。另一方面,1916 年施米特在对德国诗人特奥多尔·多伊布勒的现代史诗《北极光》进行解读与重构的过程中,借助于韦伯的现代性批判深刻地剖析了整首诗中所蕴含的现实性问题。施米特尖锐地指出:“这个时代将自己标榜为资本主义的、机械论的、相对主义的时代,标榜为交往的、技术的和组织化的时代。‘企业’事实上似乎给时代贴上这样的标签,即企业作为功能强大的工具朝向不知何种可悲或无意义的目的,在目的之前是工具的普遍紧迫性;企业如此否定个体,以至于它不能哪怕一次感受到自身的扬弃过程,且它并不是奠基于某个观念,而至多不过是招徕了一些陈腐的东西;只有当一切顺滑地、没有无谓的摩擦而出现时,它才能奏效。”并且,与卢卡奇一样,施米特也注意到了现代人的异化问题。在他看来,“普遍的可‘工具’性(Mittelbarkeit)和可计算性”产生了物质帝国的庞大成果,生活于其中的人变成了“可怜的魔鬼”,这就意味着“这个世代的穷人,成群的受苦者,除了作为‘踉跄着去工作

① 参见衣俊卿主编:《新马克思主义评论:第一辑 卢卡奇专辑》,中央编译出版社 2012 年版,第 323 页。

的影子'外，什么都不是；千百万追寻自由的人，表明自己是这些精神的孩子，将一切都代入其意识的公式而不让任何灵魂的神秘和昂扬出场"①。毫无疑问，在韦伯之后，卢卡奇与施米特都看到了整个欧洲在资本主义现代化进程中暴露出的最尖锐的现实问题，经济技术的发展与启蒙文化的普及将现代社会逐渐祛魅为一个灵魂丧失、价值混淆以及物质层面和形而上学层面均遭到毁坏的时代。

值得注意的是，面对西方文明的没落与自由主义文化体系的侵袭，卢卡奇与施米特都试图从艺术作品中寻求慰藉。对于卢卡奇而言，相比较现代社会浪漫主义美学文化的二元分裂，中世纪的艺术家们在文艺作品中呈现出的是融合了主观体验与客观现实的整体性的统一。虽然他在早期作品中强调的总体性是缺乏现实意义的，但他对韦伯学术理论中隐藏的价值中立的认识却是极为清晰的，这也就不难解释他为何会在《历史与阶级意识》中将后者的合理化理论颠倒，并站在马克思主义立场上批判韦伯式的自由主义。与此相应，施米特将其对浪漫主义文学理论的批判延伸至具体的实践政治领域中，并把浪漫主义解释为"一种排除任何确定的政治立场和政治忠诚的'主体的机缘论'"②。在他看来，在自由主义宰制的现代社会中，政治的浪漫派占据着主导地位，其形成的是"一个只有机缘的世界，一个没有实质和功能性约束、没有固定方向、没有持续性和规定性、没有决断、没有终审法庭的世界，它不停地遁入无限、只受机遇这只魔手摆布"③，因此，为了摆脱韦伯式的主观伦理活动与客观合理化行动相对立而产生的非理性主义倾向，他以哲学的头脑重新思考政治的概念，强调决断的重要性，并打开了另一条反自由主义与现代性的道路。

---

① 曹卫东主编：《审美政治化：德国表现主义问题》，上海人民出版社 2015 版，第 178—179 页。

② ［德］约瑟夫·W.本德斯基.卡尔施米特：《德意志国家的理论家》，陈伟、赵晨译，上海人民出版社 2015 年版，第 28 页。

③ ［德］卡尔·施米特：《政治的浪漫派》，冯克利、刘峰译，上海人民出版社 2004 年版，第 17 页。

二、超越韦伯的现代性范畴

在韦伯的思想体系中，合理化理论背后的非理性基础是难以掩盖的，价值中立的设准意味着其对现代性出路的消极情绪，因此，研究方法的片面性和工具理性主导的技术社会必然会遭到卢卡奇与施米特的共同反对。在20世纪20年代早期，两人逐渐意识到韦伯思想理论的狭隘性，并认为在韦伯那里以经济—技术主义为出发点的抽象形式理性与侧重于审美评判的特殊的具体内容是相对立的，其对现代化问题的抽象性量化分析究其实质只是一种对社会历史事实的非理性主义和浪漫主义的解释。基于这样一种认识，卢卡奇与施米特试图以各自的理论方案代替韦伯政治上的自由主义，在超越其"理性铁笼"的过程中寻求一条摆脱现代性困境的新路径。

1923年，《历史与阶级意识》和《罗马天主教与政治形式》出版，作为卢卡奇与施米特意识形态特征最为明显的著作，它们展现了两人与韦伯截然不同的政治道路，从某种程度上而言，也是对《新教伦理与资本主义精神》中现代社会合理化机制的思考。事实上，早在1916年的《小说理论》中，卢卡奇就在思想上转向了黑格尔哲学，并从历史哲学的视角分析了小说的形式，指出了整体性在文艺作品结构中的重要性。1918年，面对风起云涌的欧洲革命运动以及匈牙利内忧外患的革命形势，卢卡奇加入了共产党，试图借助马克思对资本主义商品经济的批判理论为革命的胜利寻找新出路。同样，受革命影响的还有施米特，在德国由于第一次世界大战战败而陷入瘫痪的特殊时期，他的学术思想也发生了新的转变。1918年年末，威廉帝国长时间的政治动乱和革命运动使其统治秩序土崩瓦解，左翼极端主义者受俄国十月革命胜利的影响企图建立一个社会主义国家。1919年，苏维埃共和国在慕尼黑成立，然而一些极端主义者采取的革命行动却造成了国家的崩溃和社会的混乱，大规模的流血冲突让施米特对布尔什维主义充满了恐惧，并使他认识到社会学家和法学家们一直以来都是站在非政治化的立场讨论政府问题,忽视了政治决断在现代社会中的首要地位。他受罗马天主教会的指引,将其作为一支政治势力与各种理论中的“经济思维”相抗衡。

回到文本本身,当我们将视野回溯到《历史与阶级意识》中的核心篇章《物化与无产阶级意识》时,就会发现:卢卡奇对工具理性主导的资本主义商品社会的分析与施米特对现代性背景下技术经济和技术政治的批判有惊人的相似之处。这首先体现在对“自然是一个社会范畴”的解读上。在卢卡奇看来,随着现实世界表面上彻底的合理化,越来越多的人可以通过计算运用先进的技术掌握自然世界的规律,然而这些规律只是形式上的独立的局部规律,因为它们之间缺乏具体的必然的关联,最后只能导致“这样一种社会状况:人们在其中一方面日益打碎了、摆脱了、扔掉了、纯‘自然的’、非理性的和实际存在的桎梏;但另一方面,又同时在这种自己建立的、‘自己创造的’现实中,建立了一个包围自己的第二自然,并且以同样无情的规律性和他们相对立,就像从前非理性的自然力量所做的那样”①。本应是社会运动进程中的主体,现在却受这些规律与预测的控制,毫无疑问,这是以计算为基础的经济—技术主义带来的危害。同样,在《罗马天主教与政治形式》中,施米特也以自然的概念为依据对现代经济理性思维进行了批判。他从韦伯新教伦理的对立面——天主教教会的视角出发,指出与近代资本家和产业无产者不同,“天主教的政治观念反对经济思维中与事务性、诚实和理性相等同的一切”。施米特认为,极端二元论支配了当今时代的一切领域,其集中表现为一种经济理性主义,“一切皆按严格的计划进行,一切皆可计算”,并且经济思维的理性和真确性在于“蕴含着绝对的事务性,仅仅关注实实在在的东西”,“政治被看成是非事务性

① [匈]卢卡奇:《历史与阶级意识》,杜章智译,商务印书馆1992年版,第200页。

的”①。这种表现形式的根据是自然的概念,自然在不断改造的技术和工业世界中得到了真正的实现。对此,他描述道:“时至今日,大自然似乎处在与机械世界对立的一极上。这个机械世界由众多的大城市组成,其石制、铁制和玻璃结构就如同庞大的立体主义构图一样矗立在大地的表面上。这个技术王国(Reich der Technik)的对立面是未经文明染指的大自然,野气,不开化;它是‘饱经磨难的人没有踏入的一块保留地’。人的劳动创造了一个理性的—机械的世界,而自然状态则被赋予了浪漫而纯洁的品质。”②由此可见,卢卡奇与施米特均指出了自然与技术的对立,并进一步认识到现代资本主义社会已成为一个主观内容与客观形式相分裂的二元社会。

另一方面,从经济—技术思维蔓延到现代生活的各个领域来分析,卢卡奇与施米特为摆脱和超越资本主义现代性困境指明了新的出路。在《历史与阶级意识》中,卢卡奇援用《资本论》中马克思的商品拜物教批判,分析了现代资本主义背景下的物化图景:“如果我们纵观劳动过程从手工业经过协作、手工工场到机器工业的发展所走过的道路,那么就可以看出合理化不断增加,工人的质的特性,即人的—个体的特性越来越被消除。”他进一步指出:在这种合理化的现代资本社会中,“工人同作为整体的产品的联系被切割”,“工作也被简化为一种机械性重复的专门职能”,这种现代化的合理机制“一直推行到工人的‘灵魂’里”③,导致了劳动过程的碎片化和劳动主体的自我客体化。不仅如此,这种表面上的合理化也渗透到法学和社会学的领域,资产阶级带来的物化现象和物化意识使整个现代社会变得虚无与空洞。有意思的是,卢卡奇在分析法律领域的物化现象时,其对法律实证主义的批判与

① [德]卡尔·施米特:《政治的概念》,刘宗坤译,上海人民出版社2004年版,第56—58页。

② [德]卡尔·施米特:《政治的概念》,刘宗坤译,上海人民出版社2004年版,第54页。

③ [匈]卢卡奇:《历史与阶级意识》,杜章智译,商务印书馆1992年版,第149页。

施米特是一致的，两人均将魏玛时期的法哲学家汉斯·凯尔森作为批判的对象。虽然卢卡奇仅仅只在法律领域的物化意识中谈到凯尔森，但如果人们注意到其在《理性的毁灭》中谈及韦伯时又一次引用凯尔森的纯粹法学观点，就会意识到他与施米特一样，认为韦伯思想体系最终走向非理性和神话的根源来自于凯尔森的价值无涉的实证法学理论。也正是在这个层面上，施米特批判像韦伯这样的自由主义者——虽然韦伯多次在演讲中强调民族国家与政治的概念——只是将政治作为一个规范性的概念来描述，最终形成的只能是一个"中立化和非政治化"的世界。按照施米特的看法，随着欧洲历史的文化变迁，寻求中立化成为人类几个世纪以来的基本动力。面对20世纪技术领域的侵袭，"上一代德国人"（包括韦伯在内的思想家）已经感受到了"文化衰落感"，他们意识到"难以抗拒的技术力量表现为没有精神的东西对精神的统治"，所以试图对技术思维进行批判，但一切都是徒劳的，因为他们只是"在这个没有灵魂的技术时代悲叹着灵魂的无助和软弱"①，看不到一切价值批判应立足于一个政治的基础，问题的关键在于做出决断。这也正是政治的概念对于施米特的意义：生存性的并且先于国家的概念。所以，"要自由还是要奴役的决断并不存在于技术本身当中，技术本身既可以是革命的，也可以是反动的，既可能为自由服务，也可以为压迫服务，既可以用于集权，也可以用于分权"，技术的中立性表明它无法产生任何决断，"从纯粹的技术原则和技术观点中，既不能产生出任何政治问题，也无从产生任何政治答案"②。

在某种意义上，卢卡奇与施米特实现了对韦伯现代性范畴的升华，两人都在寻找一个合适的支点摆脱韦伯"理性的铁笼"。卢卡奇借助"历史"的概念指出韦伯式的资产阶级思想家停留在直观的形式上架

---

① [德]卡尔·施米特：《政治的概念》，刘宗坤译，上海人民出版社2004年版，第185页。

② [德]卡尔·施米特：《政治的概念》，刘宗坤译，上海人民出版社2004年版，第185页。

构现代自由与个体自我之间的关联，并以历史唯物主义为武器将无产阶级视为解决现代性困境的真正主体；而施米特则将技术理性带来的危机归结为政治性的问题，认为不可阻挡的技术力量消弭了政治的概念，强调政治的决断性就是强调对技术中立化的自由主义与现代性的批判。

三、西方马克思主义与政治存在主义

基于这样一种认识，我们会发现韦伯的两个学生——卢卡奇与施米特——分别从左的方面和右的方面试图调和其思想体系中的内在矛盾，并在政治立场上走向了不同的阵营（卢卡奇移居苏联，施米特投靠纳粹）。从"反现代性"的角度而言，虽然这两个人对资产阶级文化模式、法律体系以及政治制度的批判存在某种程度的一致性，但他们在对彼此的理论观点表示赞赏的同时，两人也从各自的视角出发炮轰了对方的政治观念。在此，我们聚焦于两人"反现代性"的核心文本，试图在他们的思想交锋中开启现代性前景的新视野。

在《历史与阶级意识》中，卢卡奇以反对第二国际的"经济决定论"为出发点，认为伯恩施坦等修正主义者们企图将"马克思主义歪曲成资产阶级'科学'"，导致资本主义研究方法统领下的实证主义和机会主义成为现代社会的主流形式，从而导致物化现象的加剧，历史辩证过程的倒退。因此，他强调恢复总体性辩证法的地位，并站在马克思主义政治经济学的立场上，以历史唯物主义为武器调和资产阶级思想的二律背反，将无产阶级阶级意识的觉醒作为其理论任务，以实现一场摆脱经济技术主导的现代社会背景下的意识革命。事实上，这一理论方案已经将韦伯的技术理性化作为了主要的批判对象。在卢卡奇看来，韦伯之所以不能把握资本主义的本质，原因在于他并没有深入研究过资本主义经济的现实问题。所以，在资本主义合理化和可计算性的基础上，剩余价值问题和剥削问题在韦伯那里都变成了纯粹技术性的问题，劳动主体的悲惨命运也只能作为生产成本来考虑。

在某种程度上，施米特应该会同意卢卡奇对韦伯的批判，因为理性化主导的经济—技术思维也被施米特深深厌恶。但与卢卡奇不同的是，施米特在这条批判之路上走得更极端，甚至将卢卡奇的马克思主义观点与无产阶级立场也一起否决。多部文本为证，施米特常常将无产阶级和资产阶级置于同一批判范围内，认为它们均是经济理性主义的典型代表，"近代资本家与产业无产者如同孪生兄弟，他们的世界观完全相同。他们为经济思维并肩战斗，此时此刻，他们完全一致"。① 在施米特看来，卢卡奇对经济—技术批判的程度还远远不够，其所强调的"具有阶级意识的无产者"只是将"社会主义"变成新的宗教，企图成为"不同于资本主义世界"的合法主人，然而这也不过是继续为经济思维而奋斗。实际上，按照施米特的看法，卢卡奇所继承的马克思主义政治经济学就是一种技术主义与工业主义的联合，这种经济学"明确承认技术的作用——人类各个经济时代的发展取决于特定的技术手段"，并且，如果把社会纯粹建立在技术革命的基础上，它最终就会走向技术的自我毁灭。② 除此之外，对于卢卡奇视作社会历史进程主体的无产阶级，施米特更是将其定义为"以物质主义的方式——按照一个人在生产过程中所处的地位——把社会分成若干群体，因而完全符合经济思维"③。由此可见，对于施米特而言，这种以"技术的精确性"为表现形式的"经济思维"不仅展现在韦伯式的自由主义中，同时也成为卢卡奇在对抗技术中立化的过程中未能摆脱的理论困境，其提出的意识革命仅仅只是一种不能触及根本问题的改良方式。

如前所述，卢卡奇与施米特在对待现代社会的技术理性化问题上

---

① [德]卡尔·施米特：《政治的概念》，刘宗坤译，上海人民出版社 2004 年版，第 56 页。

② [德]卡尔·施米特：《政治的概念》，刘宗坤译，上海人民出版社 2004 年版，第 179、68 页。

③ [德]卡尔·施米特：《政治的概念》，刘宗坤译，上海人民出版社 2004 年版，第 62 页。

均持不留情面的批判态度。但相比较于卢卡奇,施米特则将技术思维置于政治实践中来理解,因为在他看来,所有领域的对立最终都会转化为政治的对立,一切技术的批判都应立足于政治的决断,而不应像马克思主义那样在生产力和生产关系的基础上论说政治的概念。施米特认为,随着技术理性化的不断发展,资产阶级议会民主制已经彻底沦为了"大众政治",民主最终变成了一种空洞的形式,失去了其政治上的实质性。他进一步强调,自由主义和民主本应分属两个不同的概念,一些资产阶级思想家却将两者等同起来,这就必然形成一个拒绝任何确定性的中立化的世界。因此,施米特主张在国家权力的基础上审视民主制度,并认为只有在例外状态的专政统治下才能形成真正的政治统一体。毫无疑问,这具有明显的国家社会主义倾向。

有意思的是,对于施米特的右翼威权主义,尽管卢卡奇在《理性的毁灭》中站在马克思主义立场上对其观点予以辨析,但在批判自由主义的问题上,却毫不掩盖对施米特的赞赏态度。卢卡奇指出,在面对韦伯权力概念的发展和凯尔森"法而上学思想"(meta juristischen)的问题上,施米特所进行的批判"完全是正确的","此外,他[施米特—引者注]还正确地重视了社会政治生活的实际连续性并且把形式上的法权当作社会政治生活连续性的一个部分来处理"①。不仅如此,卢卡奇也看到了在面对德国现实的问题上施米特与韦伯的不同。在施米特眼里,韦伯的自由主义政治立场体现在既悲痛于资本主义理性化的生活方式对人的个性的泯灭,又激情饱满地渴望德国政治实现"西欧化"的管理方式。卢卡奇对此表示完全赞同:"即使他[韦伯——引者注]所盼望于德国的都实现了,也并不能使他对社会现实的基本论断起什么决定性的改变;德国的民主化,在他心目中,可以说仅只是使帝国主义能够更好地发生作用的一种技术性措施,仅只是德国社会结构向西欧的民主靠拢一步,而他看得很清楚,西欧民主,就它的基本社会生活而

① [匈]卢卡奇:《理性的毁灭》,程志民译,江苏教育出版社 2005 年版,第 429 页。

言，也同样还有‘破除魔力’等问题有待解决。”①可见，韦伯的解决出路并不被其两名弟子认同。此外，正像施米特拒斥卢卡奇将“历史”与“阶级意识”相结合的理论方案一样，卢卡奇也对施米特的政治方案极为不满。在《理性的毁灭》中，卢卡奇指出施米特从政治本质论的立场出发来考察德国历史，将韦伯所宣扬的资产阶级政治制度视为德国的退化，并批判在其充满了“花言巧语”的法权社会学背后“隐藏着的却是这样一句极端空洞的陈词滥调：一切政治关系因而一切法律和国家关系，归根结底，都是敌—友关系”②。不止于此，卢卡奇毫不留情地讽刺施米特的政治论断，指出不管其哲学形式装扮怎样的历史“具体性”、抑或运用生存主义的思维方式，其法权哲学带来的后果也只会是“极端贫乏而空无内容的抽象性”和“非理性主义的任意武断性”的联合。所以，在卢卡奇看来，施米特的政治理论必然走向纳粹，其解决方案中的武断性“给国家社会主义世界观提供了一个‘科学的’过渡”③。

卢卡奇的评判完全正确。施米特依据极端的政治存在主义，通过把霍布斯的自然状态概念予以常态化，从纯粹政治权力中创造出人类整体的新秩序。然而遗憾的是，施米特对于政治决断的规定，始终采取敌友划分的方法，而不是善—恶、正义—非正义的标准，这就意味着他的政治概念是从权力意志中产生的决断观念，从而取消了道德的严肃性，并陷入了虚无主义。此外，尽管有学者认为施米特的政治概念并不纯粹，其对敌友的区分只是试图通过政治神学的方式挽救魏玛共和国的危机，但施米特从政治现实主义出发，认为只有一个“全权国家”才能始终保持政治性，具备精英意识的决断者是克服现代性困境的必要条件，权力意志与权力政治必须取代资产阶级议会民主制。由此，结合其理论的内在逻辑和现实语境，也就不难理解施米特最终为什么会走

① ［匈］卢卡奇：《理性的毁灭》，程志民译，江苏教育出版社2005年版，第401页。
② ［匈］卢卡奇：《理性的毁灭》，程志民译，江苏教育出版社2005年版，第432页。
③ ［匈］卢卡奇：《理性的毁灭》，程志民译，江苏教育出版社2005年版，第433页。

向纳粹。另一方面,施米特对卢卡奇阶级观念的批判也是站不住脚的,他企图用纯粹的政治概念来消除马克思主义政治经济学理论,并将阶级斗争置于经济—技术的语境中。但卢卡奇的阶级概念实际是一个历史性概念,他强调在总体性视野内主体—客体历史辩证法的内在生成性,而施米特始终忽视历史唯物主义,因此并不能理解卢卡奇的阶级与历史概念,遑论马克思的政治经济学说。然而,不得不说,当卢卡奇将施米特定义为反马克思主义的非理性主义者时,他也未能真正超越现代性的困境。在阶级意识理论中,由于过分克服对客体的依赖,最终只能妨碍主体的实现,从而退缩到唯心主义。

(作者　吉林大学哲学社会学院博士研究生)

《巴黎手稿》中“第二自然”与“似自然性”的张力

——兼评施密特《马克思的自然概念》

宋 一 帆

摘要：本文从第二自然的角度出发考察青年马克思在《巴黎手稿》对于现代伦理世界的重塑。通过对施密特在《马克思的自然概念》中工具主义、自然本体论、社会维度缺失三个方向上误读的批判，重新自德国古典哲学传统内构建马克思关于第二自然与“社会化的人”的论述，由此澄清了什么才是“真正的自然史”。进而，本文考察第二自然的异化形式“似自然性”，论述一种激进的逻辑是如何引入第二自然理论之中的。

关键词：青年马克思 第二自然 对象化活动 社会化的人 似自然性

“多么的合适，自然赋予人双手，而他们又借此掌握了多少技艺(arts)……由工匠们之手实现出来，以满足我们的需要、保持我们家居安全、以衣蔽体、赐予我们城邦、厅堂、房屋和庙宇……我们用人的手在自然中建立了一个第二自然。(second nature)”①——

① Cicero De Natura Deorum Trans. Horace C. R. McGregor, Harmondsworth: Penguin, 1972, pp. 184-185.这段话记录了最早关于“第二自然”这一术语的使用，也给出了此概念的若干要点。

西塞罗《论神性》(*De Natura Deorum*)

“社会是人同自然界的完成了的本质的统一,是自然界的真正复活,是人的实现了自然主义和自然界的实现了的人道主义。”①——马克思《巴黎手稿》

启蒙的悖论正在于,它需要将自然贬谪为失去了目的和内在规范性的、晦暗的质料以树立主体的自由,但另一方面,自然又不断地宣布了自身的不可褫夺性——通过人的欲望(desire)和需要(need)继续实施着控制。黑格尔显然是自觉地意识到了该问题,故而想方设法将人的自发性(自由)纳入足以满足不同特殊目的的制度性统一体中,即“第二自然”。尽管由于抽象国家作为最终目的,无法将现代所抛出了诸原子式个体真正地在普遍性的高度上重塑,使得他们仍然如同自然物般服膺于必然性,又一次跌入资产阶级思想的意识形态中。

但是,黑格尔对于启蒙内在缺陷的自觉,可见于马克思之间复杂的批判性承继关系。马克思一方面阻隔浪漫主义,一方面拒绝抽象的人本主义,在《1844 年经济学哲学手稿》中形成了自己特有的“社会”概念——对自然和历史双重维度的和解,是与人的内在自然不相抵牾的真正的“第二自然”。这一时期的马克思虽然仍在沿用费尔巴哈的话语,但在理论上已然超越了抽象的自然,如此这般的社会化思想与《德意志意识形态》、《共产党宣言》等成熟期的文本实是一脉相承,甚至可以被视作历史唯物主义的先导性价值观念。

在对马克思论域内“自然/历史”的奠基性文献正是来自第二代法兰克福学派阿尔弗雷德·施密特(Alfred Schmidt)的《马克思的自然概念》。该著作前承卢卡奇“自然是一个社会范畴”②的论证,将“第二自然”的术语正式引入马克思文本,论述了社会历史与内外的自然交互性质。文本初版于 1962 年见证着马克思主义与历史现实的深度交汇。

① [德]马克思:《1844 年经济学哲学手稿》,人民出版社 2008 年版,第 83 页。

② [匈]卢卡奇:《历史与阶级意识》,杜章智译,商务印书馆 2012 年版,第 205 页。

20世纪60年代所兴起的一系列激进运动急需一套关于“自然解放”的理论来反抗晚期资本主义深入意识领域、物质生产领域、本能领域等整个生活世界的殖民。此时,“自然”一词本身被激进化,它充斥在整个社会生活之中,构成了人共同生存的场域,因而它呈现为环境(environment)与空间(space)。这两个术语凭借激进自然的内涵,也打破了原本摆设性的、被动的场所之意,成为可以自我扩张的、“生产性”的概念。环境和空间也是面向资本主义社会的政治问题:(1)生态运动:无独有偶,《马克思的自然概念》发表同年,卡逊夫人(Rachel Carson)以《寂静的春天》一书在美国出版,标志着生态人文运动的正式兴起。借助马克思主义的理论资源,生态运动与政治斗争相互结合。至今,福斯特仍强调《马克思的自然概念》中对新陈代谢(Metabolism,又译物质交换)断裂理论的重要挖掘,使得马克思的生态理论寻得自身立论之依据。(2)历史地理学:马克思主义的历史地理学在分析今日全球范围内不平衡发展(Uneven Development)的问题上,发现环境本身在晚期资本主义社会已经被实质吸纳,自然就是人造的东西,却被意识形态伪装为无前提的天然。因此,以大卫·哈维与奈尔·史密斯(Neil Smith)重新参考施密特的“第二自然”论断,提出了“自然的生产”(The Production of Nature)理论。理解当下不能简单地寄希望于“自然”的复归,因为如此这般的“自然”很有可能是被社会生产并强化合理性的工具。因而,必须拒绝将自然视作独立于外的自体,而将其纳入社会空间中考察。① 但是由于文本对马克思作了一种“启蒙辩证法”式的理解,而无法理解马克思的“社会性”,故而存在三个方向上的缺陷。

(1)工具主义指责:施密特马克思并没有真正与哲学唯物主义分开,他仍然陷入工具主义的困境中。

(2)自然本体论:施密特受业于阿多诺在《否定辩证法》中所提出

① See J.B.Foster,“Marx and the Rift in the Universal Metabolism of Nature”,*Monthly Review*,2013,65(7),p. 1.

的"客体优先性"(Precedence of the object)的概念,将马克思"质料对形式的漠不关心"①理解为自然的本体论性质。

(3)社会的缺乏:施密特将《巴黎手稿》指认为自然/历史的同一(Identity),陷入乌托邦的幻觉,未能把握马克思如何在"社会"的高度上统一(Unify)自然主义和人道主义,甚至他在理解马克思的"社会"时完全是在"似自然性"(自然必然性)的意义上,即所谓第二自然只是一种似自然性(The Semblance of nature),一种自然的假象(Schein),是统治着社会历史领域中人为的必然性。

一、启蒙理想的覆灭

本文考察的第一个环节,即是黑格尔和马克思如何处理个体向社会过渡的问题,该过程同时亦是自然存在向第二自然转化的过程。施密特对马克思自然概念的考察中,未曾清晰地理解黑格尔"第二自然"概念的用法,因此当他用该术语来评价马克思时,大多沿用的是卢卡奇、阿多诺自身的哲学建构,而缺少马克思思想史的理解。

黑格尔观念论回应的一个根本问题即是——人如何在一个失去了规范性与内在目的的自然中安身立命的问题。以霍布斯、洛克为代表的近代自由主义给出了自己解决的方案——从自然共同体中抛出的原子个人出发推演出社会的诞生。由于人不再自然地从属于政治动物,因此失去了有机结合整体的可能性,使个体机械相加为整体。在康德那里,将"自然"与"自由"视作最重要的一对二律背反无疑高度敏锐。既然,第一自然是纯粹的机械必然性,无法提供关于人类社会的秩序,那么就从主体的自由本性中诉诸"自律"来得以实现。当主体能够从理性中发现普遍的法则时,康德看上去就不那么需要"社会"。

---

① [德]施密特:《马克思的自然概念》,吴仲昉译,商务印书馆1988年版,第73页。

然而,黑格尔对上述种种方案都是不满意的。康德关于"自律"的设定流于空泛,成为抽象的、同质的道德法则,所以黑格尔设想将自律置于现实的制度与伦理实在中而变得具体,于是提出用第二自然来解决自然之失落的问题。黑格尔有感于现代以来机械论的自然观,使得诸自然现象被打散为彼此外在的碎片,成为与人的生命根本无关的质料。他尝试以一种祛魅了的亚里士多德自然主义(a disenchanted Aristotelian naturalism)①,把理性渗透在自然之中,使自然再次成为有机的整体,让这种自然直接地内在于人类生活——它呈现为民族精神、伦理等一系列第二自然。抽象的道德无法勾连实然和应然的对立,但是在第二自然当中分裂是不存在的,这种自然直接地就通向自由。"通过获得在一个规范性的社会空间中行动的能力,每个行动者都将有机的动物实体重塑进了自我意识的主体之中,并有能力引导自身的行为规范。这个被黑格尔称作和解。"②市民社会,作为伦理的分裂状态,个人相互依赖却"不是作为自由、而是作为必然性而存在的"③。因此黑格尔为了实现伦理精神的真正统一,必须促使社会向更高环节的转化,将需要的任性提高到知识的自由中,第二自然超越了自然意志和主观意志,而成为获得实体性与主体性统一的东西,行动目的和伦理共同体内在一致。

但是就理论指向而言,第二自然(客观精神的体现)到头来仍是通过社会经济生活中的自然来体现。施密特的指认极为深刻,"马克思的看法与之相反,不如说黑格尔的'第二自然'本身具有适用于第一自然的概念……盲目的必然性和盲目的偶然性相一致;黑格尔的'第二

---

① Pinkard T, *Hegel's Naturalism: Mind, Nature, and the Final Ends of Life*, Oxford University Press, 2012, p. 21.

② Pinkard T, *Hegel's Naturalism: Mind, Nature, and the Final Ends of Life*, Oxford University Press, 2012, p. 8.

③ [德]黑格尔:《法哲学原理》,范扬、张企泰译,商务印书馆1982年版,第186节。

自然'本身仍是第一自然。"①

正是马克思意识到了黑格尔的"第二自然"方案的内在缺陷,进而通过1843年前后《德法年鉴》法哲学批判加以完成。马克思并不认可黑格尔用国家对市民社会的扬弃,"他不是从对象中发展自己的思想,而是按照自身已经形成了的并且是在抽象的逻辑领域中已经形成了的思想来发展自己的对象。"②没有真实的对象也就无所谓自我异化,故而也无以奢望普遍性。

用《论犹太人问题》来回答,现代国家有若宗教般的抽象性。宗教是将自我外化为一个抽象的上帝,人和人必须通过其中介通达彼此。相对地,共同体必须以现代国家为中介,将人从自身的文化种族的差异中脱离出来,摆脱种种特殊的规定性而抵达普遍性,这正是黑格尔教化概念的原相。"正像基督是中介者,人把自己的全部神性、自己的全部宗教束缚都加在他身上一样,国家也是中介者,人把自己的全部非神性、自己的全部人的自由寄托在它身上。"③于是,政治解放就虚设了一种对公共事务的普遍关照。将国家置于宗教之上,意味着必须将国家认作是市民社会的目的,否则就不可能活出共同体的高度。但就现实而言却意味着一种分裂,人被分裂成市民(bourgeois)和公民(citoyen)两种身份。由于宗教被驱除到私人领域,促成社会整合的意识从共同体中消失,那么在市民社会中也就意味着纯粹是自私自利的个体。因而,国家必须否定市民社会,"它试图压制自己的前提——市民社会及其要素,使自己成为人的现实的、没有矛盾的类生活"④,结果是人只能按照一种外在性的方式被扭结一处。

马克思进而鲜有地直接评述自然问题"金钱是一切事物的普遍

① [德]施密特:《马克思的自然概念》,吴仲昉译,商务印书馆1988年版,第35页。

② 《马克思恩格斯全集》第3卷,人民出版社2002年版,第19页。

③ 《马克思恩格斯全集》第1卷,人民出版社1995年版,第38页。

④ 《马克思恩格斯全集》第1卷,人民出版社1995年版,第43页。

的、独立自在的价值。因此它剥夺了整个世界——人的世界和自然界——固有的价值……在私有财产和金钱的统治下形成的自然观，是对自然界的真正的蔑视和实际的贬低”①。反过来说，如果存在一个真正的“自然观”，那么必定是对“私有财产”、“金钱”等社会领域内“自然的控制”诸因素的废除，进而重塑人与人之间的伦理关系。经历过对黑格尔法哲学的批判，通向《1844 年经济学哲学手稿》的路径就已经敞开——如若第二自然不考虑第一自然—物质的始基问题，否则就只是唯灵论。因此新的方案应当建立在社会之上。

二、真正的自然史

施密特没有很好地理解马克思“历史是人的真正的自然史”②的说法，他基本将自然史视作一个批判概念：“马克思在把迄今的人类社会历史作为一个‘自然史的过程’来看待时首先具有批判的意义……尽管人从漫长的‘史前史’中获得了经验，即取得一切技术上的胜利，但最终获胜的依然是自然，而不是人。”③他将“自然史”和《启蒙辩证法》关联起来，在机械客观规律的意义上来理解，从而陷入一种鲜明的非辩证的泥沼。然而，在马克思的理论深处纵使是自然也意味着历史生成维度的同时在场，是在黑格尔的“有机总体”之后对传统意识形态的超越。

（一）动物的隐喻——对人之自然的重新思考

马克思在 1962 年与恩格斯讨论达尔文的通信中提及“使人想起黑

① 《马克思恩格斯全集》第 1 卷，人民出版社 1995 年版，第 45 页。

② ［德］马克思：《1844 年经济学哲学手稿》，人民出版社 2008 年版，第 107 页。

③ 这一论断其实是带有十分浓郁的霍克海默、阿多诺的论断色彩。比如在法兰克福学派的纲领性文件《传统理论与批判理论》中霍克海默就明确表达了由资产阶级思想所阐发的社会仍然具有自然性质，仍然掌握在必然性之中。“社会可以与非人的自然过程、可以与纯粹的自然作用相比拟，因为由战争和压迫支撑着的文化形式并不是一个统一的、自觉的意志的创造物。这个世界不是他们自己的世界，而是资本的世界。”

格尔的《现象学》，那里面把市民社会描写为'精神动物的世界'，而达尔文那里则把动物世界描写为市民社会"①。其实从青年马克思开始，自然的疆场就很少奠基于形而上学问题中，而总是必须穿过自然史的视野。当作为第二自然的社会登场时，绝非达尔文意义上一个在同质的自然内部必然演化（Evolution）的过程，它是面向市民社会的革命（Revolution）性变化，是对既定自然观念的中断。

马克思清晰地意识到，当黑格尔在研究历史科学时，他的眼中是没有自然的。"自我意识只有当它异化其自身时，才是一种什么东西，才有实在性。"②黑格尔将对象的实存和异化同一，而实存本质上是自我意识向他者的投射。黑格尔将自然彻底融化在了内在自我中。

黑格尔将自然"人化"，费尔巴哈则反过来将人"自然化"，以消除所谓唯心主义的痕迹。为了重塑共同体关系，费尔巴哈直接将这种整合移入了人的天性，即"类本质"使每个具体的个人能够在"爱"——内部的感性能力——的关系中紧密结合成共同体，并称其为一种"社会存在"，但实质上无外乎是没有异己的家庭关系，远远低于市民社会的水平（所以甚至是黑格尔的倒退）。

本文将证明，马克思自己在《巴黎手稿》中对"类本质"的具体阐释已与费尔巴哈相去甚远。正如马克思随后所批判的"人的本质不是单个人所固有的抽象物，在现实性上，它是一切社会关系的总和"。③

马克思的"类本质"更像是一个自我瓦解的概念，人的"本质"（Nature）就在于没有本质，只要活着就必须将自己敞开给无穷丰富的对象，就意味着对本质的不断重塑。对于人来说，通过劳动这一延迟了的欲望（Delayed Desire），人与自然拉开距离，从而将其重塑为自己的身体。无机的自然仅仅是消极的意义上出现，使人不至于死亡而必然进

① ［德］施密特：《马克思的自然概念》，吴仲昉译，商务印书馆 1988 年版，第 39 页。
② ［德］黑格尔：《精神现象学》（上），贺麟译，商务印书馆 2013 年.版，第 155 页。
③ 《马克思恩格斯全集》第 3 卷，人民出版社 2002 年版，第 505 页。

行的物质交换。这样的自然绝非人本质的体现,马克思恰恰在强调自然和人的直接存在的异质性“自然界,无论是客观的还是主观的,都不是直接同人的存在物相适合地存在着”①。在自然和历史之间不存在同一。

当它在表示第二自然,反而体现出了人所能够面向对象时施予的激情和能动性。“因为它感到自己是受动的,所以是一个有激情的存在物。激情、热情是人强烈追求自己的对象的本质力量。”②受动构成了能动的前提,第一自然是第二自然的界限,如果失去了前者也就失去对象,失去了对象也就失去了存在的现实性。当马克思在这种意义上言说自然时,已经远离了启蒙以来征服自然的态度。

尽管运用的是费尔巴哈的术语,但马克思对于有意识的生命活动之探讨仍然是在黑格尔的高度上。他强调自我意识是历史的真理,人的自然就在于将历史带入整个冷漠的自在世界,同时不侵蚀对方而仅仅是加以完善。“人的需要是历史性的,不是自然性的,创造需要和满足需要的追求构成了历史的发展。”③当我们在处理被历史中介过的自然世界的关系时,其实就是在处理人与人的关系。人靠自然界生活早已不是由生物学来衡量,整个历史深入人的生理结构中去,正如马克思之后在《〈政治经济学批判〉导言》中写道:“饥饿总是饥饿,但是用刀叉吃熟肉来解除的饥饿不同于用手、指甲和牙齿啃生肉来解除的饥饿。”④

(二)反工具主义:对象化的活动

施密特在文本中对马克思的“劳动”感到无比困惑,他发现一方面

① 《马克思恩格斯全集》第3卷,人民出版社2002年版,第107页。

② 《马克思恩格斯全集》第3卷,人民出版社2002年版,第326页。

③ [以]阿维纳瑞:《马克思的社会与政治思想》,张东辉译,知识产权出版社2016年版,第83页。

④ 《马克思恩格斯全集》第30卷,人民出版社1995年版,第28页。

马克思强调在劳动过程中劳动只能为材料赋予形式,却无法在本体层面上触及质料。木材被塑形为桌子,却又随着时间流变而返还为木材。"人在生产中只能像自然本身那样发挥作用,就是说,只能改变质料的形式。"①在人类劳动之外兀自耸立着一个大化流行、沉默无言的自然世界,人类活动不过是这个广大自然界新陈代谢之一环。施密特将这种质料对形式的漠不关心性,看作是主客体间的非同一性关系,用一种阿多诺的话语称其为"否定的本体论"。于是,二元论的阴影再现(1)占据优先性的外在自然(External Nature);(2)作为人与自然同一的普遍自然(Universal Nature)②。当这套二元论成立时,就结成了以"自然"为名义的意识形态。

另一方面,施密特又将自然和社会的交互作用发展到极致。他认为当马克思在设想一个美好的乌托邦图景时,持一种工具主义的立场,通过将自然纳入生产力的领域,完完全全转化为供人享乐的基质。"新社会只是更好地为人服务,而这无疑地使外部自然界成为牺牲品。"③施密特意识道:"在社会现实中,否定的本体论必须让位于对自然积极的征服。马克思如今与控制自然的培根传统再次结盟。他把资本主义下的两个决定性概念——技术和工业化——不加保留地带入了社会主义理论中,意味着他未能理解马克思是如何具体地对资本主义价值形式进行批判。"④换句话说,将生产=工具主义的判断,本身就来源于资本主义的价值判断。

施密特的解读在双重意义上又陷入了资产阶级的意识形态。

"控制自然"的工具主义依赖于下述两种前设,(1)技术自身是中

① [德]马克思:《资本论》第1卷,人民出版社2004年版,第56页。

② Smith N, *Uneven Development*, The University of Georgia Press, 2008, p. 31.

③ [德]施密特:《马克思的自然概念》,吴仲昉译,商务印书馆1988年版,第168页。

④ J.B.Foster, B.Clark, *Marx's Universal Metabolism of Nature and the Frankfurt School: Dialectical Contradictions and Critical Syntheses*//Changing our Environment, Changing Ourselves.Palgrave Macmillan UK, 2016, pp. 101-135.

立的,它作为被动之物从属于人。作为工艺学特征的技艺与自然对立,自然(physis)以自身为原因,而技术的动力因总来自于人。(2)人的本质被规定为理性的主体,因而能够借助工具实施有效的控制。这两种规定,前者是工具主义的,后者是人类学的,两者共同支配了对于“技艺之于自然”的理解。用海德格尔的话说,“技术是合目的的手段;技术是人的行动”①是一种流俗之见,应当把技术看作一种解蔽方式,使得自然从遮蔽状态走向显现。最重要的是,技术本身参与到人、自然与世界的构成当中。

马克思在谈论“劳动”时也是同样地拒斥此般工具主义的指责。

(A)以“工具与人本质的互释”反对技术实体:他不是在工艺学的意义上界定生产劳动,任何特定的工艺都是服务于特定的人类目的而存在,它是人与对象世界间的工具性联结。“工艺学—生产观”在主体和对象之间建立一种线性的,单向的关系,将劳动的历史意义仅仅显现为有用性。

但是,这未曾了解马克思的“生产”与“生产一般”的区别。生产的首要意义不在“用”和“消费”中,而是恰恰在生产中人被赋予了历史的目的,并且接纳现实生存之境遇。它呈现为散播性,生产本身是一种不受控制,没有界限的过程,兀自散播,甚至很难看到它背后的主体。但这不意味着它是外在于人的自然进程,而是内化于整个社会。“如果有一部批判的工艺史,就会证明,18 世纪的任何发明,很少是属于某一个人的……社会人的生产器官的形成史,即每一个特殊社会组织的物质基础的形成史,难道不值得同样注意吗?”②马克思在此暗示我们不能将工具视作是中立的、客观的、为我们所操作的东西,而是反过来技术物体与承载他的社会一同显现着人类的内在自然。“自然物本身就成为他的活动的器官,他把这种器官加到他身体的器官上,不顾圣经的

① 《海德格尔选集》(下),孙周兴译,上海三联书店 1996 年版,第 926 页。

② [德]马克思:《资本论》第 1 卷,人民出版社 2004 年版,第 409 页。

训诫，延长了他自然的肢体。”①人在通过劳动来构建人造物的领域时，劳动也创作了人本身。一俟自然界被人的劳动所改变，自然界就正式作为人身体的延伸进入社会生活领域，第二自然便被敞开。因而，任何自然物都不是作为实体出现在马克思的文本中，而是关系之一部分，并且最终在社会中得到确证。

(B)对象化的活动：这种工具与人本身的互释打破了人的形而上学本质，人之自然必须开放给工具指向的对象。“质料对形式的漠不关心”绝非否定意义上的，它是对于自然和人的生命力的真正肯定，只有置入“对象化”概念才能理解，这是早期著作与晚期著作内在关联的一个重要节点。正像马克思批判黑格尔“它必然从漠不关心的异己性发展到现实的、敌对的异化……它的对象是一种否定的东西，自我扬弃的东西，是一种虚无性。”②对象自然是在外的，这种外部性马克思不能僭越，只有当对象存在时人才有其现实性，人才能与世界往来、生活。因此，我们不能从“占有”的角度来理解对象，如此这般的关系是一维的、单向的、理论的关系，要将“物”把握为人的本质力量的对象化。

人是参与到对象世界之塑成的主体。“当现实的、肉体的、站在坚实的呈圆形的地球上呼出和吸入一切自然力的人通过自己的外化把现实的、对象性的本质力量设定为异己的对象时，设定不是主体；它是本质力量的主体性。”③我们无法想象当动物拖着自己的肉体与自然往来时，需要将其驳斥为“征服自然”。人也有自己的肉体，只不过不是在第一自然上规定的，而是由社会历史发展起来的感性，感性就在劳动中成就，这是生命力的对象化。感性的前提必须承认他者的存在，在他者中确认自己的主体性。因而，历史中的主体性将是与整个他人和社会共在的主体性。

---

① [德]马克思：《资本论》第1卷，人民出版社2004年版，第203页。

② [德]马克思：《1844年经济学哲学手稿》，人民出版社2008年版，第108页。

③ [德]马克思：《1844年经济学哲学手稿》，人民出版社2008年版，第105页。

（三）社会：自然主义和人道主义的统一

施密特批评青年马克思仍然追求自然主义和人道主义的同一性是不恰当的。当马克思使用"自然主义=人道主义"的公式时是在界说完成了的共产主义，费尔巴哈用自然主义来构建"无神论"，马克思直接指正其为未完成，这种博爱到头来只是哲学的抽象。自然和人为应当保持相互关联（Unify），却不可以相互同一（Identity）①，这里的等号恰恰意味着差异的一度。

在《穆勒评注》部分马克思将这种"对象化"关系由劳动扩展到整个交往领域，但同时不应望文生义地认为"交往异化"视角关注人与人之间的关系，而"异化劳动"仅仅锁定在孤立的劳动者与自然间的关系。"（1）我在我的生产中使我的个性和我的个性的特点对象化……（3）对你来说，我是你与类之间的中介，你自己认识到和感觉到我是你自己本质的补充"②上文已充分论证了社会关系总是需要通过自然这一中介的，"交往"的引入可被视作是对象化劳动的复杂化。恰恰是在自由自觉的人类劳动所勾连起的主体间的本质关联基础上，"我"和"他"的生命在类的高度交汇。此时，类本质的概念不仅仅是能够和动物区分开来的标志，同时也将共同体在第二自然的东西移入了本性——"人的本质是人的真正的社会联系"③，换句话说，社会就是所有人共在的生存场。

---

① Smith N, O'P. Keefe, "Geography, Marx and the concept of nature", *Antipode*, 1980. 12(2), pp. 30–39.

② 但是本文并不认为"劳动"概念本身就只是孤立的人与物的关系而《穆勒手稿》才真正孕育了社会关系的维度（这一观点为广松涉所认同）。经过上文对反工具主义的分析，我们已经看出来，在自然史的视野中社会和自然都不能直接地提交给人。社会关系如果成立，必须经过实践性劳作对第一自然的转化，使之落实在第二自然中，而不能直接地提出主体间性的思想。就理论发展来看，如果仅仅运用交往异化的视角，那么就只能产生对商品拜物教的观念"物象化"的批判，却鲜能真正有效地把握拜物教在物质生产领域的真实矛盾。［德］马克思：《1844年经济学哲学手稿》，人民出版社2008年版，第184页。

③ ［德］马克思：《1844年经济学哲学手稿》，人民出版社2008年版，第170页。

“社会”概念是对黑格尔第二自然设想的最终实现。就普遍性而言，“应当避免把‘社会’当作抽象的东西同个体对立起来。”①马克思提出社会概念完成了对近代自由主义的纠正，人要成为共同体不能在自然状态中寻求规定（原初契约），要让自然成为一种在社会中形成的生活，有机地联系着所有人。

另一方面，第二自然也将第一自然充分实现。若以男女关系为例则更加清晰。资产阶级社会将妇女限定在私有财产上，粗陋的共产主义未尝超越这种意识形态，无非是将女性当作公共的财产来“占有”（Haben），当历史牢牢扼住自然时，社会就消失了，因为作为对象的女性已不复存在。家庭的浪漫主义幻象与社会并不兼容，人在家庭内部是学不会异己的东西的。阿维瑞纳正确地理解到“社会”概念对整个意识形态的出离，“整个问题是要避免将家庭（或性）浪漫化，同时达到一种将性关系的基本结构原则变成社会组织的普遍原则的解决之道。一种可能的答案是整个社会结构的转变。”②反过来说，真正的男女关系以彼此为对象，在对他人的欣赏中视觉、听觉、嗅觉、爱等一系列感性的能力都变得丰富。在社会中人的自然性被真正地实现出来，“社会的人的感觉不同于非社会的人的感觉。”③通过“社会”这一完善的“第二自然”范畴，他才可能实现对于现代伦理世界重塑。当共产主义表明自身是现实历史的辩证运动时，它提出了“人向自身的复归”，但复归指向的是社会化的人，要求对崭新社会关系的建立，因此也远离了孤立的、浪漫化的个体。如果撇开“社会”概念，施密特的确一语成谶，那么青年马克思就是片面的人道主义和自然主义者。

---

① ［德］马克思：《1844年经济学哲学手稿》，人民出版社2008年版，第84页。

② ［以］阿维纳瑞：《马克思的社会与政治思想》，张东辉译，知识产权出版社2016年版，第103页。马尔库塞在《自然与革命》一文中也从青年马克思的思想出发，确认女性解放的目标不是对父权社会的颠倒，而是对整个攻击性的社会结构的改变。参见《西方学者论1844手稿》，复旦大学外国哲学教研室编译，复旦大学出版社1983年版，第151页。

③ ［德］马克思：《1844年经济学哲学手稿》，人民出版社2008年版，第85页。

（四）似自然性：一个批判的立场

马克思的“第二自然”理论有两端，其一已由上文交代，即将“社会”视作对象化的生产活动的产物，并且在成熟时期构建为历史唯物主义的理论根基；其二则是将“社会”视作资本主义自我确证的一环，从而在“自然史”中给出激进化的自然概念——当我们说历史符合自然规律时，就意味着这个历史的发展是无法为人所左右的，统治的合理性也是从中而来。大量的资产阶级法则、基本观念是以永恒的“自然”面貌出现的，并且遮蔽自身“人为”与权力施用的痕迹（或者用马克思自己的术语“假象”）为了概念上的清晰，本文将对象化活动产生的社会称作“第二自然”，将由意识形态所规定出的“自然”必然性称作“似自然性”。第二自然是对资本内部自然/历史关系的重构，而其前提必定是对社会关系的异化形式“似自然性”之批判。

“似自然性”首先由卢卡奇在《历史与阶级意识》中阐释。“人们在其中一方面日益打碎了、摆脱了、扔掉了‘纯自然的’、非理性的和实际存在的桎梏，但另一方面又同时在这种自己建立的、‘自己创造的’现实中，建立了一个包围自己的第二自然，并且以同样无情的规律性和他们相对立。”①他认为这种伪装起来的“自然”就是物化现象。其后继者阿多诺将马克思的辩证法理解为对如此这般“自然”的破除——“这个第二自然就是相似（semblance）的自然，它将自己呈现为意义丰富，而相似性却是历史地生产的（Historically produced）。”②西方马克思主义传统由于同等地将这两个概念解释为“第二自然”，导致对于资本主义的批判和洞见却深入，越避免肯定（Affirmative）地谈论社会，以致错失了本文第一章与第二章对于“社会化的人”的理解。

无疑，“似自然性”是马克思所开创的极其犀利的分析方法。在当今左翼的历史地理学理论中被发展为一套“自然的生产”（The

---

① ［匈］卢卡奇：《历史与阶级意识》，杜章智译，商务印书馆 2012 年版，第 206 页。

② Adorno T W，“The idea of natural history”，*Telos*，1984，p. 60.

Production of Nature),成为对马尔萨斯主义和深生态学语境下"自然极限"说批判的理论根源。历史地理学家奈尔·史密斯(Neil Smith)就点出"自然的对象总是政治的。自然很少,几乎从未,是一个无辜的范畴。"①故而,本章就将马克思的文本与形形色色的"自然"理论置于对话中来考察该问题。

霍布斯设定自身理论的根本基点就是"资源匮乏"(scarcity)。由于绝对的匮乏,使得畏死的恐惧在同等程度上笼罩着所有人,在自然状态下人们必须为了生存先发制人、各自而战。为了解决这一问题,他从一种给予的自然推导出另一种理性发见的自然——自然法。但就结果而言,霍布斯没有预见到这是不平衡的自然法,社会成员内部仍然存在着资源分配不公,贫困注定降临于一部分人。当然,这也不影响霍布斯的理论融洽,只要一个底线(生存)被守住就好过自然状态。

国民经济学基本上也接受了这样的理论前设——由于资源的匮乏,在一定技术水平不变的情况下,劳动力不断地加入,势必会带来边际效益的减少。劳动力由此过剩造成的工人的普遍失业和贫困,无非是整个第一自然水平上谋划的一环。大卫·哈维就为此总结道:"古典政治经济学常常把自然稀缺性和边际利润递减作为危机和永久性贫困的根本原因。"②

马克思在《巴黎手稿》中处理了两种形态的国民经济学,一方是马尔萨斯"推崇奢侈而咒骂节约",一方是李嘉图"推崇节约而咒骂奢侈",但两者却是在同一水平上对于工人的生命力进行最大程度上的节约,工人越抽象越贫困,即意味着资本的积累越多"挥霍和节约、奢

① Natural objects is always political… nature is rarely, if ever, an innocent category. Cited from Castree N, "The nature of produced nature: materiality and knowledge construction in Marxism", *Antipode*, 1995. 27(1), pp. 12-48.

② [英]大卫·哈维:《正义、自然和差异地理学》,胡大平译,上海人民出版社2007年版,第164页。

侈和困苦、富有和贫困时划等号"①。

首先,马尔萨斯认为人的有效需求总是不足的,因此资本和人口在一段时间内会出现过剩。为此,他必须鼓励奢侈以促进消费,并且寄希望于非生产性阶级,如官员、地主、资本家等需求的提高。在人口理论中则存在着两种绝不动摇的"自然法"——(1)食物为生活所需要,却只能按算数级数增长;(2)两性间动物般的情欲永无停歇,使得人口按照几何级数增长。用马克思在《穆勒评注》中的引用即"人口比资本增长得快是一个自然趋势。没有这种情况就不可能有这样的贫困。人类的普遍贫困时一个事实。第一,妇女的生理构造。第二,出生率和死亡率"②。自然的限定就是既定社会现象的根本原因。为了解决该问题,马尔萨斯要求上层阶级在"教化"的高度控制人口数量,并且任由下层阶级在永恒的自然法中盲目繁衍。

人口过剩并解决不了生产过剩的问题。因为自然法出现了分裂,一种是针对上层阶级,一种是针对下层阶级,在上层阶级的享受、教养和消费中将找到问题的答案,而穷人被以"有限资源下的人口压力"之名义剥削。因此,奢侈的答案仍是节约,通过一种生命政治学的口号,完成对工人阶级贫困的合理化及需求的持续控制。

其次,李嘉图的出发点是节约。他在自身"需求—价格"铁一般的规律中发现,消费欲望是无限的,只要生产出足够的产品即可无穷地扩大资本。因此,财富增加的根本是资本积累。他为此提出"节约收入以增加资本"的口号,节约的内容正是马克思《巴黎手稿》所逐一驳斥的东西——工资、利润和地租,为了实现财富(奢侈),必须将工人下降,剥夺他的所有对象,使他仅仅在生存的边缘得到满足。

马克思的历史贡献,正是指认这些"自然法"是实质上的"似自然性"。"马克思并不接受生态匮乏的论点。贫困和福利缺乏以及资本

① [德]马克思:《1844年经济学哲学手稿》,人民出版社2008年版,第124页。
② [德]马克思:《1844年经济学哲学手稿》,人民出版社2008年版,第153页。

主义的危机倾向,必然通过资本主义生产方式的内在动力来解释,而不是以资源的稀缺性或所谓人口的‘自然法’来解释。"①理论的激进维度正在于拒不承认这些抽象,不能把自然界的东西径直移入社会领域,否则就只不过是合理化的统治罢了。贫困的问题必须通过社会领域加以解决。② 匮乏的自然法到头来是社会共同体中一方对另一方的匮乏,是另一方私有财产不断扩大化的历史进程。国民经济学默认了如此这般的差距,径直在私有财产的基础上推演出整套体系。当它被视作"自然"时,意味着是无需追问的。

为此,马克思的理论目标,正是要用真正的"第二自然"来替换"似自然性",他彻底地考察国民经济学的奠基石"私有财产",并且力图摆脱这一"最自然的状态"。如此,《巴黎手稿》中所谓"异化劳动"与"私有财产"间的循环论证就可以理解了。这不是发生学的溯源,而是来自德国古典哲学内部的批判方法。他从当下的一个"自然现象"出发,追问其何以可能的条件,即是对"自然"的重新历史化。这种劳动非但不是价值的来源,它是异化劳动,工人创造的财富越多,兀自树立在自己面前的对象世界也就越庞大,强加于工人身上的束缚就越沉重。但是,创造出来的东西已经不再是自然物,而是由人所掌控——借由异化劳动的第四重规定性,劳动将人们引入阶级利益相互对立的社会关系中。

这一步尤为重要,尽管是以异化的形式,但生产者被允许进入了人的社会。随后马克思将这一视角扩展到货币(剩余产品置于市场中的

---

① [英]大卫·哈维:《正义、自然和差异地理学》,胡大平译,上海人民出版社2007年版,第167页。

② 本顿承认马克思基本上轻视自然限制(Natural limits)的问题,特别是劳动价值理论忽略资源的稀缺性,也不重视自然的极限,因而呈现出普罗米修斯主义的态度,所以必须给出一种绿色的马克思主义。他的方式是有选择地阅读马克思的文本,一方面古怪地将马克思对马尔萨斯人口理论的批判进行辩证化,反过来承认自然的限制。这是和马克思历史唯物主义的核心相违背的。T. Benton,"Marxism and Natural Limit:An Ecological Critique and Reconstruction", *New Left Review*,1999(178),pp. 70-107.

交换),私有财产发生了同自身的异化,它以货币的量的方式外化出来,这种被量化的东西正是交换价值。交换价值给人以一种超越了原先异化的假象,货币的极致形式不外乎是信贷,信贷中甚至充满了所有关于自然主义的人的浪漫想象(圣西门主义者也确实是这样认为的),由于人和人关系的重塑,每个人内在的生命得以实现,需求、欲望、自我实现看上去都能够在国民经济学的这一环节得到实现。但马克思将其指认为"似自然性"——无非是以自然面貌出现的社会关系,"我扬弃的只是我同它的个人的关系,我使它返回到自发的自然力的支配下。"①物外化为货币,却在经济规律中再一次成为异己的力量。这种交换的必然性/自然性是建立在国民经济学更根本的、对人之本质的自然假设上,"因为贫困,由于需要"②。

从对象化的角度,马克思才得以确定共产主义—第二自然的内涵,资本的存在越是展开,越是强大,也意味着这些由感性活动带来的异化了的本质力量越发强大。并且,现代生产工具本身也带来了更为广泛的社会化,对于异化的扬弃也就愈发现实。这意味在"似自然性"中蕴含着自我瓦解,走向第二自然的力量。

因此,马克思为了开创历史流变的可能性,要求用真正的第二自然来重构资本的逻辑。于是就有了崭新的富有和贫困概念——"富有的人同时就是需要有总体的人的生命表现的人……贫困是被动的纽带,它使人感觉到需要的最大财富是别人。"③贫困绝非"占有"意义上的多寡,它缺乏的是他人。而"富有"正意味着社会对作为整体的人的视线。自然法上的匮乏和富有要置入社会的对象化关系中加以考察。

如果存在一种环境正义,那么不可能在"深生态学"的立场上诉诸于外在的自然限制。只有将自然拉回到社会的空间中,辨识出资本主义和权力关系如何持续干涉着物质存在,才可能拯救自然。同时,人的

① [德]马克思:《1844年经济学哲学手稿》,人民出版社2008年版,第172页。
② [德]马克思:《1844年经济学哲学手稿》,人民出版社2008年版,第172页。
③ [德]马克思:《1844年经济学哲学手稿》,人民出版社2008年版,第90页。

自我救赎也建立在对欲望、身体等一系列种种内在自然应当以何种方式“社会化”的问题之上,然后才可能思考我们依靠什么来重塑共同生活。

(作者　复旦大学哲学学院硕士研究生)

马克思主义与普兰查斯的国家理论之比较

王小莉　金瑶梅

摘要:马克思主义国家理论与普兰查斯国家理论的产生分属于两个不同的时代,因而其分别构建的国家理论也是不同的。两种国家理论在国家的方法论基础、职能、本质、相对自主性、变革策略等问题上存在着明显的差异,但同时他们之间也存在某种共性。与马克思主义国家理论比较起来,普兰查斯的国家理论对原有马克思主义国家学说中的解释传统进行了全面检讨,提出重建马克思主义国家学说的任务。但这种重建是一个发展与背离、继承创新与曲解误读共存的过程。

关键词:普兰查斯　马克思主义　国家理论

国家问题是马克思主义政治学说的重要内容。但在马克思、恩格斯之后,特别是在第二次世界大战之后,马克思主义国家学说在西方没有得到应有的发展,并且充斥着"经济决定论"、"工具主义"、"人本主义"等解释,相关研究也显得比较沉寂。虽然西方马克思主义者重新激活了辩证法和主体性思想,但是政治的或者经济的等重大问题已不是他们的学术关注点。这种情况直到20世纪的六七十年代才有所改变,随着斯大林主义的式微,福利国家的明显成功,左翼政党参与政府选举的胜出,西方的马克思主义者开始对国家问题重新产生兴趣。正是在这样的历史背景之下,普兰查斯主张对原有马克思主义国家学说中的解释传统进行全面检讨，提出重建马克思主义国家学说的任务。对此英国著名左翼政治理论家鲍勃·杰索普曾评论到，普兰查斯"是战后国家和政治领域最重要且最有影响力的马克思理论家……他也是第一个避开哲学和文化讨论马克思国家理论中的重大议题的西方马克思主义者"①，"是战后唯一一名在马克思主义国家理论和政治理论方面做出了重大贡献并具有巨大影响力的学者"。② 普兰查斯国家理论作为创新马克思主义国家观的一个重要理论线索，将之与马克思主义国家理论进行比较研究，有利于我们更加全面地认识与理解马克思主义国家学说。

一、方法论：唯物史观与结构主义的差异

在理论方法上，唯物史观是马克思主义国家学说总的方法论基础。依据历史唯物主义的方法论，马克思从社会基本矛盾的运动中研究了国家的起源、本质、类型以及国家在历史发展中的作用等，揭示了国家发展演变的基本规律，形成了一系列科学结论。马克思主义国家理论中其他具体方法的运用都是在这个总的科学方法论指导下进行的。马克思、恩格斯的国家理论也可以被称为历史唯物主义国家理论。

普兰查斯的国家理论，受到结构主义和阿尔都塞哲学思想的影响，其国家理论构建在结构主义多元决定的历史观之上。结构主义强调要从整体性和独立性的角度研究与认识事物，目的是揭示事物内部不同要素之间的内在结构性与有机联系。结构主义研究方法有利于克服因对某一事物局部研究的过渡精密化而产生的狭隘性和孤立性，强调了整体性综合研究的重要性，因而普兰查斯从整体性的角度重新研究与

---

① Bob Jessop, Nicos Poulantzas, *Marxist Theories and Political Strategies*, London: Macmillan, 1985, p. 5.

② Bob Jessop, Nicos Poulantzas, *Marxist Theories and Political Strategies*, London: Macmillan, 1985, pp. 5-6.

解读了马克思主义国家学说，力图将马克思主义国家理论结构化，从而为我们研究国家问题提供了一种新的理论视角。

但是，结构主义理论本身并不完美，致使普兰查斯的国家理论有明显的不足之处。结构主义研究是从纷繁复杂的社会总体中抽出一个组成部分来作为自己的研究对象，这种研究方法在一定程度上忽视了社会历史发展中人类有目的、有意识的活动所发挥的重要作用。此外，由于结构主义的"共时性"特征，它往往把社会生活以及社会生活的发展历史看成是不受任何社会发展规律制约的内部发展过程，看成是一种毫无历史联系的孤立结构。同时普兰查斯的国家理论完全否定了马克思主义国家理论中的一个重要观点，即阶级社会发展的动力在于阶级矛盾与阶级斗争，而这一观点在马克思主义的国家学说中占有非常重要的地位与分量，显然这种否定是有违马克思主义学说体系的。正因此，对于普兰查斯的国家理论，有学者就认为，"如果说马克思主义国家理论对普兰查斯国家理论的影响主要体现在形式方面的话，那么结构主义对其国家理论的影响则是渗透到理论的灵魂深处。"①

二、国家职能：两项基本职能与国家职能多元化的不同

马克思主义认为，国家是阶级统治的工具。统治阶级之所以要把国家政权掌握在自己手中，归根到底是为了维护统治阶级的自身利益。国家的职能是国家本质的内在要求和具体表现，是国家在实施阶级统治过程中所具有的职责和功能。在马克思主义国家理论中，国家一方面具有抵御外敌和镇压国内被统治阶级的职能，同时还具有管理公共事务的职能，且只有在这两种职能相互协调时，统治才能稳定，社会也

① 江红义：《国家的自主性理论的逻辑——关于马克思、波朗查斯与密里本德的比较分析》，知识产权出版社 2011 年版，第 199 页。

才能得到发展。

与马克思主义国家学说相比，普兰查斯更强调国家的社会职能，同时普兰查斯对国家职能的理解也更加多元化。普兰查斯认为，绝不能把国家仅仅看成是阶级压迫的暴力工具，国家不仅是社会形态各方面的调和因素，是社会形态各个方面的矛盾集中场域，同时也是社会形态的政治结构发生转变的场所。普兰查斯将国家放置在社会结构的整体中进行考察，他认为社会职能是国家政治职能的基础，各种国家职能通过国家的综括作用表现政治职能。在国家职能的表现形式上，普兰查斯认为国家职能在阶级斗争、经济方面以及意识形态方面的表现分别为政治职能，技术经济职能和意识形态的职能，但是这三种职能的关系并不等同，其中国家的技术经济职能和意识形态职能受到国家的严格政治职能的多元决定影响。

普兰查斯对于资本主义国家职能的分析，源于第二国际的理论家把经济基础与上层建筑的关系变成了"经济决定论"，历史辩证法变成了一种庸俗的实证主义、经验主义。在第二国际理论家看来，资本主义经济危机的到来是不可避免的，只要耐心等待便可。但是十月革命前欧洲工人运动的低潮与失败，从实践意义上宣布了"经济决定论"的破产；苏联、东欧等国在社会主义实践的过程中所暴露出的大量问题以及西方社会现实的巨大冲击，使得马克思主义国家学说遭受到了严重的挑战。面对"经济决定论"和马克思主义国家学说的现实危机，以卢卡奇、柯尔施和葛兰西为代表的西方马克思主义对第二国际的"经济决定论"进行了理论反驳。阿尔都塞试图应用多元决定论来克服经济决定论的弊端，对资本主义进行结构分析以恢复历史辩证法的革命本性。普兰查斯在充分借鉴阿尔都塞学说的基础之上，对资本主义生产方式进行了独特的分析，从而最终为其提出资本主义国家的职能问题奠定了基础。

普兰查斯对资本主义国家职能的分析，应该说是众多国家职能理论中的一种，但普兰查斯独辟蹊径，依据结构主义的理论观点，详尽地考察了资本主义国家的含义以及各种职能问题;关于资本主义国家的社会职能,普兰查斯也主张从整体性的结构上去研究;从多元决定的历史观出发,他反对对国家职能做出的单一解释,论证国家具有调节社会形态各方面之间矛盾的综括作用,为理论界发展马克思主义国家职能理论提供了一种新的方法论视角,对于破除国家理论中的"工具主义国家观"以及经济决定论无疑都起到了一定的作用。

三、国家本质:统治阶级国家与权力集团国家的区别

恩格斯指出:"国家是文明社会的概括,它在一切典型的时期毫无例外地都是统治阶级的国家,并且在一切场合在本质上都是镇压被压迫被剥削阶级的机器。"①列宁也指出:"国家是一个阶级压迫另一个阶级的机器,是迫使一切从属的阶级服从于一个阶级的机器。"②由此可见,国家是阶级社会中不同于原始社会公共权力的一种"特殊的公共权力"组织。但是,这种代表公共利益的"特殊的公共权力"只是国家的一种表面形式,隐藏在这种形式背后的则是国家的阶级本质。这就是说,人类有史以来的一切国家都是阶级的国家,国家的实质是阶级专政,而所谓的"共同体"则是一种"虚幻的共同体"③。

马克思主义国家理论中关于资本主义国家本质的这一分析,普兰查斯基本持赞同态度,所不同的是,普兰查斯一方面对于"统治阶级"的解读,并不像马克思、恩格斯那样,强调阶级的"经济属性",认为只有在经济上占统治地位的阶级才是统治阶级,而是从结构主义的角度对"统治阶级"的概念进行了重新解读,并且他也不赞同资本主义国家就是资产阶级专政的观点。普兰查斯认为,阶级"表示结构的整体,表

① 《马克思恩格斯选集》第2卷,人民出版社1995年版,第176页。
② 《列宁选集》第4卷,人民出版社1995年版,第33页。
③ 《马克思恩格斯选集》第1卷,人民出版社1995年版,第84页。

示一种生产方式或者一种社会形态的模式对承担者——他们构成社会阶级的支持者——所产生的影响。”①在一种社会形态中，所谓的统治阶级其实就是那些在阶级斗争等方面占有统治权力的阶级。普兰查斯进一步分析认为在资本主义社会形态之中，不仅存在着资产阶级和工人阶级的基本对立阶级，而且存在着小资产阶级、农民、官僚和知识分子等阶层。资产阶级本身也划分为不同的派别，并非铁板一块，存在着由几个政治上占统治地位的阶级或派别所组成“权力集团”，在这些“权力集团”中，总是存在着发挥统治作用的霸主阶级或派别，也就是说，资产阶级的统治实际上是权力集团的统治，权力集团内部存在着矛盾，权力集团的统治要考虑到被统治阶级的斗争。另一方面，普兰查斯从结构主义的视角肯定了马克思、恩格斯关于国家本质的论述，并进一步阐述了国家归根到底依旧是统治阶级的国家的结论。普兰查斯认为资本主义国家的一个基本功能就是要充分发挥几个政治上占统治地位的阶级或派别所组成“权力集团”其在政治上统一者的重要功能，资本主义国家的这样一种功能与作用，同时也确保了资本主义国家对权力集团以及霸主阶级或派别的相对自主性。虽然资本主义国家的相对自主性使它在表面上似乎是一种公众的共同体，但是不能忽视的一个重要方面在于维持社会形态的统一，仍然是资本主义国家的最高职能，且资本主义国家的这一最高职能，从根本上讲，依然是与统治阶级的整体政治利益相适应与相一致的，资本主义国家依然是服务于资本的总体运行的，这一本质并没有发生任何的改变。

普兰查斯对资本主义国家本质及统治阶级问题分析，正如有学者所言：“普兰查斯对于资本主义国家统治阶级的结构主义分析是极其深刻的，是对马克思关于统治阶级过于简单化理解的一种补充。他的由霸主阶级领导的权力集团的统一为人们认识资本主义国家的统治阶

① Nicos Poulantzas, *Political Power and Social Classes*, NLB: London, 1978, pp. 67-68.

级及国家权力提供了另一条路径。”①

四、国家相对自主性:国家·社会与政治·经济的分别

在历史唯物主义观点中,国家与社会是分离的,国家来源于社会,是社会上层建筑的一个环节。国家与社会的相互分离是马克思主义国家理论的逻辑起点。由此,国家与社会的二元分化也是马克思主义国家理论中国家相对自主性问题分析的历史起点和逻辑起点。虽然国家来源于社会,但是国家的本质特征是凌驾于社会之上的公共权力,这就意味着尽管国家是社会的一个组成部分,但国家并不等同于社会而是高于社会。国家与社会的辩证关系决定了尽管社会对于国家具有归根到底的制约作用,但国家对于社会具有相对的独立性。“这种自主性既相对社会所有阶级(主要是针对被统治阶级)因为国家照例是‘最强大的、经济上占统治地位的阶级的国家’;同时,这种自主性又相对于统治阶级,为了维持社会秩序,它必须在某些方面采取独立、甚至损害统治阶级利益的行为。国家相对独立于社会各阶级,以一种超然的姿态,以共同体利益的象征凌驾于社会之上,国家的自主性特征就存在于国家这个‘机体’之上。”②

针对马克思、恩格斯的这一分析,普兰查斯认为在国家内部存在的只有政治与经济两个环节之间的关系,并借用结构主义的方法消除了存在于马克思主义国家理论中国家与社会的关系。在普兰查斯那里,生产方式是由经济、政治、意识形态等各个环节构成的一套复杂整体,其中占统治地位的归根到底是经济环节。所不同的是,普兰查斯认为

---

① 江红义:《试论波朗查斯的结构主义国家理论》,《海南大学学报》(人文社会科学版)2011 年第 2 期。

② 周建勇:《国家具有相对自主性—对马克思主义国家理论的分析》,《理论月刊》2011 年第 9 期。

经济、政治、意识形态等不同环节之间的关系是一种多元决定的关系，而不是一种直线性的因果关系。这就意味着，在生产方式的结构整体中政治环节具有相对于经济环节的自主性。

相对于马克思主义国家理论，普兰查斯的国家相对自主性理论具有自己的特点，如普兰查斯将国家相对自主性产生的原因归结为经济与政治环节的各自独立，而在马克思主义国家观那里，国家自主性产生的原因在于国家与社会的分离；普兰查斯把国家自主性的对象定位于统治阶级，而马克思主义国家观却将对象定位于社会以及社会中的各个阶级；普兰查斯把国家自主性仅限于资本主义国家，而马克思主义国家观既将国家自主性看成是一种国家基本特性，又看成是一种“例外情形”。应该说，普兰查斯关于资本主义国家相对自主性的独特分析视角是由结构主义所具有的特点所决定，即崇尚历时性，反对共时性与经验研究。

虽然普兰查斯通过揭示资本主义国家的相对自主性深刻地分析了资本主义的国家问题，引起了人们对国家相对自主性问题的关注，但他的理论仍然是在马克思主义国家理论中关于国家相对自主性的分析框架下进行的，而且从整体上讲，也没有超越马克思主义经典作家的论述，并且存在着一些问题及不够完善的地方：第一，在分析国家的相对自主性问题时，普兰查斯虽然认识到了政治环节相对于经济环节的相对自主性，但不足之处在于，普兰查斯没有把他的这一理论观点贯彻到底，却得出相对自主性是为资本主义国家所独有的结论；第二，普兰查斯对马克思、恩格斯国家自主性理论的分析也具有片面性，如他忽略了马克思、恩格斯政治著作中关于国家基本属性的国家自主性，而将分析的目标集中于作为“例外情形”的国家自主性，特别是波拿巴主义的分析上，导致普兰查斯片面性地看待了马克思、恩格斯的国家相对自主性问题，他认为马克思、恩格斯的国家相对自主性的分析只是从社会各阶级力量的“均势”角度上进行研究的；第三，普兰查斯还将国家自主性与国家工具论简单对立起来，认为国家具有一定程度的自主性，并非统治阶级可以任意操纵的一种工具,他之所以提出国家自主性,就是为了表明自己的国家理论与那种把国家看成是统治阶级的简单工具的观点有所不同,从而将国家自主性置于国家工具论的对立面。事实上,在马克思、恩格斯那里,国家自主性与国家工具论是统一的,国家具有相对自主性不仅没有驳倒国家是阶级统治工具的观点,反而是统治阶级实现其阶级统治所不可缺少的手段。即使在普兰查斯那里,他也认为国家的相对自主性归根结底有利于统治阶级,甚至是阶级统治的必要条件。因此,普兰查斯将国家自主性与国家工具论简单对立的做法存在着自相矛盾之处。

五、国家变革策略:暴力革命与“双重否定”战略的分歧

历史唯物主义观点认为任何社会历史事物都是发展变化的,发展变化的方式可以选择两种:改革和革命。具体到社会实践的领域,在如何实现社会主义社会的问题上,马克思、恩格斯提出了无产阶级专政的思想,主张暴力革命,这一思想在马克思、恩格斯的国家理论中占据重要地位。

发达资本主义国家如何实现向社会主义的过渡,是普兰查斯国家理论的重要议题。对于这一重大议题的思考,源于普兰查斯对20世纪五六十年代,资本主义国家现状的深刻考察。主要体现在以下几个方面:西方工人运动正在遭遇战略性的危机,无法彻底动摇发达资本主义国家,急需马克思主义国家学说能提供一些可靠的战略依据;70年代,伴随着民主化浪潮的推进,葡萄牙、西班牙和希腊独裁政权相继倒台,但其后所建立的资产阶级民主政权与西方发达的资本主义国家的民主相比仍有很大区别,是一种带有“专制主义”色彩的社会形态;源于法国的“五月运动”,虽然给资本主义社会带来了一定的挑战,但要动摇资本主义社会的根基是远远不够的。那么到底如何实现向社会主义的

过渡呢？普兰查斯认为仅仅通过议会选举与扩大国家机器内部民主并不是一种可靠的战略,他所描绘的当代发达资本主义国家向社会主义过渡的战略,是一种双重“否定”的战略:一方面对“列宁主义模式”的“双重政权”以及起义性总罢工战略持否定态度,也就是说否定首先通过建立于资产阶级国家政权相对立的“苏维埃”并进而从正面进攻而夺取政权的“列宁主义模式”;另一方面又在一定程度上否定西欧共产党的官方“欧洲共产主义”者的“扩大议会民主”的战略。通过对“列宁主义模式”和“扩大议会民主”战略的双重否定,普兰查斯认为“民主社会主义”战略,即通过民主的道路向社会主义过渡无疑是西欧发达资本主义国家向社会主义过渡的唯一可行的道路。普兰查斯还认为“民主社会主义”战略的选择,有三方面至关重要:第一,通过民主的道路向社会主义过渡必须反对改良主义。第二,通过民主的道路向社会主义过渡必须通过人民群众的斗争改变国家内部力量的对比关系,将“内部”斗争和“外部”斗争相结合。第三,普兰查斯认为,通过民主的道路向社会主义过渡的战略,即将“内部”斗争与“外部”斗争相结合的斗争战略,直接涉及对现代资产阶级国家的“彻底改造”问题。

普兰查斯“双重否定”的革命战略,具有革命性和积极性的一面,他反对教条主义、反对改良主义;主张要将合法手段与人民群众运动相结合,即一方面通过合法的民主手段对资本主义国家进行改造,另一方面要发动广泛的人民群众运动,从而实现“内部”斗争和“外部”斗争的结合。普兰查斯的这一社会主义战略,既有别于“列宁主义模式”,又有别于“扩大议会民主”的社会主义战略。应该说,普兰查斯的“双重否定”战略实质上是对以上两种战略的借鉴与发展。不过,我们需要清楚地认识到虽然普兰查斯对民主社会主义进行了赋予创见性地规划,但是这样一种规划很遗憾的是它依旧是否定性的,为了实现民主社会主义,普兰查斯甚至将希望寄托于资产阶级民主的改良,正如他自己所言:“历史没有给予我们通向社会主义民主道路的成功经验,提供的仅是一些需要避免的负面的案例和需要反思的错误。以现实主义的名义,自然会说如果民主社会主义从未存在过,那是因为它是不可能的。"①

六、总结与思考

我们知道,虽然马克思对国家的性质、职能、消亡以及对资本主义国家、过渡时期的国家等问题进行了论述,但不少西方学者认为马克思并没有形成系统的国家理论,因为马克思撰写的与国家问题相关的政治著述,或是特定历史背景狭隘特殊政治事件的描述;或是为阶级利益的确认和阶级斗争的适当干预模式提供理论基础。如杰索普就认为,尽管马克思、恩格斯在分析资本主义国家时,提出了一些解释原则,也提供了许多相关事态分析的有价值的实践概念。但马克思没有提供一种与《资本论》的见识和严密性相当的系统的、连贯的资产阶级国家理论。② 有论者(科莱蒂,L. Colletti)甚至据此认为,"马克思主义缺少一个真正的政治理论",马克思的国家理论缺乏系统性和创造性。③ 马克思主义国家理论的这样一种"不系统性",这就为后人的"五花八门"不同理解提供了可能。

作为西方马克思主义国家理论的重要代表,普兰查斯的国家理论是马克思主义国家理论思想宝库中一个不可或缺的重要组成部分,其基本的理论倾向是反对简单地看待国家问题,反对只从经济角度分析国家,反对传统国家理论中把国家仅仅看成是暴力机器,而主张从多角度理解国家问题,从而为我们提供了一个具有相当水平的马克思主义

---

① Nicos Poulantzas, *State, Power, Socialism*, NLB, 1978, p. 25.

② Bob Jessep. *The Capitalist State: Marxist Theories and Methods*, Oxford: Martion Robertson Company Ltd., 1982, pp. 29-30.

③ 参见刘军:《赞成或反对:马克思国家理论的历史发展与可能空间》,《江汉论坛》2012 年第 9 期。

国家理论研究样本。纵观普兰查斯国家理论的全部,有一个基本的态度贯穿于始终,这就是在马克思主义国家观点的框架下,普兰查斯一直努力把"回归马克思主义国家理论"与"推进马克思主义国家理论"有机地结合在一起,即一方面不断地探索马克思主义国家理论的"真精神";另一方面又努力地实现着马克思主义国家理论的现代化,试图使马克思主义的国家理论不断向前发展。从这点来看,普兰查斯的国家理论是值得肯定的,只是在这种"回归"与"推进"之中,从马克思主义国家观的视角来看,这是一个复杂的过程,是一个发展与背离、继承创新与曲解误读共存的过程。

从发展、继承创新的角度来看,考察普兰查斯的学术思想,我们可以看到,普兰查斯对于历史唯物主义基本观点的认识与马克思主义的思想认识是一脉相承的。具体到国家问题,我们可以从两个角度来理解:一方面,从普兰查斯国家理论的角度来说,其出发点是匡正学术界对马克思主义经典著作解释传统中的偏差,从而使马克思主义国家理论在新的历史时期重新获得生命力。而从普兰查斯的具体实践来看,他也确实做到了这一点。他著书立说,反对"经济决定论"、"工具主义国家理论",力图还原经典马克思主义著作的初衷。同时,对于马克思主义经典著作中阐释不清、容易引起误解的地方,运用诸多笔墨进行了详细的分析和说明,如普兰查斯关于"国家本质"、"统治阶级"的解读,可以说既遵循了马克思主义国家理论的本意,又从新的角度给予了全新的解读;普兰查斯还认识到国家不仅是如马克思、恩格斯所言的仅仅是阶级统治的暴力工具,国家还是意识形态和文化统治的机器,从而强调国家的意识形态功能。从这点来看,普兰查斯正像他的老师阿尔都塞那样,扛起了"保卫马克思"的大旗。另一方面,从唯物史观国家理论的角度来看,马克思主义国家学说需要不断认识资本主义的现状,需要不断地开放和发展,从而实现自身国家理论的日益完善。而普兰查斯的国家理论恰是马克思主义国家理论在发展过程中重要流派之一。可以说,正是普兰查斯的这样一种努力,不仅在国家理论回归政治学视域起到了一定的作用,更是激发了学者们对马克思主义国家理论的又一波研究热潮,这一点对于西方马克思主义理论的发展尤为重要。

从背离、曲解误读的角度而言,从上面的分析中我们可以看到,虽然普兰查斯是构建国家理论的意图在于不断地探索马克思主义国家理论的“真精神”,努力实现马克思主义国家理论的现代化,但是由于两者构建国家理论时所采用的方法论的差异,导致普兰查斯关于国家理论的一些观点与马克思主义国家学说不相符。第一,从方法论的角度来看,结构主义在结构观方面存在着不容忽视的不足,忽视人类有意识、有目的活动在社会历史发展中的重要作用,把社会生活及其发展的历史视为一个不受任何规律制约且毫无历史联系的一堆孤立的结构的错误看法,特别是它把“同时态”加以绝对化,这与马克思主义国家观不相符,对马克思主义学说体系也有背离之处,尤其是在历史主义和阶级矛盾以及“阶级斗争是阶级社会发展的动力”等方面。第二,在资本主义国家相对自主性问题方面,普兰查斯的国家理论虽引起了学者们对国家相对自主性问题的关注。但从整体来看,普兰查斯关于国家自主性问题的分析并没有超越马克思主义经典作家的论述,而且还存在着一些误读之处,例如他并没有将这一理论观点坚持到底,仅仅认为相对自主性是资本主义国家所独有;他还忽略了马克思恩格斯政治著作中关于国家基本属性的国家自主性,而将分析的目标集中于作为“例外情形”的国家自主性,特别是波拿巴主义的分析上等等。第三,在对革命策略的选择上,普兰查斯强调发动人民群众通过合法的议会手段改造国家的重要性时,他忽视了无产阶级的特殊作用,这些理论观点显然与马克思主义国家学说的内容不相符。

研究普兰查斯的国家理论,我们需要持客观的态度,他对马克思主义国家学说的发展、继承创新,应当充分地肯定与借鉴;而他对马克思主义国家学说的背离、曲解误读,也要保持清晰的认识。总而言之,在研究国家问题时,我们只有充分运用马克思主义的方法论,尤其是历史唯物主义的观点和方法，才能够真正深入、客观地认识普兰查斯的国家理论，也才能真正地理解马克思主义国家学说的科学性与指导性。

（作者　王小莉，同济大学马克思主义学院博士生，外国语学院讲师；
金瑶梅，同济大学马克思主义学院，教授）

作为经济社会学的历史唯物主义

——雷蒙·阿隆对马克思历史哲学的阐释*

郝春鹏

摘要:在雷蒙·阿隆看来,马克思总体上是一个历史哲学家。他的历史唯物主义奠基于对资本主义的政治经济学批判,以及从社会学层面对人类历史做出的总结和预测。在历史哲学问题上,阿隆与马克思一样,既反对宿命论的历史哲学,认为这种先知式的预言抹杀了人的自由,同时也反对新康德主义以来的历史相对主义和虚无主义。他认为,人类创造着自己所不认识的历史。阿隆在马克思身上看到了自己,或说他其实是受马克思的影响:通过对自由问题的讨论,可以发现他不及马克思深刻,因为唯有通过对人本质的讨论才能呈现在历史宿命论与历史相对主义之间的自由问题。

关键词:经济　社会　历史唯物主义　阿隆　马克思

马克思的历史哲学基本可用历史唯物主义来概括:一方面,马克思将唯物主义与辩证法结合起来形成了方法论上的辩证唯物主义;另一方面,他将这种方法论应用于人类历史的生产实践上,从而诞生了历史

* 本文是2017年上海市哲学社会科学规划课题青年项目“雷蒙·阿隆批判的历史哲学研究”(2017EZX001)成果。

唯物主义。历史哲学从诞生到今天，也至少经历了两种变化，第一种是在启蒙哲人伏尔泰那里，据说他第一个用“历史哲学”（la philosophie de l' histoire）命名了自己的文章，而该文其实是要给沙特莱夫人学习历史知识时的一些指导，将繁杂无用的事件略去，用哲学的方法来学习历史；另一种是历史整体观，这种整体观的集大成者是黑格尔，马克思也属此类。黑格尔的体系化把历史与哲学统一起来，在历史发展的最高阶段，不是宗教，不是艺术，而是哲学。历史与哲学的统一就是人类的终点，它是绝对精神经过“正反合”的一整套流转后自身的实现。马克思的历史哲学扬弃了绝对精神的运动，将这种思辨哲学重新拉回到物质生产层面，“不是意识决定生活，而是生活决定意识”，这种生活就是决定历史进程的基本动力与因素，人们创造历史的前提必须是先能够生活，而为了生活，就需要吃喝穿住用等其他东西。马克思整个历史唯物主义的基础都建立在生产关系，亦即经济学和社会学问题之上的。因而，在雷蒙·阿隆看来，马克思首先是一位经济社会学家。①

需要注意的是，马克思不同于马克思主义，因而阿隆对马克思的分析定位在马克思本人的作品上，他“不想找出一种对马克思思想的更高超的解释”——这是马克思的后学及马克思主义者们的工作。退一步说，倘若解释者自己都没有读懂马克思就做“超越马克思”的解释，“那么最好还是像作者自己理解自己那样理解作者”②，所以阿隆会把《资本论》置于马克思思想的中心地位，“因为《1844 年经济学哲学手稿》是这位年轻人在了解黑格尔甚于资本主义的那个时期里，对黑格尔和资本主义尚在思辨过程中写下的、尚未定型的、即可说是质量平平也可说是才气横溢的草稿”③，而马克思自己对青年时期的这些作品态

① ［法］雷蒙·阿隆：《社会学主要思潮》，葛智强等译，上海译文出版社 2006 年版，第 109 页。

② ［法］雷蒙·阿隆：《社会学主要思潮》，葛智强等译，上海译文出版社 2006 年版，第 108 页。

③ ［法］雷蒙·阿隆：《社会学主要思潮》，葛智强等译，上海译文出版社 2006 年版，第 108 页。

度也十分谨慎,“以致不惜弃之不顾,让老鼠来批判”①。

阿隆通过马克思生前正式出版的《资本论》(第一卷)、《政治经济学批判》以及《共产党宣言》等几部作品,来考察其中涉及的人的异化、劳动价值理论、私有制以及阶级斗争的问题和关联。他认为,通过这几篇文章足以证明。

“马克思是由哲学转而研究政治经济学的,中间经过社会学。他生前一直是一个哲学家,他一直认为在各种制度的更迭中产生的,并最终达到非对抗性社会的人类历史具有一种哲学的意义。人类是在历史的长河中创造自己的,历史的终结同时也就是哲学的终结。哲学能确定人类的特性,但它自己却是通过历史得到实现的。资本主义之后的、非对抗性的制度不仅是许多社会类型中的一种类型,而且也是人类对自己进行研究的终结。”②

马克思思想中的哲学—历史问题就是要弄清历史的进程,他不容争辩的哲学遗产是深信人类历史的演变具有哲学意义:新的经济和社会制度不仅是满足职业历史学家科学研究的好奇心,更是人类进步的一个阶段。③

严格说来,马克思并没有对共产主义和社会主义做明确的描述,他总是说人类无法事先认识未来,“现在提出这个问题是不着边际的,因而这实际上是一个幻想的问题,对这个问题的唯一的答复应当是对问题本身的批判”④,“新思潮的优点恰恰在于我们不想教条地预期未来,而只是想通过批判旧世界而发现新世界”⑤。因而,马克思并非要构想

① [法]雷蒙·阿隆:《社会学主要思潮》,葛智强等译,上海译文出版社 2006 年版,第 107 页。

② [法]雷蒙·阿隆:《社会学主要思潮》,葛智强等译,上海译文出版社 2006 年版,第 129 页。

③ [法]雷蒙·阿隆:《社会学主要思潮》,葛智强等译,上海译文出版社 2006 年版,第 130 页。

④ 《马克思恩格斯选集》第 4 卷,人民出版社 2012 年版,第 541 页。

⑤ 《马克思恩格斯文集》第 10 卷,人民出版社 2009 年版,第 7 页。

乌托邦的细致模样，而是反过来批判资本主义，“对现存的一切进行无情的批判”，通过这种批判，反向地思考社会主义或共产主义“不是”什么。而关于资本主义的批判，阿隆点出了马克思的两个关键：劳动与私有制。

一、劳动价值理论与私有制现实的矛盾

劳动价值理论主要在《资本论》的第一卷中展开。资本主义的基础是商品交换，因而，在该书第一篇第一章①，马克思首先从商品问题切入。正是在这里，他创造性地揭示了商品的价值来源：劳动。

《资本论》（第一卷）的结构简言之，即是资本家通过占有生产资料，以其作为自己的资本收取劳动产品所带来的新价值。这部分资本以不变资本和可变资本的混淆而使得剥削隐匿不彰。马克思在第三篇中根据劳动创造价值的本质，揭示出在商品的生产中，价值的转移属于原料、固定厂房等不变资本，而价值的增殖部分只能为劳动所创造。因而，在产品的价值中，新增加的部分应当全部归劳动者所有。但资本家通过模糊劳动的价值与劳动力价值，使二者之差成为其无偿占有的剩余价值。如此看来，整个资本的运转始于资本家提供生产资料、劳动者提供体力，但在生产与销售之后，资本家却不单占有了原材料成本的转移部分价值，同时还多占了劳动者创造出的新价值。

劳动价值理论揭示隐藏着的工人工资与劳动所创造的价值的不对等，进而也揭示了资本家占有劳动工人剩余价值的本质。然而单纯从这一点来看，仍不足以对资本主义形成彻底的批判。马克思又追溯了在这种不平等中的私有制的历史起源，揭示整个资本家在原始积累和资本再生产这一整套系统中，都存在着的现实的不正义的剥削与豪夺。

恩格斯曾经用三种影响的结合来解释马克思的思想，这三种影响

① ［德］马克思：《资本论》第1卷，人民出版社2008年版，第47页。

为:德国古典哲学、英国古典政治经济学和英法空想社会主义。古典政治经济学催生了《资本论》《政治经济学批判》等经济类作品,空想社会主义则为马克思提供了社会理论批判和共产主义目标的设想。在空想社会主义的创始者托马斯·莫尔那里,他借希斯拉德的口,第一次提出了私有制的问题:“亲爱的莫尔,把我内心的感想坦率对你说吧:我觉得,任何地方私有制存在,所有的人凭现金价值衡量所有的事物,那么,一个国家就难以有正义和繁荣。”①在希斯拉德看来,任何哲学家都没有能力在私有制的基础上建立一套真正公正的法律,因为恰恰相反,法律是奠基于基本制度之上的。因此柏拉图才不肯给拒绝财产共有的人们立法。《乌托邦》在马克思心中占有非常重要的地位,不单希斯拉德对私有制的批判为马克思所吸收,就连其中“羊吃人”的故事都被他引用到了《资本论》里②,而《共产党宣言》中的口号:“共产党人可以把自己的理论概括为一句话:消灭私有制。”③俨然就是希斯拉德内心感想的翻版。

其后,私有制问题在卢梭那里进一步得到深化。卢梭通过第二篇论文,极具天赋地揭示了私有制作为人类不平等的起源和基础的本质。在文中,卢梭用一个非常形象的例子展现了私有制是如何被一个欺骗者非法占有的,而这种占有最早就是以土地作为生产资料被私有的。④在《乌托邦》和卢梭第二篇论文里,“私有制”指的是财产的私有,不是《共产党宣言》里的生产资料的“所有制”(Eigentum)。私有财产是私有制产生的前提,而私有制和阶级相伴而生,“共产主义的特征不是要废除一般的所有制,而是要废除资产阶级的所有制”⑤,这是马克思恩格斯在私有问题上的深入,因为“不消灭私有制,就不可能消灭物品固

---

① [英]莫尔:《乌托邦》,戴镏龄译,商务印书馆1996年版,第43页。

② [德]马克思:《资本论》第1卷,人民出版社2008年版,第827页。

③ 《共产党宣言》,人民出版社2016年版,第42页。

④ [法]卢梭:《论人类不平等的起源和基础》,李常山译,商务印书馆1997年版,第111页。

⑤ 《共产党宣言》,人民出版社2016年版,第42页。

有的实际效用和这种效用的规定之间的对立,以及效用的规定和交换着自由之间的对立;而私有制一旦被消灭,就无须再谈现在这样的交换了"①。

在理论上,劳动创造价值;在现实上,私有制导致不平等。"资产阶级是与生产资料的私有制以及国民收入的某种分配方式联系在一起的"②,生产资料私有制是社会矛盾和工人苦难的最终原因③,这两方面共同揭露了资本主义生产方式对无产阶级的剥削本质。"马克思的中心思想是把资本主义制度当作一个矛盾着的、即为阶级斗争所左右的制度来解释"。④

对劳动价值理论和私有制问题的剖析最终揭示了资本主义的内在矛盾,然而,在这里还需进一步说明,为何资本主义社会所体现的矛盾,既是资本主义毁灭的原因,同时也是社会进一步发展的动力。因为根据一般历史主义的看法,对某一问题的分析只适用于当下的分析对象,对资本主义的经济分析也只应适用于资本主义社会。历史唯物主义虽依托政治经济学,但它必须要超越这种带有相对性的历史主义。马克思"既要根据资本主义的社会结构来说明资本主义制度的运行方式,又要根据它的运行方式来说明资本主义制度的变化。"⑤

政治经济学不同于经济学,经济学考察的是具体经济影响因素,政治经济学考察的视野更全面。其实从"经济"的本义来说,这个词译自

① 《马克思恩格斯全集》第3卷,人民出版社2002年版,第451—452页。德语的Privateigentums有两层含义,既指"私有财产",同时也有"私有制"的含义。所以在翻译成中文时也常出现混淆。

② [法]雷蒙·阿隆:《社会学主要思潮》,葛智强等译,上海译文出版社2006年版,第115页。

③ [法]雷蒙·阿隆:《论自由》,姜志辉译,上海世纪出版集团2007年版,第20页。

④ [法]雷蒙·阿隆:《社会学主要思潮》,葛智强等译,上海译文出版社2006年版,第113页。

⑤ [法]雷蒙·阿隆:《社会学主要思潮》,葛智强等译,上海译文出版社2006年版,第118页。

西文的“economy”,它非常古老,可以追溯到古希腊,色诺芬就有一篇同名的文章《经济论》。严格说来这个翻译并不确切,因为 economy 由 eco 和 nomy 两部分合成,eco 来自古希腊语的 oîkos(οἶκος),指“家”、“家庭”,而 nomy 指管理,直译应为“家政”,所以色诺芬的那篇文章应该译为《家政篇》或《齐家篇》,且全书的内容也都是在讨论家庭如何保持收支平衡。

在今天的语境下,“经济”应当至少与国家管理关联在一起,马克思在《政治经济学批判》导言中也提到:“当我们从政治经济学的角度观察某一国家的时候,我们从该国的人口,人口的阶级划分,人口在城乡、海洋、在不同生产部门的分布,输出和输入,全年的生产和消费,商品价格等等开始。”①看上去,经济学从生产行为的基础和主体的人开始是有道理的。但是仔细考察会发现,如果抛开人的阶级,那么人就是一个抽象的概念。如果不知道这些阶级所依据诸如雇佣劳动、资本等等的因素——这些因素又以交换、分工、价格等为前提。抛开这些,阶级就是一句空话,人也只是一个抽象。因而,《政治经济学批判》与《资本论》一样,既是一部经济学著作,又是一门资本主义社会学,也是一部在实现共产主义的人类史前史时期一直受到自身冲突麻烦的人类的哲学史。②

“至今一切社会的历史都是阶级斗争的历史”③。

《共产党宣言》里的这句话指明了阶级斗争在整个人类社会中的贯通性。

二、矛盾推动下的社会历史

关于人类社会总体描述的哲学属于历史哲学。做出这种预测的

① 《马克思恩格斯文集》第 8 卷,人民出版社 2009 年版,第 24 页。

② [法]雷蒙·阿隆:《社会学主要思潮》,葛智强等译,上海译文出版社 2006 年版,第 118 页。

③ 《共产党宣言》,人民出版社 2016 年版,第 27 页。

不单有马克思，还有黑格尔、孔德、康德甚至还可追溯到《圣经》。历史哲学的研究对象是历史整体，这要求把人类在时间与空间各方面上统一进"世界历史"的范围内。总体的预测不仅包括其中促进的部分，同时也要包容阻碍历史进程的、比如恶的部分。而面对这后一部分的问题，基督教和神学家用上帝的反面撒旦来描绘，并最终以光明战胜黑暗来结尾；世俗世界的恶则成为历史哲学家们的处理对象：康德在"关于一种世界公民观点的普遍历史的观念"的命题四中给出了一种解释："大自然使人类的全部禀赋得以发展所采用的手段就是人类在社会中的对抗性，但仅以这种对抗性终将成为人类合乎秩序的原因为限。"①这种对抗不再是某些反面的东西，反成为"社会合法秩序"的必要原因。因为正是凭靠这种对抗，使它转变成世界历史继续活动和进展的力量来源。这种把恶的存在以及斗争囊括进历史的倾向，在黑格尔那里达到了顶峰，辩证法的活力就在于这种"否定之否定"的对抗。

马克思同样运用了这种对抗性，他力图说明"这种对抗性是与资本主义的基本机构分不开的，同时它也是历史发展的动力"②。因而，无产阶级与资产阶级的冲突不但反映了资本主义社会的矛盾，同时它也是一切阶级社会的根本矛盾，是阶级社会更迭的动力，据此就可以预测历史的发展。

马克思用孔德的社会学的方法，根据经济制度的差异区分了四类历史时期，这四个时期分别由相应的生产方式所决定：即亚细亚的生产方式、古代生产方式、封建的生产方式和资产阶级的生产方式。这一区分之后成为马克思主义关于人类社会五种形态发展的雏形。除了亚细亚的生产方式以外——阿隆认为在这第一点上，"马克思著作的解释

---

① ［德］康德：《历史理性批判文集》，何兆武译，商务印书馆1996年版，第6页。

② ［法］雷蒙·阿隆：《社会学主要思潮》，葛智强等译，上海译文出版社2006年版，第110页。

者们曾经为此喋喋不休地争论过历史进程的统一性或非同一性”①——西方历史所经历的三个阶段都以劳动者的人们的某种关系为特征，生产者与统治者始终处于阶级差异和斗争之中。所以，社会主义的生产方式将不允许人剥削人，不允许劳动者从属于一个既掌握生产资料同时又掌握政治权力的阶级。

阿隆认为，马克思是社会学家这点毋庸置疑，“但他是一个特定形式的社会学家，即经济社会学家。他深信，不了解经济制度的运行就无法了解现代社会，忽视经济制度运行的理论就无法理解经济制度的演变，最后，作为一个社会学家，他不把了解现状与预见未来及行为的愿望分割开来，与今天的所谓客观的社会学相比，他既是一个预言家，又是一个行为家和学者。总而言之，他也许有这样一个优点，即：直言不讳地认为对现存的东西的解释和对应当存在的东西的判断是有联系的。”②

这段话包含了阿隆对马克思的全部理解。在他看来，马克思的历史唯物主义奠基于资本主义的经济批判，以及从社会学层面对人类社会更迭做出的总结和预测。从这一点看，历史唯物主义不同于某些历史主义，特别是那种认为历史研究只有当前适用性的历史相对主义③。因而波普尔把马克思视为另一种历史主义，一种不同于只对当下历史和价值做出判断的历史相对主义。历史唯物主义常常与先知主义和乌托邦主义联系在一起，以“规律”来领导历史。在他看来，历史唯物主

① [法]雷蒙·阿隆：《社会学主要思潮》，葛智强等译，上海译文出版社 2006 年版，第 117 页。在《共产党宣言》中关于“至今一切社会的历史都是阶级斗争的历史”这句话下，恩格斯加了一个注释，在这个注释中他说明了社会的史前史并不在此列。

② [法]雷蒙·阿隆：《社会学主要思潮》，葛智强等译，上海译文出版社 2006 年版，第 109 页。

③ 在梅尼克和特罗什看来，历史主义通常指人类的发展演化是为当时的社会和环境所决定的，也就是由每个社会或每个时代所特有的多元化所决定。这种多元化就表现为一种相对主义的特征。

义预告并许诺了一个适合所有人的普遍历史，这种带有宿命论倾向的历史主义其实是一种黑格尔式的历史哲学。然而阿隆并没有如波普尔那样视历史唯物主义为历史相对主义的对立面，他本身认同马克思“既是一个预言家，又是一个行为家和学者”。其实在马克思身上阿隆看到了自己，或者应该说他受了马克思的影响。阿隆将自己称作“介入的观察者”，即反对宿命论的历史哲学，认为这种先知式的预言抹杀了人类的自由，同时他也反对新康德主义以来的历史相对主义和虚无主义。他认为，人类创造了自己所不认识的历史，这其实与恩格斯的历史合力论如出一辙。

三、质疑与回应

虽然阿隆从经济社会学层面解释了历史唯物主义的根源，但也不能说阿隆就是一个彻底的马克思主义者，特别是他的观点与马克思主义的后学，如萨特、梅洛—庞蒂、阿尔杜塞等人都有很大差异。① 在西方那些人被称为左派，阿隆则是他们的反面，被称为“右派”，以“自由主义者”自居。但是我们知道，马克思也丝毫不否认自由，并且在关于共产主义的描述中，每个人的自由而全面的发展是非常重要的因素，“代替那存在着阶级和阶级对立的资产阶级旧社会的，将是这样一个联合体，在那里，每个人的自由发展是一切人的自由发展的条件”②。不单个人需自由而全面，并且人类也将从“必然王国”走向“自由王国”。那么，阿隆与马克思的分歧并不在于是否需要自由，而是在对人与自由的理解上。

阿隆与马克思的分歧可简单归纳以下三点。

① 参见拙作《诠释与多样性：从马克思后学的研究看阿隆的意图》，载于《当代国外马克思主义评论》第十一辑。

② 《共产党宣言》，人民出版社 2016 年版，第 51 页。

1.关于人类社会发展规律的预测

阿隆认为,马克思在预言人类社会的发展时未能对自然学科与社会学科做区分。传统的历史哲学家会认为,历史与自然存在差异。比如自然规律可以被认识,但不能被改变;而历史可以被认识,同时因为历史的创造者是人,所以它带着人的自由,可以被改变。马克思预言了人类社会的发展规律,这似乎有一种先知特点,特别是1848年以后,马克思不再强调一种彻底的革命意志,而是强调这种革命的必然性。无产阶级的使命只在于完成预先注定的命运。① 但是,马克思虽做出预测却又不够明确地给出共产主义实现的时间②,因而生产力对生产关系的"决定"作用似乎有所松动,以致后人会用"规定"(conditionnement)来取代"决定"(détermination)。③

2.关于阶级斗争是否不可调和

在阿隆看来,马克思将任何社会中的不同阶级只区分为两类。他指出,在《1848年至1850年的法兰西阶级斗争》④一书中,马克思区分了金融资产阶级、工业资产阶级、商业资产阶级、小资产阶级、农民阶级、无产阶级,以及流氓无产阶级等。但是为何在这么多的阶级中,只有两个集团真正代表着社会的矛盾方面呢?似乎这里意味着,所有的阶级最终都将被归结为这两种:资产阶级和无产阶级⑤,中间阶级必然要么升上,要么滑下。

其次,这两种阶级之间的矛盾是否真的不可调和呢?阿隆认为,

① [法]雷蒙·阿隆:《论自由》,姜志辉译,上海世纪出版集团2007年版,第19页。

② [法]雷蒙·阿隆:《社会学主要思潮》,葛智强等译,上海译文出版社2006年版,第139页。

③ [法]雷蒙·阿隆:《社会学主要思潮》,葛智强等译,上海译文出版社2006年版,第140页。

④ 《马克思恩格斯文集》第2卷,人民出版社2009年版,第81页。

⑤ [法]雷蒙·阿隆:《社会学主要思潮》,葛智强等译,上海译文出版社2006年版,第112页。

“马克思思想的中心和独特之处在于把分析资本主义制度的运转和分析不可避免的变化结合起来。每个按照自己的利益合理地活动的人都在为损害大家的利益,至少是为损害想保护这一制度的人的利益而出力。这种理论是与自由派的基本论点截然相反的。自由派认为每个为自己的利益劳动的人同时都在为集体的利益劳动。而马克思则认为,每个为自己的利益劳动的人同时都在为使制度必要地运转,并最终消灭这一制度而出力。”①在阿隆看来,随着资本主义的发展,工人在本质上虽仍是被剥削者,但生产力的发展使得劳动力价值也逐渐提高,比如法国、美国当时的最低生活水平要比一个世纪前的最低生活水平高很多,北欧一些国家也在不断采用福利措施来缓和这种矛盾。

3.关于个人与自由问题

阿隆指出,“在由于生产资料的私有制而引起的人的异化和在革命之后才能实现的总体的人之间似乎极不协调。简单地用一种所有制形式取代另一种所有制形式怎么能把现实社会的批判与现实总体的人的希望协调起来?”②他还认为,思想家应当谋求的是对大家都有用的真理而不仅仅是一个阶级的真理;如果国家的决策是由一些人或少数人做出的,那么这些决策只能符合这一部分人或那一部分人的利益,而社会的创造应当对其他社会的人都具有价值和意义。③ 共产主义的“合作生产者”同样有可能被当作完全奴役的负责人,而不是自由的工匠。

---

① [法]雷蒙·阿隆:《社会学主要思潮》,葛智强等译,上海译文出版社 2006 年版,第 126 页。

② [法]雷蒙·阿隆:《社会学主要思潮》,葛智强等译,上海译文出版社 2006 年版,第 134 页。

③ [法]雷蒙·阿隆:《社会学主要思潮》,葛智强等译,上海译文出版社 2006 年版,第 151 页。

四、可能的回应

以上阿隆的质疑围绕资本主义的私有制、共产主义的未来以及个人自由三个方面。其实,这三个问题的核心都在于对自由的阐释上。阿隆是自由主义者,他的关注点也或明或暗地与此相关。但也正因为如此,他把自由问题与人的本质问题形而上学化了,以致用了很多私有制基础下的观念,来静止不动地看待人和自由的问题。

1.关于自然学科和社会学科区分的质疑

其实马克思在《德意志意识形态》中批判费尔巴哈不够彻底的唯物主义时就曾提出,"自然与历史对立"的说法好像说的是两种不相干的事物,"好像人民面前始终不会有历史的自然和自然的历史"①。其实历史的前提是人,人是历史的主体,但是人为了创造历史,必须能够生活,而为了生活,首先就需要吃喝住穿以及其他一切东西。

此外,阿隆判断"19 世纪初期的作家都有把政治或国家看作是经济和社会这些基本现象之外的次要现象的倾向。马克思没有摆脱这个普遍运动,他也认为政治或国家是在社会本身发生的现象之外的次要现象"。② 在这一点上他的判断没错,但是不够准确,因为这种去政治化的倾向从 17 世纪就开始了。近代政治科学建立在单子式的个人基础上,因而古典自由主义者从个人的权利和自由来看待政治问题,把政治视为邪恶的代表③,在自然与政治之间存在一个社会状态,在这个状态中,人告别了自然的野蛮进入文明社会,同时他又极大地避免了政治

① 《马克思恩格斯文集》第 1 卷,人民出版社 2009 年版,第 529 页。

② [法]雷蒙·阿隆:《社会学主要思潮》,葛智强等译,上海译文出版社 2006 年版,第 112 页。

③ 在霍布斯那里,政治被比喻为"利维坦"。它是强大和邪恶的代表,是尘世上的骄傲之王。

国家的统治与胁迫。所以马克思在描述共产主义社会时,也要将阶级统治的维护工具国家消灭,只是这种消灭源于阶级本身的消亡,而阶级来源于私有制。在私有制中,人才被划分为不同的阶级,由此诞生出统治与被统治的政治关系。

在《论自由》中,阿隆也引述了马克思在《黑格尔法哲学批判》中的表述:

“在这里,国家制度不仅自在地、不仅就其本质来说,而且就其存在,就其现实性来说,也在不断地被引回到自己的现实的基础、现实的人、现实的民族,并被设定为人民自己的作品。国家制度在这里表现出它本来面目,即人的自由产物。

……正如不是宗教创造人,而是人创造宗教一样,不是国家制度创造人民,而是人民创造国家制度。”①

阿隆发现并认同马克思的观点,认为国家和政治的基础是人民,但他却未进一步考察社会结构对人的印象。

至于对推翻私有制之后的共产主义预测,阿隆同样犯了他所批评的波普尔的错误。共产主义从来不是终点,毋宁说是人类历史的真正开始,把共产主义说成是完美的,就相当于宣布人类在步入共产主义社会之后,社会停止了前进。马克思和恩格斯不是乌托邦主义者,《共产党宣言》的“三个稿本”没有留下任何等同于“共产主义是人类的终极社会”的字句。② 所以共产主义并不是一个先知口中的天堂预言,它只是人在重新回复本质生活的开始。

2.关于资本主义的矛盾问题

在资本主义社会中,劳动生产率的提高使剩余价值率逐渐减少,因

① [法]雷蒙·阿隆:《论自由》,姜志辉译,上海世纪出版集团 2007 年版,第 12—13 页。

② 李锐:《〈共产党宣言〉的创作与思想——MEGA 视野下的文本、文献研究》,中国社会科学出版社 2013 年版,第 219 页。

而资本家不能维持现状，只会继续以各种手段来提高利润率。纵然在绝对数目上劳动者的工资和资本家的利润都有提高，但劳动者的工资比例上却始终在减少。而瑞典等北欧福利国家所采取的一些缓和矛盾的手段，无非是短期措施，只不过延长了经济危机到来的时间。倘若不根本解决私有制，那么剥削最终导致的两极分化、资本在周转中的生产与消费的不对等就必然会引发更大的危机。阿隆提出"资本主义若没有反抗，是否可能自行消亡"①的问题其实恰恰是个悖论，因为资本主义本身就意味着被压迫者的反抗，除非这个被压迫者不再是人。

3.关于共产主义与人的解放问题

阶级的划分才会出现一群人只代表自己而排斥他人的情况。所以马克思是对的，要消灭阶级，消灭这些分割人、异化人的制度，打破阶级体制，人与人之间才会恢复本质的共通性。

私有制问题不单在社会层面产生严重后果，将不同的人分割成不同的阶级，它同时还将劳动者与资产阶级一起异化。在阿隆看来，人生而自由。但是，一个自由的人在一个不自由的社会中将被改变，这种改变就是"异化"。阿隆把人的自由当作其最根本的追求固然没错，但他并未继续研究具有自由的人的本质是什么。马克思从两方面定义了人：一方面他将人描述为"一切社会关系的总和"。这也就意味着，人不是单一的原子个体，他是一个现实的人，他的本质依托于当前的社会关系与社会结构，正是这些结构和关系塑造了他；另一方面，人的本质属性是劳动，恰恰是在劳动中，人从猿变成了人。在使用劳动工具中，人的大脑才成熟起来，实现精神上成熟的人。然而在私有制的社会中，人的能力被束缚成谋生工具，劳动本来是人的固有属性，却因为处身资本主义的社会结构，让劳动者对劳动产生厌恶，将本己的劳动异化为一

① [法]雷蒙·阿隆：《社会学主要思潮》，葛智强等译，上海译文出版社 2006 年版，第 128 页。

种外在的生存压力。同样,资产阶级也不需劳动即可获得劳动产品,这使得资产阶级同样脱离了自己的劳动本质,沦为享受的奴隶。

从上述这三个方面都可以看出,阿隆关注的人和自由问题非常重要:人应该自由;人也是历史的创造者。但是,他没能继续考察,在不同的社会结构中的人是有差异的,特别是在私有制构建的结构中,人会发生异化。倘若不能把私有制根除,即便给每一个劳动者以自由,这些劳动者仍将生活在被剥削的状况下。因为,劳动者出卖自己劳动力的一个必要因素就是:他一无所有,但可以自由出卖自己的身体。在私有制的结构中,给人自由就是让他继续被奴役,唯有彻底改变这种结构,才能解放人。共产主义与其他所有过去的运动不同的地方在于:它推翻了一切旧的生产和交往的关系的基础。

五、小　结

虽然阿隆呈现了作为经济学、社会学以及哲学等方面的马克思,但这并不意味着马克思的思想是割裂的。正是在哲学上的思辨,才使得马克思在经济学方面能够剖析资本主义的本质,从哲学的"异化"与"私有制"问题来揭示资本主义的本质;而社会学使得这些经济理论超越了每个制度,以一种超越具体当下的视野从整体上把握人类社会制度的更迭。因而在马克思那里政治学并不是根本的,在人类社会发展的第一个和最后一个社会中,没有国家、没有政治,只有"社会"。正是这种统摄了经济学和社会学的微观和宏观视野,让马克思能够有一种历史哲学。这种历史哲学不是历史相对主义,但也并非如通常的宿命论。从这点看,阿隆对马克思的批评是有欠缺的,他跟波普尔一样错把马克思的历史唯物主义视为与德国历史主义相反的黑格尔式的大全历史哲学。马克思的历史唯物主义区别于黑格尔,从人的"劳动"、"共产主义之前的史前史"以及"阶级斗争"等方面就可以看出,马克思并没有给人类的历史扣上一个严苛的盖子,他承认人的自由,并把共产主义设想为从必然王国向自由王国的转变;同时,历史唯物主义也不是历史相对主义的分支,否则任何对历史的分析都只能囿于当下,不能为其他社会制度提供助益。

从这方面看,马克思对历史的理解其实与阿隆并不矛盾,他们都是在历史的相对主义与绝对的宿命论之间寻找人与历史的关联。阿隆也曾说过:"在某种意义上我们都是马克思主义者:所有现代社会都想建立符合其理想的秩序,拒绝听任命运的安排。"①只是阿隆不相信取消人类自由的历史必然性,因而把历史主体定义为人或人的自由;马克思则认为,自由主义源自资产阶级法律形式所产生的幻觉②,这种法律根基于私有制,而剩余价值理论能够揭示这种形式的欺骗性。因而,马克思同样承认人在历史中的主体地位,但他还看到了人的本质,即背后错综交叉的"一切社会关系"以及"劳动"的本质:前者将人还原为社会结构关系,后者以革命性的"劳动"来揭示人的成长。

(作者 上海师范大学马克思主义学院教师)

① [法]雷蒙·阿隆:《论自由》,姜志辉译,上海世纪出版集团2007年版,序。
② [法]雷蒙·阿隆:《论自由》,姜志辉译,上海世纪出版集团2007年版,第6页。

重新理解使用价值

——对鲍德里亚形而上学的批判

冉　璐

摘要:鲍德里亚批判马克思对使用价值作出了人类学的设定,没能揭示出使用价值的拜物教。在他看来,使用价值是对人类需求体系的抽象,其本身就是一种社会关系。实际上,鲍德里亚与马克思所批判的古典政治学家们殊途同归:使得物被神秘化。在马克思那里,使用价值是一个历史性的范畴,它在资本主义社会关系中获得了自身的社会形式。作为社会形式,使用价值通过货币、固定资本、劳动力等,在社会再生产过程中影响或改变着资本主义社会的生产和交换关系。正是由于鲍德里亚将使用价值作为一个脱离历史发展关系的孤立范畴,而没有将其置于资本主义社会生产和交换的总体关系中进行考察,才导致其对马克思使用价值概念的形而上学解读。他没有看到,马克思所做的正是消解使用价值的人类学设定,将其置于资本主义社会形式之中,从而揭示出使用价值对交换价值形式的特殊规定性。

关键词:使用价值　历史性　总体关系　货币　固定资本　劳动力

使用价值是马克思劳动价值论的重要范畴,是马克思政治经济学批判得以成立的基本前提。然而,使用价值概念在马克思理论的研究中却长期处于被遮蔽的状态。这一方面是由于马克思本人并没有系统地论述过使用价值;另一方面则如马克思所说,使用价值作为政治经济学的“既定前提”,只是在这门科学形成之初被给予了重视,而后逐渐退居到这门科学的背后,成为一个隐性的前提,除去为了阐述的完整性而加以说明外,便不再去专门讨论它①。正是这两个原因,导致了学界对使用价值概念的普遍忽视。直到20世纪70年代,鲍德里亚对马克思的政治经济学进行批判,并将矛头直指使用价值时,才引起了学界的重视。在对鲍德里亚的积极回应过程中,学界逐渐形成了有关马克思使用价值概念的两种不同观点:一种观点认为,使用价值是商品的自然属性,是商品的物质方面,不包含任何社会形式。而另一种观点则认为,在马克思那里,使用价值不仅是商品的自然属性,更重要的还是商品的社会形式,是一种社会关系。其实,这两种观点正是割裂内容与形式的典型表现。对使用价值的考察,只有将其置于资本主义社会生产的总体关系中,辩证地对待内容与形式之间的关系,才能揭示出使用价值的重要意义。

一、鲍德里亚对马克思使用价值概念的批判

鲍德里亚是第一个对马克思的使用价值概念进行发难的后现代社会理论家。他认为使用价值是马克思全部历史唯物主义物质生产方式的基础,是马克思政治经济学和历史唯物主义的“隐性逻辑前提”,但是马克思却无意识地忽视了对这个逻辑前提的研究。在鲍德里亚看来,对马克思整个理论大厦的批判性反思应该从使用价值概念入手。因此,在《符号政治经济学》、《生产之境》等著作中,鲍德里亚先后从不同层面对马克思的使用价值概念作出了批判。

首先,鲍德里亚认为马克思的根本错误在于,对使用价值的人类学

① 《马克思恩格斯全集》第31卷,人民出版社1998年版,第293页。

设定,从而导致其没能揭示出使用价值的拜物教。在他看来,马克思将商品分为使用价值和交换价值,使用价值总是具体的、特殊的、以自身的属性为条件,使用价值与使用价值之间是无法比较的;而交换价值则是抽象的、一般的、可比较的。所以,使用价值可以独立于交换价值而存在,并没有被卷入交换价值的等同逻辑之中,它包含了“超越市场经济、货币以及交换价值而获得重生的期许”①。在具体的、特殊的使用价值中,“一个人还可以设想如果个人在交换价值体系中被异化了,那么至少他还可以在他的需要中,在使用价值中来回到他自身,成为他自己。”②也即是说,使用价值在马克思那里被当作一个原初性的存在,它是交换价值体系对人的异化关系的对立面。马克思期望通过回到使用价值的特殊性、具体性,来实现主体的回归和资本主义的超越。而鲍德里亚认为,这是对使用价值的人类学设定。正是这样一种设定,导致使用价值逃脱了交换价值形式的“阶级的历史的决定性”,成为一个放置于任何历史阶段都成立的“客观的、终极的内在目的”。使用价值成为了一个形而上学的永恒存在,马克思就是在此显示出了他的唯心主义。

与马克思相反,鲍德里亚指出:“使用价值,即有用性自身,也可以被拜物教化为一种社会关系,就如同商品的抽象等同一样,使用价值也是一种抽象。它是需求体系的抽象,掩盖在商品和产品所拥有的具体目的及其内在特性这一虚假外表之下。”③被马克思当作原初性存在的使用价值,其实从一开始就跟交换价值一样,是一个抽象的体系。但是使用价值的抽象性却被商品所拥有的具体目的及内在特性等虚假外表所掩盖,从而产生了使用价值的拜物教。因此,鲍德里亚认为自己比马克思更进了一步,马克思仅仅揭示出了交换价值的拜物教,而没有揭示

---

① [法] 让·鲍德里亚:《符号政治经济学批判》,夏莹译,南京大学出版社 2015 年版,第 170 页。

② [法] 让·鲍德里亚:《符号政治经济学批判》,夏莹译,南京大学出版社 2015 年版,第 176 页。

③ [法] 让·鲍德里亚:《符号政治经济学批判》,夏莹译,南京大学出版社 2015 年版,第 170 页。

出使用价值拜物教。其实，等价逻辑从一开始就进入了商品的两个方面，正是使用价值拜物教和交换价值拜物教，两者共同组成了商品拜物教。

其次，鲍德里亚进一步揭示出了使用价值拜物教的实质：在使用价值拜物教中，不仅物被抽象为一般的有用性，人也被抽象为一般的需求力。一方面，物在使用价值体系中，获得了一种抽象的普遍性，有用性成为物的一般等价物。"每一个物都被纳入一般的抽象的等价符码之中，这一符码是物的理性、客观性及其意义"①物受到政治经济学特定符码的规定，物的多样性、特殊性被物的有用性、功能性取代。符码的统治正在于物的功能化，商品正是这一符码的完成形态，所有真实的或潜在的物都归属于它。物本身已被理性化、形式化、功能化，成为理想的政治经济学的承诺。另一方面，正如交换价值创造了抽象的社会生产者一样，使用价值则构造了抽象的社会个体。在使用价值体系中，"消费者从来不是作为欲望和享乐的主体存在，而总是作为抽象的社会需求力而存在。"②使用价值体系造成了现代世界的消费殖民，个体在经济体系中没有展现出自由的需要，而是被这一体系牵着鼻子走，成为满足社会需要的抽象需求力。"个体不过是一种在经济视域中被思考的主体，被经济学所反思、简化和抽象。整个意识以及道德（整个西方人心理—形而上学的各种概念）的历史不过就是主体的政治经济学的历史"③。在鲍德里亚看来，追求人与物之间直接的、简单的消费关系，是一种人类学的幻觉。事实上，不仅物的使用价值是资本主义社会关系建构的产物，人的需要也是根据政治经济学体系建构起来的。因此，个体不过是被经济学所构造出来的抽象需求力。

---

① ［法］让·鲍德里亚：《符号政治经济学批判》，夏莹译，南京大学出版社 2015 年版，第 172 页。

② ［法］让·鲍德里亚：《符号政治经济学批判》，夏莹译，南京大学出版社 2015 年版，第 173 页。

③ ［法］让·鲍德里亚：《符号政治经济学批判》，夏莹译，南京大学出版社 2015 年版，第 174 页。

鲍德里亚指出,正是由于马克思没能将使用价值也纳入等价逻辑之中,“马克思主义的分析成就了一个神话。”①他将个体与物的关系视为一种人的需要与相应的物的功能之间的具体的、客观的关系。其中物被设想为具有使用价值,它是主体与作为交换价值的产品之间抽象的、异化的关系的对立面,而主体的真理就存在于对物的使用之中。在鲍德里亚看来,使用价值作为与交换价值相对立的原初性存在,是马克思唯心主义人类学的前提和基础。实际上,这个原初性设定是不存在的,主体与产品之间异化关系的对立面是不存在的。因为使用价值和这个异化关系一样,是被等价逻辑所控制的抽象体系,在其中主体不可能回到他自身,成为他自己。在交换价值体系中,人不过是这些具有功能性和服务性的物中最美丽的一个。

再次,鲍德里亚认为,使用价值体系是交换价值体系的实现和完成,使用价值拜物教不仅增强和加深了交换价值拜物教,而且是交换价值体系的意识形态保障。在被等价逻辑共同作用的使用价值和交换价值之间,交换价值具有绝对的统摄作用。鲍德里亚从符号学的角度,将使用价值与所指相连,交换价值与能指相连,认为“交换价值和能指处于明显的支配地位。使用价值和需要只是交换价值的一种实现。……最终,它们(使用价值和需要)不过是被交换价值和能指的游戏所产生出来的拟真模型”②。不存在使用价值意义上的真实性与真实性原则,而只存在被交换价值体系所直接生产出来的理想化的指涉物。所以,使用价值和所指不过是交换价值和能指的化身,整个政治经济学领域都通过使用价值体系而被一般化。“抽象的过程和生产的合理化,通过作为价值和生产力体系的需要体系,而延伸到了整个消费领域”③,

① [法]让·鲍德里亚:《符号政治经济学批判》,夏莹译,南京大学出版社2015年版,第176页。

② [法]让·鲍德里亚:《符号政治经济学批判》,夏莹译,南京大学出版社2015年版,第180页。

③ [法]让·鲍德里亚:《符号政治经济学批判》,夏莹译,南京大学出版社2015年版,第181页。

使用价值成为了交换价值的实现和完成，使用价值的拜物教增强和加深了交换价值的拜物教。

不仅如此，鲍德里亚进一步指出，“有必要看到的是使用价值体系不仅加深了、转换了并延伸了交换价值体系，它同时还作为后者的意识形态保障而发挥作用。”①所谓意识形态作用就是指意识形态的归化作用，即使用价值面前人人平等。作为交换价值的商品，对人而言是不平等的，因为具体劳动表现为一种抽象的社会平均劳动。而作为使用价值的商品，它以人的自身目的性为宗旨，体现了个体的特殊性。每个人可以根据不同的阶级、收入或者性情来决定是否消费商品，但对商品使用的潜在性却是一样的，每个人获得幸福和满足的可能性都是相同的。因而使用价值对每个人都是平等的，这种需要的民主化，是所有人在上帝面前所具有的世俗化的平等性。由此，“在人类学中折射出来的使用价值使那些在交换价值中被社会分离的人们在普遍性中和解了。”②

鲍德里亚认为，正是使用价值的人类学设定，使人相信在商品的使用中，人们可以实现自身。因此，如果交换价值只是取消了真实劳动的过程，从而使人们看到它的抽象化，而使用价值则更过分：“它使商品——这种在抽象形式中的非人性存在——以‘人’为目的。”③这个跟交换价值一样的抽象体系，在商品中却表现为以人自身为目的的真实性存在，它使得主体相信“他只有在这些物所提供的服务中才能发现这些物；在只有他的需要的表达和满足中，即在他的使用之中，他才能发现他自身”④。使用价值将生产和交换的体系用意识形态的方式

① ［法］让·鲍德里亚：《符号政治经济学批判》，夏莹译，南京大学出版社 2015 年版，第 181 页。

② ［法］让·鲍德里亚：《符号政治经济学批判》，夏莹译，南京大学出版社 2015 年版，第 181 页。

③ ［法］让·鲍德里亚：《符号政治经济学批判》，夏莹译，南京大学出版社 2015 年版，第 182 页。

④ ［法］让·鲍德里亚：《符号政治经济学批判》，夏莹译，南京大学出版社 2015 年版，第 182 页。

遮蔽起来，使得交换价值体系更加趋于自然化和普遍化。由此，“使用价值和需要借助唯心主义的人类学逃脱了历史的逻辑，并将自身以形式的永恒性被铭记：这就是物的有用性的永恒性，拥有需要的人对物的占有的永恒性。”①使用价值从此成为了政治经济学的皇冠和王权。一方面，使用价值为政治经济学提供了一种理想的人类学基础：通过需要对物的有用性的占有，从而获得满足；另一方面，政治经济学在使用价值中获得了自然性的地位。在这种自然性中，商品拜物教更加神秘化了。

最后，在《生产之境》中，鲍德里亚进一步批判了被马克思当作特殊使用价值的劳动力概念。在他看来，“使用价值根本不是超越政治经济学的领域，它只是交换价值的地平线。对消费概念的激进反思要从需要和生产开始。但这种批判只有当它延伸到其他商品，即劳动力时才能达到其全部的视界。正是生产的概念，需要进行根本的批判。”②只有当对使用价值概念的批判延伸到劳动力时，才能实现对使用价值概念的全面解构。进而彻底否定生产本身，实现对政治经济学的批判和超越。

鲍德里亚认为，劳动力作为特殊的使用价值，同样是政治经济学的理论产物。马克思将使用价值与劳动力当作一个不言自明的历史存在，而没有在对政治经济学的批判中质疑这一点。即：“将生产力的解放混同于人的解放：这就是革命的公式或政治经济学自身的公式？”③鲍德里亚认为，马克思与古典政治经济学一样，将人的本质理解为劳动，认为人类只有通过生产才能维持人的存在。几乎没有人对这个最终的根据产生怀疑，马克思更是如此。而在鲍德里亚看来，这正是政治

① ［法］让·鲍德里亚：《符号政治经济学批判》，夏莹译，南京大学出版社 2015 年版，第 182 页。

② ［法］让·鲍德里亚：《生产之境》，仰海峰译，中央编译出版社 2005 年版，第 3 页。

③ ［法］让·鲍德里亚：《生产之境》，仰海峰译，中央编译出版社 2005 年版，第 2 页。

经济学自身的逻辑，绝不是革命的公式。劳动力、生产、需要等作为政治经济学之前提的基础概念，不过是被交换价值生产出来的，是政治经济学符码的结果。“将劳动力看作‘具体的’社会财富的来源，是对劳动力抽象操控的彻底表达：资本的真理在这种把人看作价值生产的‘根据’中达到了顶点。”①将劳动力当作社会财富的来源，正是资本主义社会形式的建构。政治经济学不仅将这样的建构当作历史的事实，更是在理论上为其正名。事实上，不是劳动力创造了资本主义，而是资本主义建构了劳动力。资本主义的存在就在于让人作为劳动力生产出来，符号政治经济学正是资本主义形式的意识形态保障。

综上所述，鲍德里亚批判马克思对使用价值的人类学设定，将其作为商品的具体的、特殊的属性。实际上，使用价值从一开始就是被等价逻辑所渗透的抽象体系，在其中物和人分别被抽象化为有用性和需要的等价物，形成了使用价值拜物教。使用价值拜物教不仅加深和转化了交换价值拜物教，而且是交换价值自然化的形式，是交换价值体系的意识形态保障。使用价值、需要、物的有用性、劳动力等都是政治经济学符码编码的结果，是政治经济学对资本主义社会形式的辩护。所以，在鲍德里亚看来，批判理论的当代建构，必须分析物的形而上学，这正是马克思社会批判理论中缺乏的内容。因为马克思也将人与物的直接透明关系，同交换价值的抽象关系对立起来，即将使用价值与交换价值对立起来。从而陷入了政治经济学的陷阱，无法从根本上超越政治经济学。

二、使用价值：回归马克思政治经济学批判之中

马克思的《资本论》及其手稿，不仅深刻地批判了古典政治经济学

---

① ［法］让·鲍德里亚：《生产之境》，仰海峰译，中央编译出版社2005年版，第5页。

的形而上学,而且对整个资本主义现代生产方式的实质进行了揭露和批判。在他看来,现代商品交换的最大特征在于形式与内容的分离,形式成为交换的目的,内容则蜕变为形式的附属物。政治经济学是现代商品交换形式的特殊产物,它所研究的正是:“财富的特殊社会形式,或者不如说是财富生产的特殊形式。”①构成财富内容的使用价值,“即满足人的某种需要体系的物。这是商品的物质方面,这方面在极不相同的生产时期可以是共同的,因此不属于政治经济学的研究范围。”②撇开资本主义社会生产和交换的总体关系,单就使用价值而言,它是满足人的需要体系的物,其根本特性是有用性。这种有用性决定于商品体的属性,离开了商品体就不存在。从这个意义上来说,使用价值是具体的、特殊的,是鲍德里亚所谓的人类学存在。但在马克思看来,这样的使用价值与财富生产的社会形式无关,处在政治经济学研究之外。

然而,“使用价值一旦由于现代生产关系而发生形态变化,或者它本身影响现代生产关系并使之发生形态变化,它就属于政治经济学的范围了。”③也即是说,使用价值虽然是物的自然属性,但它却被带入了现代生产关系之中,处于关系性的形式之中。这是马克思区别于以往政治经济学的重要方面,它解释了马克思为什么以及怎样将使用价值纳入其政治经济学研究之中。在马克思那里,“使用价值不仅被现代生产关系塑形,而且会反过来影响并改变这些关系。对劳动过程的分析,社会的生产和技术组织,固定资本的物质特性等——都是从使用价值的立场来考察的——都以最错综复杂的方式与交换价值和价值交织在一起。”④使用价值在现代生产关系中获得了特殊的历史规定性。

在前资本主义社会,交换以人们的产品剩余为前提。使用价值是人们生产和交换的直接目的,商品对于它的所有者和购买者都直接是

---

① 《马克思恩格斯全集》第31卷,人民出版社1998年版,第266页。
② 《马克思恩格斯全集》第31卷,人民出版社1998年版,第293页。
③ 《马克思恩格斯全集》第31卷,人民出版社1998年版,第293页。
④ David Harvey, *The Limits to Capital*, London. New York, Verso, 2006, p. 7.

使用价值,是一种直接满足双方需要的物的有用性。随着生产和消费的日益分离,交换价值逐渐成为社会生产和交换的目的,使用价值被交换价值“扬弃了片面性,——扬弃了只同一定的个人相联系、从而直接为一定的个人而存在的有用性即使用价值”①,作为直接的有用性的使用价值是片面的使用价值,交换价值扬弃了使用价值的片面性,并“设定和中介使用价值;使之成为他人的使用价值”②,使用价值成为与整个社会相联系的社会的使用价值。由此,作为商品自然属性的使用价值,获得了自身的社会性。正是在资本主义社会的生产和交换的总体关系中,使用价值获得了自身“发展了的形式”,从而反过来影响甚至改变着这一关系。“在这种关系里,同一个东西,即内容,作为发展了的形式,是既作为独立实际存在的外在性和对立性,又作为它们的同一性的联系,而唯有在这种同一性的联系里,这有差别的两方面才是它们本身那样。”③作为内容的使用价值,既是内容本身,又是发展了的形式。只有在资本主义的总体关系中,价值与使用价值的对立和统一才成为可能,也正是在这个总体关系中,使用价值发挥着它独特的作用。

首先,使用价值是价值得以存在的前提,同时又是后者的表现形式。一方面,使用价值包含了价值形式,是价值这种形式得以存在的前提。没有每个人的具体劳动,就不可能有劳动的抽象形式,也就没有价值。另一方面,在等价交换过程中,价值必须通过使用价值这种物的形式才能表现出来,正是使用价值将价值表现为本质性的存在。从这种表现中产生了等价形式的谜的性质,并在货币中得以完成。

商品 A(麻布)与商品 B(上衣)相交换,麻布作为相对价值形式,把自己的价值表现为一种与自己的物体和物体属性完全不同的东西,也即是表现为上衣的使用价值。“这个表现本身就说明其中隐藏着一

---

① 《马克思恩格斯全集》第 30 卷,人民出版社 1995 年版,第 225 页。
② 《马克思恩格斯全集》第 30 卷,人民出版社 1995 年版,第 225 页。
③ [德] 黑格尔:《小逻辑》,贺麟译,商务印书馆 1980 年版,第 281 页。

种社会关系。”①因为价值本身就是一种社会关系，使用价值由此承担着这种社会关系。但是，等价形式却相反，“等价形式恰恰在于：商品体例如上衣这个物本身就表现价值，因而天然具有价值形式。”②换言之，在商品A（麻布）将商品B（上衣）当作等价物的关系中，上衣的使用价值直接成为它自身价值的表现，从而使得上衣仿佛天然具有了价值形式，但是，“因为一物的属性不是由该物同他物的关系产生，而只是在这种关系中表现出来，所以上衣似乎天然具有等价形式，天然具有能与其他商品直接交换的属性，就像它天然具有重的属性一样。”③在简单价值形式中，商品A=商品B，因为交换双方都是商品，直接是价值和使用价值的统一，所以很难发现处于等式之后的商品B只是表现出价值，而不是它天然具有的。但是，随着等式后的商品被固定为货币，一切商品都必须与这一固定的商品进行交换，从而实现自身时，货币就成为等价形式的最终完成形态。

货币以使用价值的物的形式出现，它的使用价值直接是它的价值的表现形式。在这里，不是商品A的价值通过商品B的使用价值表现出来，而是商品A在商品B上表现出来的价值关系，被商品B的使用价值表现为物的自然形式。价值形式被使用价值表现为本质性的存在。货币主义的一切错觉的根源就在于看不出“货币代表着一种社会生产关系，却采取了具有一定属性的自然的形式”④。使用价值作为商品的内容，在货币上获得了它发展了的形式，作为这样一种形式规定的内容，它不仅是货币本身的价值得以依附的内容，更是其他一切商品的价值关系得以表现的形式。

其次，在以货币为起点的资本流通中，使用价值不仅是资本借以存在的躯体，更在特定的关系中，作为形式规定着资本。这一点尤其体现

① ［德］马克思：《资本论》第1卷，人民出版社2004年版，第72页。
② ［德］马克思：《资本论》第1卷，人民出版社2004年版，第72页。
③ ［德］马克思：《资本论》第1卷，人民出版社2004年版，第73页。
④ 《马克思恩格斯全集》第31卷，人民出版社1998年版，第427页。

在固定资本上。在马克思看来，固定资本和流动资本都是同一种形式规定，但它们却采取了不同的存在方式。尤其是固定资本的存在形式，最不符合资本本身的形式规定。在这里，不是形式规定内容，而是内容作为形式规定着形式。“价值借以存在的使用价值，或者说，现在表现为资本躯体的使用价值所具有的特殊性质，本身在这里表现为规定资本的形式和活动的东西，它赋予某一资本一种与其他资本不同的特殊属性，使资本特殊化。”①使用价值是价值借以存在的内容，在资本这种特殊价值形式中，使用价值以其特殊性规定着形式本身，从而成为发展了的形式，与形式统一起来。“因此，正如我们在许多场合看到的，以为使用价值与交换价值的区别——在简单流通中，只要这种区别得到实现，它就不属于经济的形式规定了——根本不属于经济的形式规定，那是莫大的错误。相反，我们看到，在经济关系发展的不同阶段上，交换价值和使用价值是在各种不同的关系中被规定的，而且这种规定性本身就表现为价值本身的不同的规定。”②

在简单流通中，交换的体系，从使用价值来看，是物质变换，从价值本身来看，则是形式变换。产品同商品的关系，以及商品同货币的关系，都直接表现为使用价值和价值的关系。因此，我们很容易区分出内容与形式，从而很难将二者置于一个整体之中。而在资本流通中，“我们看到了一系列交换活动，交换行为，其中每一次交换对别的交换来说，都表现为一个质的环节，表现为资本的再生产和增殖的一个环节。”③在这里，交换的系列达到了自己的顶点，这里表现出来的不再是单纯的使用价值与价值的关系，而是作为资本的使用价值和交换价值的关系。使用价值和交换价值都成为资本的形式规定，且使用价值作为一种形式，规定着资本的生产和流通过程，从而直接影响甚至改变资本的增殖过程。

---

① 《马克思恩格斯全集》第31卷，人民出版社1998年版，第37页。

② 《马克思恩格斯全集》第31卷，人民出版社1998年版，第37页。

③ 《马克思恩格斯全集》第31卷，人民出版社1998年版，第26页。

工厂、机器、原材料、辅助材料、基础设备等都是资本生产过程中必不可少的要素,而这些要素又都是资本生产的结果。所以这些作为使用价值进入生产过程的东西,其实也是资本本身,具有资本的形式。在其中,工厂、机器等作为固定资本,最能体现出使用价值作为这样一种形式,对资本生产的决定作用。“固定资本只是按照它作为使用价值在生产过程中被磨损或被消费的程度而作为价值来流通。但是,它这样被消费和必须在它作为使用价值的形式上被再生产出来的时间,取决于它的相对耐久程度。因而,它的耐久程度,或它损耗的快慢,——它在资本生产的反复过程中,能够在这些过程的范围内反复执行自己职能时间的长短,——它的使用价值的这种规定,在这里就成为决定形式的要素,即从资本的形式方面而不是从它的物质方面来决定资本的要素”①当资本以固定资本的形态出现时,使用价值的耐久性就成为资本存在的形式规定,资本被束缚于使用价值上,形式本身必须返回内容才能实现自身。

另一方面,资本能否在再生产行为中,在生产阶段上把自己确立为价值,只有通过流通才能得到证明。因此,流通过程虽然不能使资本增殖,却是资本增殖所必不可少的条件。在流通中,铁路、机场、码头等基础设施,作为固定资本,同样被束缚于其使用价值的特殊性上,处于时刻流动的资本却不得不通过被固定于一定使用价值的方式,来实现自身。使用价值作为这样一种形式,不仅对资本的流通起着至关重要的作用,甚至会由此引发整个资本主义生产的危机。我们随处可见的废弃工厂、闲置铁路等,都是资本主义通过打破使用价值的束缚来解决危机所采取的常用性手段。而大量基础设施的投资和建设,又是资本主义为解决资本过度积累所不得不采取的措施。这是一个恶性循环,不断地建设,不断被束缚,又不断打破,然后再在更大程度上建设。使用价值在资本主义的整个生产和交换体系中,在各个不同阶段上对资本

① 《马克思恩格斯全集》第 31 卷,人民出版社 1998 年版,第 82 页。

作出规定。

最后，劳动力作为特殊的使用价值，是资本增殖过程中最不可或缺的要素，它对资本主义社会形式的持存具有决定性作用。资本主义社会生产的最终目的是为了获取剩余价值，而劳动力作为特殊的使用价值，是唯一能够创造剩余价值的使用价值。在马克思看来，劳动是人区别于动物的根本特性，是人类存在的根本条件，“劳动作为使用价值的创造者，作为有用劳动，是不以一切社会形式为转移的人类生存条件，是人和自然之间的物质变换即人类生活得以实现的永恒的自然必然性。”①没有每个人的具体劳动，就不可能有人类的历史。而随着资本主义社会形式的发展，劳动逐渐被抽去其质的差异性，成为量上同一的存在，即劳动力。劳动力是资本主义特殊社会形式的产物，它是指人脑、神经、肌肉、手等力的单纯消耗。工人作为卖者在流通领域出卖的正是自身的劳动力，一种无差别的人类劳动。而工人一旦进入生产领域，劳动力就转化为具体劳动，成为生产社会使用价值的使用价值，成为创造剩余价值的使用价值。在这里，“劳动过程与价值增殖过程之间的全部区别，从而劳动时间保持不变时，劳动生产率提高方面的全部区别，——生产力的整个发展，——涉及的是使用价值，而不是交换价值。但它会使经济关系和交换价值关系本身发生变化和变形。”②虽然，资本主义的社会形式主导着使用价值的生产，但是资本主义的发展，剩余价值的创造，整个社会生产力的发展，涉及的是使用价值，而非交换价值。使用价值是资本主义经济关系得以持存的前提，是资本主义特有的经济形式得以存在的保证。使用价值自身的特殊性、规定性和局限性，对资本主义社会形式是一种束缚，而资本增殖的趋势就是不断打破这种束缚，又不断创造出新的束缚。使用价值与价值的对立，是历史的必然结果，是蕴含于资本主义形式自身的内在矛盾，而非政治经

---

① ［德］马克思：《资本论》第 1 卷，人民出版社 2004 年版，第 56 页。

② 《马克思恩格斯全集》第 32 卷，人民出版社 1998 年版，第 504 页。

济学理论的建构。

三、对鲍德里亚形而上学的批判

鲍德里亚的根本逻辑在于,要从根本上批判政治经济学,就必须彻底否定构成政治经济学理论的基础概念。“必须揭示隐藏于生产、生产方式、生产力、生产关系等概念背后的东西。马克思主义分析中的所有基础概念都必须加以质疑”①,不得不承认,鲍德里亚是极有魄力的。但他将马克思主义哲学连根拔起后,确立下来的却是形而上学的存在。他将需要、使用价值、劳动等概念都否定后,取而代之的是主客之间不定性的关系。在那里,主体不会用自己的内在目的去掌控客体,客体也不会成为满足主体抽象目的的功能性存在,人与物都回到最本真的状态。只有在这种关系中,“那些独特的、个性化的行为(赠与、礼物交换)所涉及的物与商品才是真正不可比的。”②被交换价值和使用价值所建构的交换关系遮蔽了主体间自发的、不定性的、多元的以馈赠与享用为主的象征交换关系。只有在象征交换关系中,交换行为才是自愿和自发的,既不受需要的驱使,也不受物品功能性的驱使。因此,在鲍德里亚看来,只有充满无限可能性的不定性关系才是主客体之间的本质关系。笔者以为,这是一种美好的乌托邦,建立于这一乌托邦基础之上的政治经济学批判最终只能导向形而上学。而鲍德里亚对马克思使用价值概念的批判正是建立在其形而上学基础上的。

第一,不是马克思对使用价值作出了人类学的设定,而是鲍德里亚对使用价值作出了形而上学的解读。鲍德里亚认为马克思将使用价值设定为与交换价值对立的原初性存在,这是一种唯心主义。在他看来,

① [法]让·鲍德里亚:《生产之境》,仰海峰译,中央编译出版社 2005 年版,第 1 页。

② [法]让·鲍德里亚:《符号政治经济学批判》,夏莹译,南京大学出版社 2015 年版,第 172 页。

使用价值是对人类需求体系的抽象,受等价原则操控的使用价值体系不仅是交换价值体系的实现和完成,更是交换价值体系的意识形态保障。正是由于马克思跟古典政治经济学家一样,对使用价值作出了人类学的设定,从而无法真正实现对政治经济学的批判和超越。事实上,这是鲍德里亚对马克思使用价值概念的误读。在马克思那里,被鲍德里亚当作人类学设定的使用价值与财富生产的社会形式无关,是任何生产时期所共有的东西,因而不属于政治经济学的研究范围。鲍德里亚将处于马克思政治经济学研究之外的使用价值强加于马克思的政治经济学批判之中,进而对马克思的使用价值概念进行批判,显然是张冠李戴。在马克思看来,使用价值是一个处于资本主义社会生产和交换总体关系中的历史性范畴。它不仅在资本主义现代生产和交换关系中获得了自身的社会性,而且作为这样一种发展了的形式影响甚至改变着资本主义社会关系。正是由于鲍德里亚将使用价值作为一个脱离历史发展关系的孤立范畴,而没有将其置于资本主义社会生产和交换的总体关系中进行考察,才导致其对马克思使用价值概念的形而上学解读。

第二,鲍德里亚认为使用价值是满足人的抽象需求的物的抽象有用性,这是将交换价值的逻辑强加于使用价值之上导致的必然结果。在马克思那里,使用价值确实表现为一种抽象,但只是表现为一种抽象,并非它本身就是一种抽象。使用价值是作为价值的物质承担者进入交换过程之中的,以交换价值为目的的现代资本主义形式抽去了使用价值的质的差异性,将其作为在价值量意义上可比的东西。但这个可比的东西并不是使用价值,而是价值量。鲍德里亚认为马克思将商品分为使用价值和交换价值,其实是不对的,交换价值只是价值的表现形式,商品具有的是使用价值和价值两重属性。真正抽象的是价值,而不是使用价值。使用价值是价值这种抽象关系的物质承担者,它只是将这种关系表现出来,并非使用价值本身就是一种社会关系。

鲍德里亚将使用价值本身当作一种社会关系,从而将物本身也抽象化。在此,他与马克思所批判的古典政治经济学家们殊途同归。马克思批判古典政治经济学家们“把人们的社会生产关系和受这些关系支配的物所获得的规定性看作物的自然属性,这种粗俗的唯物主义,是一种同样粗俗的唯心主义,甚至是一种拜物教,它把社会关系作为物的内在规定归之于物,从而使物神秘化”①。古典政治经济学家们是把价值,即物受特殊社会关系所支配而获得的特殊规定性当作物的自然属性。而鲍德里亚则将物的自然属性,直接当作社会关系本身。两者最终都将导致物的神秘化,从而走向拜物教。其实,神秘化的不是物,不是使用价值,而是资本主义形式。鲍德里亚将使用价值抽象化,从而认为存在两种拜物教:使用价值拜物教和交换价值拜物教,是对这种拜物教的合理辩护,用物的抽象性掩盖了资本主义形式的抽象统治。

第三,鲍德里亚认为使用价值体系是交换价值体系的意识形态保障,在一定程度上是正确的;但在更大程度上,使用价值却对交换价值作出了规定。在货币上,使用价值确实直接是价值的表现,价值形式被使用价值表现为自然的、本质性的存在。货币仿佛天然具有了价值这种自然属性。其实,价值不过是资本主义特殊社会关系的凝结。古典政治经济学家们之所以无法看到价值形式这一维度,就是因为“他们把价值当作自然产生的事实,而不是一种来自特殊生产方式的社会建构”②。价值并不是物的自然属性,却被使用价值表现为物的形式。在这个层面上,可以说,使用价值是交换价值的自然化形式,是交换价值体系的意识形态保障。

但在马克思那里,使用价值最重要的意义在于,它对交换价值形式作出了规定。交换价值形式被束缚于使用价值的特殊规定性上,从而影响甚至改变了资本增殖的整个过程。固定资本被束缚于使用价值的特殊性上,资本的生产、流通过程都受制于使用价值;劳动力不仅是资

---

① 《马克思恩格斯全集》第31卷,人民出版社1998年版,第293页。

② [英]大卫·哈维:《跟大卫·哈维读〈资本论〉》第1卷,刘英译,上海译文出版社2013年版,第50页。

本增殖的必要条件，更是整个资本主义形式得以产生和持存的前提和基础。鲍德里亚将马克思的使用价值概念仅仅局限于商品交换的领域，而没有看到在资本主义社会最典型的资本生产和流通过程中，使用价值不仅影响甚至改变着整个资本主义社会的生产和交换关系。

第四，人的需要是古典政治经济学的理论前提，而非马克思政治经济学批判的理论前提。鲍德里亚将马克思在《德意志意识形态》中对需要的人类学设定，当作马克思政治经学批判的逻辑前提，而没有看到在这里，马克思已经彻底地转换了逻辑，对人的需要作出了全新的规定。在《德意志意识形态》中，马克思确实受到古典政治经济学的影响，将需要以及需要的满足作为人类物质生产活动的前提条件和内在动力。他指出："人们为了能够'创造历史'，必须能够生活。但是为了生活，首先需要吃喝住穿以及其他一些东西。"①在此，需要确实被当作一个人类学意义上的逻辑前提。但随着对古典政治经济学的批判研究以及对资本主义社会形式本身考察的深入，马克思彻底实现了对古典政治经济学的逻辑反转。

马克思指出，在资本主义社会，任何个体的需要，都有赖于他人的产品。产品的获得则是以整个社会生产方式为中介的。这决定了每个人只有作为另一个人的手段才能达到实现自身需要的目的，同样，每个人也只有在为了自身的过程中才能成为他人的手段。因此，"个人首先不是作为需要的主体发生关系，而是作为个体发生关系，只有当每个人都超出了自身的特殊需要时，他才能进入社会的关系结构之中，才能真正满足自身的需要。"②不是需要决定了社会的生产，相反，是社会生产塑造着个体的需要。

鲍德里亚认为："正是需求概念自身在一般形式中生产出了商品体系，这一概念构造了个体的结构——也就是说，构造了一个社会存在

---

① 《马克思恩格斯选集》第1卷，人民出版社1995年版，第79页。

② 参见仰海峰：《使用价值——一个被忽视的哲学范畴》，《山东社会科学》2016年第2期，第69页。

的历史性概念，这一个体结构在与象征交换的分裂中，通过需求、有用性、满足和使用价值等术语，赋予自身以自为性，同时将他的欲望、他与他者的关系以及他与物的关系合理化。”①他是将古典政治经济学的逻辑强加于马克思政治经济学之上，而没有看到马克思对古典政治经济学的批判和超越。马克思所做的正是消解使用价值和需要的人类学设定，将其置于资本主义社会形式之中，论证其特殊的历史规定性，从而纳入政治经学批判之中，揭示出人的需要被资本逻辑所建构的实质。

（作者　复旦大学哲学学院博士研究生）

① ［法］让·鲍德里亚:《符号政治经济学批判》，夏莹译，南京大学出版社 2015 年版，第 179 页。

三、民粹主义与无政府主义研究专题 <<<

国外无政府主义思想的源流与当代视野

梁冰洋

摘要:无政府主义思想最早可追溯至古希腊昔尼克学派,其成为较为完整的政治理论学说是在19世纪中期,主要代表人物是施蒂纳、蒲鲁东、巴库宁和克鲁泡特金,这一时期的无政府主义主要集中反对国家与权威,发展了古典自由主义的自由放任原则,也可视为对启蒙理性主义、人文主义的极端继承。学界常将这一阶段的无政府主义称为古典无政府主义,这不仅是时间上的划分,也预示了无政府主义的新进展。较之古典无政府主义,现代无政府主义不再将理论仅仅局限于反国家的层面上,而是更加注重对资本主义社会的批判,反思人类面临的问题、探索未来自由发展的可能性。在与其他理论结合的基础上,现代无政府主义形成了各具特色的思想流派,如哲学无政府主义、结构主义的无政府主义、后无政府主义等,并成为后马克思主义、西方激进左派的参照依据。现代无政府主义的兴起与反全球化运动、反资本主义运动相伴随,并与当代激进思潮相互利用,成为一股不可小觑的社会政治思潮。

关键词:国外无政府主义　古典无政府主义　现代无政府主义　激进思想

一、无政府主义的渊源、界分及其类别

1.无政府主义的渊源及其形成

根据D.诺瓦克(D.Novak)在《无政府主义在政治思想史上的地位》中的观点,无政府主义是现代社会的产物,这一社会政治思潮产生于18世纪,全面发展于19世纪,进而在20世纪与其他理论结合获得进一步发展,但无政府主义本身就其渊源,在诺瓦克看来,产生于古希腊。在处理个人与社会的事务中,昔尼克学派和昔勒尼学派"表现出一种无政府主义色彩",因其"强调个人作为一个法律,宣称追求个人幸福成为生活的目标,主张从政治事务中退出。昔尼克学派反对对个人组织施加限制"①。在分析这两个学派的特点时,作者看到他们与无政府主义的某些相似之处,例如,昔尼克学派与无政府主义对自由恋爱观持相似的观点,昔勒尼学派反对爱国主义,并发展出一种世界主义态度。诺瓦克同时分析了无政府主义同智者派、伊壁鸠鲁学派以及斯多葛派的渊源:"现代无政府主义者完全同意智者派的观点:社会差异不是从自然界而是在社会公约中获得的。"②伊壁鸠鲁学派对于国家起源以及国家建立的目的与无政府主义、自由主义颇为相像。斯多葛学派中有关个人主义、理性主义、世界主义的观点同样可以看作是无政府主义所提倡的理想,其代表人物芝诺(336—264年)可以看作是无政府共产主义的先驱,主张建立一个没有政府的自由社区,这完全不同于柏拉图的共产主义式的国家,而之所以可以形成这样一个社区,是因为社会本能使人们为了共同利益相互合作,在这样的社会中不再需要各种强制机构,人们遵循自己的本性便可以和平相处。

---

① D.Novak,"The Place of Anarchism in the History of Political Thought",*The Review of Political*,vol. 20,1958,p. 313.

② D.Novak,"The Place of Anarchism in the History of Political Thought",*The Review of Political*,vol. 20,1958,p. 313.

在经历中世纪和宗教改革之后,无政府主义应当放置在更为广阔的宗教背景下进行分析,在一些宗教改革运动中,许多举措借助无政府主义进行推广,如千禧年之说使许多人相信没有统治者的时代即将到来,真正完整的基督教国度将在无政府状态下产生。然而还有很多运动被误认为是无政府主义性质的,如1381年英国农民起义的激进举措,显然不是以无政府主义为原则展开。宗教无政府主义在这一时期发展最为突出,主要依据基督教建立无政府社会。与此同时出现的其他基督教派也形成了反专制的观点,例如,16、17世纪的早期教友会拒绝遵守法律,谴责战争,并宣称每个人都有自己解释圣经的权利,这种个人主义与平等主义与无政府主义原则相类似。

古典无政府主义作为一个系统阐发的思想出现于1793年戈德温的《关于政治正义的调查以及它对一般美德与幸福的影响》中,之前从古希腊到中世纪的无政府主义可以看作古典无政府主义的前身。戈德温的这篇文章在"基于对经济、政治和社会因素,以及科学、道德和哲学思想综合分析的基础上"①,集中阐发了古典无政府主义的思想,对此后的无政府主义者,例如施蒂纳、克鲁泡特金、塔克等人产生了直接影响。"古典无政府主义是在一种启蒙理性主义、人文主义话语中构建的政治哲学"②,因此二者有着深刻联系,保罗·梅洛克林(Paul Melaughlin)将无政府主义视为启蒙的孩子。③ 启蒙哲学家认为传统国家不仅不必要,而且阻止了有序社会的发展,一旦这些障碍被清除人类就可以和谐友爱地生活在一起,这一观点被蒲鲁东、巴库宁等人分享。古典无政府主义将启蒙运动中倡导的自由原则转化为一种消极的自由和对权力的蔑视,亦可看作启蒙运动的分支。无政府主义者在对待自

---

① D.Novak,"The Place of Anarchism in the History of Political Thought",*The Review of Political*,vol. 20,1958,p. 320.

② Saul Newman,*The Political of Post anarchism*,Edinburgh University Press,2011,p. 46.

③ Paul Mclaughlin,*Anarchism and Authority*,Ashgate Publishing Limited,2007,p. 102.

由原则的态度上出现分歧，一方面推崇个体自由，另一面追求非个体价值的团结模式，这一徘徊同样反映在启蒙运动的政治理论中。①

2.与自由主义、社会主义的关系

D.诺瓦克认为自由主义在某些方面与无政府主义有着相似之处，在18世纪的文艺复兴时期，自由主义与无政府主义在对理性、自然法、自然权利以及个人自由的概念上是一致的，虽然他们强调的重点不尽相同，法国的理性主义有些时候甚至表达了无政府主义倾向，例如卢梭对国家自然状态的设想。无政府主义发展了早期自由主义的自由放任原则，赫伯特·奥斯古德（Herbert L. Osgood）在《科学无政府主义》一文中写道，“对于每一个社会问题，他们的回答都是自由放任，即抛弃所有人为束缚……每个问题都将通过自然法来解决”②。自由主义者认为某些社会权利的存在就像是一只“看不见的手”，并不与自然法相抵触，他们承认最小政府对社会的治理作用，但是无政府主义者拒绝接受这一点，他们将“自由主义的最小政府变成了完全否认政府”。③

但是，19世纪70年代以来的新自由主义（new liberalism）对于自由放任原则的态度已不同于早期古典自由主义和无政府主义，“不仅仅是国家的撤回，新自由主义也意味着国家与社会之间的互动更加复杂，在更细小的层面上发生了更加密集的社会互动和道德行为的监管。新自由主义与自由放任的古典观念无关，而是根据市场逻辑谋求建立社会关系和个人行为的政治理性；这不是意味着减少或最小化国家政

---

① 保罗·托马斯在文中指出无政府主义者一边热衷个人独立自由，另一方面积极鼓励社会团结，这种紧张关系同样可以看作启蒙运功政治理论的特征。Paul Thomas，*Karl Marx and the Anarchists*，St Edmundsbury Press，1980，p. 18.

② 这里的“他们”指无政府主义者，参见 Herbert L.Osgood，“Scientific Anarchism”，*Political Science Quarterly*，vol. 4，1889，p. 2。

③ D.Novak，“The Place of Anarchism in the History of Political Thought”，in *The Review of Political*，vol. 20，1958，p. 324.

权，而是恰恰相反。”①

如果将无政府主义理解为对个人权利的支持、对社会的否定，那么可以说无政府主义与社会主义是背道而驰的，但是深入分析社会主义的目标就可以发现二者的共同之处。D.诺瓦克在文章中指出，社会主义主张建立一个属于所有人的社会，每个人都可以在社会中发展自身，并使社会上其他成员从中受益。在对待私有财产、所有制的问题上，社会主义与无政府主义都持反对态度。甚至在 19 世纪，“无政府主义将自己看作社会主义运动的一部分”，只是在 1872 年的海牙国际协会上，无政府主义与马克思主义分道扬镳。“国家马克思主义的社会主义比民主的社会主义更接近无政府主义”，②之所以出此判断，是因为在社会转型的方法上民主社会主义提倡和平，而马克思主义主张暴力革命。当然这样的判断也只能属于一个大概的描述，无政府主义作为一种社会理论与哲学思想其内部还是有差别的。例如宗教无政府主义、个人的无政府主义、哲学的无政府主义也都是以渐进的方式推进社会转型。

3.无政府主义的一般类别

社会无政府主义由 A.哈蒙（A.Hamon）提出，其依据心理特征认识到无政府主义者与社会主义者的一些共性。哈蒙在对不同国家的无政府主义者进行心理特征分析时，看到无政府主义者的基本心理特征是“叛逆性、爱自由、个人主义……敏感、正义感、逻辑感……”③而这些特征似也可以在社会主义那里发现。

无政府主义有一些共同的特点，例如反对权威，尤其是国家政权，

---

① Saul Newman, *The Political of Post anarchism*, Edinburgh University Press, 2011, p. 79.

② D.Novak, “The Place of Anarchism in the History of Political Thought”, in *The Review of Political*, vol. 20, 1958, p. 325.

③ D.Novak, “The Place of Anarchism in the History of Political Thought”, in *The Review of Political*, vol. 20, 1958, p. 326.

对个人自由权利的追求等。但是无政府主义者的思想也并非完全一致,在对待政府职能、法律与财产以及如何建构新社会及其手段的问题上,历史上的无政府主义者持不同观点。D.诺瓦克将无政府主义大致分为四种派别,分别是宗教无政府主义,无政府共产主义、无政府工团主义以及无政府个人主义。而赫伯特·奥斯古德(Herbert L. Osgood)在《科学的无政府主义》中区分了两种无政府主义,即个人主义的无政府主义与共产主义的无政府主义或团体无政府主义。

关于宗教无政府主义。D.诺瓦克认为,宗教无政府主义代表人物是列夫·托尔斯(Leo Tolstoy),主张消灭国家和私有财产,拒绝权威、包括人对人的统治,并认为人类只有生活在简单的农业社会才可以保持人的天性。宗教无政府主义者认为"人类的意志是上帝意志的唯一反应,并且人类应该从他们的欲望中解放出来",他们不仅拒绝国家机构,甚至反对教堂一类的宗教机构。一些宗教团体发展出了一种反权威的思想与实践行动,强调个人权利"他们谴责战争,拒绝服从法律或履行誓约"。彼得·赫尔斯基(Petr·Chelcicky)最系统地发展了宗教无政府主义,对于所处时代的宗教进行了尖锐的批判并且主张人们应当回到基督教的早期。在基督教的法律指导下,人们可以过着一种自然平等的生活,不需要任何的国家强制机构。"基督教只有一个国王那就是基督本身,并且只遵循自己的法律"①,因此宗教无政府主义表现出一种对基督教教义的肯定,在基督教国家中,"世俗权威将不再存在,法律被爱替代,犯罪将会消失,和平成为法则"②。但是赫尔斯基也并非否认一切世俗权力,因为上帝的法律有时候并不能被人们完全理解,世俗世界也没有办法完全按照其规则施行,并且现实生活中的人需要世俗权力以保证人类享有公正和平的生活。这是赫尔斯基较之前的

① D.Novak,"The Place of Anarchism in the History of Political Thought",in *The Review of Political*,vol. 20,1958,p. 317.

② D.Novak,"The Place of Anarchism in the History of Political Thought",in *The Review of Political*,vol. 20,1958,p. 319.

宗教无政府主义者的发展之处。之后的无政府主义代表人物蒲鲁东看到上帝与人类的矛盾，“人类的本性包含着不断进步与发展，而上帝是固定不变的。因此人类代表前进，上帝代表倒退”。巴库宁则更进一步，“如果上帝存在，那么它就必须被废除。”与宗教无政府主义者不同，他们都认为“宗教是国家的壁垒，它的精神是等级制度的”①，因此，后来的大部分无政府主义者都属于无神论者。

关于无政府共产主义。D.诺瓦克指出，该名称首次在1880瑞士的国际无政府主义者大会中使用。无政府共产主义的主要代表人物是克鲁泡特金，继承了戈德温、蒲鲁东的大部分思想，例如在面对国家强权与法律时，克鲁泡特金同蒲鲁东一样，认为政府制定的各种法律强迫人们遵守，这是国家实行统治的原因。无政府共产主义采取无政府的政治状态，按照共产主义的组织形式进行生产。“无政府共产主义将个人看成社会的本质构成，但是也只有在社会中才可以全面发展，而社会只有在其成员自由的基础上才可以受益。个人与社会的利益不是相矛盾而是互补的，如果社会权威机构不去干扰那么人们就可以达到一种自然地和谐状态。”②这一点与克鲁泡特金对达尔文进化论的改造吸收有关，因此他提出“互助论”，认为互助是人类的本能，不须借助强权，社会就可以保持和谐状态，克鲁泡特金将这种自愿组织原则发展到极致，并根据此观点，对马克思的无产阶级专政进行攻击。巴库宁也属于无政府共产主义，其主张通过暴力革命的手段建立世界联合，并认为在革命开展的短时间内就可以建立一个新的社会，工人占领土地、生产资料的同时取消政府的干预，并自发地组织到协会中进行社会生产③。在巴库宁与克鲁泡特金设想的共产公社中，每个人都可以自愿加入或

① Herbert L.Osgood, “Scientific Anarchism”, *Political Science Quarterly*, vol. 4, 1889, pp. 21-22.

② D.Novak, “The Place of Anarchism in the History of Political Thought”, in *The Review of Political*, vol. 20, 1958, p. 321.

③ Herbert L.Osgood, “Scientific Anarchism”, *Political Science Quarterly*, vol. 4, 1889, p. 26.

退出任何一个组织,由此链接的社会(有一套经济组织原则)可以抵御战争和饥荒,因此,国家以及任何强制性的机构都没有再出现的可能。从中我们可以看到无政府共产主义的共性,即反对私有财产以及在此基础上建立的政权。

关于无政府工团主义。无政府工团主义认为工人联合这类组织可以成为改善工人生活状况的领导机构,主要强调工人的经济要求,主张通过工会代替国家,因此并不一定要推翻资本主义制度,其代表人物是索列尔。在对待国家问题上,索列尔认为无产阶级专政和资产阶级统治一样,并不会因为统治阶层的改变而建立一个新社会,无产阶级专政的国家依旧是一个充满阶级与私欲的社会。索列尔主张在暴力革命之后,工会以新的经济组织原则掌握生产,这样工人与工作之间的联系不再是以出卖劳动力为前提的剥削关系,工人的生活与生产将直接相连,并且工人将乐于生产。当代无政府主义者伍德科克则认为这样的劳工联合不过是一种"体面的贫困"①。从中我们可以看到,无政府共产主义与无政府工团主义都主张建立联合公社,然而在对待资产阶级的态度上却不尽相同。

至于无政府个人主义,则认为任何的合作、联合都没有好处,施蒂纳是这一类型的代表。施蒂纳宣称个人的绝对自由,视"我"为一切造物主,把无当作自己的事业,认为"我"有权获得想要的一切,除"我"之外不存在任何法,因此"我"是唯一合理的存在物,这是典型的唯我论。除此之外施蒂纳拒绝上帝、家庭、爱等概念,并认为国家是阻碍人类自由的障碍因此应当被废除。"至于家庭关系,这一类的无政府主义者认为民事婚姻应当被废除"②,从这个方面也可以看出无政府个人主义主张取消一切伙伴关系。

---

① [美]特里.M.珀林:《当代无政府主义》,吴继淦译,商务印书馆1980年版,第40页。

② Herbert L.Osgood,"Scientific Anarchism",*Political Science Quarterly*,vol. 4,1889,p. 20.

无政府个人主义和宗教无政府主义基本上都坚持以渐进地和平方式过渡到无政府社会，也可以说这一路线是无政府个人主义从基督教那里吸收而来的①，而无政府共产主义、无政府工团主义则主要是以暴力的手段夺取政权，重新建立社会。

二、作为社会政治理论的无政府主义及其发展

以上区分主要是在古典无政府主义的视域下展开，随着国际环境的变化以及资本主义发展的新动向，当今无政府主义在古典无政府主义基础有了新的发展，结合新的学科背景与理论前沿，如实用主义、结构主义、环境保护主义等，形成了不同的无政府主义学说。相比古典无政府主义对国家的集中反对，现代无政府主义作为一种社会政治理论在积极建构自身的同时，更注重对所处社会的批判与反思。

1.哲学无政府主义

塔克(Benjamin R.Tucker)在蒲鲁东哲学的基础上提出了哲学无政府主义，这也可以看作是“美国人对实用主义的贡献”②，哲学无政府主义也可以被称为个人无政府主义。但是依照塔克的观点，这种无政府主义既反对强制性合作，也不同于个人的孤立与自私，无政府社会的建立不能通过暴力革命完成，这是一个渐进的过程，用人们自愿组成的协会代替国家。塔克当时面临的主要问题是经济方面的，他认为无政府主义需要一套经济原则来维持公正。之前的无政府主义者如施蒂纳、蒲鲁东、巴库宁等，其无政府主义思想主要建立在形而上学、逻辑推理的基础上，或是一种对未来社会的幻想，塔克认为这样的无政府主义还

---

① Herbert L.Osgood, “Scientific Anarchism”, *Political Science Quarterly*, vol. 4, 1889, p. 29.

② Victor S. Yarros, “Philosophical Anarchism: Its Rise, Decline, and Eclipse”, *American Journal of Sociology*, vol. 41, 1936, p. 470.

没有触及人们生活的根本,因此他对经济问题的处理十分看重。这些问题涉及人们生活的方方面面,例如低工资、垄断、特权、失业等,塔克认为这些问题是由国家造成的,垄断和特权引起的社会不公正使劳动者长期处于被压迫的状态,并且常常面临失业的可能。垄断成为了合法的抢夺,因为国家是为这个强盗服务,因此塔克认为,废除国家就可以消除这些垄断,经济不平等的现象也随之消失。"土地、货币和银行、贸易、专利和版权"①是造成经济不平等的四个重要因素,根据这四方面塔克提出了相应的解决方案。② 无政府主义者对自由的强调同样是塔克面临的问题,对于自由的极致追求,是否会导致犯罪同样成为自由?那么对犯罪的惩罚应该如何处理?塔克的设想是成立陪审团,并且惩罚并不代表控制,这就不会违反无政府主义的设想,不会出现一个掌控社会与个人的机构。当然如果经济可以获得公正与平等那么社会的犯罪率就可能会消除。此后艾伦·里特(Alan Ritter)在《戈德温,蒲鲁东以及无政府主义者对惩罚正义性的论述》中进一步探讨了如何在不违背无政府主义的原则下,使惩罚具有正当性的问题。蒲鲁东比戈德温进步的地方是其提出了赔偿原则,并且注意到公共谴责的作用,这比一般的法律惩罚更加深入人的内心世界。③ 对人道德的强调与坚守是古典无政府主义的特征,古典无政府主义者将人的本性看作其理论构成的基础,但是如果没有这样的本体论依据,无政府主义论述的道德世界如何可能。这成为后无政府主义的一项思考内容。

除了塔克,哲学无政府主义者还有沃尔夫(Robert Paul Wolff)和西蒙斯(A.John Simmons),沃尔夫将哲学无政府主义与那些暴力的甚至

---

① Victor S. Yarros, "Philosophical Anarchism: Its Rise, Decline, and Eclipse", *American Journal of Sociology*, vol. 41, 1936, p. 474.

② 主要是以经济手段进行回应,例如建立合作银行,取消地租、剥夺专利特权等,详见 Victor S.Yarros, "Philosophical Anarchism: Its Rise, Decline, and Eclipse", in *American Journal of Sociology*, vol. 41, 1936, p. 47.

③ Alan Ritter, Godwin, "Proudhon and the anarchist Justification of Punishment", *Political Theory*, vol. 3, 1975.

恐怖的无政府主义相区别。西蒙斯与沃尔夫的主要区别在于沃尔夫是从先验的角度,而他是从后验的角度否认国家存在的合法性。里查德·达格(Richard Dagger)在《哲学无政府主义及其谬误:评论文章》中介绍了埃德蒙森(Edmundson)对哲学无政府主义做出的回应,埃德蒙森认为怀疑国家的合法性,相信政治权威对个体造成威胁是无政府主义的表现,面对沃尔夫对政治哲学提出的挑战,埃德蒙森从无政府主义的三个谬误开始清除概念上的不足,分别是合法性、强迫和道德。尽管如此,里查德认为埃德蒙森对国家合法性的论述依赖于他对法律和行政特权的区分,而这样的区分没有办法承载他指派的任务,并且他对哲学无政府主义的回应也只是部分正确。①

2.恐怖主义与无政府主义

D.诺瓦克在《无政府主义与个人恐怖主义》中写道,个人恐怖主义曾经是无政府主义的一个重要方面,但在 20 世纪个人恐怖主义已经在理论与实践上终止了。② 根据克鲁泡特金的观点,恐怖主义也只有在某些特定的社会条件下才会发生,并且在革命期间发生的暴力行为不能算作个人恐怖主义,这样的行动反而可以教育人民,激起他们的反抗热情。但是,诺瓦克在文中列举的例子表明,个人恐怖主义对无政府主义的教训是弊大于利的,并且恐怖主义会导致更严厉法律的出台,因此比暗杀行动更能够起到作用的是口头宣传与文章报刊。历史上的暗杀、恐怖袭击表明,诛杀一个暴君并不代表废除了暴君,因为替代他的可能更为糟糕。因此,个人恐怖主义其实背离了无政府主义,甚至最极端的无政府主义,因为他们没有考虑到社会因素的重要性,个人恐怖主义带来的不是未来与希望,并且如果承认个人恐怖主义的正当性,就是

① Richard Dagger,"Philosophical Anarchism and Its Fallacies:A Review Essay",*law and Philosophy*,vol. 19,2000.

② D. Novak,"Anarchism and Individual Terrorism",*The Canadian Journal of Economics and Political Science*,vol. 20,1954,p. 176.

对一种“伟人历史观”的关注或承认，这与无政府主义的理论显然相悖。“它混淆了社会制度和代表的社会系统之间的因果关系，从而违背革命旨在改变社会系统作为现有罪恶根源的无政府主义理论。”①很多的无政府主义者实际上已经意识到，暴力行为作为社会斗争的手段已经开始失效。

玛丽·巴顿（Mary S.Barton）在《无政府主义的全球战争：1898—1904美国和国际无政府恐怖主义》中指出，现代国际恐怖主义是在早期全球化和国家现代化的背景下发展起来的，全球化不仅是通信、技术的融合，甚至革命思想的传播也会随之加快。玛丽在文章中列举了世界各地的无政府主义恐怖活动，以及各国采取的相应措施，例如加强对移民和媒体的监管。同时，全球的无政府主义运动也促使各国忽略国家间的地域分歧，共同开展打击国际恐怖主义的活动，并进一步监督无政府主义的发展动向。②

大卫·纳吉卜·派罗（David Naguib Pellow）在《总体解放》一书中提到，无政府主义的政治与反资本主义的政治之间有密切关系，在财产的问题上，无政府主义者与反资本主义者都认为神圣的私有财产保存着现有等级制度。“一般致力于对弱势群体进行反压迫和正义的无政府主义理论和运动都是反资本主义的。如果资本主义是以剥削人类和非人类劳动和生态系统为前提的生产和社会关系，其本质上是等级制度，那么地球和动物解放运动在逻辑上有很多理由反对。”③同时，无政府主义与反种族主义也是兼容的，无政府主义强调平等主义，形式上的治理与生活，可能在逻辑上适用于反资本主义的政治。并且无政府主义很容易与反压迫的政治行为相结合，比如有关种族、性别的运动。但

---

① D. Novak, “Anarchism and Individual Terrorism”, *The Canadian Journal of Economics and Political Science*, vol. 20, 1954, p. 183.

② Mary S.Barton, “The Global War on Anarchism: The United States and International Anarchist Terrorism, 1898-1904”, *Diplomatic History*, vol. 39, 2015.

③ David Naguib Pellow, *Total Liberation*, University of Minnesota Press, 2014, p. 111.

是诺瓦克认为“无政府主义运动整体上并没有容忍恐怖主义，而是作为一种极端的个人主义现象产生，并且压迫的社会和政治条件已不局限于无政府主义者”①。在反压迫、反资本主义的运动中，恐怖主义有可能被误认为是无政府主义。② 根据索尔·纽曼(Saul Newman)的观点，现如今反对全球资本主义的运动，已经不再是传统马克思主义意义上的阶级斗争③，这其中涉及很多问题，例如文化自治、反帝国主义，而这些问题不是单纯的马克思主义理论可以解决的，无政府主义在这些方面提供了更多的资源。

3.后结构主义与无政府主义

艾伦·安特立夫(Allan Antliff)在《无政府状态，权力和后结构主义》中声称，托德·梅(Todd May)在 1994 年开始了当代理论的新转向——后结构主义的无政府主义。也有学者将托德·梅视为后无政府主义者。特别是在对压迫的批判中，无政府主义的政治哲学反映了后结构主义的思想关切。而梅之所以进行这次转向是因为他看到无政府主义是建立在“人的本质是善的”这一谬误的基础上，并与权力的否认相联系，而后结构的无政府主义者不会逃避权力，或者说梅是希望利用后结构主义的理论来弥补无政府主义的缺陷。针对这一观点，索尔·纽曼在《后无政府主义的政治》中作了回应，认为无政府主义并不否认其本体论基础，只是如何看待的问题。在对古典无政府主义尤其是对施蒂纳的分析中，艾伦得到了一个与梅不一样的结论，即，古典无政府主义者确实有一个积极的权利理论，并为权力和解放提供了一种批判性理解。④

---

① D.Novak,“The Place of Anarchism in the History of Political Thought”, in *The Review of Political*, vol. 20, 1958, p. 325.

② David Naguib Pellow, *Total Liberation*, University of Minnesota Press, 2014, p. 111.

③ Saul Newman,“Anarchism, Poststructuralism and the Future of Radical Politics”, *The Future of Anarchism*, vol. 36, 2007, p. 3.

④ Allan Antliff,“Anarchy, Power and Poststructuralism”, *The Future of Anarchism*, vol. 36, 2007, p. 57.

4.后无政府主义

索尔·纽曼认为后无政府主义是"一种反政治的政治",后无政府主义并不是政治的具体形式,不提供改变的公式和处方,也不会用新的名字来取代无政府主义。[①] 后无政府主义分享了无政府主义中反专制的社会目标,但是,和古典无政府主义相比,后无政府主义面临更多问题,对于权力的批判必须和现实相关,而不是在本质主义之下思考社会与权力问题,例如对人内在理性与道德的肯定,并以此为基础建立自愿合作社。但这并不意味着无政府主义不再以道德为动机,不再肯定人的道德性,否则会陷入无政府主义的虚无主义。因此,后基础的方法(post-foundational approach)可能会为无政府主义者提供更为合适的视角重新思考政权、主权以及普遍性问题。[②] 马修·亚当斯(Matthew S. Adams)和内森(Nathan J. Jun)在《政治理论与历史:无政府主义的状况》中认为目前学界对后无政府主义的问题认识的还不够,后无政府主义应得到更为深入的讨论。其对当前的知识和政治背景缺乏足够理解,也缺乏相应的社会运动实践,后无政府主义对无政府主义的理论理解仅建立在对权威作品的阅读中,因此忽视了无政府主义思想的深度和多样性。甚至后无政府主义者对权威作品的阅读过于简单,或以其他方式歪曲其观点。这并不是说后无政府主义者是为了误导大众,但是在当前的理论背景下对古典无政府主义做进一步的讨论是十分值得的。马修和内森以克鲁泡特金为例,表明更诚实的阅读对理解无政府主义更有益处。[③]

本杰明·泡利(Benjanmin J.Pauli)在《英美新无政府主义:对战后无政府主义思想更丰富的理解》中对新无政府主义产生的背景和主要

---

① Saul Newman, *The Political of Post anarchism*, Edinburgh University Press, 2011, p. 103.

② Saul Newman, Anarchism, "Poststructuralism and the Future of Radical Politics", *The Future of Anarchism*, vol. 36, 2007, p. 17.

③ Matthew S.Adams& Nathan J.Jun, "Political theory and History: The Case of Anarchism", *Journal of Political Ideologies*, vol. 20, 2015.

特征进行了阐述,并且解释了新无政府主义被忽视的原因。在第二次世界大战的背景下,英国和美国的战后无政府主义思想家认为有必要重新思考革命的理念,他们接受了非暴力原则,由暴力革命转向政治改革,并且更加注重教育。较之古典的无政府主义,他们对待国家的态度更加复杂,像科林·沃尔德(Colin Ward)这样的战后无政府主义者也是呼吁"福利社会"而不是"福利国家",他们意识到无政府主义对待国家的态度不能简单地归结为反国家主义。①

三、西方马克思主义及其激进理论中的无政府主义分析

杜安·鲁塞勒(Duane Rousselle)和埃夫伦(Sureyyya Evren)在《后无政府主义》中将无政府主义看作21世纪激进社会运动主要组织原则背后的运动。反全球化运动的兴起与无政府主义的普遍复苏有关。无政府主义从混乱和暴力的内涵中恢复了它作为政治哲学和社会运动的名称,并为这些运动提供组织依据。因此,无政府主义不仅与反全球化运动是相互的,并且也是网络激进分子以及现代激进运动的依据。马克思主义的政治哲学地位受到质疑,同时也受到反全球化运动的挑战。因此鲁塞勒和埃夫伦认为无政府主义作为一种政治理论和实践已经在很大程度上取代了马克思主义。②

国家是当代政治哲学的主题,而马克思与无政府主义者都关注国家、政权、民主等问题。索尔·纽曼在《后无政府主义的政治》一书中,面对社会主义革命应该如何处理国家政权的问题上指出,"对于无政府主义者来说,无法通过国家解放群众,因为国家总是要统

---

① Benjanmin J.Pauli,"The New Anarchism in Britain and the US:towards a richer understanding of post-war anarchist thought", *Journal of Political Ideologies*, vol. 20, 2015.

② Duane Rousselle, *Sureyyya Evren*, *Post-Anarchism*, Pluto Press, 2011.

治，所以国家应该被革命毁灭。对于马克思来说，国家必须被接管并用作革命工具——根据巴库宁的观点，这种立场只会导致国家政权的持续存在。"①纽曼指出，马克思在对待国家的确切方式上是摇摆不定的。在《共产党宣言》中，马克思表示"现代的国家政权不过是管理整个资产阶级的共同事务的委员会罢了"，这样的国家不过是资产阶级作为在经济上占统治地位的一个工具。但在马克思《路易·波拿巴的雾月十八日》一文中，又可以看到国家的相对自主性。无政府主义者借此认为马克思，以及马克思主义中的绝大多数，都忽视了政治权力的自主权，特别是国家的权力。马克思主义者与无政府主义者在对待国家问题上的最大区别就在于，马克思主义者倾向于将国家的阶级本质视为其统治的来源，而无政府主义者则将国家视为决定性力量无论它掌握在哪个阶级的手中。② 这也是马克思与无政府主义者对待国家不同态度的原因，马克思看到国家背后的阶级本质，利用国家实行无产阶级专政，这是马克思对未来社会设想得以可能的前提，而古典无政府主义者将国家视为一切邪恶力量的源泉，主张消灭国家，没有看到阶级分化的力量，这或许是他们的设想只是幻想的原因。

保罗·布莱克利奇在《马克思主义与无政府主义》一文中，对无政府主义与马克思主义做了区分，马克思主义对无政府主义的超越不仅在理论还在于实践，其论述主要集中在巴库宁和列宁上。在引证马克思对无政府主义的批判中，作者对无政府主义的研究前沿做了梳理，探讨的主要问题依然是民主形式、人性概念以及国家组织，并且将马克思

---

① Saul Newman, *The Political of Post anarchism*, Edinburgh University Press, 2011, p. 76.

② 这里无政府主义主要是与马克思同时代的古典无政府主义，将马克思与古典无政府主义的思想进行比较。从上文中可以看到，现代无政府主义在理论上已经进行了积极调整，在对待国家、权利问题上不同于古典无政府主义。参见 Saul Newman, *The Political of Post anarchism*, Edinburgh University Press, 2011, p. 78。

主义与雅各宾主义,布朗基主义做了区分,揭示了马克思主义者与无政府主义者的不同奋斗目标。①

政治自治的概念是后马克思主义的核心,在分析无政府主义的思想过程中,我们也可以看到一些政治自治的因素,“无政府主义比马克思主义更强调了国家政治权力的重要性和自主权。换句话说,无政府主义认为国家本身是一个本质上不可简化于经济领域的问题,它指的是政治领域的自主权。”②纽曼认为后马的代表人物,拉克劳和墨菲的政治自主权观念与无政府主义有着重要的联系,正如古典无政府主义面对的困境一样,政治层面上的很多概念,例如,权利维度、对抗等,都不能在经济层面上得到很好的解释。因此,拉克劳和墨菲的后马克思主义与无政府主义有着很强的相似性。同时,在对待国家的问题上,也应该看到后马克思主义与后无政府主义之间有着一些重要差别,即拉克劳和墨菲仍在国家主权问题上讨论政治和社会运动,而后无政府主义则是在国家之外设想一个政治空间,与此相应国家主权问题也被彻底破坏。

在《后无政府主义政治》一书中,纽曼指出,在国家权力、运动组织、民主作用和主体地位的问题上,一些当代的思想家如阿兰·巴迪乌,迈克尔·哈特和安东尼·内格里,雅克·兰奇埃尔和乔治·阿甘本等人都借鉴了一种无政府主义,即表明他们政治思想的某些方面都有一些无政府主义因素,但这并不能指认他们是无政府主义者。对国家的否定是无政府主义的突出特征,巴迪欧同样认为国家是激进政治的一个基本问题,并且他对于国家与社会关系的理解与无政府主义相似。激进政治面临的困境或许可以从无政府主义中找到一种解决方法。除了国家的探讨,在革命主体的问题上,纽曼从拉克劳、墨菲“人民”的概念与哈特、内

---

① 参看保罗·布莱克利奇:《马克思主义与无政府主义》,金建译,《国外理论动态》2011 年第 3 期。

② Saul Newman, *The Political of Post anarchism*, Edinburgh University Press, 2011, p. 89.

格里“多众”概念的分析中,与无政府主义的相关思想进行了比较。①

史蒂夫·比亚斯(Steve Byas)在《无政府主义不是通往自由之路》一文中,通过分析现代政府职能和无政府主义的政治取向,论证无政府主义只会给人类社会带来灾难——不是带来自由而是带来专制。历史经验表明无政府主义带来的是暴政、集权主义,并且共产主义社会、社会主义社会都不是没有政府的社会,人类的权利需要政府保证,而政府的职能是惩罚侵犯人类权利的邪恶之徒,在以基督教为例的基础上,史蒂夫否认在无政府社会中人们的权利会得到更好的保障。至于为什么会有人支持无政府主义,史蒂夫认为不是因为他们希望没有政府,而是他们不喜欢现有的制度,对于这些人而言无政府主义其实就是改变这种状态,但无政府状态又会使整个社会将陷入混乱从而使其改变现有制度的主张无效,因此无政府主义者的最终结局在史蒂夫看来,他们最终会成为社会主义者或共产主义者。②

而大多数的无政府主义者对无政府主义的未来抱有希望,当代无政府主义者 A.卡布亚所说,“无政府主义理论的出现,正是对机器文明固有的弊病即人的异化的一种反应”③,对无节制发展工业技术的痛恨以及对社会和个人自由的渴望。无政府主义的批判性可以使人们对当前的政治、社会保持清醒的认识,进一步补充马克思主义思想中的国家、治理概念,并且在激进政治兴起的今天成为其参考或指南。

(作者　复旦大学哲学学院博士研究生)

---

① 参看“The Horizon of Anarchy: Radical Politics In the Wake of Marx”一章,Saul Newman,*The Political of Post anarchism*,Edinburgh University Press,2011.

② Steve Byas,“Anarchism Is Not the Path to Liberty”,*The New American*,2016.

③ [美]特里·M.珀林:《当代无政府主义》,吴继淦译,商务印书馆1980年版,第124页。

走向“大众—民主召询”

——厄内斯托·拉克劳早期民粹主义思想研究

张　炯

摘要:“民粹主义”术语的暧昧不明使得它继续以暗示的方式被使用,那些试图确定其内容的尝试都不免走向失败。拉克劳在《走向民粹主义理论》一文中阐述了一条不同于既有研究的进路,他首先指出理解民粹主义的四条基本进路之缺陷所在,继而提出一种以“大众—民主召询”为中心的理论,试图走出阶级还原论的框架,最后分析“人民”与“阶级”的辩证张力,以及在不同程度的张力下民粹主义可能呈现的不同形态。拉克劳把民粹主义视为一种意识形态要素,它存在于意识形态话语接合“大众—民主召询”的具体实践中。

关键词:民粹主义　霸权　接合　大众—民主召询　人民　阶级

厄内斯托·拉克劳(Ernesto Laclau)通常作为“后马克思主义”的旗手为学界所熟知,但他同样是一个出色的民粹主义理论家。拉克劳对民粹主义的研究从1977年的《走向民粹主义理论(*Towards a Theory of Populism*)》(收录于《马克思主义理论中的政治与意识形态(*Politics and Ideology in Marxist Theory*)》一书)到2005年的《论民粹主义的理性(*On Populist Reason*)》,其间跨度将近30年。尽管它们都讨论了民粹主义,但是对比来看,会发现它们的理论轨迹不尽相同。不过可以肯定的是，后者是对前者的继承与发展，而且后者更是拉克劳在几十年积淀之上的关于民粹主义的理论结晶。如今民粹主义无疑已成为学界讨论的热点。但正如拉克劳所说，当把一项运动或一种意识形态冠以"民粹主义"标签时，我们直觉地知道自己在说什么，但是却很难将这种直觉转换成概念。① 当然，我们可以说概念的暧昧不明与它所影射的现象有关。民粹主义确实涵盖了诸如俄国民粹派（Narodniks）、美国人民党（People's Party）、麦卡锡主义（McCarthyism）、阿根廷庇隆主义（Peronism）、委内瑞拉的查韦斯主义（Chavismo）、法国勒庞（Jean-Marie Le Pen）的国民阵线（Front National）等基于不同社会基础的、各自迥异的社会政治现象。那么，究竟民粹主义是一种运动还是一种意识形态？它的使用边界在哪里？拉克劳认为既有研究给出的答案并不让他满意。对一个不成概念的术语进行讨论无疑是困难的。尽管如此，拉克劳对民粹主义的理论思考仍然深刻。回到拉克劳对民粹主义的研究，能帮助我们更深入理解这个"晦涩难懂且反复出现"②的术语。既然拉克劳的民粹主义思想前后相继，那么为了更全面地把握它，我们不妨从《走向民粹主义理论》开始，试图揭示他早年意欲走向一种怎样的民粹主义理论。

一、理解民粹主义的四条基本进路

拉克劳在论文第一部分批判分析了当前解读民粹主义的四条基本进路。

第一条进路将民粹主义当作某一确定社会阶级的典型表达。持有这一观点的人会认为，俄国民粹派本质上表达了农民的意识形态（或

---

① Laclau, Ernesto., *Politics and Ideology in Marxist Theory*: *Capitalism-Fascism-Populism*, London: NLB, 1977, p. 143.

② Laclau, Ernesto, *Politics and Ideology in Marxist Theory*: *Capitalism-Fascism-Populism*, London: NLB, 1977, p. 143.

者更为准确地说，是被俄国知识分子所修饰过的赞扬农民价值的意识形态），北美民粹主义被看作小农反抗城市生活和大商业社会的意识形态和运动，拉美民粹主义则被看作“小资产阶级、边缘群体或民族资产阶级动员群众局部反抗地方寡头政治和帝国主义”①的意识形态和运动。拉克劳认为这条进路的问题在于它只是在外部寻找一个共同特征，之后冠以“民粹主义”的头衔，只是人为地用“民粹主义”来规定或象征这一特征的复杂性。而当有必要定义“民粹主义”时，又只能经验主义地比较这些运动，从而确定它们之间的相同之处。

第二条进路坚持理论上的虚无主义，认为民粹主义是一个毫无内容的概念，应当根据阶级性直接分析那些所谓的“民粹主义的”运动。但是，把民粹主义的问题还原为阶级分析就结束了吗？正如彼得·沃思磊（Peter Worsley）所说：“讨论某一类民粹主义，假设并论证那些拥有不同特点、处在不同时空、汇聚不同文化的运动拥有某些确定的重要属性，这些属性将证明，我们在经过分析之后将这些运动有意识地归入‘民粹主义’的标签之下是合理的，尽管它们还有很多其他的不同特点。”②虽然民粹主义不足以定义一类特定政治运动的具体特性，但是我们不能否认它构成了这类运动的某种要素，而这是单纯的理论虚无主义立场所无法证明的。

第三条进路把“民粹主义”视为某种意识形态的特征而非某种运动的特征。诸如对现状不满、不信任政治家、诉诸人民而非阶级、反智主义等等，这些都可能被有着不同社会基础的运动所接受。但是拉克劳认为，尽管这一进路能丰富我们对民粹主义诸形式的研究，但民粹主义意识形态的特征只是以纯粹描述的方式表现出来，无法建构它们独

① Laclau, Ernesto., *Politics and Ideology in Marxist Theory: Capitalism-Fascism-Populism*, London: NLB, 1977, p. 144.

② Worsley, Peter, “The Concept of Populism”, in Ionescu, Ghita & Gellner, Ernest, *Populism: Its Meaning and National Characteristics*, London: Weidenfeld and Nicolson, 1970, p. 219.

特的整体,而且也没有讨论民粹主义要素在一个确定的社会结构中扮演了怎样的角色。

最后拉克劳重点分析了第四条进路,即功能主义者对民粹主义的理解。它认为“民粹主义是一种由传统社会向工业社会转型中的不同时性(asynchronism)所导致的反常现象”①。拉克劳以吉诺·赫尔马尼(Gino Germani)的理论模型以及托尔夸托·迪·特拉(Torcuato Di Tella)的分析为例展开进一步讨论。

拉克劳首先分析了赫尔马尼理论中的四个概念:“示范效应(demonstration effect)”、“混合效应(fusion effect)”、“动员(mobilisation)”和“一体化(integration)”。② “示范效应”意味着与先进发展阶段相一致的习惯和心态在落后地区扩散开来,“混合效应”则意味着与先进发展阶段相一致的意识形态和态度在落后的境遇中被重释,这一重释倾向于巩固传统的特征。“动员”被理解为积极的团体借以实现谈判协商的过程,“一体化”则是动员的一种形式,一来它通过现存的政治—制度渠道发生,因此在政体上权力实现合法化,二来政治的合法性框架被动员团体所接受。基于上述这些概念,赫尔马尼通过比较欧洲和拉美社会转型的历史经验,分析民粹主义运动是如何产生的。这一比较的结果是,拉美地区的示范效应、混合效应和不同时性远比欧洲要强烈,它们联合起来产生了一种特殊的政治后果,即不可能通过“一体化”来实现“动员”。结果,动员以反常规的、反制度的方式发生,产生了“民族—大众(national-popular)”运动。而且,20 世纪那些以自由民主的衰弱和法西斯主义、极权主义的兴起为特征的新历史思潮的出现,也起了推波助澜的作用。在拉美,“19 世纪欧洲的群众一体化模式不可能再现,而那些受 20 世纪历史思潮影响的精英们,乐于‘操纵(manipulate)’

① Laclau, Ernesto., *Politics and Ideology in Marxist Theory*: *Capitalism-Fascism-Populism*, London: NLB, 1977, p. 147.

② Laclau, Ernesto., *Politics and Ideology in Marxist Theory*: *Capitalism-Fascism-Populism*, London: NLB, 1977, p. 148-149.

新动员的群众为他们自己的目的服务。因为一体化不充分,导致这些群众的心态兼有传统与现代的特征”①。最后,赫尔马尼对民粹主义的解释可以归结为:“群众因进入拉美政治生活的不成熟而带来的压力,超过了政治结构所提供的吸收和参与渠道所能承载的限度。”②迪·特拉的观点与赫尔马尼并无二致,他将民粹主义视为一种政治运动。这一政治运动得到城市工人阶级和(或)农民群众的支持,同时也受持有反对现状的意识形态的非工人阶级的支持,这些部分的阶级属性与它们的政治表达形式相分离。除了接受赫尔马尼的“示范效应”概念,迪·特拉还加入了“上升期望的革命(revolution of rising expectations)”这一说法:“大众媒体提高了受众的期望等级,特别是那些城镇居民和受教育者的期望,这就是所谓的‘上升期望的革命’……但诸如人口膨胀的压力、缺乏组织化能力、过分依赖国外市场和资本、不成熟的再分配的等等导致经济发展滞后。随着期望超出了满足他们的可能性,瓶颈也必然随之出现了。”③

拉克劳认为,迪·特拉与赫尔马尼都认为民粹主义源于传统社会向工业社会转型中的不同时性,当大众不能自发地建立组织和阶级意识形态时,民粹主义就构成了他们政治表达的形式。但是这一进路的问题在于,民粹主义是否必然与社会发展的转型阶段相符合?因为太多的历史事实表明,民粹主义的经验同时也发生在发达国家。所以这一进路可能引出如下几个结论,它们都是经不起推敲的:第一,经济发展水平越高,民粹主义的可能性越低;第二,克服了发展过程的不同时性后,工业社会将不受民粹主义现象的影响;第三,今天的落后社会在

① Laclau, Ernesto., *Politics and Ideology in Marxist Theory: Capitalism-Fascism-Populism*, London: NLB, 1977, p. 150.

② Laclau, Ernesto., *Politics and Ideology in Marxist Theory: Capitalism-Fascism-Populism*, London: NLB, 1977, p. 150.

③ Di Tella, Torcuato., "Populism and Reform in Latin America", in Veliz, Claudio (ed.), *Obstacles to Change in Latin America*, London: Oxford University Press, 1966, p. 49.

经历了民粹主义之后,都必然朝着大众反抗的更现代、更阶级的形式发展。① 而且"传统社会"和"工业社会"在功能主义者那里仅限于对特征的描述,没有被概念化。"manipulate"也倒退到纯粹道德主义的意义上被理解,意思等同于"欺骗"、"蛊惑人心"等。可见,"民粹主义从未按它本身来定义,而只是处在与预先存在的范式相对立的位置来定义"②。而拉克劳则认为,那些认同民粹主义的意识形态要素的意义,应该在"结构(structure)"的环节中、而不是在理想的"范式(paradigm)"中寻找。

二、"大众—民主召询":走出"阶级还原论"

我们似乎察觉到拉克劳走出过去民粹主义研究的出路,但又不免在"阶级性"问题上踟蹰不前。因为一方面,如果我们不考虑民粹主义运动的阶级性,那么民粹主义的诸要素只有它们自身的特性;但是另一方面,为了研究那些相互分离的政治和意识形态特征相统一的原理,我们又必须把阶级矛盾视为基础结构的环节,也就是说,在结构中寻找民粹主义意识形态要素的意义,绕不开对阶级性的考察。但是拉克劳认为,我们之所以会陷入两难,是因为把政治和意识形态上层建筑的阶级性和阶级存在的上层建筑形式混为一谈。而造成这一混淆原因在于我们在透过"还原论"的视域看意识形态要素。如果每一个政治或意识形态的要素都有必然的阶级所属,那么那个阶级也必然通过这些要素表现出来,于是,阶级存在的政治和意识形态形式就还原为阶级自我呈现的必要环节。所以以"还原论"来分析民粹主义,则"要么将民粹主义还原为阶级利益的表达或阶级不成熟的表达,要么继续以无定义的、

① Laclau, Ernesto., *Politics and Ideology in Marxist Theory: Capitalism-Fascism-Populism*, London: NLB, 1977, pp. 152-153.

② Laclau, Ernesto., *Politics and Ideology in Marxist Theory: Capitalism-Fascism-Populism*, London: NLB, 1977, p. 154.

纯粹暗示的方式来使用它"①,民粹主义仍停留在附属地位。所以,拉克劳走向民粹主义理论的首要工作就是:"抛开阶级还原论者的假设,并把阶级定义为对抗性生产关系的极点,它们在意识形态的和政治的层面上没有必然形式。但同时又不否定生产关系(也即是阶级)在历史进程最后阶段的决定性作用。"②其实《马克思主义理论中的政治和意识形态》一书的主题之一就是批判"阶级还原论",拉克劳在该书的导言处指出:"当无产阶级必须抛弃任何狭隘的阶级视角并作为一种霸权力量展示自身,继而寻求一种激进的政治再定向的时候,抛弃阶级还原论将有益于社会主义的政治实践。"③这一变化带来的结果就是:意识形态的阶级特征是由它的形式而不是由它的内容给定的;意识形态的形式则取决于意识形态接合召询的原则,所以意识形态话语的阶级特征隐藏在具体的接合原则中;"民粹主义的"要素不存在于运动中,也不存在于意识形态话语中(因为这些往往有阶级所属),而在于意识形态话语所接合的"非阶级矛盾"中。

这个结果里头大有文章可作。我们不妨先从两个基本且重要的概念谈起,即"接合(articulation)"与"召询(interpellation)"。"接合"这个词的意义是双重的。按照斯图亚特·霍尔(Stuart Hall)的分析,一方面,"articulate"有清晰发音、清楚讲话的意思,所以"接合"有"语言表达(languaging)"、"表述(expressing)"的含义;另一方面,"接合"也是一种连接形式,它可以在一定条件下将不同的要素统一起来,经接合形成的联系并非总是必然的、绝对的。比如"铰链式"卡车:一种车前体和车后体可以连接,但并不是固定连接的卡车。两个构件通过一个特

① Laclau, Ernesto., *Politics and Ideology in Marxist Theory*: *Capitalism-Fascism-Populism*, London: NLB, 1977, p. 159.

② Laclau, Ernesto., *Politics and Ideology in Marxist Theory*: *Capitalism-Fascism-Populism*, London: NLB, 1977, pp. 159-160.

③ Laclau, Ernesto., *Politics and Ideology in Marxist Theory*: *Capitalism-Fascism-Populism*, London: NLB, 1977, p. 12.

殊的联动装置连接,也可以通过这个联动装置拆开。① 所以,"接合"既与言语有关,又表示一种把不同要素连接成一个整体的实践活动。拉克劳使用"接合"来表达一种通过话语方式形成的关联或统一,而这种统一或关联是没有必然所属的不同要素的接合,这就意味着这些要素可以解开关联并以不同的话语形式再次接合。"召询"来自阿尔都塞的意识形态召询学说,拉克劳认为:"这是阿尔都塞对意识形态研究最重要也最独特的贡献。所有意识形态的基本功能就是将个体召询/创构为主体。"②个体作为结构的载体,通过意识形态转变为主体,也即是说,个体生活在与他真实生存状态的关系中,仿佛他们自己就是决定这一关系的自主原则。正是在这种想象中,现实生活中的具体个体被意识形态塑造为主体,阿尔都塞将这种塑造机制称为召询:"(意识形态)在个体中征召主体(它征召所有的主体),或者说,它把个体改造为主体(它改造所有个人),我把这一工作称为召询或招呼,就好像每天最司空见惯的事就是警察(或其他人)在打招呼:'喂! 叫你呢!'被打招呼的那个人转身。通过身体的180度反转,他成了一个主体。为什么?因为他认识到,那个人是在对他打招呼,那个被招呼致意的人就是他。"③拉克劳借用"召询"概念既不是侧重意识形态的虚幻性,也不是侧重意识形态对单个主体的作用,而是突出意识形态的召询功能对意识形态本身的作用,所以他把作为主体的具体个体置换为意识形态的要素。既然每一个意识形态要素都表示召询,那么意识形态也就是由不同的召询构成。以民族主义为例,我们能说它是封建阶级的、是资产阶级的、还是无产阶级的意识形态吗? 恐怕不能,因为它本身没有阶级

---

① Hall, Stuart., "On Postmodernism and Articulation: An Interview with Stuart Hall", in Morley, David & Chen, Kuan-Hsing (eds.), *Stuart Hall: Critical Dialogues in Cultural Studies*, .London: Verso, 1996, p. 141.

② Laclau, Ernesto., *Politics and Ideology in Marxist Theory: Capitalism-Fascism-Populism*, London: NLB, 1977, p. 100.

③ Althusser, Louis., *Lenin and Philosophy and Other Essays*, London: NLB, 1971, p. 174.

内涵,它的阶级内涵只产生于它与其他意识形态要素的具体接合中。民粹主义也是如此,我们可以在它所指涉的如此多的不同内容中找到一个共同要素,这一共同要素其实与不同意识形态的接合点暗自相关。

接下来我们进一步分析拉克劳对“阶级矛盾”和“非阶级矛盾”的区分。从经典马克思主义的阶级斗争概念出发,会得到一种基本的对抗形式。阶级斗争在生产方式层面发生,生产关系把阶级创构成一种对抗关系的两极,正如资本家和工人阶级的对抗。这一对抗形式表明,所有的阶级都处在斗争关系中,生产方式是理解这一对抗的分析视角。但是现实中也可能存在另一种对抗。例如在资本主义生产方式和封建主义生产方式同时存在的社会结构里,封建土地所有者阶级作为统治权力集团的霸权阶级,那么被剥削的对象恐怕不止是农民,小资产阶级、城市工人、甚至还有一部分资产阶级都可能包括进来。那么这种情况下,虽然阶级处在斗争中,但恐怕不能说这个斗争是阶级斗争。这种对抗中的被统治部分,不是以某个“阶级”来认同自身,而是把自己当作对抗权力集团的那个“他者”、“局外人”或“弱势群体”等。拉克劳认为第一种对抗属于阶级矛盾,而第二种对抗属于非阶级矛盾。前者在意识形态层面召询的是阶级,而后者召询的是“人民”。正是在“人民”这里,我们触碰到了民粹主义的中心。

众所周知,不管如何使用“民粹主义”术语,它们都共同指向一个类似的基础——“人民”,它在民粹主义中的中心位置不容置疑。在此,我们也可以为“民粹主义”定义的暧昧不明找到根源:“人民是一个没有确定理论地位的概念,虽然它在政治话语中被频繁使用,但它概念上的精确性只停留在纯粹暗示或隐喻的层面。”①不过拉克劳并没有把“人民”仅仅看作一个修辞概念,它还是在社会结构里占统治地位的矛盾的一极,这个矛盾不只是依赖于生产方式,而更多依赖于起支配作用

① Laclau, Ernesto., *Politics and Ideology in Marxist Theory: Capitalism-Fascism-Populism*, London: NLB, 1977, p. 165.

的政治与意识形态关系的集合。“如果说阶级矛盾是在抽象的生产方式层面占支配地位的矛盾，那么人民（the people）与权力集团（power bloc）的矛盾则在社会结构层面占主导。”①生产方式层面的阶级矛盾构成了具体的阶级斗争，它在意识形态层面的召询是阶级召询；社会结构层面的人民/权力集团矛盾则构成了具体的“大众—民主（popular-democratic）”斗争，它在意识形态层面的召询则是“大众—民主召询”。

不过在“人民”这里也存在一个限制：不是所有指向“人民”的意识形态话语都能称为“民粹主义的”。那么，问题在于究竟是什么决定了一种意识形态话语变成“民粹主义的”话语呢？拉克劳认为这一转变的关键在于意识形态话语接合“大众—民主召询”的形式，而民粹主义正是“作为一种人为制造的、相对于占统治地位意识形态的对抗性观念，存在于大众—民主召询的表达中”②。我们之所以可以把不同的政治现象称为“民粹主义的”，不是因为那些运动有着相似的社会基础，也不是因为那些意识形态表达了相同的阶级利益，而是因为“大众—民主召询”是以不同于阶级斗争的、不只是简单差异的对抗形式出现在那些意识形态话语中。这种对抗可以作为具体的民粹主义要素被我们直觉到，所以我们往往可以直觉地指认什么是“民粹主义的”。

至此，我们已经看到拉克劳在研究民粹主义的进路上首先抛开阶级还原的论调，区分阶级与非阶级，再通过分析“人民/权力集团”这一非阶级矛盾，最终走向意识形态话语所接合的“大众—民主召询”。只有在召询是“大众—民主”的时候，只有在“大众—民主召询”被意识形态话语接合的时候，民粹主义才会发生。不过虽然他在民粹主义研究的具体语境里强调“大众—民主”斗争，强调“人民”，但是并没有因此完全否定阶级斗争、阶级的维度，所以他在最后讨论“人民”与“阶级”

---

① Laclau, Ernesto., *Politics and Ideology in Marxist Theory*: *Capitalism-Fascism-Populism*, London: NLB, 1977, p. 108.

② Laclau, Ernesto., *Politics and Ideology in Marxist Theory*: *Capitalism-Fascism-Populism*, London: NLB, 1977, p. 172.

的辩证关系，为的就是强调政治话语的接合是双重的。

三、“人民”与“阶级”的辩证关系

民粹主义在一个具体的意识形态接合区域发生，这个区域表现了政治话语的双重接合。阶级矛盾的优先性决定那个话语的接合原则，为它提供在确定的意识形态领域的具体“奇点(singularity)”①，但人民矛盾的存在使它能与诸多不同的阶级话语相接合。民粹主义作为“大众—民主召询”的一个特殊的“拐点(inflexion)”②，改变着意识形态在接合召询实践中的趋势和速率，得以广泛出现在各阶级的意识形态中。

“人民”与“阶级”的辩证关系大体可从以下两方面把握。首先，拉克劳认为：“不把人民接合到阶级的话语里，阶级就无法确立它的霸权。”③阶级的霸权体现在它能把“大众—民主召询”接合到自己的话语中，权力集团内的某部分或权力集团外的某阶级都可能通过民粹主义，在赢获霸权的道路上产生实质性变化。对于统治阶级而言，这一接合在于中和“人民”的矛盾，将对抗转化为简单的差异。但是当统治阶级遭遇意识形态危机时，权力集团的某一部分无法在现存的权力集团结构中强加霸权，于是它便会诉诸群众，激起并利用群众对国家具体形式的对抗，然而具体的接合方式又防止革命的发生。其典型案例就是，纳粹主义在建构民粹主义经验时诉诸种族主义。而被统治阶级为了赢得霸权，就必须加速占统治地位的意识形态话语危机，并把这一意识形态话语的接合原则下降为空洞的“隐德莱希”，换言之，使它在面对“大众—民主召询”时力不从心。所以被统治阶级必须发展“大众—民主

① Laclau, Ernesto., *Politics and Ideology in Marxist Theory: Capitalism-Fascism-Populism*, London: NLB, 1977, p. 194.

② Laclau, Ernesto., *Politics and Ideology in Marxist Theory: Capitalism-Fascism-Populism*, London: NLB, 1977, p. 194.

③ Laclau, Ernesto., *Politics and Ideology in Marxist Theory: Capitalism-Fascism-Populism*, London: NLB, 1977, p. 196.

召询"的对抗潜能,使人民不受权力集团的同化。如果被统治阶级通过反抗权力集团来施加它的霸权,而这一反抗又激发了潜藏在"大众—民主召询"中的对抗,那么我们可以推断:反抗越激进,被统治阶级就越不可能离开民粹主义来确立它的霸权。所以,"民粹主义不是被统治阶级意识形态的落后表现,相反,它是这一阶级对社会剩余施加霸权的接合力量的表现"①。以工人阶级为例,它争取霸权的斗争体现在努力实现大众—民主的意识形态与社会主义意识形态最大可能的融合。

再来看"人民"与"阶级"辩证关系的另一面:"人民与权力集团的矛盾不能离开阶级而发展。"②如果说,阶级离开与人民的接合就不能成为霸权阶级,那么,人民也只能在与阶级的接合中存在,为霸权而斗争的阶级与权力集团的对抗的性质决定了民粹主义的发展程度。为更好地解释这一层关系,拉克劳举了两类例子。第一类是极端的,即某个阶级为了确立霸权,需要内在于"大众—民主召询"的对抗的完全发展。所谓"完全发展",指的是大众全力反抗国家的特定形式。如果实现了完全发展,那么人民与权力集团矛盾的解决只可能是推翻那个对抗人民的国家力量,也即是夺取国家政权的革命。在这种情况中,民粹主义的最高形式与"革命"这一阶级冲突最终且最激进的解决是一致的。那个追求"人民/权力集团"矛盾完全发展、也即追求最高级和最激进的民粹主义的社会阶级,它的阶级利益必然引导它走向"革命"。第二类例子是:某一阶级虽然建构了民粹主义经验,但同时限制了人民与权力集团对抗的激进发展,那么这一限制可能导向"极权(totalitarian)",抑或导向"斡旋(mediating)"。以法西斯主义为例,与"大众—民主召询"相关联的具体内容(如种族主义和社团主义)阻碍了指向革命

① Laclau, Ernesto., *Politics and Ideology in Marxist Theory: Capitalism-Fascism-Populism*, London: NLB, 1977, p. 196.

② Laclau, Ernesto., *Politics and Ideology in Marxist Theory: Capitalism-Fascism-Populism*, London: NLB, 1977, p. 196.

的激进化,但维持这些限制将迫使意识形态高度同质化,这便导致法西斯主义出现“极权”特征。而波拿巴主义则不同,它容许各种精英的持续存在并且肯定国家权力,所以波拿巴主义的国家在那些支持它的、相互对立的基础之间,以及在那些甚少联合的意识形态符号之间,充分发挥“斡旋”的力量。

结　　语

如果说这一时期的拉克劳还能为传统的马克思主义者所接受,那是因为他在试图走出“阶级还原论”的同时,仍然重视“阶级”的重要性。但也不难察觉到他在阶级斗争与人民斗争之间对后者的偏溺。这一方面是由于他对拉美政治的钟情,另一方面确实得益于他对民粹主义的独到理解。民粹主义不是一种运动、也不是一种意识形态,而是一种存在于“大众—民主召询”中的意识形态要素。所以无论哪一种意识形态话语在进行“大众—民主召询”的接合实践时,我们往往能从中直觉到民粹主义。不过虽然此时拉克劳的民粹主义思想初见雏形,也明显意识到民粹主义的力量,但他还未能完全实现从直觉到概念的跨越,自然也未能穷尽民粹主义的逻辑。直到在让读者久等的《论民粹主义的理性》里,他才算真正完成对民粹主义的研究:结构性地分析民粹主义概念,把民粹主义视为建构社会—政治生活的合法路径来阐释它的运行逻辑,并把“人民”作为政治主体加以构建。① 最后我们要说,

---

① 拉克劳在《论民粹主义的理性》中通过分析群体理论的演进历史,最终以“认同作用(identification)”作为出发点,并借用索绪尔语言学和精神分析学的诸多术语(当然也包括他自己的霸权理论和话语理论),来论证民粹主义的理性,并指出建构“人民”这一政治主体对于激进政治而言具有重要意义。有趣的是,我们还能通过他在结论处对齐泽克(Slavoj Žižek)、奈格里(Antonio Negri)和哈特(Michael Hardt)、朗西埃(Jacques Rancière)等人的评论,一瞥激进左翼群体在主体问题上的众生相。具体可参见 Laclau,Ernesto.,*On Populist Reason*,London:Verso,2005。

拉克劳对民粹主义的研究倒不是说在激进左翼群体里如何标新立异，而是说是否会对共产主义事业产生如“奇点”一般的效应，这才是需要我们进一步思考的问题。

（作者　复旦大学哲学学院博士研究生）

很高兴见证民意的涌现

——朱蒂斯·巴特勒访谈*

张 子 岳 译

摘要:本文是让·菲利普·卡奇尔(Jean-Philippe Cazier)对朱蒂斯·巴特勒(Judith Butler)所做的一篇访谈。访谈围绕朱蒂斯·巴特勒所出版的新书《集会》(Rassemblement)展开,两人就斯宾诺莎在巴特勒思想体系中的意义、公共空间和身体的再思考、难民与当前的资本主义、动物伦理与生态问题和技术与媒体等重大问题进行了广泛的交流,对读者了解巴特勒思想的最新发展有重要价值。

关键词:斯宾诺莎　公共空间　政治　身体　游行

朱蒂斯·巴特勒的《集会》一书对身体与政治之间的关系以及人群与游行的政治维度进行了考察。因此,这本书重新思考了很多概念,它们和身体与政治以及公共空间与政治主体的状况相关联。在书中,朱蒂斯·巴特勒依据一种关系(relation)和脆弱性(vulnérabilité)的逻辑,对社会和共同生活(cohabitation)进行了大量特别的分析,这种逻辑使政治和生命的概念重获新生。本书超越了将政治和话语或将述行性(performativité)①和话语结合起来的一般方法,重新定义了政治和行为

---

* 译自 *Il est réjouissant d' assister au surgissement d' une volonté populaire*.

① 述行性是指这样一种事实:即语言符号(陈述,句子,单词等)是表述行为的,也就是使自己所陈述的东西现实化。述行性着重指向的是作为行动而非声言的言语。巴特勒的这个概念源自英国哲学家约翰·兰肖·奥斯汀(J.L. Austin)——译者注。

的轮廓，提供了一个对其界限和境况的独特而发人深省的思考。这本书扎根于近日的集体政治活动之中，它同时也是一个能够对当前时代进行哲学思考的实例。

卡拉奇：您的书明确地引用了好几个哲学家的文本，特别是列维纳斯和汉娜·阿伦特的文本。我觉得您的书其实也涉及了斯宾诺莎的著作。书中的很多地方都可以和斯宾诺莎的哲学联系起来：主要关注"关系"这一概念，以及对于"强力"(puissance)和"群众"(masse)的反思，身体与身体能做什么的问题，还有贯穿了您数本书的难题如"暴力政权使人们的生活难以为继"，等等。总的来说，您的哲学工作中有哪些部分受益于斯宾诺莎的著作？为什么您在今天使用斯宾诺莎的思想，其思想对您在书中提出的政治和伦理问题有何价值？

巴特勒：确实，斯宾诺莎一直是我思考的背景。你可能已经发现，在我的思考方式下，他的思想现在显得更加清晰明了。我明白，他的哲学在我自己对政治领域的理解中起着非常重要的作用，例如他对毅力的定义和他关于生活的哲学。我认为我也与艾提安·巴里巴尔(Etienne Balibar)在《斯宾诺莎与政治(Spinoza et la politique)》中所做的早期工作相近。虽然德勒兹已经阐明了身体的行动力(la puissance d'agir)的基本维度，这样一个基本维度是根植于其能够被触发(affecté)的能力的。但是，由斯宾诺莎通向现代政治的概念不一定是必须经由德勒兹的，考虑到这一点非常重要。

问题不仅仅在于"努力"(conatus)上，即保存自己存在的渴望是否根据与其他人的互动的增加或减少上。问题还在于，努力还是一种生活在一起(vivre ensemble)的渴望，这一趋势属于共同居住(co-habiter)这一事实，它出现并形成了共识的基础。而这种政治原则，这个政治实践则来自于对自我保存的欲望运作或实现。但是这样一种渴望能得以实现的唯一条件，就是每一个人被其他人所触发(affecté)。因此，如果没有这种本质上的脆弱性，就不会有保存自身存在的问题了。

卡拉奇：仍然是围绕斯宾诺莎，我觉得您的书至少反映出两种情绪:愤怒和喜悦。您写道:“我们只有被迫去行动我们才会行动,我们被那些来自外部的、别处的东西,还有其他人的生活所驱使。”今天,什么对您有着特别的影响?又是什么推动着您去出版像这样的一本书呢?

巴特勒:当然,我十分厌恶某些人群,我们可以在右翼民粹主义的种种形式中看到他们,他们就像出现在美国的街头一样已经在欧洲出现。相当多的一些人都是这样,他们并不能使我感到愉悦或悲伤。但是我认为,当我们看到民主正受到现在这样一种方式的威胁时,我们也见证了民意在面对其自身潜在的否定性时的涌现,这着实令人欣慰。对我来说,真正属于集会的,是那些宣称国家要为那些其声称所代表的人民负责,致力于有效制定民主政治的民众尺度的活动,这种尺度拥有一种力量,它可以使一个倾向于倚仗专制独裁来进行控制的政权合法化或非法化。

这就是使我对2013年的盖齐公园(Gezi Park)事件产生兴趣的诸多原因之一,它也使我现在去观察在美国自发组织起来的游行,这些游行的目的是为了反对特朗普政府和其摧毁基本宪法原则的方式。

卡拉奇:在您的书中,您考察了在当前的政治思想中,特别是“左翼”政治思想中的两个核心概念:民主的概念和人民的概念。这些概念在当前的左翼话语中被使用,在这样一种使用方式中,您认为什么似乎应该被重新思考?

巴特勒:阿甘本(Agamben)已经以一种强有力而又令人信服的方式强调,在我们生活的这个时代的理念下,是由国家来决定谁将会受到法律保护,谁又将会从这种保护中被排除。权力似乎是存在于国家一级的,“人们”(les gens)却在所谓的民主制度内,依据最高权力的运作轮流拥有或被剥夺他们的权利。

我想要说的是,考虑这样一种权力同样是非常重要的,即:人民赞同对其领导的权力或撤销这种赞同的权力。人民民主在这方面还没有被完全破坏,同时我们不应该接受这样一个理论框架,其预设了流行的异议、暴动、抵抗甚至革命,而这些都不再有什么意义。我们尤其要记住的是,当警察和军队出现在街道上或者在网络内部工作时,他们有时会以一种使我们平日的联盟进行变革的方式重新加入人民。对我来说,传统联盟的这种由变革而产生动荡则是一种希望的迹象。

卡拉奇:您在这里大部分的分析都是关于对"政治空间"这一概念的思考和对"政治空间"的重新定义。您将这个对公共空间的思考和对政治与政治存在的诸境况及其表现的思考紧密联系起来。对你来说,现在公共空间的概念和政治表现的局限性是什么?在其中,什么是成问题的政治后果?

巴特勒:公共空间在很多时候已经包括了网络,社区和社交网络以及大都市的中心和周边。因此,无论什么是公共空间,我们都不可能为了去理解而将其简化为一个简单的图景。恰恰相反,试图指认出公共空间始终是一个错误。越来越多的人出入公共空间,他们不仅仅是来自于他们的私人领域,也来自不同形式的监禁、拘留,或那些交替的存在方式。不可能让所有人都出现在白天的阳光下,街道和广场也并不总是接受他们,即使他们本应该被视作"人民"(peuple)。示威游行并不是始终一贯的,因为它们来自于删减版的"人民"——它们几乎就等同于这样一些快照,即:这些快照把一个要求获得人民地位的群体放在近景的位置上。但是,与此同时,它们却以一种否定的形式冲着那些不能够出现的人和没有权利出现的人示意。

卡拉奇:确实如此,您的书由不同的章节组成,但是都围绕着一个理念,就是不能够把政治存在简化为言说的可能性,即在公开场合用说话来表达。这种存在同样包含着不可被言说的东西,比如身体,在很多情况下身体就是一个政治存在。在这样一种视角下,您分析了身体的述行可能性,特别是集结在公共空间里的身体。为了进行这种分析,您重新定义了述行性(performativité)这一概念,这是为了不使它被简化为语言述行性,因为它同时也是身体的。什么样的预设是在语言的公共使用中,被公共语言中的政治同化所调动的呢?在其中,你所与之斗争的又是什么样成问题的后果呢?

巴特勒:我反对那些针对“占领”(Occupy)运动的攻击,因为根据“占领”运动的宗旨,这场运动根本不表达诉求,而对这些攻击者来说,一个真正的政治运动,就必须能够依照一种语言的方式明确表达诉求。这种批评预设了语言的本质即语句的陈述。这意味着图像(image)不再能是真正的政治的,因为即使它们能够提出一种要求,它们也不能通过命题的形式表达出来。同样,不同类型的活动,比如戏剧或表演,都不被视为是政治的,因为这些动作不能够以语句的形式得到表达。然而,音乐、图像还有集会这一事实都是具有政治意义的,并且它们并不能够以命题的形式在其内部被理解。当身体聚集在一起的时候,特别是当他们处于十分不稳定的状态、有着负债或者正在流亡时,他们本身就是对其状态的宣讲:他们的身体就是其诉求的标志。身体本身就是这种诉求:它们就像诉求本身一样,以一种明显的方式表现出来。在什么样的诉求中,身体会作为一种社会的和政治的观点?鉴于这关系到不稳定的身体,它们也特别地意识到了这个问题的重要性,所以它们通过使问题具象化来进行发问。

卡拉奇:您是哲学家,您出版书,您举办会议。您的这些活动与公共空间和政治里存在的问题相关联,您如何看待您的这些活动?您是否有思考您自己的情况,比如在公共空间里存在并在其中进行言说,出版您的书,允许在公共空间里政治地存在,而这在其中是并不常见的?

巴特勒:我不确定我是否是哲学家,但是我仍然尝试回答您的问题。有时候,我的写作有一定的政治影响,有时候我的工作局限在学术界并且只关心学术问题。我希望我能够在不用担心政治的情况下,做我热爱的工作;同时,我也希望我在不会成为一个职业政客的情况下,能够以一定的方式参与政治。我明白,一些人对我工作的政治意义予以支持,有些右翼团体想要用这一事实来指责我。由于在世界范围内的审查都有了新的标准,写作仍然是重要的,尤其是当它涉及为一些人——那些觉得自己被生活在这个世界上的可能性拒绝了——打开了生活的可能性时。

卡拉奇:正如您所知,许多非法移民正努力试图穿越地中海,“无证”的营地出现在巴黎的街道上,躲避战争或严峻的经济形势的一些非法移民正集结在各个边境地区。在很大程度上,是法国任由这些人死去或将他们迫害,他们被迫以一种难以为继状态的生存着。您怎么分析这种情况?

巴特勒:是的,我已经尝试去写一些关于这种情况的东西,特别是关于法国和大部分欧盟国家已经准备好“任由那些难民死去”,这些人幸运地乘小船穿过地中海,而我们却把他们丢在禁止这些乘客入境的边境前。我相信有很多种方式使用暴力,今天我们也见证了欧洲部分系统的“努力”以使这些人死去,而让他们入境将花费钱财,并威胁到民族主义或我们所谓的“白人至上”。我们在这里看到一种种族主义和资本主义的奇特混合体,它们的结合不仅是为了摧毁难民的国际权利,也是为了一步步抛弃他们的生命。一些欧洲国家就像美国一样,承诺对难民进行隔离,所以有一个问题是,如何表明这种行为注定会带来不幸——拒绝欢迎难民确实是卑鄙的。他们在计算“什么是我们所能负担的”,而当他们以这样的方式违反了海洋法时,他们又声称“这不是在我们的责任,是船沉没了,这些人都死了”,这一切都证明了集体责任感和正义的整体崩坏。

卡拉奇:您的书中有一些对身体的分析,您把它定义为一个关系性的实体,同时它没有确定的先验同一性。我们可以在这里发现一些来自斯宾诺莎的启发。从一开始,您全部的工作都在努力重新思考身体,思考变为复数(pluraliser)的身体概念,并展示了其存在的条件。在《集会》中,您写道:“可能不同于它历史上的处境,身体从未以一种本体论的方式存在。”您的对于身体的分析从“脆弱性”(vulnérabilité)概念和“不稳定性”(précarité)概念展开,并将其与“行动的能力”(capacité d'agir)概念相关联。在这里,您有很多政治的和伦理的推论,这些推论意味着身体在关系中永远是以主动或被动的方式存在的。这个理念有什么伦理和政治上的重要性?

巴特勒:我继承了来自马克思的对抽象权利的持续批判。在女权主义者们努力维护自由生育权的过程中,马克思对她们来说具有根本性的作用。权利的主体是被代表的主体。同样,当我们将权利的主体思考为一个个体时,我们就预设了这个个体是一个特殊的社会形式。我们可能会问自己,谁被公认为是权利的主体而谁又不是。以这样的方式进行发问就表明了存在着一种先于主体的权力差示(différentielle)活动。每个人都没有成为一个主体的可能,并且很多人从来都没有被认为是主体。他们认为他们可能是"人口"(population)的一部分,但是他们不是权利的主体,也一定不是"人民"(peuple)的一部分。

我们必须对所有的范畴保持一个动态的和批判的研究方式。我对那种身体的本体论并不感兴趣,这种本体论通过加括号来悬置了身体之间持存的必要联系。我不相信还存在着一种前—社会(pré-sociale)的"脆弱性"。我们的脆弱性是与我们的社会依赖联系在一起的,在不考虑社会需求的情况下理解人类生活的具体状态是不可能的。人类生活在社会需求之中并以此为依赖。在这个意义上,作为身体,我们永远也不能完全地单独存在或被包括在内:我们从一开始就是一种与人群、实践、环境、生活网络息息相关的存在,而如果没有了这些,我们自己的存在便是不可能的。在这个意义上,斯宾诺莎的"努力"(conatus)暗示着一种社会理论。

卡拉奇:在您的书中,您还讨论了当前的资本主义。它有什么样的特点、机制和后果?

巴特勒:我努力去遵循那些试图区分晚期资本主义和新自由主义的争论,在这个问题上,我还没有自己确定的看法。我认为,放松市场管制,以盈利为目的的往往占据了主导地位,这破坏了社会民主和我们不同的道德义务。此外,我也明白,公共政治领域内的理性行为必须以诸个体对自己的存在承担其所不可能承担的责任为前提条件。一方面,他们保存自身存在的诸条件被市场和国家所破坏了，这使得他们其社会和公共的责任决裂。另一方面，我们又要求人们要对他们自己的生活负责。但是，当他们自己的生活条件被系统性地摧毁时，要对自己的生活负责任究竟意味着什么呢？

卡拉奇：您也思考了政治行为和其阻力的条件与最终目的。您坚持认为，共同行动的理念无法避免观点的异质性（hétérogénéité）。相反，应在这种异质性中进行思考和研究。在我看来，您的政治思想可以被定义为一种对异质关系的思想，这种思想反对所有朴素的联系以及身份认同，并以此来加强反对"联盟"这一概念。您写道："行为一致并不意味着行为相符。"像这样一种理念的和这种政治行动是有其迫切需求的，同时这种需求又是包含了差异的共同需求。对您来说，这种迫切的需求是什么？

巴特勒：就在现在这个时刻，在美国，按照惯例，游行中聚集的很多人都与左派有关联。但是，一些担心因为新闻自由或因无证而被驱逐的人也参加了游行，即使他们实际上是自由的或保守的。这些联盟并没有让多数人通过爱或者某种形式的身份来对其进行正当的支持，那么，我们该如何去思考这些松散动荡的联盟呢？在我看来，我们常常太过于觉得有必要辨识那些与我们结盟的人。但是，如果我们坚持这种行为，我们就有复制共产主义政治的倾向，我们将只会与那些同我们一样的人结盟，而拒绝面向那些观点或生活方式不同于我们的人。我的政治理念是，必须与那些我们认为是与我们不同的人建立可发展的联盟。建立一个"多民族的"和隔代的联盟是非常重要的，比如把那些很长时间不受政治影响的人或其政治理念在很多问题上都和我们的不同人集结起来。这些复合的联盟就决定了美国民主的未来。

卡拉奇：在书中，您多次提及生态，特别是动物和动物伦理的问题。这些东西，我已经在您之前在法国出版的书——《朝向共同居住》（Vers la cohabitation）——中发现了。动物的问题对您的思考有什么样的重要之处？

巴特勒:对很多人来说,共同居住意味着与人和动物还有生物所依赖的生活环境一起生活。当这些环境变成毒物时——土地、水、空气——生活的可能性本身就被置于危险的境地。我们分析认为,在美国,少数族裔经常被迫生活在剧毒的环境条件下,我们也确实明白,因为我们对伊拉克的轰炸,我们已经破坏了土壤,导致疾病并摧毁了伊拉克人和幸存的生物,这就是摧毁了进行农业生产并生存下去的可能性本身。人是一种有人性的动物,我同时接受这个表达中的悖论性和必然性。我们还必须考虑如何负责任地使用环境,这是我们作为人的义务,这种对环境的使用意味着一部分的控制,但同时也是一个我们作为生物要与环境共存的承诺。

卡拉奇:您在您的书中讨论了媒体,社交网络还有互联网。您的分析表明了互联网成为公共生活和政治范围内的一个新维度是如何可能的。按照您的观点,互联网和在线新媒体有什么样的重要性?

巴特勒:我认为,没有数字化手段,当代的游行和网络就不能真正地存在。当我们看一个游行的照片时,我们往往把重点放在聚集在街道和广场里的身体上,但这只是可能是相机和数字通信的功劳。虽然这些机器并不在图片中显示它们自己,但是它们规定并提供了该事件的框架。尤其是在审查时,或警察与军队有野蛮行径的情况下,手机拍摄的图像就能够比任何其他方式都更快、更有效地传输到全世界。在政治上十分紧迫的是,手机和口袋相机在今天仍然无法被控制。团结的集体日益成为本土活动的重要支持,以对抗企业的力量、新自由主义剥夺、仇外心理和种族主义。同样重要的是,它拍摄的是其所经历的某一个特定的时间和地点发生的事情,没有数码传输设备就不会有对这一时刻的"捕获"。因此,任何事件都同时既发生在此处,也发生在别处,这就是我们数码式的团结一致的状态。

(译者　南开大学哲学学院学生)

主要论文的英文目录及提要
Contents and Abstract

The French Revolution and the Problem of German Modernity

Hegel, Heine and Marx Harold Mah

Abstract:

This paper examines the evolution of the attempt to incorporate Germany's new cultural identity into a general discourse of modernity defined by the French Revolution. The key writings of Hegel, Heine and Marx show how this project, difficult from its beginning, became ever more problematical during the first half of the 19th century. From Hegel through Heine to Marx, there emerged a growing disquiet with Germany's ability to meet the new standard of modernity and a growing skepticism about the accomplishments of German culture. By mid-century, the project of aligning Germany's cultural identity with the putative modernity of the French Revolution had collapsed. And in its collapse, it paradoxically yielded the conclusion it was initially designed to prevent: that Germany was deeply and intractably resistant to modernity.

Key words:

modernity; French Revolution; German culture

In what Sense does Hegel Anti Democracy

KANG Di

Abstract:

The rise of modern civil society not only makes the principle of subjective freedom to be established, but also brings the the dual of individual as citizens and citizens. For Hegel, the great question of the times is how to overcome the separation and reunification on the basis of the principle of subjectivity. By criticizing and integrating Britain's and France's political experience since the Great Revolution, he tried to build a new form of state. This form of state respond to the basic planning of the democracies of today's times: representative system, separation of powers, majority democracy, etc. Therefore, returning to concrete construction this form of will help us to grasp Hegel Thinking about democracy and providing new possibilities for responding and resolving the crisis of contemporary democratic practice.

Key words:

representative system; democracy; separation of the three powers; bureaucratic politics

Marx's Critique and Transcendence of Hegel's Theory of Property

ZHANG Shou-kui

Abstract:

The relationship between Marx and Hegel needs to be further re-examined and clarified, but such introspection should be beyond the scope of pure theoretical philosophy. The core and original issues of Marx and Hegel are political, economic and social, and property right is one of these issues. Therefore, to take it as the breakthrough, the essence of Marx's and Hegel's thoughts can be more easily understood. Marx had inherited, criticized and transcended Hegel's theory of property. On the one hand, Marx inherited Hegel's spirit of rethinking and criticizing on the theory of liberal property rights, thus further confirmed that property right was not a natural right. On the other hand, Marx did not agree that Hegel simply regarded property right as the externalization and realization of free will, instead he considered it as a major economic and social problem. Through understanding "the relationship of private property as capital" as the relationship of opposition and separation between labor and capital, Marx reveals the fact that the relationship of ruling and dominating between bourgeois and proletariat is hidden behind the private property, and claims that it is a must to sublate the system of private property in order to fulfill the real emancipation of the human beings.

Key words:

the private property; natural right; legal power; the criticism of property right

Marx's Aufhebung to Feuerbach on the Conception of Gattungsewsen and its Significance in Philosophical History

——Concentrated on Paris Manuscripts

XIGe and ZHANG Ji-dong

Abstract:

Gattungsewsen is the key point to understand the philosophical relationship between Marx and Feuerbach. Although Marx inherited the expression of Gattungsewsen from Feuerbach, he totally changed the meaning of Gattungsewsen. There is no "Feuerbach stage" in the philosophical history of Marx. In Paris Manuscripts, Gattungsewesen has different semantic associations and theoretical meanings, which can be found in different contexts. In the critique of Alienated Labor and Alienated interaction, the intension of Gattungsewsen can be defined as labor exercise and social connection (common being). Gattungsewesen in Paris Manuscripts contains two dimensions, one is subjectivity which is defined by labor exercise, the other is inter-subjectivity which is defined by social relationships. Therefore, in Marx 's Gattungsewesen, the conflict of metaphysical form and historical material produces an inner contradiction which pushes ahead Marx's theory. In conclusion, the conception of Gattungsewesen, which seems like the symbol of Feuerbach but was totally transformed by Marx, leads Marx to historical science and aufheben Feuerbach's humanism. The conception of Gattungsewsen is significant in the history of philosophy, it is the key moment of Marxist revolution in philosophy.

Key words:

Gattungsewsen; Alienated labor; Labor exercise; Social connection

From the Traditional Antithesis between the Public and the Private to Marx's Theory of Value

ZHANG Yin

Abstract:

Marx never addressed the issue of the antithesis between the public and the private, which was so crucial to traditional political thought. Various interpretations of this fact have been made by conservative thinkers such as Hannah Arendt, Western Marxists following Georg Lukács, and postmodern scholars such as Michael Hardt and Antonio Negri. The present essay attempts to show that these interpretations fail to radically go beyond the horizon of traditional political thought, whereas the value theory at the beginning of Marx's *Capital* formulated a new horizon for thinking political-economic problems on which the antithesis between the public and the private lost its centrality. In doing so, Marx employed a pair of key concepts: *Sinnlichkeit* and *Übersinnlichkeit*.

Key words:

the value theory; public; private; *Sinnlichkeit*; *Übersinnlichkeit*

The Near Kantian Interpretation of Marx's Value Form

——Comment on "Cross Criticism" of Kojin Karatani

XU Yan-ru

Abstract:

In order to eliminate the subjectivity in the interpretation of Marxism philosophy, Japanese scholar Kojin Karatani advocates to seek the relationship with Marx's dialectics from Kant's antinomies directly. Karatani thinks that Kant's antinomies is the dialectics of social relationship (oneself and the others), so Kant's thing-in-itself (freedom) is not transcendental entity but actual existence as self-others. According to "the otherness of the other", Karatani just illustrate Marx's communism (freedom) is not a transcendent goal but the two aspects of actual existence from the actual alienated human world. For this purpose Karatani starts from the value form in Capital. He tries to reveal the historical nature of capitalism and reconstruct the communist's metaphysics. Due to Karatani fails to clear the historical nature behind the relationship, his theory becomes a false presupposition of dishonest metaphysics. The critical interpretation of Karatani can provide a new perspective for us to understand Marx's historical dialectics.

Key words:

leaping critism; form of value; mode of exchange; union; four boundaries of capital

Lenin's Philosophy of Revolutionary Politics

——From the Perspective of Dialectics of War

WU Yang

Abstract:

War and revolution were two themes in Lenin's revolutionary politics. The core strategy for him was to shift war into conditions for revolution, to change imperialism war into domestic class struggle. In my opinion, there is still room for reflection on how did Lenin dialectically shift between the two themes. In traditional study, this shift was considered naturally resulted from the fact that Lenin was using materialism dialectics. But the problem is, dating back to Marx and Hegel's theories did not assure any logical necessity for the shift between war and revolution. On the contrary, it was by standing on the foundation of deep discovery on war itself that Lenin finally figured out an effective political strategy. This implies our further positive analysis on the dialectics of war itself, confronting with its contingency and fracture, instead of simplifying its complexity, so as to recognize more wisdoms in Lenin's philosophy of revolutionary politics.

Key words:

War; Revolution; Revolutionary Politics

Review of the Oversea Researches on the Chinese Traditional Cultural Origin in Mao Tse-Tung's Thought

WU Wen-chao

Abstract:

This article makes a systematic analysis on the oversea research about the Chinese traditional cultural origin in Mao Tse-Tung's thought. The discussion in this article is performed based on the influence of Confucianism on Mao Tse-Tung's thought; the relationship between the formation of Mao Tse-Tung's personality and the cultural background; the traditional cultural connotation contained in Mao's military thought and the philosophical dialectics; and Mao's political thought and general public theory, respectively. The oversea study on Mao Tse-Tung's thought provides multiple dimensions for further understanding of Mao Tse Tung's thought and widen the field of relative researches. However, due to the differences in political and cultural backgrounds, some views from western academy do not fully conform to the historic facts. It is necessary to re-examine the Western academic viewpoints with critical perspective and rearrange the research fields of Mao Tse-Tung's thought.

Key words:

Oversea Researches on Mao Tse-Tung's thought; Traditional culture; Confucianism; Military; Politics

Can democracy be extended "unbrokenly" to achieve socialism

——Contemporary review of Bernstein's Democratic Road

ZHANG Xiao-lan

Abstract:

In the second international period, the new changes of capitalism challenge the theory of Marxism, Bernstein's democratic road is the historical product of the gap between theory and practice. He sees socialism as an "unbroken" democracy extension, believing that capitalism can peacefully transition to socialism. This road has been the most severe criticism, but the present issue that can not allow to ignore, even in contemporary issues again repeated in various forms, and reviewing the issue has the certain enlightenment to think about the socialist road and democracy issue.

Key words:

Democracy; Socialism; Capitalism; Bernstein

Austro-Marxist Reformism Interpretation of Revolution

MENG Fei

Abstract:

Austro-Marxist political theory belonged to the middle group in the Second International, after the victory of the October Revolution, particularly after the outbreak of World War I, there was a split between their political views. However, while the interpretation of violent revolution, the dictatorship of the proletariat, parliamentary democracy was different, but the spiritual essence of Austro-Marxism was still the same. They put forward such as the reformism theory of "defensive violence", namely political compromises, or a middle road. The classic Marxist writers represented by Lenin scientifically summarized the experiences of the October Revolution. Lenin criticized the eclectic view of revolution by Austro-Marxism, he built a complete framework of violent revolution, and pointed out the correct way of proletarian revolution for the future.

Key words:

October Revolution; Austro-Marxism; eclecticism; parliamentary democracy; violent revolution

An Occult Dialogue: Lukács and Schmitt in Weber's Modernity

GAO Xue

Abstract:

In Max Weber's view, modern society is an increasingly rationalized process of disenchantment. Lukács and Schmitt, Weber's two disciples, agreed this theory and tried to respond positively to his teacher's rationalization proposition of modernity in the modern political life. In addition, they attempted to transcend Weber's modernity and formed two new opposite political alternatives in the process of fighting against Weberian liberal approach. Reflecting the two political theories, whether for the left-wing social critical theory or the right-wing authoritarianism, they still have a discussion space for more exploration and consideration when faced with Weber's modernity problem. It will help us to rethink possible theory effect in political life brought by the structure transformation and technological changes in the context of a new era of modernization.

Key words:

modernity, Lukács, Schmitt, Weber

The Problem of Second Nature and the Semblance of Nature in the *Paris Manuscripts*

——A Remarking on the *The Concept of Nature in Marx*

SONG Yi-fan

Abstract:

This essay investigates the reconstruction of modern ethical world in the texts of *Paris Manuscripts* from a perspective of second nature. According to the definitive study *Der Begriff der Natur in der Lehre von Karl Marx* by Alfred Schmidt, there are three kinds of misunderstanding of Marx i.e. Instrumentalism, the ontology of nature and the lack of normative social theory. With the critique of such problems, the essay will give a new argument of Marx's second nature and socialized human from the tradition of German Idealism, thus illustrating the meaning of real Naturgeschichte (Natural-history). Meanwhile, except for the normative study, an estranged form of second nature-"the semblance of nature" will also be discussed, which introduces a radical dimension to the theory of young Marx.

Key words:

Young Marx; Second Nature; objective activity; socialized human; the semblance of nature

A Comparative Study of State Theory: Poulantzas and Marxist

WANG Xiao-li and JIN Yao-mei

Abstract:

Poulantzas's theory state is an important theoretical clue during the development of Marxist theory. Around the state problems, Poulantzas studied and discussed the state of functions, nature, relative autonomy, change strategies and other issues from the perspective of the methodological basis of national structuralism. From the above aspects, this article discusses Poulantzas's theory state and Marxist State theory for comparative analysis that will help us to be more comprehensive and objective understanding of national issues.

Key words:

Poulantzas; Marxist; State Theory

The Historical Materialism as an Economic Sociology

——Aron's Interpretation of Marx's Philosophy of History

HAO Chun-peng

Abstract:

In Raymond Aron opinion, Marx is a philosopher of history in general. Historical materialism is based on the critique of capitalist political economy, based on the sociology on the history of the summary and prediction. In the philosophy of history, like Marx, Aron opposed both the fatalistic philosophy of history, which has a prophetic predicted rub out freedom, and opposed the historical relativism and nihilism since the Neo-Kantianism. In his view, people create their history which they do not know. Through Marx Aron saw himself, or in other words, he was influenced by Marx. Through the discussion of freedom, it can be found that Aron's thought is not as profound as Marx, because it is through the discussion of human's essence could be presented the sense of freedom between historical fatalism and historical relativism.

Key words:

economy; society; historical materialism; Aron; Marx

Re-interpretation of Use Value

——The Critique of Baudrillard's Metaphysics

RAN Lu

Abstract:

Baudrillard criticized that Marx has made anthropological assumptions about use value, and failed to reveal use value fetishism. In his view, use value is an abstraction of the human demand system, which is a social relationship in itself. In fact, Baudrillard is the same as the classical political economists who have been criticized by Marx: make things mystified. For Marx, use value is a historical category, which has acquired its own social form in the capitalist social relations. As a social form, use value through money, fixed capital, labor, etc., influences or changes the production and exchange relationship of capitalist society in the process of social reproduction. It is because of Baudrillard regarded use value as an isolated category that is independent of historical development relations, and not to place it in the general relationship between the production and exchange of capitalist society, leading to his metaphysical interpretation of Marx's concept of use value. He didn't see, what Marx did was to eliminate the anthropological setting of use value, and put it in the form of capitalist society, thus revealed the special definitive property of use value for the form of exchange value.

Key words:

use value; historical; general relationship; currency; fixed capital; labour force

The Origin and Contemporary View of Foreign Anarchism

LIANG Bing-yang

Abstract:

Anarchism can be traced back to the ancient Greek Cynic School, and became a relatively complete political theory in the mid-19th century. The main representative figures are Stirner, Proudhon, Bakuknin and Kropotkin. During this period, anarchism mainly focused on opposing the state and authority, and developed the laissez faire principle of classical liberalism, which could also be regarded as an extreme inheritance of Enlightenment rationalism and humanism. This stage of anarchism is often called "classical anarchism", which is not only a division of time, but also a new progress of anarchism theory. Compared with classical anarchism, the modern anarchism is no longer just against the state, but pays more attention to the critique of capitalist society, and actively reflects on the current problems faced by man, to explore the possibility of future development. On the basis of combining with other theories, modern anarchism forms different schools of thought, such as structuralism anarchism, post anarchism and postwar anarchism. Modern anarchism has become the reference object of the Post

Marxism and Western Radical Leftist. It broadens the theoretical horizon of anarchism, and on the other hand it makes the development of anarchism. The rise of modern anarchism is accompanied by anti-globalization movement and anti-capitalist movement, and the interaction between modern anarchism and contemporary radical thought becomes a social and political trend that cannot be underestimated.

Key words:

Foreign anarchism; classical anarchism; modern anarchism; radical theory

Towards "Popular-Democratic Interpellation"

——Research on Ernesto Laclau's Early Thought of Populism

ZHANG Jiong

Abstract:

The vagueness of "Populism" lead the term continues to be used in an allusive way and any attempt to ascertain its content is failed inevitably. Ernesto Laclau showed us a different approach in the paper "*Towards a Theory of Populism*". In the first place, He pointed out flaws of four basic approaches to which an interpretation of populism. Then he introduced a theory which centrality is "popular-democratic interpellation" in order to out of the framework of class reductionism. And finally, he analyzed dialectic tension of the people and classes. Laclau perceived populism as an ideological element which consist in the concrete practice of ideological discourse articulating the "popular-democratic interpellation".

Key words:

populism; hegemony; articulation; popular-democratic interpellation; people; class

《当代国外马克思主义评论》稿约

1.《当代国外马克思主义评论》是由复旦大学当代国外马克思主义研究中心主办的学术丛刊,现已被收录为 CSSCI 来源期刊(集刊类)。本刊以关注当代国外马克思主义研究的最新动态,加强国内外马克思主义研究的交流与合作,促进马克思主义研究的发展为宗旨,欢迎海内外专家学者赐稿。

2. 本刊学术性和思想性并重,倡导从哲学、社会学、史学、政治学、经济学、法学、伦理学、宗教学、人类学、心理学、美学和文艺批评等专业的角度展开对当代国外马克思主义的研究。

3. 本刊主要栏目为:研究性论文,专题论文,论坛,书评,学术动态,笔谈,访谈等。其中研究性论文一般限制在 1 万—2 万字,专题论文一般限制在 1.5 万—3 万字,书评一般限制在 1 万字以内。

4. 本刊对于来稿的形式作如下规定:原则上只接受电子投稿;电子版稿件请用 Word 格式,正文 5 号字体;注释和引文一律采用脚注;正文之前请附上英文标题、中英文的摘要和关键词,作者简介,并请注明作者联系方式。

5. 本刊采用匿名审稿方式,收稿后 3 个月内将通知作者稿件的处理意见。

6. 来稿经采用发表后,将赠刊 2 本并致薄酬。

7. 凡在本刊上发表的文字不代表本刊的观点,作者文责自负。

8. 凡在本刊上发表的文字,简繁体纸质出版权和电子版权均归复旦大学当代国外马克思主义研究中心所有,未经允许,不得转载。

9. 编辑部联系方式和来稿地址:上海市邯郸路 220 号,复旦大学光华楼西主楼 2622 室,复旦大学当代国外马克思主义研究中心,《当代国外马克思主义评论》编辑部,邮编:200433　电子信箱:marxismreview@ fudan.edu.cn.

策划编辑:崔继新
责任编辑:崔继新　高华梓
封面设计:石笑梦
版式设计:东昌文化

图书在版编目(CIP)数据

当代国外马克思主义评论. 16/复旦大学当代国外马克思主义研究中心 编. —北京:人民出版社,2018.5
ISBN 978 - 7 - 01 - 019557 - 5

Ⅰ.①当…　Ⅱ.①复…　Ⅲ.①马克思主义-研究-国外-现代 ②西方马克思主义-研究-现代　Ⅳ.①A81②B089.1

中国版本图书馆 CIP 数据核字(2018)第 160103 号

当代国外马克思主义评论
DANGDAI GUOWAI MAKESI ZHUYI PINGLUN
2018 年第 1 期 · 总第 16 辑

复旦大学当代国外马克思主义研究中心　编

人民出版社 出版发行
(100706　北京市东城区隆福寺街 99 号)

天津文林印务有限公司印刷　新华书店经销

2018 年 5 月第 1 版　2018 年 5 月北京第 1 次印刷
开本:710 毫米×1000 毫米 1/16　印张:28
字数:390 千字

ISBN 978 - 7 - 01 - 019557 - 5　定价:76.00 元

邮购地址 100706　北京市东城区隆福寺街 99 号
人民东方图书销售中心　电话 (010)65250042　65289539

图书在版编目(CIP)数据